글로벌 경영

김홍섭 장호윤 전외술 정헌주 한동철 공저

이프레스

Preface

머리말

경제학을 학문으로 발전시킨 애덤 스미스는 《국부론》에서 국가경제를 발전시키기 위해서는 해외로 진출해야 한다고 하였다.

미국 영토의 100분의 1이 안 되는 아주 작은 영토를 가진 우리나라는 경제선진국들 중에서 국토면적당 가장 수출생산성이 높은 나라로 꼽힌다.

부존자원이 없는 나라가 경제를 발전시키기 위해 선택할 수 있는 가장 좋은 방법은 직접 제품을 제조하여 해외에 수출하고 국내보다 제조인건비와 시설부대비용이 더 저렴한 지역을 찾아서 전 세계를 활용하는 것이다. 또한 세계적인 제품경쟁력을 갖추어 해외에 합작회사를 설립하거나 직접투자를 할 수도 있다. 제조설비도 없이 브랜드만으로 세계 최고의 글로벌 경영을 하는 다국적 기업도 많다.

글로벌 경영은 현대경영학과 그의 방계학문인 국제무역과 국제경제학을 포함한 많은 학문들 중에서 아주 중요한 학과목의 하나이다. 많은 국내외 대학들이 글로벌 경영을 필수과목 혹은 전문과목으로 지정한 이유는 글로벌 경영이 기업 생산성을 높이고 글로벌 경쟁력을 높이는 데 가장 필요한 이론과 실무를 제공하는 토대가 되는 학문이기 때문이다.

지구는 점점 좁아지고 있다. 1900년대에는 몇 달씩 걸리던 세계 여행이 이제는 며칠만에 전 세계를 돌아볼 수 있게 되었다. 기업 간의 커뮤니케이션 채널이 초고속으로 연결되어서 전화 한 통이나 화상통화 등으로 말로는 표현하기 힘든 비언어적 표현까지 가능한 시대가 되었다. 동시에 초고속 인터넷망들이 거미줄처럼 연결되어 있어서 대규모 글로벌 경영자료들의 이전도 자유자재로 이루어진다. 전 세계 200여 개 국가들의 문화적 특성이나 정치적 위험 또는 경제적 변화까지 거의 모든 데이터들이 빅데이터를 통해 분석가능한 시대가 되었다.

이 책은 이와 같은 시대적 배경을 바탕으로 대학의 경영학도와 글로벌 경영을 처음 접하는 일반인 모두에게 도움이 되는 기본적인 이론과 꼭 필요한 지식을 체계적으로 전달하기 위해 집필되었다. 유럽과 미국 그리고 동북아의 국가에서 개발된 다양한 형태의 글로벌 경영 이론들을 대학에서 한 학기 동안 강의하기 쉽도록 구성하였으며, 이론 개발과 실무경험이 풍부한 다섯 명의 현직교수들이 머리를 맞대어 미래의 글로벌 경영 인재가 꼭 배워야 할 이론들을 분야별로 묶어 쉽게 정리하였다.

이 책은 4개 부와 15개 장으로 구성되었다.

1부 글로벌 경영의 기본, 2부 글로벌 경영전략과 환경, 3부 글로벌 경영관리, 4부 글로벌 시장의 단계적 진출로 이루어져 있으며, 각 장은 1장, 2장, 7장은 정헌주 교수, 3장, 12장, 14장은 전외술 교수, 4장, 5장, 10장은 장호윤 교수, 6장, 8장, 11장은 김홍섭 교수, 9장, 13장, 15장은 한동철 교수가 맡아 집필하였다.

글로벌 경영의 전반적인 개념틀을 바탕으로 글로벌 경영의 거의 모든 분야별 이론들과 발전단계별 관련 개념들을 소개하였다. 또한 이론에 대한 이해를 돕기 위해 다양한 현장의 실무사례들도 소개하였다. 미래의 글로벌 경영을 책임질 경영학도들 외에 현장에서 땀을 흘리는 현업담당자들이 실무에 참조할 수 있도록 배려하였다.

언제나 그렇듯이 처음 내어놓은 작품은 아무리 많은 숙고와 공헌이 있었더라도 늘 부족함을 절감하기 마련이다. 이에 본 저자들은 이 책을 읽은 독자들의 지적을 겸허히 받아들여 앞으로도 지속적으로 수정하고 보완할 예정이니 많은 관심과 지적을 부탁드린다. 그를 통해 이 책이 읽을 만한 충분한 가치가 있는 전문서적으로 발전하기를 바라마지 않는다. 끝으로 이 책을 출간하는 데 많은 도움을 주신 이프레스 출판사 최용구 사장님 및 임직원 여러분께 감사드린다.

2015년 2월

저자 일동

Contents

차례

1부

Global Marketing

글로벌 경영의 기본

Chapter

01

글로벌 경영의 이해

1. 기업의 해외진출
2. 다국적기업과 글로벌 경영전략

Chapter 01

글로벌 경영의 이해

1. 기업의 해외진출

1) 기업의 해외진출 개념 및 동기

기업의 해외진출은 국내로 한정되었던 기업의 활동범위가 국외로 확대되는 것을 의미하고, 궁극적으로 국제경쟁력을 확보하는 경영활동이라고 정의할 수 있다. 기업의 해외진출 동기는 다음에 제시한 요인들이 복합적으로 작용한다.

(1) 국내시장의 협소

기업은 해외진출을 통해 시장규모를 확대할 수 있다. 미디어의 발달은 세계 각국의 소비자들에게 기업의 정보를 제공하여 제품선택의 폭을 넓혀 주었다. 이러한 환경의 변화는 기업이 자국에 한정되었던 제품 판매를 해외로 확장하여 글로벌 고객을 유치할 수 있게 하였고, 잠재적 시장 발견에 대한 기회를 제공하게 되었다. 한편 기업은 글로벌 고객을 끌어들이기 위해 지속적인 연구 및 개발을 하여 제품 및 서비스의 질을 향상시켜 기업 성장을 이루기도 한다. 사업 특성상 개별국가 시장규모로는 한 계가 있는 사업은 규모의 경제를 달성하기 위하여 전 세계의 시장을 대상으로 경영활동을 전개해야 할 필요성이 발생한다. 이러한 예로 일회용 주사기 산업의 효율적인 최소 생산규모가 미국과 일본시장을 합친 규모보다 더 큰 것으로 추정되는 것을 들 수 있다. 이처럼 협소한 국내시장으로는 개발 및 생산비용을 충당할 수 없기에 국외로의 진출이 필수적이다.

(2) 생산효율성 추구

해외에서의 경영활동 비중을 확대함으로써 생산량이 늘어나고, 이는 원자재 대량 구매, 규모의 경제 효과 등으로 기업의 비용을 절감시킨다. 기업은 대량생산을 위해 부품 및 원자재를 대량구매함으로써 공급원가를 절감시킬 수 있으며, 결과적으로 생산단가를 낮춰 가격경쟁력을 확보할 수 있게 된다. 또한 기업은 가격경쟁력을 바탕으로 세계시장에서 경쟁적 우위를 확보할 수 있다.

(3) 제품수명주기의 연장

제품수명주기란 제품이 시장에 도입된 후 성장기와 성숙기를 거쳐 쇠퇴기에 이르는 과정을 의미한다. 이때 성숙기에서 쇠퇴기로 넘어가는 단계에 이르면 기업은 신제품 개발에 힘쓰게 된다. 또는 쇠퇴기의 대응으로 해당 제품의 새로운 용도를 찾아 기존에 진출하지 않았던 국외시장을 개척하거나 성장기 단계의 국외시장에 제품을 수출하는 전략을 수립하여 제품수명을 연장시킨다.

(4) 위험분산

내부요인과 외부요인의 영향으로 각 국가의 시장환경은 지속적으로 변화를 맞이하고 있다. 이때 기업이 다수의 국가시장에 생산시설을 구축한다면 갑작스런 시장의 환경변화에서 오는 위험에 대응할 때 발생하는 비용을 줄일 수 있을 뿐 아니라, 기업은 융통성 있는 생산활동을 전개할 수 있다. 여러 지역에 생산시설을 두고 있는 기업은 생산 여건이 유리한 지역에서 생산규모를 확대시키고 불리한 조건의 지역에서는 규모를 축소시켜 비용을 절감할 수 있다.

기업의 판매활동이 특정 시장에 집중된 경우에도 해당 시장에 영향을 미치는 외부요인으로 인해 시장상황이 악화되면 경영활동이 위기에 직면할 가능성이 높아진다. 예를 들어 2013년에 국내 면사기업들은 제품의 50% 이상을 홍콩에 직수출하던 도중 값싼 제품을 생산하는 인도산 면사기업과의 경쟁으로 인해 원가이하의 가격경쟁을 해야만 했다. 이를 극복하기 위해 미국, 일본, 유럽 및 동남아 등 다수의 국가에 수출을 다각화하여 홍콩 시장 의존도를 30% 미만으로 낮출 수 있었고, 결과적으로 특정 시장에 집중함으로써 발생하는 경영위험을 일정부분 완화시킬 수 있었다. 이처럼 해외진출 시장의 다변화는 시장상황 또는 수요패턴의 변화로 인한 경영활동 위험을 감소시킬 수 있다.

(5) 해외 저가생산

기업의 해외진출은 비용을 절감할 수 있는 기회를 제공한다. 자국 내에서 원료조달부터 시작하여 제품생산과정을 거쳐 판매에 이르기까지 모든 경영활동을 수행하던 기업은 해외진출을 통해 사업부문을 가장 저렴하게 수행할 수 있는 국가로 이전함으로써 비용을 절감할 수 있다. 이때 국외의 값싼 노동력이나 원자재를 활용할 경우 기업은 원가절감을 통해 가격경쟁력을 확보할 수 있다. 즉 노동집약적 산업이거나 대량생산제품일 경우 저임금 국가에 비교우위가 있기 때문에 외주화(off-shoring)가 발생하는 것이다.

(6) 경영다각화

기업은 환경변화나 경쟁여건에 대응해 경영활동의 위험을 분산하고 새로운 수익원을 창출하여 안정성을 확보하기 위해 경영다각화를 추진한다. 경영다각화는 수직적 다각화, 수평적 다각화, 콩글로머리트형 다각화 등으로 분류될 수 있다. 수직적 다각화는 전방산업과 후방산업시장에 신규진출하는 것을 의미하며, 수평적 다각화는 동종산업 내에서 신규사업을 수행하는 것을 의미한다. 한편 콩글로머리트형 다각화는 서로 관련이 없는 사업부문이 복수의 시장에서 이루어지는 것을 의미한다.

(7) 기술협력

기업은 선진국의 첨단기술이나 우수한 경영기법을 습득하기 위하여 해외에 직접투자하기도 한다. 미국 IT산업단지로 유명한 실리콘밸리에서 활동하는 유능한 엔지니어들의 노하우를 전수받기 위해 삼성, LG 등 전 세계적으로 규모가 상당한 대기업이 실리콘밸리에 직접 진출하는 것을 그 예로 들 수 있다.

(8) 국제사업망 구축

기업은 내부물류, 외부물류, 제조 및 생산, 마케팅, 서비스 등 기업의 본원적 활동과 인적자원관리, 기술개발, 조달활동 등의 지원적 활동을 전략적으로 각각의 시장에 분산배치할 수 있다. 즉 각국 시장은 각기 독특한 역할을 수행하며 기업은 각국 시장의 특성을 파악하여 자사 상황에 가장 적합한 국제사업망을 구성하고 연계하는 과정이 필요하다. 예를 들어, 기업은 자원이 풍부한 A국가에서 공급받은 원료를 이용하여 노동력이 저렴한 B국가에서 제품생산을 할 수 있다.

2) 기업의 해외진출 진행단계

자국시장 지향적인 경영활동을 하는 기업의 경우 국내 고객의 니즈, 산업의 동향, 기술적 동향 등과 관련해서 얻은 정보를 바탕으로 기업 경영활동을 한다. 하지만 자국시장 중심의 경영활동은 다음과 같은 문제점들을 가진다. 첫째 국내시장은 한정된 수요 시장이며, 새로운 경쟁기업의 등장, 대체재의 등장으로 기업의 수익이 감소할 가능성이 있다. 한 국가의 인구증감은 긴 세월 동안 이루어지며 국내시장의 수요증감 역시 오랜 시간이 소요된다. 즉 시장규모는 한정적이지만 새로운 경쟁기업의 등장이나 대체제의 등장 등으로 한 기업의 기존 고객들의 수요가 감소하고 기업의 이윤 역시 감소하게 된다. 둘째, 세계시장에서 일어나는 변화를 제대로 감지하기 힘들다. 교통과 통신의 발달로 새로운 시장의 생성, 새로운 고객 니즈의 형성, 새로운 생활양식 등의 변화가 일어나고 있다. 하지만 자국시장중심의 경영활동은 이러한 세계시장의 변화보다 국내시장의 변화에 집중하여, 다국적기업의 국내시장 침투 시 적절한 대응책을 갖지 못한다는 한계점을 가진다.

한 예로 1990년대 총 판매량 1억 대를 돌파하며 미국 25대 기업리스트에 등재되었던 한 기업이 불과 20여년 만에 파산신청을 하게 되었다. 1892년 미국에서 창립한 다국적기업으로 세계적으로 필름과 아날로그 카메라를 상징했던 이 기업은 바로 코닥이다. 1975년 최초로 디지털 카메라를 발명한 코닥은 디지털 환경의 변화가 기존 사업에 크게 영향을 주지 않을 것이라 여기기 시작하면서 위기를 맞이했다. 실제 코닥은 디지털 카메라에서 입력되는 화상을 컴퓨터에서 파일로 변환하는 CCD 기술을 보유하고 있었지만, 당시 디지털 카메라는 저장공간의 문제와 그것을 인화하기 위한 장치의 성능이 미미하다는 문제점을 안고 있었다. 1980년대 코닥은 디지털 포토그래픽과 필름사업 시장에서 전 세계를 지배하고 있었지만 디지털 카메라 시장의 잠재성을 인식하지 못하고 있었다. 이후 소니가 최초의 상업용 디지털 카메라를 출시했고 카메라 분야에서의 디지털화가 급격하게 진행되면서 점차 필름카메라 시장을 잠식하게 되었다. 하지만 코닥은 변화하는 환경에 적절한 대응조치를 취하지 못했다. 코닥은 오랫동안 수익을 안겨주었던 필름 사업을 계속 유지하기를 원했고 결국 어드밴틱스 프리뷰라는 필름이 필요한 디지털 카메라를 출시하게 되었다. 하지만 이것은 소비자들의 요구에 어긋났고 결국 막대한 연구비용의 손해를 입게 되었다. 시장의 변화에 발 빠르게 대처한 후발 주자들과는 달리 코닥은 결국 최초로 디지털 카메라를 발명했지만 시장 환경에 적절한 대응을 하지 못해 위기를 맞게 되었다.

위의 예시와 같이 세계화 속에서 트렌드 변화에 단절된 기업의 태도는 기업의 위기로 다가온다. 코닥은 가장 먼저 디지털 카메라 기술을 확보했지만 새로운 트렌드에 대한 외면과 해외 경쟁기업의 등장으로 경영상의 어려움을 겪게 되었다. 따라서 기업은 국내뿐만 아니라 해외시장에도 주목할 필요가 있으며, 해외진출 진행 단계는 초기 해외시장 진출, 현지시장 확장, 글로벌 합리화의 3단계로 구분해볼 수 있다.

표 1-1 | 기업의 해외진출 진행 단계

초기 해외시장 진출 단계	현지시장 확장 단계	글로벌 합리화 단계
• 새로운 해외 고객 등장 • 신규 시장 개척 • 기업의 이익성장 감소 • 법 · 제도 · 무역장벽 완화 • 경쟁기업의 자국시장 진출에 대한 보복	• 현지 시장점유율 확대 • 현지 선도기업 대응 • 현지자산의 효과적 활용 • 현지 경쟁자와 효과적으로 경쟁하기 위한 전략	• 글로벌 시너지 효과 • 글로벌 인프라 구축 • 글로벌 경쟁 발생 • 글로벌 소비자들의 수요 동질화

출처: 임성훈 (2010). p. 16.

(1) 초기 해외시장 진출 단계

자국시장 지향적인 기업에게 국내외 여러 요인의 변화는 기업 스스로 자신의 위치를 재검토하게 한다. 기업은 해당 산업 및 소비자시장의 동향, 수요 및 공급의 변화, 경쟁기업과의 경쟁심화 등의 대응방안으로서 해외시장 진출을 검토하게 된다. 초기 해외시장 진출 요인들은 다음과 같다.

첫째, 교통과 통신의 발달이 기업의 해외진출을 촉진시킨다. 특히 인터넷과 미디어의 발달은 신규 해외고객을 창출하고 새로운 시장을 만들었다. 인터넷을 통해 해외에서 자국의 물품을 직접 구매하는 고객이 점차 증가하고 있다. 또한 냉방과 냉장의 발달 및 컨테이너 등과 같은 운송수단의 발달은 제품의 신선도를 높이고 대량수송을 가능하게 만들었다.

둘째, 법과 제도 및 무역장벽의 완화가 기업의 해외진출을 촉진한다. 국가경쟁력을 높이기 위해 자국 기업의 수출을 장려하는 제도는 국내기업에 영향을 미친다. 한편 자국에 해외자본을 유입시키기 위한 면세조치, 시장조사 서비스 및 정보 제공 등과 같은 해당 국가의 노력은 해외기업이 자국으로 진출할 기회를 제공한다.

셋째, 기업의 경영상의 전략이 원인이 된다. 자국시장의 포화, 기업의 이익 성장 감소, 해외 경쟁기업의 자국시장 진입에 대한 보복 등 기업의 전략은 해외에 진출하는 요인이 된다.

초기 기업은 변화하는 환경에 대응하기 위해 해외시장으로의 진출을 결정하고 새로운 경영 전략들을 계획하게 된다. 해외진출을 위한 해당 국가의 정치, 경제, 문화, 사회 등의 정보를 수집하고 자료를 바탕으로 현지시장을 공략하기 위한 전략 수립이 요구된다.

(2) 현지시장 확장 단계

초기 해외시장 진출 후 사업기반이 안정되면 기업은 현지시장의 개척에 적극적으로 관심을 갖게 된다. 기업은 현지 경쟁자와 더욱 효과적으로 경쟁하기 위한 전략, 신제품 개발전략 등을 통해 시장 확장을 추구한다. 현지시장 확장에 대한 촉진요인은 다음과 같다.

첫째, 시장점유율을 높이기 위한 욕구가 요인이 된다. 진출한 현지시장에서 보다 높은 점유율을 차지하기 위해 현지 선도기업에 대응할 필요성이 있다. 초기 시장 진입 시 자국과 상이한 가격으로 진출하거나 현지시장 구매자들의 요구를 반영한 신제품 출시 및 제품 수정으로 확장해 나간다.

둘째, 기업은 현지자산을 보다 효과적으로 활용하고자 한다. 초기 단계에서는 생산시설, 유통망, 현지기관과 관계를 구축하기 위해 상당한 투자비용이 요구된다. 비용을 상쇄하고 이익을 창출하기 위해 효율적인 현지자산 운용방법을 강구하게 되고, 그 과정에서 기업은 현지 경영인의 창의성과 동기부여를 자극하기도 한다.

현지시장 확장단계에서 기업은 현지화 접근법을 활용한다. 현지화 접근법은 개별 국가시장을 중심으로 기업조직을 운영하고 전 세계시장을 개별 국가시장의 단순결합시장으로 인식함을 의미한다.

(3) 글로벌 합리화 단계

현지화 전략은 진출한 개별적 현지시장 상황에 집중하여 부가가치를 획득할 수 있지만, 개별시장을 하나의 거대시장으로 묶음으로써 발생하는 규모의 경제효과 내지 글로벌 시너지 효과로 인한 새로운 부가가치를 얻을 수 없다. 각 개별 국가마다 구축되는 중복적인 경영시스템은 생산 부대비용 절감이나 글로벌 소비자들의 수요동질화, 지역통합 움직임 등 세계시장의 흐름을 읽기 어렵게 한다. 따라서 글로벌 합리화는 제품공급자와 수요자 모두가 바라는 목표이자 자연스런 추세다. 다음은 글로벌 합리화를 촉진시키는 주요 요인들이다.

첫째, 글로벌 고객의 등장이다. 디지털기술의 발전으로 소비자들은 국경을 넘는 구매활동을 한다. 또한 신흥국의 경제발전은 소득수준을 향상시켜 선진국에서 소비되는 제품을 선호하게 되는 등 수요의 동질화가 나타난다.

둘째, 효율성을 위한 통합된 경영활동의 욕구가 촉진요인으로 작용한다. 현지화 전략은 국가별로 독립된 사업활동으로 업무의 중복과 경영활동의 비효율성이 발생하고 부대비용이 증가하게 된다. 따라서 개별 국가시장 간 브랜드, 아이디어 및 경영활동에 관련된 통합된 전략이 필요하다.

셋째, 글로벌 인프라 구축은 기업의 비용절감효과를 가져온다. 글로벌 기업 간 경쟁은 기업의 원가절감을 요구하게 되었다. 즉 기업의 국제경쟁력을 위해 기술개발, 생산, 유통, 마케팅, 서비스 등의 연계성 증대와 글로벌 인프라 구축이 필요하다.

위와 같이 경영활동의 개혁과 같은 내적 요소들과 글로벌 환경의 변화와 같은 외적 요소들이 글로벌 합리화 단계로의 이동을 촉진시킨다. 즉 개별 국가에 집중하는 현지화 전략에서 발생하는 비효율성을 제거하고 국제경쟁력을 다지기 위하여 글로벌 전략을 지향하게 된다.

2. 다국적기업과 글로벌 경영전략

1) 다국적기업의 개념

일반적으로 다국적기업은 국제기업, 초국적기업, 다국가기업, 세계기업 등으로 정의되며, 평가기준에 따라 여러 가지 명칭이 존재한다. 다국적기업이란 용어를 최초로 사용한 릴리엔탈(D. E. Lilienthal)은 다국적기업을 '어떠한 형태로든지 해외 직접투자를 하여 1개국 이상에서 해외생산활동을 수행할 수 있는 기업이며, 기업의 경영자가 세계적인 안목을 가지고 연구개발, 생산 및 판매에 대한 의사결정을 할 수 있는 기업'으로 정의하고 있다. 이에 비해 버논(Raymond Vernon)은 다국적기업을 '포춘(Fortune)의 500대 기업에 연 2회 이상 등재되어 있는 동시에 6개국 이상에서 단순한 수출을 하거나 부품을 현지에서 조립하는 데 그치지 않고 본격적인 현지생산 및 판매활동을 하는 기업이며 매출액의 30% 이상이 해외활동에서 발생하는 기업'이라고 구체적으로 평가기준을 제시하여 정의하였다. 또한 펄뮤터(H. V. Perlmutter)는 경영자의 태도(자국중심적, 현지중심적, 지구중심적)를 중시하고 다국적기업을 '지구중심적 경영을 하는 기업'이라고 정의하였다. 이외에도 UN은 다국적기업을 '기업의 본거지 국가 이외의 외국에서 생산 내지 서비스 시설을 소유 또는 지배하는 기업이다. 이러한 기업은 반드시 주식회사나 개인회사의 형태에 한정되는 것은 아니며, 협동조합 또는 국영기업일 수도 있다.'라고 정의한다.

이처럼 다국적기업의 기준과 명칭은 기업의 다국적성(multinationality)을 구조적 측면에서 보는가, 성과 측면에서 보는가, 아니면 행태 측면에서 보는가에 따라 그 평가기준이 얼마든지 달라질 수 있으므로, 관련 개념 역시 다양할 수밖에 없다.

먼저 기업구조 측면에서 다국적기업을 정의할 경우, 기업 활동범위의 다국화, 기업 소유의 다국적성, 최고경영자의 국적 등의 기준 중에서 한 가지 이상을 충족하고 있는 경우를 다국적기업으로 보고 있다. 즉 기업이 국제경영활동을 2개국 이상에서 전개하는 경우, 기업의 소유권이 2개국 이상에 걸쳐 분산되어 있는 경우, 최고경영층이 2개국 이상의 경영자로 구성되어 있는 경우 등이 기준이 된다.

다음으로 성과 측면은 기업의 전체 매출액, 자산규모, 생산규모, 종업원 수 등에서 해외부문이 차지하는 비중이 어느 정도인가에 따라 다국적기업을 정의하고 있다. 예를 들어, 해외매출액이 전체 매출액에서 차지하는 비중이 25% 이상일 경우에 다국

표 1-2 | 다국적기업의 기준과 명칭

관점	기준	명칭	학자
구조	① 경영활동이 일어나는 국가의 수≥2	Multinational firm	D. E. Lilienthal, J. Fayerweather
	② 기업 소유권자의 국적의 수≥2	Multinational firm	J. Behrman
	③ 최고경영층의 국적의 수≥2	Transnational enterprise	D. Kircher
	④ 6개국 이상에 제조업 투자	Multinational enterprise	R. Vernon
	⑤ 초국적 체제에 의하여 관리되는 기업	Cosmo corporation	G. Ball
성과	① 해외부문의 매출액, 투자, 생산, 고용 등 〉 25%	International corporation	S. Rolfe
	② 해외부분의 매출액, 이익, 자산, 종업원 수 〉 일정비율	Multinational corporation	J. Bruck, F. Lee
행태	① 경영의 관점이 국제적	World corporation	G. Clee, A. Discipio
	② 세계적인 관점에서 자원배분	Supernational corporation	R. Robinson
	③ 자국중심적 사고 현지중심적 사고 지구중심적 사고	Ethnocentric firm Polycentric firm Geocentric firm	H. Perlmutter
	④ 세계시장을 하나의 시스템으로 보아 각국의 경영전략을 유기적으로 조정	Global corporation	M. Porter

출처 : 이장로, 신만수 (2003). p. 17.

적기업으로 간주하고 있다.

한편 행태 측면에서 본 다국적기업이란 국제적 관점에서 생각하고 판단하는 최고경영자(CEO)가 활동하는 기업을 의미한다. 본사가 특정국에 있더라도 그 조직, 운영내용, 운영범위 등이 범세계적인 경우, 본사의 최고경영자가 국제적 안목으로 사고하고 행동하는 경우 등이 기준이 된다. 위에서 살펴본 바와 같이 다국적기업에 대한 정의는 다양하지만 4개국 이상에서 국제경영활동을 전개하는 기업이라고 포괄적으로 정의할 수 있다.

2) 글로벌 경영전략의 개념

1945년 미국에서 설립된 장난감 회사 Mattel은 1959년 출시한 표준화된 모습의 바비를 중심으로 여자 어린이를 대상으로 한 완구시장에서 타사에 비해 높은 경쟁력을 가지고 있다. 이후 Mattel은 시장을 확대시키기 위해 일본으로 진출했으나 판매가 부진하여 제조권을 일본 회사인 다카라로 넘겼다. 실패 요인을 분석한 결과 일본은 인형을 어린이가 되고자 하는 이상향의 모습으로 여기는데, 바비인형은 동양어린이의 모습과 달리 서구적인 체형과 외모를 가져 일본 소비자들의 거부감을 불러왔던 것이다. 이런 사실을 받아들여 다카라는 바비라는 이름을 그대로 사용하되 인형의 모습을 일본 어린이의 모습으로 수정하여 판매하기 시작했고 이후 인형의 수요는 급증하기 시작했다. 한편 Mattel이 인도에 진출했을 때는 바비인형의 남자 친구 Ken의 판매가 허락되지 않았다. 이유는 인도의 보수적인 문화로 인해 여자 어린이의 남자 친구라는 개념이 보편적으로 터부(taboo)시되었기 때문이다. 따라서 바비의 남자 친구 Ken 대신에 남자 동생 Mark라고 이름 지어 판매하기 시작하면서 무사히 인도시장에 진출할 수 있었다.

위의 예시에서 살펴본 바와 같이 기업 전략은 내부적 · 외부적 환경요인에 따라 현지화 전략과 표준화 전략으로 진행된다. 즉 글로벌 경영전략은 '국제시장에서 국제기업이 목표한 경영성과를 올리기 위한 기업전략의 설정과 그 실행과정'으로 정의할 수 있다.

3) 글로벌 경영전략의 촉진 · 억제 요인

글로벌 경영전략에 영향을 미치는 요인에는 정치적 요인, 경제적 요인, 사회문화적 요인, 기술적 요인 등이 있다. 각각의 요인들은 상호 복합적으로 작용하며 기업의 국제화를 촉진하는가 하면 반대로 억제하는 요인이 되기도 한다. 다음으로 각각의 요인들에 대해서 자세히 살펴보겠다.

먼저 국제기업의 활동은 여러 나라의 국경을 넘어 이루어지므로 각국의 정치체제와 규제에 영향을 받는다. 예를 들어 자국의 산업을 보호하기 위해 외국상품에 대해 관세를 부과하는 관세장벽과 수입량을 제한하는 수입쿼터 또는 자국 기업에 보조금 지급 및 세제혜택을 주는 비관세장벽이 국제기업 활동에 영향을 미친다. 이처럼 각국은 자국의 산업 및 시장을 보호하기 위해 외국기업의 진출을 제한하는 반면 해외 기업에 대한 세금감면, 수입규제완화, 일부 지역 경제특구 설정과 같은 해외기업을 위한 촉진정책을 펼치기도 한다. 이때 국제기업의 활동은 최소한 현지국과 자국을 포함한 둘 이상 국가의 법과 규제를 동시에 충족시켜야 하며, 만약 관계국과의 법과 규제가 상이할 경우 경영전략 및 제품 수정에 따른 추가비용이 발생할 수 있다. 한편 국제기구의 규범이 또 다른 정치적 요인으로 작용한다. 각국의 정부가 모여 특정사안에 대해 협의하고 관련 법규를 제정하여 직접적으로 기업을 제재하거나 간접적으로 기업 환경에 영향을 주기도 한다. 예를 들어 다자간 무역체제를 구축하고 전 세계 무역을 증진하기 위해 설립된 WTO(세계무역기구)는 가입국 가운데 정해진 협정을 불이행할 국가가 발생할 경우 구속력을 가지고 경제적인 압박과 무역제재를 가한다. 한편 과학 · 기술 · 경제활동 분야의 협력을 증진하는 것을 목적으로 하는 ISO(국제표준화기구)는 공업상품이나 서비스의 국제교류를 원활히 하기 위해 조직되어 기업의 국제환경을 표준화 단계로 촉진시키는 역할을 한다.

두 번째로 환율, 금리 등의 경제적 요인이 있다. 환율은 가격경쟁력과 관계가 깊다. 예를 들어 해외시장에서 자국의 화폐가치가 높아지면 자국 기업의 수출품 가격이 상승하게 되고 경쟁제품에 비해 상대적으로 가격경쟁력이 낮아진다. 자국의 기업은 이러한 위험을 회피하기 위해 환헤지상품을 이용하거나 현지시장으로 생산기지를 옮겨 현지 또는 타국으로부터 원료 및 부품을 공급받아 직접 생산하여 원가를 절감하거나 수출시장을 다각화하여 위험을 회피한다. 금리는 기업활동에 영향을 주는 또 하나의 요인이다. 일반적으로 금리가 상승할 경우 가계의 저축이 증가하고 소비가 감소하여 기업의 활동이 위축될 수 있다. 또한 금리상승으로 인한 높은 대출이자율은 자본조달에 영향을 미쳐 상대적으로 낮은 이자율을 가진 국가에서보다 기업의 경영활동을 어렵게 한다.

세 번째로 소비자 시장의 확대, 환경단체의 활동, 국제노동시장 등의 사회문화적 요인이 있다. 통신과 미디어의 발달로 세계 소비자들이 이용할 수 있는 정보의 범위가 점차 확대되고 있다. 이는 소비자 시장의 확대를 의미하며 일부 제품의 경우 소비자 수요의 동질화를 촉진시키는 역할을 한다. 이처럼 기업은 변화하는 소비자들의 기호를 파악하고 그에 적합한 대응책을 가질 필요가 있게 되었다. 환경단체의 활동도 중요성이 커지고 있다. 한 예로 비정부기구인 그린피스는 인기 초콜릿 제품인 키캣의 제조회사 네슬러를 한 소셜미디어를 통해 고발했다. 이후 네슬러는 소비자들의 강력한 비난을 받게 되었고 열대우림 파괴 제품을 사용하지 않기로 약속했다. 한편 세계화로 인해 국가 간 상품, 서비스의 이동과 함께 인적자원의 이동도 활발하게 이루어지고 있다. 미국의 실리콘밸리나 인도의 방갈로르는 유능한 IT 인력을 배출하여 세계 각 IT 회사에 공급한다. 이처럼 국제노동시장의 변화는 국제기업의 인력관리 및 배치에 영향을 주고 있다.

마지막으로 글로벌 경영전략에 영향을 주는 요인으로 기술적 요인이 있다. 특히 국가 간의 거리는 서로 다른 나라 사람들이 만나고, 거래하고, 교류하는 데 커다란 장벽으로 존재해왔다. 하지만 교통과 통신의 기술적 발달이 거리를 좁히고 글로벌화의 진전에 기여했다. 특히 인터넷의 발달은 현지 자회사와 본사 간의 정보수집 및 공유, 글로벌 고객관리, 기업통제 등과 같은 기업의 국제활동을 용이하게 한다.

4) 글로벌 경영전략의 분류

챠크라바티 · 펄뮤터(Chakravarthy & Perlmutter)의 ERPG 모형은 경영자의 태도에 따라 국제기업을 분류하고 있다. 경영자의 태도는 기업의 목표, 통제방법, 전략, 조직구조 등에 영향을 미치며, 각 요인은 상호 작용해 국제기업을 자국중심주의

(Ethnocentrism), 현지중심주의(Polycentrism), 권역중심주의(Regiocentrism), 세계중심주의(Geocentrism)의 유형으로 구분한다.

먼저 자국중심주의는 기업의 개발, 생산, 마케팅활동 등을 포함한 기업의 전반적인 활동과 자원배분이 자국을 중심으로 추진되는 것을 말한다. 자국의 기업전략을 해외 기업활동에 그대로 적용하며 현지 자회사들은 본사의 보조적 지위에 위치한다. 즉 해외시장은 단지 자국에서 생산한 제품의 수출시장의 역할을 하며 각 해외지사는 본사에 의한 하향적 명령체제를 따른다.

반면에 현지중심주의는 전략결정, 경영활동, 자원배분 등이 자국이 아닌 현지국가를 중심으로 이루어지는 형태를 가진다. 해외시장에 자회사가 설립되면 각각의 지사들은 경영활동의 중심이 되어 현지 소비자들을 고려한 전략을 수립하고 자율적으로 실행한다. 현지시장에 대한 집중도가 높으며 상품의 생산지인 동시에 판매시장으로서 중요한 의미를 갖는다. 본사와 자회사는 수평적인 관계를 가지며, 현지 자회사는 마케팅활동에 스스로 책임을 진다.

표 1-3 | EPGG모형별 기업운영 비교

기업운영	자국중심주의	현지중심주의	권역중심주의	세계중심주의
목표	수익의 극대화(실행가능성)	다양성의 수용(합리성)	수익의 극대화+다양성의 수용(실행가능성+합리성)	
통제방법	상부에서 하향적	수평적(각각의 자회사가 지역적 목표달성 관리)	지역적 통합관리와 신속한 대응	글로벌 통합관리와 신속한 대응
최우선 전략	글로벌 통합	현지에 대한 신속한 대응	지역통합+현지에 대한 신속한 대응	글로벌 통합화+현지에 대한 신속한 대응
조직구조	엄격한 제품생산 분배 구조	현지 인원에 의한 엄격한 지역 분할 구조	제품생산과 지역적 조직에 기반을 둔 매트릭스 조직	글로벌 네트워크 조직
문화성향	자국 지향	현지국 지향	지역적 지역	글로벌 지향
마케팅 활동	자국의 수요에 기반을 둔 생산과 개발	각 현지국의 수요에 기반을 둔 생산과 개발	지역의 표준을 따르나 지역간에 교차하지 않음	글로벌 생산과 지역적 변화의 동시 추구
금융활동	이윤의 자국 송환	이윤의 현지국 배분	이윤의 지역적 배분	이윤의 글로벌적 배분
핵심역량 개발	자국의 인재에 의한 핵심역량의 개발과 전 세계로 적용	현지국의 인재에 의한 핵심역량의 개발과 각국에서의 적용	지역 안의 인재에 의한 핵심역량의 개발과 지역적 적용	지역에 상관 없는 가장 뛰어난 인재에 의한 핵심역량의 개발과 전 세계로 적용

출처: 임성훈(2010). p. 66.

다음으로 권역중심주의는 기업의 경영전략이 지역 또는 권역을 중심으로 이루어진다. 근접한 지역 내 자회사 간의 협력의 필요성으로 인해 하나의 권역으로 묶인 권역중심주의는 권역 내 자회사들에게 동일한 생산, 마케팅, 유통 등의 활동을 통합적으로 관리하고 수행한다. 일정한 권역을 중심으로 지역 내 자회사들은 협의하여 현지시장에 적응하기 위한 경영목표를 설정하며, 해당 권역에 속한 자회사는 다른 권역의 전략에 영향을 받지 않는다.

한편 세계중심주의는 자국과 해외시장의 구별 없이 전 세계시장을 중심으로 한 글로벌 네트워크 조직구조를 이룬다. 연구, 생산, 마케팅, 물류 등 경영활동을 수행하면서 본사와 자회사는 정보를 교류하며 상호 보완적인 역할을 한다. 각각의 자회사는 마치 본사와 같이 기업활동의 주체로서 인식되며 경영시스템에 능동적이며 적극적으로 참여한다.

5) 글로벌 경영전략의 비교

글로벌 경영전략 수립에서 각국에 분산된 활동을 통합하여 효율성을 높일 것인가, 국가 간 차이와 특수한 요구에 적응할 것인가의 전략적 선택의 문제가 발생한다. 즉 규모의 경제를 극대화시킬 '글로벌 전략'을 사용할 것인지 각국 고객의 요구를 충족시킬 '국별 경쟁전략'을 적용할 것인지를 고려해야 한다.

표 1-4 | 국별 경쟁전략과 글로벌 전략의 비교

요인	국별 경쟁전략	글로벌 전략
시장참여	현지 특성 및 시장잠재력	전략적으로 중요한 시장
제품 및 서비스	현지 소비자 욕구를 반영한 제품과 서비스	유사 혹은 동일한 표준화 제품과 서비스
마케팅 전략	국가별 상이한 전략	국가별 통합된 전략
경쟁방식	각 국가별 경쟁	전 세계 시장에서 경쟁

(1) 시장참여 측면

시장참여 측면은 사업을 행하는 대상 국가의 선정과 특히 시장점유율 면에서 활동

수준을 결정하는 문제와 관련된다. 국별 경쟁전략에서는 국가별로 판매액과 이익의 관점에서 시장잠재력을 평가하여 진입대상 국가를 선정한다. 또한 시장규모가 협소하더라도 향후 시장의 잠재적 수요가 크다고 판단되면 기업은 국별 경쟁전략의 형태로 해당 국가에 진출한다. 그리고 국별 경쟁전략 아래에서는 특정한 전략패턴은 존재하지 않으며, 다만 국가별로 경쟁 우위를 추구하는 가운데 하나의 패턴이 형성될 수 있다.

반면 글로벌 전략을 활용하는 기업들은 글로벌 이익의 관점에서 개별 국가의 잠재적 기여도를 측정하여 대상 국가를 선정하게 된다. 즉, 개별적으로는 크게 매력적이지 못한 시장이라도 글로벌 전략적 측면에서는 중요성을 갖는 경우가 있으며, 글로벌 경쟁자의 자국 시장이 하나의 예가 될 수 있다.

(2) 제품 및 서비스 측면

해외시장 진출 시 가장 중요한 의사결정 중 하나는 현지의 시장 환경에 따라 제품을 어느 정도 변화시켜야 한다는 점이다. 국별 경쟁전략하에서는 국가별로 판매되는 제품 및 서비스를 개별 현지국 수요층의 요구에 따라 제품과 서비스에 반영한다. 스웨덴 가구업체 IKEA는 미국 시장 진출 초기에 소비자들의 욕구를 파악하지 못해 실적부진의 어려움을 겪었다. 미국 소비자들은 대형 가구 키트와 가정용품들을 선호했다. 그런데 스웨덴 침대는 미국 침대에 비해 평균적으로 5인치 정도 작았고, 찬장은 미국의 대형식기들을 수납하기에 너무 작았다. 스웨덴 치수의 커튼은 미국식 창에는 너무 짧아 창문을 다 덮지 못했으며, 미국인들은 꽃병을 유리잔으로 생각하고 구매하기도 했다. 이는 소비자들의 기호를 파악하지 못한 결과였고, 경영진들은 글로벌 전략(표준화 제품정책)이 지역시장의 요구에 맞춰 수정되어야 할 필요성을 느끼는 계기가 되었다. 이후 IKEA는 미국인들의 라이프스타일에 적합한 제품을 출시하여 점차 미국 시장점유율을 확보해 나갔다.

반면 글로벌 전략은 반드시 각국에 동일한 제품을 제공하려는 것은 아니지만, 최소한의 현지적응이 요구되는 표준화된 핵심제품을 제공하는 데 그 목적이 있다. 여기서 핵심제품이란 최종제품의 가치에 실질적으로 기여하는 중간재를 의미한다. 글로벌 전략에 따른 제품 및 서비스의 표준화에 따른 최대 이점은 원가절감이다.

(3) 마케팅 전략 측면

제품과 마찬가지로 마케팅의 현지화 정도와 표준화 정도 역시 변화될 수 있다. 예를 들어 컴퓨터와 인터넷이 보급된 국가에서 온라인 마케팅은 효율적인 광고마케팅 방식으로 작용하겠지만, 보급화가 일반화되어 있지 않은 여타 국가에서의 이용효과는 미미할 것이다. 또한 TV 광고에서 소비자들에게 시각적 효과나 감성적 마케팅으로 접근하는 방법보다 일부 국가에서는 제품의 사실 전달에 초점을 맞춘 광고가 보다 큰 효과를 나타내기도 한다. 이처럼 마케팅 전략의 현지화가 요구되는 환경이 있는 반면, 글로벌 마케팅 전략을 취하는 기업은 세계 여러 국가시장에 동일하거나 유사한 마케팅 전략을 활용한다. 한 예로 샤넬은 전 세계에 소비자들에게 동일한 광고모델을 통해 하나의 제품 이미지를 부각시킨다. 이러한 글로벌 마케팅 전략은 개별시장에 따라 광고, 판매촉진, 판매책자가 달라지는 국별 경쟁 마케팅 전략에 비해 비용을 절감할 수 있다.

(4) 경쟁방식 측면

국별 경쟁전략 아래에서는 기업 간 경쟁형태가 개별 국가에서 별도로 전개되며 각 현지시장에서 우위를 차지하는 기업은 시장별로 상이하다. 이러한 전략형태는 개별 국가에서의 경쟁우위를 강화하는 데 도움을 주나, 이러한 전략을 활용하는 기업은 각 국가별로 특화된 서로 다른 유형의 자원을 활용하기 때문에 기업 외부환경의 급격한 변화 등으로 인해 현지경영활동에 어려움이 발생할 경우 전략적 대안선택의 폭이 넓지 않다. 한편 글로벌 전략은 기업들 간의 경쟁이 여러 국가에 걸쳐 진행된다. 즉 기업은 전 세계를 경쟁의 장소로 인식하며 해외 경쟁기업의 자국 진출에 대한 보복전략, 경쟁기업의 자국 침투전략 등의 방식으로 경쟁한다. 글로벌 전략은 상황에 따라 어느 국가에도 기업이 보유한 자원을 집중투입할 수 있고 전략적 선택이 다양하지만, 개별 국가에서의 경쟁력이 다소 약화될 수 있다.

연습문제

1. 기업의 해외진출 동기 8가지와 그 내용을 간략히 설명하시오.
2. 기업의 해외진출 진행 3단계를 설명하시오.
3. 글로벌 경영전략의 요인들을 촉진과 억제의 관점에서 설명하시오.
4. EPGG 모형의 4가지 유형을 정의하고 각 특징을 설명하시오.
5. 현지화 전략과 표준화 전략을 4가지 요인으로 비교하시오.

참고문헌

어윤대 (2002). 국제경영. 파주: 학현사.
이장로, 신만수 (2003). 국제경영. 서울: 홍문사.
임성훈 (2010). 표준 국제경영 1.0. 파주: 학현사.
장세진 (2012). 글로벌경영. 서울: 박영사.
최순규, 신형덕 (2009). 국제경영. 서울: 석정.

Chapter

02

국제무역이론과 글로벌 경영

Chapter 02

국제무역이론과 글로벌 경영

1. 국제무역이론과 글로벌 경영의 관계

글로벌 경영은 일반적으로 둘 혹은 그 이상의 국가들을 포함하는 일련의 기업활동이라고 볼 수 있다.

기업이 추진하는 글로벌 경영을 이해하고 예측하기 위해서는 국제무역이론을 이해할 필요가 있다. 국제무역이론은 무역이 왜 발생하는지, 어떤 나라가 어떤 상품과 서비스를 생산하고 수출 또는 수입을 하는지, 교역조건이 무엇인지, 무역을 통해서 얻는 각국의 이익이 얼마나 되는지 등을 설명할 수 있다.

표 2-1 | 국제무역이론과 국제경영이론의 차이점

항목	국제무역이론	국제경영이론
분석대상	• 재화의 국가 간 수출입	• 재화의 수출입 및 다국적기업에 의해 이루어지는 전반적인 활동
	• 일국에 위치하고 있는 독립된 기업들이 생산한 재화의 국제적 이동을 전제	• 수직적 또는 수평적 통합을 통한 본사와 자회사 간의 기업 내 거래도 분석대상
설명가능 범위	• 수출을 통한 무역만 설명가능	• 라이선싱, 프랜차이징, 전략적 제휴, 합작투자, 단독투자 등의 발생요인과 효과
분석 개별단위	• 국가	• 기업
생산요소	• 노동, 자본	• 노동, 자본 및 기술, 지식

항목	국제무역이론	국제경영이론
전제조건	• 생산요소는 국제적으로 이동되지 않음	• 다국적기업의 활동은 국제적인 생산요소의 이동이 필수적임
	• 완전경쟁시장	• 불완전경쟁시장
	• 생산요소는 규모에 대한 수확불변의 원리가 주로 적용됨	• 규모에 대한 수확불변이라는 가정은 기업의 혁신활동, 기술의 발달 등에 의해 무의미해짐
	• 거래에 관련된 비용 없음	• 거래에 대한 비용 존재
	• 국가 간 생산요소는 동질적임	• 국가 간 생산요소는 차이가 있음
	• 생산함수는 국가 간 동일함	• 생산함수의 차이가 기업의 경쟁력을 좌우 → 기업의 국제적 활동에 대한 동기 발생

출처: 서청석 외 (2009). pp.143-145.

그러나 이러한 국제무역이론이 글로벌 경영현상의 이해에는 기초적인 부분이 될 수는 있지만, 최근의 글로벌 경영현상을 설명하는 데는 한계점을 갖고 있다. 기존 국제무역이론의 이러한 한계점을 보완하기 위해 다양한 학자들에 의해 국제경영이론이 제시되었다. 〈표 2-1〉은 국제무역이론과 국제경영이론의 차이점과 국제경영이론이 어떻게 국제무역이론을 보완하고 있는지 요약하고 있다.

국제경영이론의 영역에 속해 있는 국가경쟁력이론과 해외직접투자이론은 국제무역이론에서 파생된 것이라고 볼 수 있다. 국가경쟁력이론의 경우, 애덤 스미스의 절대우위, 리카르도의 비교우위, 헥셔-올린의 요소우위 등 각각의 국제무역이론에서 제시하는 교역우위를 근거로 파생되었다. 현대에 이르러 마이클 포터는 헥셔-올린의 요소부존비율이론에 린더의 대표수요이론, 기업적 요소, 산업적 요소를 추가하여 소위 다이아몬드 모형이라 불리는 글로벌 경쟁우위이론을 제시했다.

한편, 해외직접투자이론의 경우 국제무역이론에서 주장하는 재화와 서비스의 교역 및 간접투자의 개념의 한계를 내부화이론 및 국제생산투자이론(해외직접투자이론)으로 보완하는 과정에서 파생되었다. 〈표 2-1〉에서 제시했듯이, 국제무역이론의 경우, 생산요소는 국제적으로 이동되지 않고 자국 내에서 자본과 노동의 생산적 결합이 이루어졌다고 주장했다. 반면 국제경영이론의 경우, 다국적기업의 글로벌 경영활동을 위해 지식·기술과 같은 생산요소가 국제적으로 이동한 후 현지에서 생산활동을 하는 것에 초점을 맞추고 있다. 이처럼 국제무역이론은 국제경영이론이 파생되는 데 중요한 영향을 끼쳤고, 이는 글로벌 경영과도 관련이 있다고 볼 수 있다. 이 장에서는 절대우위이론 · 비교우위이론 등의 '고전적 무역이론', 헥셔–올린 이론 · 레온티에프의 역설 등의 '근대적 무역이론', 대표수요이론 · 기술격차이론 · 제품수명주기이론 · 국가경쟁우위이론 등의 '현대적 무역이론'을 살펴볼 것이다. 그리고 독점적 우위이론 · 내부화 이론 · 절충이론 등 해외직접투자이론의 대표적인 이론들을 소개할 것이다.

2. 과거의 무역이론

1) 절대우위이론

고전무역이론은 애덤 스미스(Adam Smith)의 자유무역이론에서 시작되었다. 양국이 자유무역을 함으로써 규모의 경제가 달성되어 단위생산비용이 감소하여 양국 모두 효용이 증대될 수 있다는 것이 그 내용이다. 절대우위이론은 한 국가가 무역상대국에 비해 절대우위에 있는 재화를 특화해 수출하고 절대열위에 있는 재화를 수입한다면 무역참여국 모두 이익을 얻게 된다는 이론이다. 즉, 각국은 절대우위가 있는 상품에 특화 · 생산하고 이를 교역할 경우, 결과적으로 상품의 생산량이 증가하고 무역참여국 모두에게 교역으로부터 발생한 이익이 분배된다는 것이다.

절대우위이론은 노동이 유일한 생산요소이고 노동의 투입량에 따라 상품의 가치가 결정된다는 노동가치설에 기초하고 있다. 이러한 가정하에 영국과 포르투갈 두 나라가 의류와 포도주를 생산한다고 생각해 보자. 영국은 의류 1단위 생산에 50명의 노동량이 투입되고, 포도주 1단위 생산에 100명의 노동량이 소요된다. 반면, 포르투갈은 의류 1단위 생산에 80명의 노동량이 투입되고, 포도주 1단위 생산에 50명의 노동량이 투입된다. 절대우위이론에 따라 영국은 적은 노동량이 요구되는 의류 생산에, 포르투갈은 포도주 생산에 절대우위를 가진다고 할 수 있다. 이때 스미스에 따르면 영국은 의류 생산에 특화하고 포르투갈은 포도주 생산에 특화하여 교역을 하게 되면 상호 이득을 볼 수 있다. 각국이 어떤 상품을 생산 특화할 것인지는 상대국보다 적은 노동 투입량으로 그 상품을 생산할 수 있는지 여부에 달려 있는 것이다.

〈표 2-2〉는 절대우위이론을 적용해 위에서 언급한 내용들을 간단하게 숫자로 정리한 것이다. 영국은 의류를 특화하여 1단위, 포르투갈은 포도주에 특화하여 0.6단위의 재화에 대한 절대우위를 확보함으로써 양국이 교역을 통해 이익을 얻을 수 있다는 사실을 알 수 있다. 즉, 각국이 절대우위가 있는 상품을 특화생산함으로써 국제적 분업체계가 형성된다는 것이다.

표 2-2 | **절대우위에 기초한 교역이익**

	상품	영국	포르투갈	양국 생산량
교역 전	의류	50명의 노동량 → 1단위 생산	80명의 노동량 → 1단위 생산	2단위 생산
	포도주	100명의 노동량 → 1단위 생산	50명의 노동량 → 1단위 생산	2단위 생산
교역 후	의류	150명의 노동량 → 3단위 생산		3단위 생산 (1단위 생산증가)
	포도주		130명의 노동량 → 2.6단위 생산	2.6단위 생산 (0.6단위 생산증가)

그러나 위에서 제시한 사례와 달리, 만약 포르투갈이 의류와 포도주 생산에 모두 절대우위 또는 절대열위를 가진다면 무역은 발생하지 않는 것일까? 절대우위이론은 이러한 경우에 무역이 왜 발생하는지에 대해 설명하지 못하는 한계점을 갖고 있다. 또한 절대우위이론은 일국의 상품이 교역상대국의 상품과 어떠한 비율로 교환되는지에 대해 설명하지 못한다. 이러한 한계점을 보완하는 과정에서, 데이비드 리카르도에 의해 절대우위이론을 보다 일반화한 비교우위이론이 제시되었다.

2) 비교우위이론

(1) 비교우위이론의 개념

애덤 스미스는 규모의 경제를 기초로 하여 절대우위이론을 전개한 반면, 데이비드 리카르도(David Ricardo)는 국가 간 상대적인 생산원가의 차이에 의해서 교역이 발생한다고 주장했다. 비교우위이론은 한 국가가 특정 상품에 대해 절대우위를 갖지 못하더라도 교역상대국과 상품의 교역을 통해 이익을 얻을 수 있다는 것에 초점을 맞추고 있다. 두 개의 상품 생산에 모두 절대우위를 가진다 하더라도, 두 상품 중에서 상대적으로 적은 양의 생산요소를 투입해 생산할 수 있는 상품에 비교우위를 갖고 이를 특화하여 서로 교환한다면 양국 모두에게 이익이 된다는 것이다. 반대로 두 상품 모두 절대열위를 갖는 국가입장에서도 교역상대국에 비해 상대적으로 적은 양의 생산요소를 투입해 생산할 수 있는 상품에 비교우위를 가질 수 있다.

비교우위이론은 노동을 유일한 생산요소로 간주하고, 노동은 국내에서는 자유롭게 이동하여 요소시장의 완전고용을 가정하고 국제적으로는 이동할 수 없다는 가정 하에 전개됐다. 어떻게 이러한 주장이 가능한지 다음 예를 살펴보자. 영국과 포르투갈이 의류와 포도주 1단위를 각각 생산하는 데 필요한 노동량은 〈표 2-3〉에 정리되어 있다. 단위당 투입된 노동량에 대한 생산비를 비교하면, 영국의 경우 의류는 70/60으로 포르투갈의 약 116.6%, 포도주는 80/50으로 160% 수준이라는 것을 알 수 있다. 같은 방법으로 계산하면 포르투갈은 의류의 경우 영국의 약 85.7%, 포도주는 50/80으로 62.5% 수준이라는 것을 알 수 있다. 이를 통해, 영국의 경우 의류와 포도주 생산비 측면에서 두 상품 모두 비교열위를 갖고 있지만, 포르투갈의 동종상품 생산비와 비교했을 때 상대적으로 우위가 있는 포도주를 특화한다. 결과적으로 영국은 의류를 특화하여 0.14단위, 포르투갈은 포도주에 특화하여 0.2단위의 재화에 대한 비교우위를 확보함으로써 양국이 교역을 통해 이익을 얻을 수 있다.

표 2-3 | 비교우위에 기초한 교역이익

	상품	영국	포르투갈	양국 생산량
교역 전	의류	70명의 노동량 → 1단위 생산	60명의 노동량 → 1단위 생산	2단위 생산
	포도주	80명의 노동량 → 1단위 생산	50명의 노동량 → 1단위 생산	2단위 생산
교역 후	의류	150명 노동투입 → 2.14단위 생산		2.2단위 생산 (0.14단위 생산증가)
	포도주		110명 노동량 → 2.2단위 생산	2.2단위 생산 (0.2단위 생산증가)

(2) 비교우위이론의 시사점 및 한계

리카르도의 비교우위이론은 국가 간 생산비의 상대적 차이가 무역을 발생시키는 근본적 원인이라는 점을 규명했다. 또한 선진국에 비해 절대우위의 상품 혹은 산업이 없는 후진국 혹은 약소국의 경우에도 자유무역을 통해 이익을 얻을 수 있다는 이론적인 근거를 제시했다. 이처럼 자유무역의 이점을 분명하게 제시하고 있는 여러 가지 장점에도 불구하고 이 이론은 몇 가지 한계점을 지니고 있다.

① 비교우위이론에서 노동력은 한 국가 내에서는 자유롭게 이동될 수 있으나, 국가 간에는 이동이 불가능하다고 가정했다. 하지만 오늘날 국제무역은 노동력을 비롯해 다양한 생산요소들이 국가 간에 이동하고 있기 때문에 현실성이 떨어진다.

② 노동력은 국가 및 산업에 따라 질적으로 차이가 존재한다. 또한, 동일한 노동자라 하더라도 숙련도에 따라 노동의 질은 달라질 것이다.

③ 무역의 발생요인인 각국 생산비의 차이가 발생하는 근본적 원인과 발생된 무역이익이 양국에 어떻게 배분되는지 규명하지 못했다.

3) 헥셔-올린 이론

(1) 요소부존비율이론

스웨덴의 경제학자인 헥셔(Eli Heckscher)와 올린(Bertil Ohlin)은 리카르도의 비교우위이론의 한계점을 보완한 요소부존비율이론을 제시했다. 기본적으로 헥셔와 올린이 제시한 요소부존비율이론은 리카도의 비교우위이론과 마찬가지로 비교우위의 개념에 기초하고 있다. 그러나 비교우위이론에서는 생산요소를 노동 하나만 제시한 반면, 요소부존비율이론은 노동과 자본 2가지 생산요소를 가정하고 있다. 또한, 비교우위이론은 양국 간 비교우위의 기초가 되는 노동투입량, 즉 비교생산비가 왜 서로 다른지에 대한 해답을 제시하지 못하고 있는 반면, 요소부존비율이론은 각국의 생산비 차이가 생산요소 부존량(factor endowment)[1] 차이에 의해 발생하는 것이라고 제시

1) 요소부존량이란 일국이 노동, 자본 등의 생산요소를 얼마나 풍부하게 또는 희소하게 갖고 있는지에 대한 개념이다. 헥셔와 올린이 그들의 이론에서 언급한 요소부존량은 상대적인 개념이다. 예를 들어, 미

하면서 비교우위이론의 한계점을 어느 정도 보완하고 있다. 그리고 각 상품의 한 단위 생산에 투입되는 생산요소량이 서로 다르다. 따라서 여러 상품들 중에서 노동력을 많이 필요로 하는 노동집약적(labor-intensive) 상품이 있는가 하면, 자본을 많이 필요로 하는 자본집약적(capital-intensive) 상품도 있다.

요소부존비율이론에 따르면, 기본적으로 노동력이 풍부한 국가는 노동을 집약적으로 사용하는 상품생산에 비교우위가 있어 노동집약적 상품을 수출하게 된다. 자본이 풍부한 나라는 자본을 집약적으로 사용하는 상품생산에 비교우위가 있어 자본집약적 상품을 수출한다. 즉, 두 나라의 각 생산요소 부존량이 다를 경우, 생산요소의 가격과 비용에 차이가 발생할 것이다. 따라서 각국은 상대적으로 저렴한 생산요소를 활용한 상품을 집중적으로 생산할 것이다.

예를 들어 대만과 미얀마가 반도체, 인형 두 상품을 생산한다고 가정하자. 우선, 반도체는 자본집약재이고 인형은 노동집약재이다. 그리고 상대적으로 대만은 미얀마에 비해 자본이 풍부하고, 미얀마는 대만에 비해 상대적으로 노동력이 풍부하다. 대만은 자본이 풍부해 미얀마에 비해 자본비용이 낮기 때문에, 대만에서 생산되는 반도체의 생산비는 저렴하나 인형의 생산비가 미얀마에 비해 상대적으로 높다. 따라서 대만은 반도체에 비교우위를 갖게 되고, 미얀마는 인형 생산에 비교우위를 갖게 된다.

(2) 요소가격균등화 정리

요소부존비율이론에 의하면 각국은 교역상품의 가격경쟁력 확보를 위해 자국이 풍부하게 보유한 생산요소를 활용한 비교우위상품의 생산을 증가시킨다. 즉, 노동풍부국은 노동집약재에, 자본풍부국은 자본집약재에 특화를 하여 수출하고, 노동풍부국은 교역 전에 자본집약재에 사용했던 노동과 자본을 노동집약재 생산으로 전환한다. 따라서 노동집약재는 자본보다 노동을 집약적으로 사용해야 하기 때문에 노동의 가격은 상대적으로 상승하는 반면, 자본의 수요는 감소하여 자본의 가격은 하락한다. 반대로 자본풍부국에서는 이와 같은 원리로 자본의 가격은 상대적으로 상승하고

국이 한국에 비해 노동부존량이 절대적으로 많다고 하더라도, 자본의 부존량에 비해 상대적으로 덜 풍부하다고 할 수 있다.

노동의 가격은 하락한다. 결과적으로 양국 간의 요소가격은 균등화된다는 것이다. 국가 간 생산요소의 이동이 없더라도 상품의 교역을 통해 생산요소의 가격은 균등화된다는 것이 요소가격균등화 정리이다.

이러한 요소가격균등화 정리가 성립되려면 크게 2가지 가정이 성립해야 한다. 첫째, 2국 경제하에 경제수송비, 무역장벽, 기술력의 차이가 없어야 한다. 둘째, 요소부존이론과 마찬가지로 생산요소의 직접적인 이동이 없어야 한다. 이러한 제약요소로 인해 위 정리가 현실에서 실현되기는 쉽지 않다. 한편 요소가격균등화 정리는 교역참여국 간 소득격차를 감소시킬 수 있다는 논리로 저소득국가에게 개방정책의 이점을 강요하는 도구로 사용되기도 했다.

(3) 헥셔-올린 이론의 검증: 레온티에프의 역설

레온티에프(Wassily Leontief)는 미국의 수출입 데이터를 이용한 실증분석을 통해 요소부존비율이론의 검증을 시도했다. 그는 수출상품과 수입경쟁상품 생산에 투입된 자본과 노동의 비율(자본/노동)을 계산한 것을 토대로 검증을 실시했다. 검증 전에는 미국은 일반적으로 자본이 풍부한 국가로 간주되기 때문에 실증분석 결과 역시 요소부존비율이론의 결과와 유사할 것으로 예상이 되었다. 즉, 미국은 자본집약적 상품을 수출하고 노동집약적 상품을 수입할 것이라는 의미이다. 그러나 검증 결과는 정반대로 나타났다. 레온티에프는 그의 연구에서 각각 100만 달러에 달하는 미국의 수출상품과 수입상품을 국내에서 생산하는 경우에 필요한 자본/노동의 요소투입비율을 비교했는데, 그 결과 수입경쟁상품이 수출상품보다 약 1.3배 정도 높게 나타났다. 즉, 미국이 수입하는 상품은 수출하는 상품에 비해 1인당 필요 자본비율이 30% 이상 더 높은 자본집약적 상품이라는 의미이다. 이러한 현상을 레온티에프의 역설(Leontief paradox)이라고 한다. 이러한 역설을 설명하기 위해 〈표 2-4〉에 정리된 내용과 같은 논의가 다른 학자들에 의해 전개되었다.

표 2-4 | 레온티에프의 역설을 뒷받침하기 위한 노력

뒷받침 근거	세부내용
생산요소의 이질성	미국 노동자들의 생산성이 타국에 비해서 높기 때문에 미국은 노동풍부국으로 간주될 수 있음. 기업가정신의 우수성, 조직의 우월성, 교육, 산업구조의 상대적 우수함 등으로 인해 미국 노동자의 생산성이 높다고 평가받고 있음.
미국의 천연자원 부족	미국은 천연자원이 상대적으로 부족하여 자원집약적인 재화를 수입한다고 보며 천연자원과 자본 간에는 보완적인 관계가 있어 많은 천연자원을 필요로 하는 재화의 생산에는 자본도 많이 필요하다고 간주됨. 미국이 원유를 외국에서 수입하는데 원유는 자본집약적인 방법으로 생산된다는 점이 그 예가 될 수 있음.
인적자본	인적자본은 교육, 훈련 등과 같이 노동에 투자된 자본을 의미함. 미국의 수출재산업의 평균 기술수준과 임금이 수입경쟁재산업보다 높은데, 이 사실은 수출재가 인적자본집약적으로 생산된 것이라고 해석하고 있음.
수요편향	미국 소비자들의 수요가 자본집약적인 재화에 편향되어 있다면, 자본이 풍부한 미국이 자본집약적인 재화를 수입할 것으로 예상됨.
요소집약도 역전	헥셔-올린 모형은 각 상품의 생산에 요구되는 기술이 변하지 않는다고 가정함. 하지만 노동의 가격/자본의 가격 비율이 변하면서 두 재화의 요소집약도가 반전되는 요소집약도 역전이 발생할 수 있음. 이렇게 요소집약도 역전현상이 발생하게 되면 오히려 자본이 풍부한 국가에서 노동집약적인 상품을 수출함. 한편, 레온티에프의 역설이 요소집약도 역전에 기인한다는 강력한 실증적 증거가 있다고 말할 수는 없음.

출처: 서청석 외 (2009). pp.44-45.

3. 현대적 무역이론

1) 린더의 대표수요이론

앞에서 살펴본 절대우위이론, 비교우위이론, 요소부존이론 등 기존의 핵심무역이론은 주로 공급 측면에서 무역발생 원인을 파악하고자 했다. 그 중에서도 수직적 형태를 중심으로 각국의 비교우위를 분석하고 있다. 즉, 선진국 간 수평적 분업에 따른 무역을 설명하기 어렵다는 의미를 동시에 내포하고 있다. 린더(Linder)는 기존의 무역이론이 갖고 있는 이러한 한계점을 보완하기 위해 대표수요이론(representative demands theory)을 제시했다. 린더는 대표수요이론을 통해 수요 측면에서 무역이 발생하는 원인을 규명하고자 했다. 그리고 현실에서 주요한 무역 결정요인으로 간주되고 있는 소비자의 소득수준, 원산지 선호, 브랜드 이미지 등을 수요 측면 변수로 고

려했다.

린더는 어떤 상품이 잠재적 수출상품이 되기 위해서는 우선 그 상품이 국내에서 생산되어야 하지만, 그러기 위해서는 먼저 국내에서 수요가 있어야 하고, 이 수요는 어느 정도의 크기를 가져야 한다는 것이다. 즉 어느 국가가 특정 종류와 품질의 재화에 특화하게 되고, 그 상품이 국내시장에서 주요한 상품으로 자리 잡게 되면, 일국의 대표수요상품이 되고, 그 대표수요품목에 비교우위를 갖게 됨으로써 수출가능성이 높아진다는 것이다. 또한, 각국은 소비자의 기호를 충족시키기 위해 상대국의 대표수요품목을 수입하게 된다. 각국 소비자들 간에 공통적으로 선호하는 상품, 즉 각국에서 소비되는 대표적 수요의 동질성 정도가 클수록 무역의 기회가 확대된다고 제시한다. 앞서 제시했듯이, 대표수요이론은 선진국과 후진국간의 무역패턴에 대해서는 설명력이 떨어지나, 선진공업국 간의 무역의 흐름에 대해서는 비교적 유효한 설명력을 가진다. 또한, 이 이론은 동종산업, 즉 산업 내 무역형태를 반영한 이론이라 할 수 있다.

대표수요이론의 비교우위 설명에 있어서 린더는 사실상 소비재, 특히 공산품의 흐름을 대상으로 하고 있다. 농산물과는 달리 공산품의 비교우위 결정에는 경영능력의 향상, 기술의 우월성, 규모의 경제 등이 강하게 작용한다고 주장함으로써, 무역패턴의 결정에 있어서 기술요소의 중요성을 강조했다. 한편, 대표수요이론은 수요적인 측면을 지나치게 강조함으로써 무역패턴을 수요의 움직임에 의해서만 설명하고 있는 결점을 갖고 있다.

2) 포스너의 기술격차이론

기술격차이론(theory of technical gap)은 포스너(M. V. Posner)와 허프바우어(G. C. Hufbauer) 등에 의해 제시된 이론으로, 기술선진국과 기술모방국 사이에 존재하는 기술격차로 인해 무역이 시작되다가 나중에 기술모방국들이 기술선진국의 기술을 모방함에 따라 무역패턴이 변화된다는 내용에 초점을 맞추고 있다. 요약하자면, 국가 간 기술격차가 국가 간 무역을 발생시키는 원인이라는 것을 규명하는 이론이다. 기술격차이론에 의하면 국가 간 대부분의 공산품거래는 기술혁신에 의한 신제품과 새로운 생산방법의 출현에 의해 이루어진다. 기술선진국은 일정기간에 국제시장에서 독점적 우위를 지니지만 기술의 국제적 확산으로 인해 각국 간의 기술격차가 감소됨에 따라 독점적 우위는 점차 사라진다. 따라서 기술선진국이 신제품과 새로운 생산방법을 꾸준히 개발함으로써 기술집약적인 산업에서 지속적인 독점력을 유지한다.

[그림 2-1]은 포스너의 기술격차이론을 표현하고 있는 그래프이다. 우선, 선진국에서 개발된 신기술을 다른 선진국 혹은 개발도상국과 같은 기술 후진국들이 모방하기까지의 전체 모방기간을 기술습득기간과 국내외 반응기간으로 구분한다.

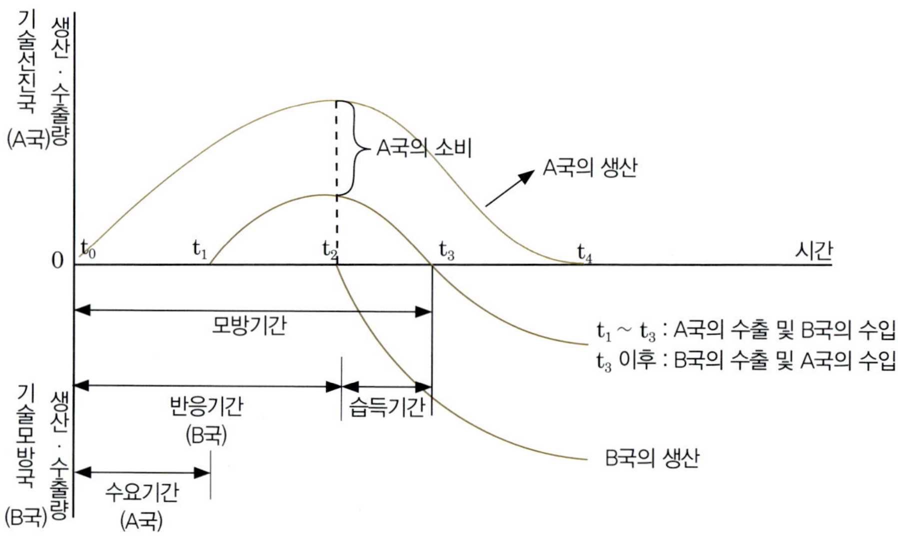

그림 2-1 | 기술격차에 의한 무역발생 및 무역패턴의 변동

그래프에서 수직축은 기술선진국과 기술모방국의 각각의 생산량·수출량을 의미한다. 수평축은 시간적 흐름을 의미한다. 포스너는 기술선진국과 기술모방국 간 생산과 무역발생을 크게 4단계로 구분하고 있다.

- 수평축 위: 기술선진국의 생산량과 수출량
- 수평축 아래: 기술모방국의 생산량과 수출량
- t_0: 신기술이 적용된 상품의 생산점
- t_0~t_1: 수요기간 → 기술선진국이 신제품을 생산한 후 기술모방국이 그 제품을 수입하는 데 소요되는 기간

— t_0~t_3: 모방기간 → 모방국이 동일한 상품의 수입을 통해 모방하는 기간
— t_1: 선진국이 신제품을 모방국에 수출하기 시작하는 시점
— t_2: 모방국이 자체생산을 시작하는 시점
— t_3 이후: 기술모방국에서 기술선진국으로의 역수출이 이루어지는 시점

결과적으로 t_1점에서 t_3점에 이르기까지는 기술선진국이 기술혁신 우위에 의한 수출을 하지만, t_2점에서부터 기술후진국이 기술을 모방하기 시작한다. 그리고 t_3점에서는 기술격차를 완전히 극복하고 오히려 기술모방국이 저임금 노동력을 통한 비교우위를 확보함으로써 수출이 역으로 이루어진다는 것을 알 수 있다. 시간이 지남에 따라 국가 간 기술 차이가 줄어드는 과정을 명확히 입증하지 못한 것은 본 이론의 한계점이라고 평가된다.

3) 제품수명주기이론

제품수명주기이론은 버논(R. Vernon)이 처음 제시했고, 그 이후에 웰즈(L. T. Wells) 등에 의해 발전되어 왔다. 신제품이 출현하고 시간이 점점 지나면서 제품의 수명이 성장기와 성숙기를 거쳐 쇠퇴기에 이르는 과정에서, 생산 · 소비 · 산업조직 등에서 변화가 발생하고 이에 따라 국가의 무역유형이 동태적으로 변화된다는 이론이다. 원래 마케팅 분야에서 개발된 제품수명주기이론은 그 후에 수출 및 해외직접투자 등의 패턴을 설명할 때 응용하게 되었다. 기술격차이론과 마찬가지로 동태적 이론의 한 종류라고 볼 수 있다.

(1) 도입기

신제품 도입기에는 대부분의 신제품이 기술혁신국에서 처음으로 개발된다. 그리고 해외수요는 존재하지 않기 때문에 우선 국내수요를 충족시킨다. 한편 버논은 그의 연구에서 미국과 같은 고소득국가에서는 과학적 연구와 신기술개발로 신제품을 만들어내는 충분한 조건이 있고, 자본이 풍부하기 때문에 자본의 가격이 상대적으로 저렴하다고 제시하면서, 이러한 고소득국가는 수요가 비교적 쉽게 확대되어 그 제품의 도입기가 성공적으로 마무리될 수 있다고 주장했다.

신제품의 첫 생산 후 어느 정도의 시간이 지나고 나면, 신제품이 최초로 출시된 국가와 비교했을 때 문화, 소득 등의 측면에서 유사한 특성을 지닌 다른 선진국에서 신제품에 대한 수요가 증가한다. 따라서 신제품 도입기 중반부터는 신제품을 최초로 개발한 선진국과 다른 선진국 간 신제품에 대한 교역이 발생한다. 한편, 기술혁신국에서 개발한 신기술이 일정 기간 지난 후 점차 다른 선진국으로 보급되거나 기타 선진국 기업들도 기술개발에 성공하여 기술혁신국이 초기 단계에서 누렸던 기술우위력이 점차 약해진다.

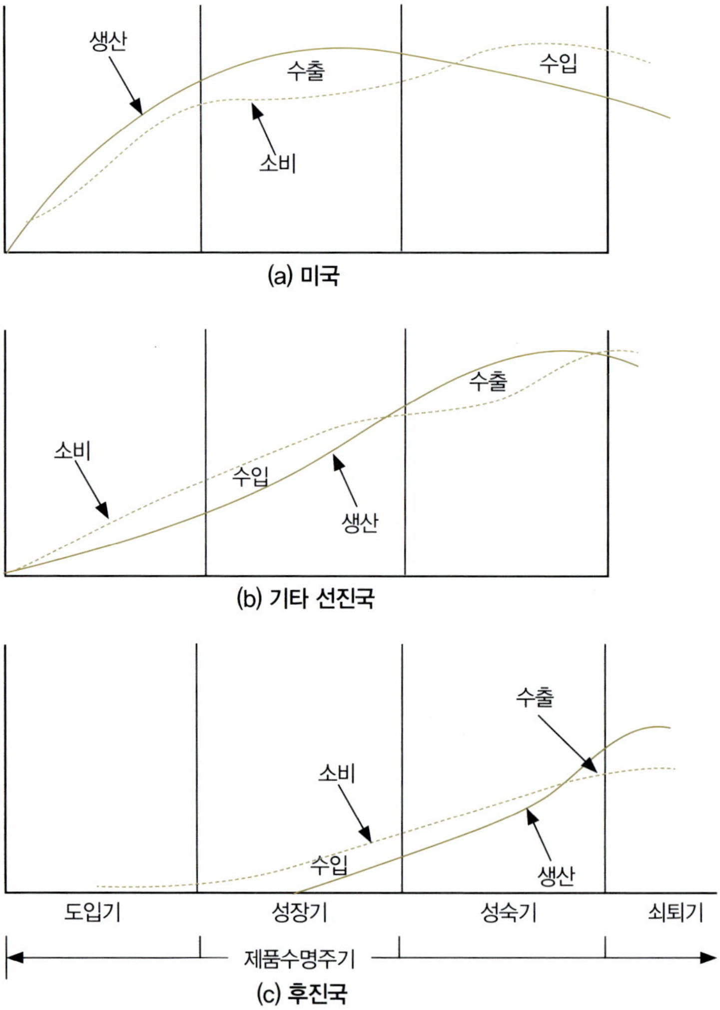

그림 2-2 | 제품수명주기에 따른 무역패턴

출처: Raymond Vernon & Louis T. Wells, Jr. (1981). p. 94.

(2) 성장기

기업은 성장기에 생산비를 절감하기 위해 대량생산에 의한 규모의 경제 이익을 추구하게 된다. 왜냐하면, 제품의 수요확대, 기술의 표준화, 구매자의 제품에 대한 지식 증가 등이 동시에 발생하기 때문이다. 따라서 생산량이 증대되면서 해외수출규모도 점차 증가하게 됨에 따라 후발선진국의 현지기업들에게도 기술이 확산되어 기술모방에 의한 자체 생산을 시작한다. 이 시점에서 시장에 전체적으로 참여하고 있는 기업 수가 크게 증가하고 비교우위가 점차 다른 선진국으로 이동하게 되며, 경쟁이 심화됨에 따라 도입기 당시의 고가가격은 점차 낮아지기 시작한다. 그리고 성장기 후반기경에는 다른 선진국뿐만 아니라 중진국 또는 개발도상국에서도 수요가 발생되어 여러 선진국으로부터 제품수입이 시작된다.

(3) 성숙기

성숙기 단계에서는 전 세계적으로 기술이 표준화되고, 제품에 대한 수요가 더 이상 급격하게 증가하지는 않는다. 따라서 기업들은 기술보다는 더 싼 생산기지를 찾아 임금이 싼 개발도상국으로 공장을 이전하기 시작한다. 성숙기에는 비교우위가 줄어들수록 생산기지는 선진국에서 개발도상국으로 점차 이동되고, 공장의 규모도 대형화, 표준화되어 규모의 경제효과를 누리게 됨에 따라 개발도상국 소비자들에게도 제품구매가 가능해진다. 이 시기에 후진국들의 수요는 계속해서 증가하고 후진국은 저렴한 노동력을 이용하여 낮은 비용으로 제품을 생산하여 국제경쟁력을 확보하여 수출이 시작된다.

한편, 선진국 기업은 생산설비를 다른 후진국으로 이동하여 현지에서 직접 생산하는 해외직접투자 양상을 보인다. 선진국이 리스크를 감수하고 해외직접투자를 하는 것은 해외시장 상실 위험을 극복하고 해외시장을 보다 효율적으로 공략하기 위함이다. 즉, 후진국의 가격경쟁력을 이용하기 위하여 생산시설을 후진국에 이전하여 상품을 생산 역수입한다는 것이다.

(4) 쇠퇴기

쇠퇴기 단계에서는 해당 제품에 대한 선진국의 수요를 충족시키기 위해서 후진국으로부터 역으로 그 제품을 수입하게 되어 순수입국으로 전락하게 된다. 따라서 선진국은 그 제품에 대한 비교우위를 상실하게 된다.

제품수명주기이론은 기술격차이론과 비교했을 때, 제품의 수명을 기준으로 분석하고 있다는 점에서 차이가 있다. 또한, 이 이론은 무역과 해외직접투자의 관계, 해외직접투자를 결정하는 주요 요인을 동태적으로 파악하고 있다는 점에서 의미가 있다. 그러나 이 이론은 해외직접투자의 근본적인 발생조건을 설명하지 못한다는 한계점을 지니고 있다.

4) 국가경쟁우위이론(다이아몬드 모형)

마이클 포터(Michael Porter)는 각국 특정산업의 경쟁우위가 어디에서 비롯되는가를 보다 체계적으로 분석함으로써 국가경쟁우위의 원천이 되는 4가지 요인을 제시하였고, 이를 국가경쟁우위이론 또는 포터의 다이아몬드 모형이라고 한다. 포터는 국가경쟁우위의 원천이 되는 4가지 요인을 국가경쟁우위는 생산요소, 수요조건, 연관산업 및 보조산업, 기업의 전략과 구조 및 경쟁으로 구분했고, 이 4가지 요인은 서로 영향을 주는 것으로 간주된다.

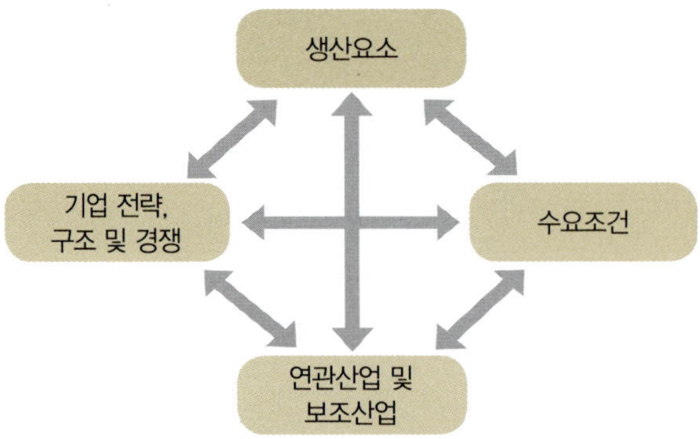

그림 2-3 | 국가우위를 결정짓는 4가지 요인

출처: Porter, M. E. (1990). p. 77.

국가경쟁우위에 영향을 주는 첫 번째 결정요인은 생산요소(factors of production)이다. 앞서 요소부존이론에서 언급했듯이, 생산요소는 각국의 경쟁력 있는 산업을 결정하는 가장 중요한 요인이다. 여기서 생산요소는 어떤 산업에서 경쟁을 위해 필요한 노동, 토지, 천연자원, 자본, 관련 인프라 등의 생산투입요소를 의미한다. 포터는 생산요소를 천연자원, 노동력과 같은 기본요소와 디지털 의사소통체계, 전문가 인력 등의 고급요소 2가지로 분류했다. 그리고 이 2가지 이외의 다른 요소들은 고속도로 시스템과 같이 일반화된 생산요소와 항만시설에서 벌크 화학물질을 다루는 인력과 같은 특화된 생산요소라고 제시했다. 포터는 만약 국가가 고급요소와 특화된 생산요소 2가지를 동시에 보유하고 있을 경우, 이것은 자국 내 경쟁력이 있는 기업들이 글로벌기업으로 발전할 수 있는 원동력이 될 수 있다고 주장했다.

두 번째 결정요인은 수요조건(demand conditions)이다. 린더가 대표수요이론에서 제시했던 것처럼, 포터는 국내수요조건이 경쟁우위를 결정하는 중요 요인으로 간주했다. 자국 내 소비자들이 제품과 서비스의 품질 등에 대한 기대수준을 높게 가질수록 기업들은 기술혁신을 가속화하게 되는 결과를 가져온다고 주장했다. 이는 결과적으로 기업과 국가의 경쟁우위를 강화하는 역할을 한다. 그리고 특화된 수요는 국외에서 기회를 창출할 수도 있다. 예를 들어, 스위스의 지리는 험준한 산맥으로 이루어져 있다. 따라서 산을 뚫어 기찻길과 고속도로를 만드는 과정에서 터널이 자연스럽게 필요하게 되었고 이에 따라 관련 기술이 발달하게 되었다. 그래서 스위스의 터널 뚫는 기계를 만드는 기업들은 세계적으로 오랜 시간 동안 우위를 점할 수 있었다.

세 번째 결정요인은 연관산업 및 보조산업(related and supporting industries)이다. 실제로 많은 경우에는 특정산업과 유사한 특성을 갖고 있는 연관산업과 해당 산업을 지원해 주는 역할을 하는 보조산업의 경쟁력 여부가 특정산업의 경쟁력을 결정짓는다. 즉, 특정산업이 글로벌 경쟁우위를 가지기 위해서는 이 산업에 필요한 중간재를 공급하는 산업과 연관산업의 기술혁신이 이루어져야 한다는 것이다. 이탈리아 내 신발산업의 발전이 대표적인 예라고 할 수 있다. 이탈리아 신발산업이 발전한 이유는 신발에 공급하는 가죽을 가공하는 산업, 신발을 디자인하는 관련 서비스 산업 등이 경쟁력을 갖고 있었기 때문이다.

국가경쟁우위의 마지막 결정요인은 기업의 전략, 구조 및 경쟁(firm strategy, structure,

and rivalry)이다. 포터는 기업차원에서의 전략과 구조, 그리고 자국산업 내 경쟁상황은 국가마다 상이하다고 제시했다. 포터는 어떤 기업이 그 기업이 속한 자국시장에서 경쟁우위를 확보하고 경영적으로 성공했을 경우, 다른 국가 또는 전 세계를 상대로 진출했을 경우 타 기업에 비해 경쟁력을 확보할 수 있는 확률이 높다고 주장했다. 예컨대, 전 세계적으로 유명한 벤츠, 아우디, 폭스바겐 등 독일의 자동차 기업은 자국 관련 시장에서 오랜 시간동안 끊임없이 경쟁우위를 확보하기 위한 노력을 통해 글로벌 경쟁력을 자연스럽게 확보할 수 있었다. 미국의 소프트웨어업체, 컴퓨터 제조업체 등도 이와 비슷한 사례라고 볼 수 있다. 즉, 기업의 생존과 번영을 위해서는 기업 고유의 경쟁우위를 확보해야 하고, 이를 위해 다양한 기업전략이 도출될 수 있다.

4. 해외직접투자이론

1) 독점적 우위이론

독점적 우위이론(monopolistic advantages theory)은 킨들버거(C. P. Kindleburger), 하이머(S. Hymer) 등에 의해 만들어진 이론으로, 외국기업이 해외직접투자로부터 수익을 얻기 위해서는 현지기업에 비해 외국기업이 갖는 불이익, 즉 외국비용(costs of foreignness)[2)]을 상쇄하고도 남을 수 있는 기업 특유의 우위를 보유하고 있어야 한다는 내용을 담고 있다.

기업 특유의 우위요소의 일반적인 예로 기업이 장기간 투자를 통해 확보한 마케팅 능력, 브랜드가치, 기술력, 특허권, 경영관리능력, 저렴한 자본조달비용 등을 들 수 있다. 이러한 기업 특유의 우위요소는 특정기업에 한정되어야 하며, 기업 내에서는 국경을 넘어 쉽게 이동될 수 있어야 한다. 이러한 우위요소는 새로운 경쟁기업에 대해서는 진입장벽이 되며 기업 내부에서는 그 사용에 있어 공공재와 같은 성격을 갖

2) 외국비용이란 기업이 익숙하지 않은 외국 현지의 환경에서 경영활동을 하면서 발생하는 추가적인 비용으로, 현지국의 수요패턴 파악, 현지시장환경에 대한 정보부족, 문화가 다른 현지 근로자 관리에 따르는 경영위험 등이 그 예라고 볼 수 있다. 현지기업은 이러한 외국비용을 부담할 필요가 없기 때문에 상대적으로 초기에 자국에 진출한 외국기업보다는 유리한 위치에 있다고 볼 수 있다.

게 된다. 외국에 진출하고자 하는 기업은 우위요소의 공공재적 성격으로 인해 해외직접투자 실행을 결정한다는 것으로 볼 수 있다. 해외직접투자를 할 경우에는 이러한 우위요소를 이용해 제품 차별화가 나타나며 해당 산업 내에서 과점 또는 독점적 형태를 취할 수 있다.

한편 기업이 독점적 우위요소를 보유하고 있다 하더라도 모든 기업이 해외직접투자 실행을 결정하지는 않는다. 직접수출이나 라이선싱, 프랜차이징 등 외국으로 진출할 때 사용할 수 있는 다른 방법을 활용하면서 확보하는 이익이 해외직접투자를 통해 얻을 수 있는 이익보다 클 경우에만 기업은 해외직접투자 실행을 결정할 수 있을 것이다.

독점적 우위이론은 어떤 국가 또는 지역에 투자를 할지에 대한 설명, 즉 입지개념에 대해 명확히 제시하지 못한다. 그리고 이 이론은 해외직접투자의 필요조건에 대한 설명은 가능하나 해외직접투자의 충분조건은 되지 못한다는 점이 한계점으로 평가된다. 그리고 위험요소가 많은 해외직접투자 실행에 독점적 우위요소를 사용해야 하는가에 대해서는 여전히 의문을 갖고 있다.

2) 내부화이론

버클리(P. J. Buckley)와 카슨(M. Casson)은 시장의 불완전성으로 인해 발생하는 거래비용을 회피하거나 기업 내부거래[3]를 함으로써 관련 비용을 낮출 수 있다면, 기업은 시장기능을 기업 내부로 결합하여 이익 극대화를 추구하게 된다고 주장하였다. 이를 내부화이론(theory of internalization)이라고 한다. 즉, 내부화는 시장의 불완전성에 대응하여 거래비용을 회피하거나 감소시키기 위하여 내부시장을 창조하는 과정이라고 말할 수 있다. 이 이론에서는 이러한 내부화 거래를 통해 내부시장의 창조가 국제적으로 발생하게 되고 이는 해외직접투자의 실행으로 이어진다고 제시했다. 이는 국제시장은 국내시장에 비해 시장불완전성의 요소가 더 많기 때문에 그만큼 내부화의 유인이 더 작용될 수 있고, 독점적 지위를 갖고 있는 기업은 외부시장을 이용하는 대신

3) 외부거래는 외부시장에서 소유권의 교환을 통하여 이루어지는 정상적인 시장거래를 의미하고, 내부거래는 시장 내부에서 소유권의 이전이 이루어지지 않는 개념상의 거래를 의미한다.

이를 내부화함으로써 비용을 절감할 수 있기 때문에 해외직접투자를 하게 된다는 의미이다.

그러나 기업이 시장기능을 내부화하는 과정에서 추가적인 비용이 발생한다. 주로 외부시장을 여러 개의 내부시장으로 분할하는 데서 발생하는 비용, 기업에 대한 규제의 간접비용, 새로운 시장구조에 대한 커뮤니케이션 비용, 내부시장 관리비용 등이 있다. 만약 중간재시장 또는 완제품시장을 이용하는 것이 유리하다면 수출이나 라이선싱이 발생하지만, 시장을 내부화함으로써 발생하는 이익이 내부화에 따른 여러 비용을 초과할 경우에는 해외직접투자가 발생한다는 것이 내부화이론의 요체이다.

버클리와 카슨은 내부화의 근거가 되는 시장불완전성을 산업 특유 요인, 지역 특유 요인, 국가 특유 요인, 그리고 기업 특유 요인으로 분류하여 〈표 2-5〉와 같이 제시하고 있다.

표 2-5 | 내부화의 요인

내부화 요인	내 용
산업 특유 요인	산업의 특성, 외부시장의 구조, 규모의 경제
지역 특유 요인	지리적 거리, 문화적 차이
국가 특유 요인	정치적 요인, 경제적 요인, 재정적 요인
기업 특유 요인	기술, 연구개발, 마케팅, 경영능력 등

출처: Buckley, P. J., & Casson, M. (1976). p. 45.

이러한 내부화의 주장은 다국적기업에도 적용할 수 있다. 다국적기업이 해외직접투자를 통하여 시장을 내부화하는 유형은 수직적 통합, 수평적 통합, 그리고 다각적 통합으로 분류할 수 있다. 수직적 통합에 의한 해외직접투자는 중간재시장의 내부화로써 원자재를 장기적 · 안정적으로 공급하거나 자사가 생산한 제품이나 반제품을 사용하거나 판매하는 생산시설을 다른 국가에 설립하는 것에 초점을 맞춘다. 수평적 통합에 의한 해외직접투자는 기존의 국내 생산시설과 동일한 생산시설을 해외에 설치하는 것을 의미한다. 그리고 다각적 해외투자는 국내의 생산 및 판매활동과 관계가 없는 분야에서 해외로 진출하여 다양한 사업활동을 전개하는 것을 의미한다.

내부화이론은 중간재시장, 자본시장 등 외부시장의 불완전성에 대해서 기업이 어떻게 대응하는가를 설명한 이론으로써, 시장의 불완전성이 가정될 경우 해외직접투자에도 적용될 수 있는 이점을 가지고 있다. 그러나 내부화이론은 시장의 불완전성만으로 기업이 외부시장의 기능을 내부화하고 이것이 해외직접투자의 동기라고 설명하고 있기 때문에 해외직접투자의 모든 동기를 설명하는 데 한계가 있다. 또한, 어떤 국가 또는 지역으로 해외직접투자를 할 것인지에 대해 설명하지 못하는 약점이 있다.

3) 절충이론

더닝(J. H. Dunning)은 해외직접투자의 모든 이론을 통합해서 일반적인 이론을 만들고자 노력했고, 그 결과 독점적 우위이론과 내부화이론에 입지이론을 추가하여 절충이론(eclectic theory)을 완성했다. 더닝은 3가지 이론을 절충하여 기업의 해외직접투자를 가능하게 하는 요소로 소유특유우위(ownership-specific advantage), 현지 장소특유우위(location-specific advantage), 내부화우위(internalization-specific advantage)로 분류하고, 해외직접투자 실행을 위에서 제시한 3가지 요소로 설명한다고 하여 OLI 패러다임이라고 불리기도 한다.

기업의 소유특유우위란 장기간의 투자를 통해 기업 내부에 축적해 놓은 무형자산을 소유함으로써 발생하는 경쟁우위를 말한다. 이는 외국 현지에 진출했을 때 현지기업이 갖고 있지 않은 경쟁우위를 의미한다고도 볼 수 있다. 독점적 우위이론 부분에서 이미 언급했듯이, 이러한 기업 특유의 우위요소에는 마케팅 노하우, 경영관리기법, 브랜드가치, 특허권, 독점적 기술력 등이 있다. 그리고 기업이 진출하고자 하는 현지국가 또는 특정지역이 풍부한 성장가능성, 양질의 노동력, 현지 정부의 협력적 태도 등의 투자할만한 매력이 충분할 경우에 그 국가 또는 지역은 장소특유우위가 있다고 말할 수 있다. 한편, 내부화 우위는 외부시장으로부터 거래하는 비용을 최소화하기 위해 기업이 해외진출 시 사업활동을 내부화함으로써 확보할 수 있는 이익을 의미한다. 특히 사업활동의 내부화에 따른 이익이 직접수출, 라이선싱 등 다른 대체수단을 이용하여 얻는 이익보다 더 커야 한다는 조건을 충족시켜야 한다.

표 2-6 | 절충이론의 3가지 우위요소

각 우위요소 세부내용
1. 소유특유우위 (ownership-specific advantage)
1) 기업의 다국적성에 기인하지 않는 우위 – 기업 규모, 다양성, 독점적 지위 – 독점적 기술, 특허 및 법에 의하여 보호되는 상표 – 생산, 마케팅시스템, 인적 자본 등의 경험과 축적 – 제품시장에 대한 배타적 접근능력 – 정부의 보호조치 2) 기업의 다국적성에 기인하는 우위 – 시장에 대한 유리한 접근 및 발전된 지식습득 – 대정부 협상능력 – 위험분산능력
2. 장소특유우위 (location-specific advantage)
– 투입요소와 시장의 공간적 분포 – 운반비, 통신비 등 인프라 비용 – 사회간접자본의 발달 정도 – 원재료, 부품 등 투입요소의 가격 · 품질 및 생산성 – 정부의 정책과 간섭 – 수입규제, 세율, 투자유인 및 투자환경, 정치적 안정성 – 언어, 문화, 관습 등 자국과의 사회심리적인 거리감
3. 내부화 우위 (internalization-specific advantage)
– 협상 등 외부시장거래에 수반되는 경비의 절감 – 재산권 보호에 사용되는 비용의 절감 – 외부시장에서 판매되고 있는 투입요소의 가치에 대한 구매자의 의심 제거 – 외부시장에서 가격차별이 불가능한 경우 이를 기업 내부로 흡수 – 미래시장이 없을 경우 기업 내부로 흡수 – 외부경제의 이용과 기업 간의 상호의존적 활동의 이점 – 쿼터, 관세 등 정부간섭 및 규제 회피 – 시장의 판로에 대한 통제가능 – 경쟁적 기업전략으로서 가능한 경우 상호보조금 지급, 시장침투가격 책정 등의 기업활동 수행가능

출처: 김철 (1996). pp. 93-94.

더닝은 위 3가지 우위요소를 고려하여 기업들은 해외직접투자, 수출 또는 포트폴리오 자원이동 등의 해외진출방식을 선택한다고 주장한다. 관련 내용은 〈표 2-7〉에 요약되어 있다. 소유특유우위, 장소특유우위 및 내부화 우위를 모두 갖고 있는 기업들은 내부화하여 해외직접투자방식으로 해외시장에 진출할 수 있다. 그리고 소유특유우위와 내부화 우위가 있으나 해외 현지국에서 장소특유우위가 없다면, 기업들은 본국에서 생산하여 수출하는 방식을 선택할 수 있다. 마지막으로, 소유특유우위와 장소특유우위가 있으나 내부화 우위가 없을 경우에는 라이선싱을 통해서 해외에서 대리생산하는 방식을 고려할 수 있다.

표 2-7 | 절충이론의 3 가지 우위요소와 해외시장 진출방식 간의 관계

우위요소 / 형태	소유특유우위	장소특유우위	내부화 우위
해외직접투자	O	O	O
수출	O	X	O
라이선싱	O	O	X

출처: Dunning, J. H. (1981). p. 4.

더닝의 절충이론은 기존에 발표된 이론에 비하여 상대적으로 일반화된 이론이라고 평가할 수 있다. 또한, 독점적 우위이론과 내부화 이론 및 생산입지이론을 종합한 이론을 제시했기 때문에 기업 운영자의 입장에서 실제로 해외시장 진출방식을 고려할 때 활용할 수 있는 이론이 될 수 있다. 하지만 이 이론은 단순히 기업활동만을 설명하고 있기 때문에 해외직접투자이론과 무역이론과의 통합적인 이론을 제시하지 못하고 있다. 또한, 거시적 경제단위인 국가경제와의 마찰이 발생할 가능성을 배제할 수 없다는 한계점이 있다.

연습문제

1. 국제무역이론과 국제경영이론의 차이점에 대해 설명하시오. (분석대상, 설명가능 범위, 분석 개별 단위, 생산요소, 전제조건을 기준으로)
2. 절대우위이론과 비교우위이론의 공통점과 차이점을 설명하시오.
3. 헥셔-올린 이론을 요소부존비율이론과 요소가격균등화 정리로 구분하여 설명하시오.
4. 레온티에프의 역설에 대해 간략히 설명하시오.
5. 대표수요이론, 기술격차이론, 제품수명주기이론을 비교, 설명하시오.
6. 포터의 국가경쟁우위이론에서 국가우위를 결정짓는 4가지 요인에 대해 설명하시오.
7. 더닝이 주장한 절충이론의 3가지 우위요소에 대해 설명하시오.

참고문헌

김철 (1996). 다국적기업론. 파주: 법문사.

서청석 외 2인 (2009). 신무역학원론. 서울: 신영사.

Buckley, P. J., & Casson, M. (1976). The future of the multinational enterprise (Vol. 1). London: Macmillan.

Dunning, J. H. (1981). "Explaining Outward Direct Investment of Developing Countries." in K. Kumar and M.G. McLeod(eds.), Multinationals from Developing Countries. Lexington, Massachusetts: Lexington Books.

Porter, M. E. (1990). The Competitive Advantage of Nations. Harvard business review.

Raymond Vernon & Louis T. Wells., Jr. (1981). Manager in the International Economy, 4th ed. New York : Prentice-Hall.

2부

Global Marketing

글로벌 경영전략과 환경

Chapter

03

글로벌 경영전략

1. 글로벌 경영전략의 의의
2. 글로벌 경영전략의 절차

Chapter 03

글로벌 경영전략

1. 글로벌 경영전략의 의의

1) 글로벌 경영전략의 개념 및 중요성

(1) 글로벌 경영전략의 개념

대부분의 글로벌 기업은 자사의 목표를 달성하기 위하여 시간, 자금, 인력, 정보 등 제한된 경영자원을 최적의 상태로 배분하기 위한 의사결정을 한다. 글로벌 경영전략(global management strategy)은 이와 같은 상황에서 글로벌 기업에게 경쟁우위를 가져다주는 방법에 대해 체계적으로 분석하는 구체적 사고방법이며, 희소한 경영자원을 배분하여 기업에게 경쟁우위를 창출하고 유지시켜줄 수 있는 주요한 의사결정이다. 글로벌 경영전략은 다음과 같은 특성을 갖는다.

① 글로벌 경영전략은 경영환경조건의 변화에 따라 영향을 받는다.
② 글로벌 경영전략은 기업의 목표달성을 위한 다양한 방법의 집합이다.
③ 글로벌 경영전략은 기업의 미래 발전방향을 제시하여 준다.
④ 글로벌 경영전략의 목표는 시장에서 인식되는 시장경쟁력 또는 상대적 경쟁력을 활용함으로써 달성될 수 있는 잠재적 경영성과를 구체화하는 것이다.

글로벌 경영전략이란 경영자의 기업가적인 활동 및 조직체의 혁신(innovation)과 성장(growth)을 다루는 것으로서, 보다 구체적으로는 기업의 다양한 경영활동을 이끄는 전략의 개발과 실행에 관련된 과정(process)으로 정의될 수 있다.

글로벌 기업의 성공적인 경영을 위해서는 전략적 경영이 필요한데, 전략이란 기업의 목표를 달성하기 위해 경영자들이 행하는 수단으로 기업과 환경과의 관계에서 경영자원의 최적배분을 의미하며, 최적배분을 통하여 기업의 경쟁우위를 얻기 위한 바탕이 된다. 대부분의 기업에서 최우선 목표는 소유주와 주주를 위해, 기업의 가치를 극대화하는 것이다. 기업의 가치를 극대화하기 위해서는 기업의 수익성과 수익성장률을 증가시켜야 한다. 일반적으로 더 높은 수익성과 더 높은 수익성장률은 기업의 가치를 높이고 이를 통해 소유주와 주주들에게 더 큰 수익을 안겨준다.

글로벌 경영의 경쟁우위 창출에서 전략의 역할은 무엇인가? 효과적인 글로벌 전략은 다수의 국가에서 동일하게 생산하고 판매할 수 있는 표준화된 제품을 개발하는 것에서 시작한다는 주장이 있다.

기업을 성공적으로 경영하는 원리나 전략은 대기업이나 중소기업 사이에 기본적으로 차이가 없다. 그러나 일반적으로 중소기업은 대기업에 비하여 자금, 인력, 정보 등의 제반 경영자원에서 열세인 반면, 경영자의 능력에 따라 기동성, 창의성, 유연성을 발휘하여 변화에 신속히 대처할 수 있는 장점을 가지고 있다. 이러한 장점을 살려 중소기업이 성공적으로 발전하기 위한 전략은 원가우위 전략, 다양한 소비자 욕구충족에 신속히 대처할 수 있는 차별화 전략, 기술에 의한 경쟁우위 전략, 전문화 전략, 틈새시장 공략을 통한 고도화 전략, 국제화 전략, 정보화 전략 등이 있다.

특히 중소기업이 글로벌 경영을 전략적으로 추진하면 급변하는 글로벌 환경 가운데서도 모든 구성원이 미래의 비전과 목표달성을 위해 지금 해야 할 일이 무엇인지를 명확하게 알 수 있고, 경영자에서 일선 직원에 이르기까지 기업의 모든 구성원이 글로벌 경영전략이 지니는 의미를 충분히 이해하고 달성해야 할 경영목표를 공유하게 됨으로써 공통의 지향목표를 갖게 되기 때문에 필요하고 유용한 정보를 수집, 활용할 수 있게 되는 이점을 얻을 수 있다.

(2) 글로벌 경영전략의 중요성

현대의 글로벌 기업은 국제화, 지식·정보화, 기술혁명이라는 환경 아래에서 경영 활동이 이루어지고 있어서 과거답습적이거나 단기적이고 즉흥적인 경영으로는 생존할 수 없다. 왜냐하면 이러한 환경에서는 사전에 변화의 추세와 그 구조를 통찰하고 슬기롭게 대응할 수 있는 중·장기적인 글로벌 경영전략을 중심으로 활동하는 체계를 확립해 나가지 않으면 안 되기 때문이다.

이에 글로벌 기업들은 중장기의 글로벌 경영전략 계획을 마련하여 급변하는 환경 속에서 비전과 목표달성을 위해 기업 내부의 강점과 약점, 그리고 외부환경의 기회와 위협요인을 인식하고 그에 따른 적절한 글로벌 경영전략 및 행동방향을 명백히 하여야만 성장 발전할 수 있다.

요즈음과 같이 기업의 글로벌 경영환경이 광범위하고 급속하게 변화할수록 글로벌 경영을 얼마나 전략적으로 추진하느냐가 곧 글로벌 기업의 흥망성쇠와 직결되고 있다는 것이 공통된 주장이다.

세계시장을 경영활동 무대로 경쟁하고 있는 글로벌 기업들은 글로벌 통합에 대한 압력과 현지적응에 대한 압력 사이에서 많은 갈등이 존재한다. 글로벌 통합은 기업이 국가 간 유사성을 최대한 활용할 목적으로 전 세계적인 효율성, 시너지 및 교차활용을 확보하기 위해서 여러 국가에 있는 자신의 가치사슬 활동들을 조정하는 것을 말하는 반면, 현지적응은 개별 국가 구매자의 특정 니즈에 부합하도록 가치사슬 활동들을 조정하는 것을 말한다. 가령, 현지적응적인 기업들의 경우 경영관리자는 각 시장의 독특한 조건에 맞게 기업의 경영방식을 적용시켜야 한다. 이 기업들은 고객니즈, 경영환경, 현지 유통구조 등에 적응해야 한다.

글로벌 기업들은 규모의 경제를 통한 비용절감, 고객 트랜드 수렴 및 보편적 니즈의 활용, 글로벌 고객에 대한 통일적 서비스의 제공, 글로벌 소싱의 수행, 글로벌 경쟁자에 대한 모니터 및 대응 그리고 국제적 전달이 가능한 미디어의 활용 등을 통해 글로벌 통합에 대한 필요성을 느낀다. 반면에 글로벌 기업들은 현지 자원과 같은 국가별 부존자원의 활용, 현지 고객니즈에 부합, 유통채널의 차이에 순응, 현지 경쟁에 대응, 문화적 차이에 적응 그리고 현지국 정부의 요구사항 및 규정에 부합 등을 통해 현지적응에 대한 필요성 역시 느낀다.

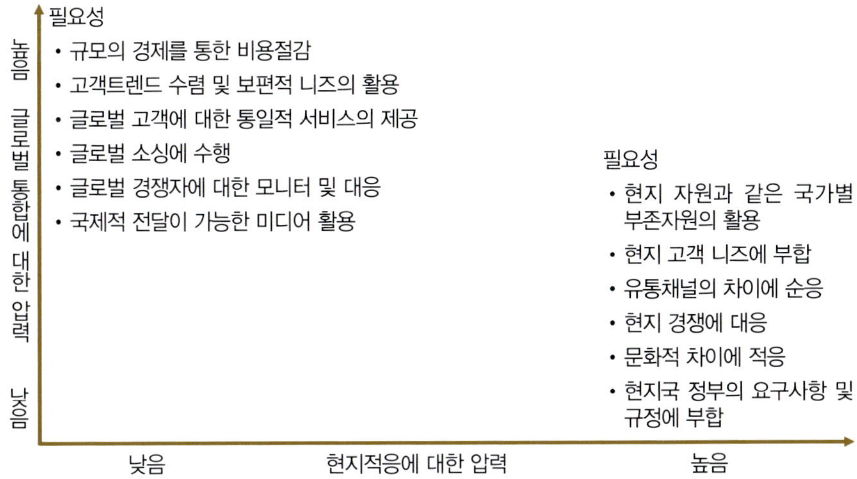

그림 3-1 | 통합 적응 모형: 국제화 기업에 상충하는 압력

출처: Cavusgil, S. T., Knight, G. & Riesenberger, J. R. (2008). p. 317.

이처럼 전 세계의 시장을 상대로 경쟁하고 있는 글로벌 기업들은 언제나 글로벌화와 동시에 현지화를 달성해야 하는 상반된 목표가 존재한다. 이를 프라하라드와 도즈(Prahalad & Doz, 1987)는 글로벌 기업이 직면하고 있는 근본적인 갈등이라고 표현하였다. 하지만 글로벌 기업의 입장에서는 글로벌화와 현지화라는 서로 상반되는 압력을 적절한 조화를 통해 해결하지 않고서는 제대로 된 글로벌 경영전략을 수립하기 어려운 것이 현실이다. 네슬레의 경우 스위스 시장에서 출발하여 5개월만에 모든 유럽국가에 진출할 만큼 글로벌화와 현지화를 동시에 추진해온 것이 경쟁력의 비결이라고 한다.

2) 글로벌 경영전략의 구성요소

글로벌 경영전략의 개념을 보다 명확히 하기 위해서는 글로벌 경영전략의 구성요소가 무엇인지 인식하는 것이 필요하다. 전략의 구성요소는 학자들마다 상이하게 정의되지만, 비교적 잘 알려진 호퍼와 쉔델(Hofer & Schendel, 1978)의 연구에 기초할 때 다음과 같이 구성된다.

① 영역(domain): 기업(조직)의 현재와 미래환경과의 상호관계에 있어서의 활동범위가 된다.

② 자원(resources): 기업의 목표달성에 필요한 제 자원의 전개수준과 패턴, 독자적 수행능력이다.

③ 경쟁우위성(competition advantage): 기업이 자원 전개 패턴이나 영역 결정을 통해 경쟁자에 대하여 전개하는 독자적인 경쟁지위이다.

④ 시너지(synergy): 자원의 활용이나 영역 결정에서 나타나는 상승효과이다.

이상의 요소는 글로벌 경영전략 개념을 전략적 경영의 관점에서 기업과 환경 간의 대응방식을 다루는 데 중요한 요소들이다. 글로벌 경영전략은 변화하는 경영환경에 대응 또는 적응하면서 기업의 미래지향적인 기대를 실현하기 위하여 기업이 갖고 있는 잠재력을 효과적 또는 합리적으로 활용하는 방법을 설명해 준다.

표 3-1 | 글로벌 경영전략의 유형

분류기준	전략유형
조직차원	기업전략, 사업전략, 직능별 전략
경영전략	판매전략, 생산전략, R&D전략, 투자전략, 금융 및 재무전략, 인사전략
발전방향/자원활용	성장전략, 안정전략, 축소전략
시장활동	공격적 전략, 방어적 전략
제품/시장	시장침투전략, 시장개발전략, 제품개발전략, 다양화 전략
경쟁력	원가우위전략, 차별화 전략, 집중화 전략

출처: 전외술 외 (2009). p. 140.

글로벌 경영전략을 올바르게 이해하기 위하여 글로벌 경영전략의 유형을 검토해 볼 필요가 있다. 글로벌 경영전략의 유형은 기업의 특성이나 관점에 따라서 여러 가지 방법으로 구분할 수 있다. 〈표 3-1〉에서와 같이 글로벌 경영전략은 기업의 기대상태와 목표의 구체적인 내용과 이들에 대한 기업의 적극적인 경영활동을 나타내는 중요한 기준요소 또는 대상을 기준으로 분류하는 것이 일반적이다.

3) 글로벌 경영전략의 주요 고려사항

일반적으로 글로벌 기업들은 여러 가지 주요한 사항들을 충분히 고려하여 글로벌 경영전략을 수립해야 한다. 글로벌 기업들이 고려해야 할 중요한 사항은 다음과 같다.

(1) 핵심역량의 해외이전 가능성 문제

글로벌 경영전략을 수행하려는 글로벌 기업들은 자신이 무슨 경영자원을 보유하고 있는가와 또한 자사가 가진 경영자원이 과연 국제적으로 이전가능한가, 즉 자신이 보유한 경영자원을 해외시장에서 활용할 수 있는가에 대해서 고려해야 한다. 만약 어느 기업이 국내 본사에서는 품질과 가격면에서 경쟁우위가 있지만 전 세계적인 경쟁자와 비교하였을 때 그 우위가 크지 않다면 해당 기업은 글로벌 시장에 진출하여 성공할 기회가 적을 것이다.

이처럼 글로벌 기업들이 경쟁기업에 비해 훨씬 우월한 능력, 즉 경쟁우위를 창출하는 기업의 능력을 핵심역량(core competence)이라 한다. 이와 같은 핵심역량은 기업이 보유하고 있는 경영자원 중 경쟁자가 쉽게 모방할 수 없는 기업 특유의 능력을 의미한다. 즉 기업들은 각자 서로 다른 핵심역량을 갖고 있으며 이러한 핵심역량은 글로벌 기업 경쟁우위의 근본적인 원천이 된다. 또한 핵심역량은 글로벌 기업들이 전 세계적인 경쟁자에 비해 비용상에서의 경쟁우위를 갖는 원인이 되기도 하며, 차별화 우위를 통해 가격프리미엄을 얻을 수 있는 원천이기도 하다. 이에 글로벌 기업들은 자신이 보유하고 있는 경영자원 중 핵심역량이 무엇이며, 과연 보유한 경영자원이 국제적으로도 이전가능하여 경쟁우위를 지속할 수 있는지를 철저하게 검토하여야 한다. 예를 들어, 도요타(Toyota)는 잘 디자인된 고급차를 세계 어느 기업보다 낮은 가격에 생산할 수 있는 핵심역량을 가지고 있는데, 도요타의 이러한 역량은 주로 회사의 뛰어난 생산과 물류기능에서 기인한다.

(2) 기업활동의 세계적인 배치문제

글로벌 기업의 경영전략 수립 시 생산시설의 배치문제가 매우 중요하다. 글로벌 기업들은 기업의 다양한 활동을 한 국가 내에 집중시킬 수도, 또한 세계 여러 곳에 분산시킬 수도 있다. 하지만 글로벌 경쟁력 차원에서 글로벌 기업들은 경영전략수립 시 핵심역량적인 관점에서 각각의 생산활동을 어느 지역, 어느 국가에 배치할 것인가를 고려하여야 한다. 이와 같이 글로벌 경영전략의 수립에는 생산활동을 여러 단계로 구분하고 개별 생산활동을 전 세계적으로 수행할 수 있는 국가로 재배치하는 것이 필요하다.

세계적인 배치에 가장 중요한 판단기준을 제공하는 것이 핵심역량적인 관점이다. 즉 글로벌 기업들은 자신이 핵심역량을 보유하고 있는 활동부분만 본국에 남겨두고, 기타 활동부분은 세계 각국 중 그 활동부분을 가장 잘 수행할 수 있는 국가에 효과적으로 배치함으로써 최대한 효율성을 가질 수 있다. 예를 들어 LG전자나 삼성전자의 경우 노동집약적인 활동부분, 즉 냉장고 생산에 있어 부품조립과 같은 노동집약적인 활동은 임금이 낮은 중국이나 태국과 같은 개발도상국에 위치하는 것이 효과적이며, 자본집약적이거나 연구개발집약적인 활동분야는 미국, 일본, 유럽 등의 선진국에 위치하는 것이 더욱 효과적일 것이다. 이와 같이 핵심역량적인 관점은 글로벌 기업들이 개별활동의 입지를 선정할 때 가장 중요한 고려요인이다.

일반적으로 가치사슬의 하류부문에 위치한 기능들(산출물류, 마케팅과 판매, 애프터서비스)일수록 고객과 관련성이 매우 높다. 따라서 이들은 지리적으로도 고객 가까이에 위치해 있어야 하고 현지상황에 적응해야 하기 때문에 분산배치되는 것이 바람직하다. 반면에 가치사슬의 상류부문에 위치한 기능들(투입물류, 생산)은 고객과 무관하게 입지를 정할 수 있기 때문에 한 곳에 집중배치하는 것이 바람직하다. 비슷한 맥락에서 생각해 보면 경쟁우위의 원천이 가치사슬의 하류부문 활동에 있는 산업에서는 기업의 전략 역시 개별 국가별로 이루어져야 하며, 반대로 상류부문의 활동이 경쟁우위의 주요 원천인 산업의 경우에는 글로벌 전략이 타당할 것임을 알 수 있다.

(3) 진입시장의 선택문제

글로벌 기업들은 글로벌 경영전략 수립 시 기업활동의 배치와 관련하여 구체적인 진입시장의 선택이 매우 중요하다. 글로벌 기업이 해외시장 진출을 고려할 때에는 먼저 자신의 핵심역량을 기준으로 보아 진출 후 해외자회사가 글로벌 경쟁력을 가질 수 있는지 여부를 고려하여 진입시장을 선택해야 한다. 즉 시장의 크기, 소비자들의 구매력, 경제성장률에 기반한 미래 소비자들의 부의 수준 등의 요소에 의해 선택할 수 있다. 중국, 인도 등과 같은 시장은 소비자 수에 있어 매우 큰 시장임에도 불구하고 해당 국가의 생활수준이나 경제성장에 대해서도 반드시 고려해야 한다. 2008년 리먼브러더스 쇼크 이후 신흥국의 세계경제 성장 기여율이 70%를 넘는 등 신흥국이 주도하는 세계경제의 성장 모습이 고착화된 느낌이다. 영국에서 시작된 산업혁명이 본격적으로 파급되기 이전인 1820년대만 하더라도 중국과 인도는 세계경제 규모의 절반 정도에 달했다. 그 후 급격히 비중이 하락했지만 이들 신흥국의 성장세는 산업혁명 이후 구미 주도의 세계경제 구도를 변화시키고 있다. 2011년 선진국 경제의 성장률은 1%대에 그치는 반면 신흥국은 5% 이상의 성장률을 기록, 세계경제에 대한 성장 기여율은 80% 정도가 될 것으로 예상된다. 이런 전제에서 중국이나 인도 등 상대적으로 가난하지만 성장속도가 빠른 국가들은 매력적인 투자시장이 될 수 있다.

전 세계의 시장을 무대로 경쟁하는 글로벌 기업들에게 있어 기업활동을 일부 국가에 집중하는 경영전략은 바람직하지 못하다. 오히려 진출하고자 하는 시장의 중요도에 따라 전 세계적으로 골고루 퍼져서 기업활동의 균형을 이루는 것이 더욱 바람직하다. 즉 부품조달, 생산, 제품개발, 국제물류 등 글로벌 생산네트워크의 관리에 있어서 지리적 시장의 균형이 필요하다. 이와 같이 균형 있게 시장에 참여하게 되면 전 세계 시장에서 소비될 수 있는 글로벌 제품의 개발이 가능하게 되고 또한 전 세계적인 마케팅 프로그램의 표준화가 가능할 수 있다.

이와 같은 문제를 고려하여 해외에 있는 각 시장에 진출을 검토할 때 글로벌 기업들은 크게 두 가지 요소를 염두에 두어야 한다. 첫 번째로 글로벌 기업은 현지시장의 전략적인 중요성을 평가해야 한다. 이는 그 기업이 추구하는 글로벌 경영전략의 성패에 중요한 영향을 미치는 시장을 의미한다. 둘째로 현지시장에서 그 글로벌 기업이 갖고 있는 경쟁우위를 객관적으로 평가해야 한다. 이는 핵심역량의 관점에서 그 기업의 상대적 경쟁우위를 살펴보는 것을 의미한다.

(4) 진입방법의 선택문제

글로벌 기업이 개별 생산활동을 국가별로 분산하기로 결정한 이후, 그 국가에 어떠한 형태로 진입할 것인가를 결정하는 진입방법의 선택문제가 남는다. 글로벌 기업이 해외시장에 진출하는 데에는 수출이나 라이선싱형태로 진입할 수가 있으며 독자법인을 설립하거나 합작투자 또는 인수합병의 방법으로 진출할 수도 있다. 이와 같이 각국에 진출할 때에 적절한 진입방법을 결정하는 것은 기업들이 글로벌 경영전략을 추구하는 데 중요한 필수적인 의사결정이다.

해외시장 진입방식을 결정하는 데 있어서 첫째로 기업 내부의 경영자원을 고려할 필요가 있다. 기업 내부의 측면에서 볼 때 기업이 갖고 있는 경영자원과 핵심역량, 즉 그 기업이 갖고 있는 기술, 브랜드 그리고 진출대상국과 관련된 글로벌화 경험은 진입방법의 선택에 큰 영향을 미친다. 예를 들어 기술력이 강한 기업이나 우수한 브랜드를 보유하고 있는 기업은 합작투자나 라이선싱보다 100% 소유의 자회사를 선호하는 경향이 있다.

둘째로 기업은 투자국의 투자환경을 고려할 필요가 있다. 투자환경을 고려할 때 살펴볼 외부환경요소로는 해당 산업의 구조적인 특성과 진출하고자 하는 국가의 정치 · 경제 · 문화적인 환경이 있다. 예를 들어 규모의 경제가 큰 자동차산업의 경우, 각국마다 공장을 설치할 수 없으므로 폴란드에서 생산하여 전 유럽에 판매하거나 남미지역은 브라질에 공장을 세우는 등 각 지역별 생산거점을 구축하는 전략이 필요하다. 한편 진출국가의 정치 · 문화 · 경제적 환경은 진출기업에 큰 영향을 미친다. 많은 경우 투자국의 환경은 기업이 통제할 수 없는 외생변수로 작용하는 경우가 많기 때문이다([그림 3-2] 참조).

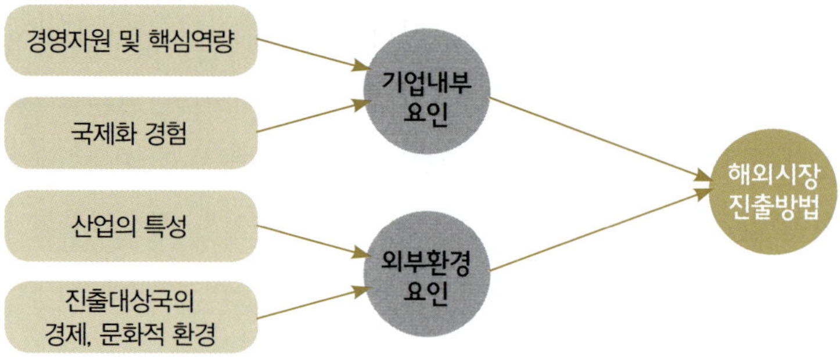

그림 3-2 | 해외시장 진출방법의 고려요인

출처: 장세진 (2011). p. 183.

흔히 글로벌 기업의 글로벌화 과정은 몇 단계의 과정을 거치면서 해외시장에의 몰입 정도를 점차로 높여가는 진화론적 관점으로 설명할 수 있다. 일반적으로 기업의 글로벌 경영활동이 확대되어감에 따라 기업의 글로벌화는 간접수출, 직접수출, 라이선싱, 판매법인, 합작투자, 직접투자의 순으로 그 규모와 몰입이 점진적으로 확대된다. 그러나 기업이 갖고 있는 경영자원, 국제화 경험, 산업의 특성, 투자국의 환경에 따라 어느 특정단계에서 머무르거나, 어느 단계를 건너뛰기도 한다. 또한 기업들은 다양한 진출방식을 동시에 병행할 수 있다. 예를 들어, 직접투자와 동시에 프랜차이징도 할 수 있고 또는 판매법인도 설립할 수 있다.

(5) 기업활동의 세계적인 조정문제

글로벌 기업에게 있어 국제적으로 시장진출을 한 후에는 전 세계에 퍼져 있는 자회사들에 대한 통제와 조정을 어떻게 효과적으로 할 것인가가 글로벌 경영전략의 주요한 과제이다. 이렇게 전 세계적으로 분산되어 있는 생산활동을 효과적으로 통제하지 못한다면 기업은 좋은 경영성과를 내지 못한다.

포터(Porter, 1986)는 이에 대해 기업활동을 어떻게 전 세계에 배치(configuration)할 것인가와 전 세계에 배치된 활동을 어떻게 조정(coordination)할 수 있을 것인가의 문제로 글로벌 경영전략을 정의하였다. 조정(coordination)이란 정보의 공유, 책임 및 권한의 할당 등을 뜻한다. 전 세계에 배치된 기업활동 및 가치창출활동에 적절한 통제와 배치, 그리고 조정이 이루어질 때 글로벌 기업은 비로소 기업 전체 차원에서 시너지를 창출할 수 있을 것이다.

글로벌 기업이 수행하는 글로벌 전략은 기업활동의 범세계적인 조정과 배치를 축으로 [그림 3-3]과 같이 수출 위주의 마케팅 전략, 국가별 전략, 단순한 글로벌 전략, 고도의 글로벌 전략 등으로 구분하기도 하는데, 조정과 배치의 축에 따른 이 네 가지 전략 유형은 기업이 놓여 있는 상황에 따라 효과적인 전략일 수도 있고 그렇지 못할 수도 있다. 따라서 글로벌 경영자들은 어떤 전략이 자사의 글로벌 경쟁우위를 확보하는 데 효과적인가를 잘 살펴보아야 하며, 가치활동의 지역적 집중과 분산에 따른 장점, 단점과 가치활동의 조정에 따른 장점, 단점을 잘 인식하여 기업 특유의 성격 및 산업특성에 적합한 글로벌 경쟁전략을 수립해야 할 것이다. 여기에서 주의해야 할 것은 글로벌 전략이 국가별 전략보다 항상 우수한 것은 아니라는 점이다.

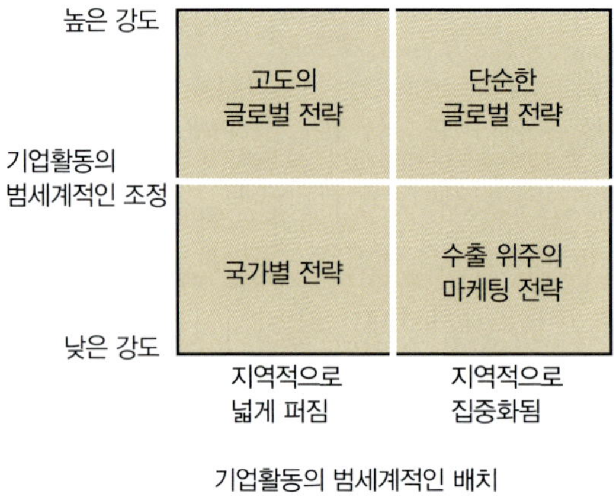

그림 3-3 | 글로벌 전략의 비교

출처: 장세진 (2011). p. 187.

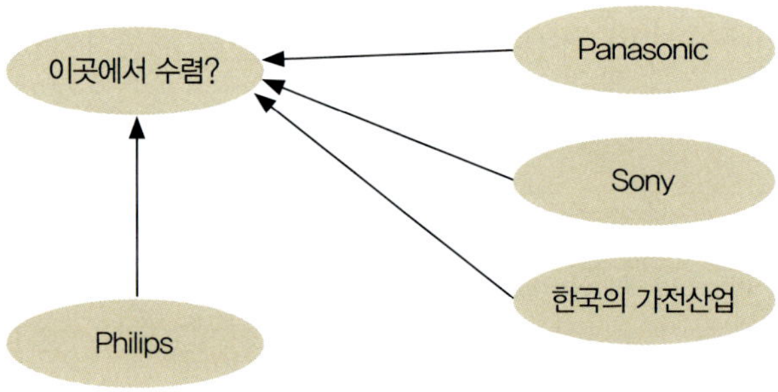

그림 3-4 | 가전산업의 변화

출처: 장세진 (2011). p. 189.

한편 글로벌 전략의 형태도 많은 변화를 경험하고 있다. 즉 많은 산업들이 점차 글로벌 산업으로 이동하고 있어 글로벌 전략의 형태도 점점 고도의 글로벌 전략방향으로 수렴되는 경향을 보이고 있다. 예를 들어 소니(Sony)나 파나소닉(Panasonic)과 같은 기업들은 단순한 글로벌 전략을 추구하는 반면, 유럽의 필립스(Philips)는 전통적으로 국가별 전략을 수행해 왔다. 하지만 최근에 와서 소니와 파나소닉, 한국의 삼성전자와 LG전자는 세계 여러 나라로 생산기지를 넓혀가고 있으며 필립스는 자회사 간의 조정기능을 점차 확대해 나가고 있다([그림 3-4] 참조).

2. 글로벌 경영전략의 절차

글로벌 경영전략은 미래에 발생가능성이 높은 몇 개의 상황을 상정해서 상황에 따라 전략이 수립되어야 하며, 이는 기업 전체를 통합하고, 각 사업부문을 포괄하며, 또한 각 기능에 조화가 이루어지도록 해야 한다.

먼저 기본적인 장기목표, 즉 기업의 장기비전을 설정하고 이의 달성을 위해 제한된 자원을 어디에 투입하는 것이 좋은가를 결정한다. 이때 전략대안은 기업의 사명을 바탕으로 외부환경분석과 내부능력분석의 결과로부터 도출된다. [그림 3-5]는 글로벌 전략을 수립하고 집행하는 전체 과정을 관리하는 글로벌 경영전략의 틀을 제시한다. 특히, 오늘날과 같은 환경의 불확실성과 불연속성 아래에서 등장한 경영전략은 전략의 주기적인 수립뿐 아니라 계속적인 관리를 강조하고 있다.

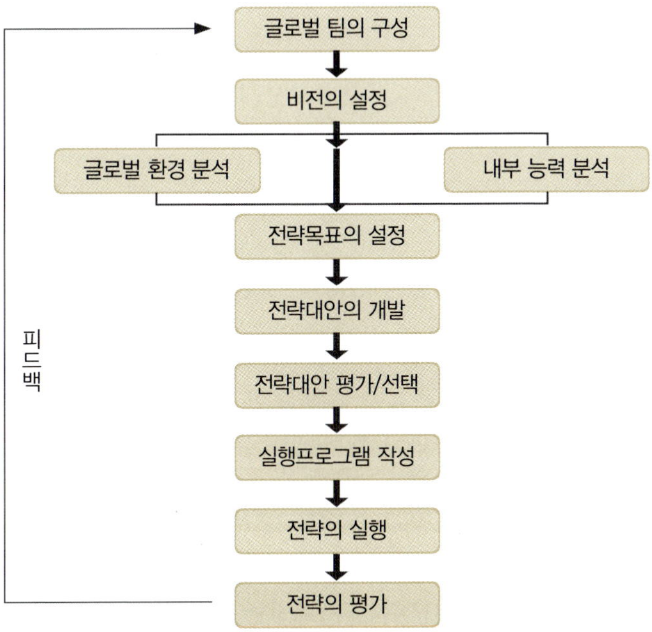

그림 3-5 | 글로벌 경영전략의 수립절차

출처: 전외술 외 (2009). p. 149.

1) 글로벌 팀의 구성

글로벌 팀(global team)은 기업 내 문제해결 및 최선의 방안 마련이라는 임무를 부여받는 경우가 점점 더 많아지고 있다. 글로벌 팀은 특정 임무를 부여받아 국제적 차원의 의사결정을 내리고 실행하는 국제적으로 배치된 사람들의 그룹을 말한다.

글로벌 전략의 성공에 절대적으로 필요한 것은 전략수립과정에 각기 다른 부서와 다른 국가의 경영자들을 함께 참여시키는 것이다. 그렇기 때문에 글로벌 전략의 분석에 참여하는 사람들을 선택하는 것은 매우 중요한 결정이 될 수 있다.

글로벌 팀은 여러 모습을 띨 수 있다. 전략적 글로벌 팀은 글로벌 산업 내에서 해당 기업의 포지셔닝을 개선하기 위한 방안들을 마련하고 실행하게 된다. 운영적 글로벌 팀은 다국적기업의 전체 글로벌 네트워크에 걸쳐서 효율적이고 효과적인 사업운영에 초점을 맞춘다. 각각의 글로벌 팀은 전 세계적으로 사업을 책임지고 있는 경영자, 사업에 관련되어 있는 상급경영자, 주요 지역이나 국가의 총책임자, 주요 부서의 총책임자들로 이루어질 필요가 있다.

2) 장기비전의 설정

신규사업을 시작하거나 기존사업의 방향을 재정립하고자 할 때 가장 먼저 해야 할 일이 기업의 비전을 정립하는 일이다. 기업의 비전은 기업철학을 구체화한 것으로 기업이 미래에 나아가고자 하는 통일된 방향을 표현한다.

기업의 비전은 크게 다음의 세 가지 요소들을 담고 있다. 첫째는 기업이 원하는 미래상이다. 즉, "현재 우리가 하고 있는 사업은 무엇이며 향후 어떠한 사업을 전개할 것인가" 등을 결정하는 것이다. 특히 글로벌 경영활동을 수행하는 기업은 핵심전략의 구성요소인 사업영역 및 경쟁우위의 확보방안을 자국 내로 국한하지 않고 전 세계 영역을 대상으로 수립하게 된다. 둘째는 조직구성원들에 대한 대내적인 동기유발이다. 즉, 기업의 비전은 조직구성원들의 인종이 다양한 글로벌 기업에 있어서 특히 중요하다. 셋째는 기업의 사회적 책임 등을 포함한 기업을 둘러싼 이해관계자들에 대한 대외적인 관계설정이다. 한 국가에 한정되지 않고 여러 국가에 걸쳐 활동하는 글로벌 기업의 입장에서는 각국에 대한 일관된 관계설정이 매우 중요하다.

한편 기업의 존재 이유와 기업의 성격을 규명하는 기업 사명문(mission statement)에는 제공하는 제품이나 서비스, 목표로 하는 고객, 목표로 하는 국가나 지역시장, 제품에 사용된 기술, 기업이 성장과 이익을 추구하는 데 필수적인 기본능력, 기업의 철학, 기업이 희망하는 사회에 대한 이미지, 기업에 고용된 사람들이 지켜야 할 기본원칙 등과 같은 내용이 포함되어야 한다.

이처럼 명확하게 정의된 기업의 비전과 기업 사명문은 향후 전략대안의 개발 및 평가를 위한 토대가 될 뿐만 아니라, 모든 차원의 관리자들에게 의사결정의 지침을 제공하게 된다. 비야디 사례에서 볼 수 있듯 외부환경의 변화에 빠르게 대응하지 못하는 기업은 지속성장의 벽에 부딪혀 성장에 실패하게 된다. 따라서 모든 글로벌 기업들은 그들을 둘러싸고 있는 경제, 사회 그리고 글로벌 환경의 변화 등으로 지속성장의 벽에 부딪힐 수 있으므로 지속성장을 위해 미래지향적이고 혁신적이며 장기적인 비전을 설정하여 대비하여야 한다.

Case
사례

비야디의 성공과 실패

중국의 전지제조업체로 출발한 비야디가 자동차제조업에 진출(2003)하였고, 2009년까지 매년 100% 이상씩 성장하여 자동차사업을 시작한 지 3년 만에 소형차 판매 전국 1위를 달성하였다.

▶ 성공 배경

1. 2005년 중국 자동차시장의 두 자릿수 성장
2. 중소형차(비야디 주력라인업) 수요의 증가
3. 모조제품(도요타 구식모델 F3)을 싼값에 생산
4. 2008년 워런 버핏의 투자
5. 중국 정보의 전기자동차 발전을 위한 보조금, 인프라건설 등의 지원

▶ 실패 이유

1. 2010년 정부의 구매보조금 정책 만료
2. 모방-중소형-저가라인업 고집으로 자체 브랜드 구축 실패
3. 글로벌 메이저업체들의 중국시장에 대한 전략적 역량 집중
4. 부품의 자체 생산으로 규모의 경제 효과가 없음
5. 생상공장지역(선전지역)의 과도한 인건비와 상승속도

6. 대리점과의 관계 소홀(재고 떠넘기기) → 거점대리점의 이탈
7. 전기자동차 양산의 실패와 기술력 부재
8. 위기 시 경영진의 대응 미숙.

3) 글로벌 경영환경 분석

글로벌 경영환경 분석은 글로벌 기업의 전략적 기회와 위협요인을 규명하기 위한 것으로 기업이 국내, 해외, 국제환경에서 직면할 수 있는 현재와 미래의 환경요인들을 평가·분석하는 과정이다. 급변하는 글로벌 환경 아래에서 이러한 분석은 매우 어려운 과제로 드러나고 있지만 현재는 경영정보시스템의 발달로 인하여 이러한 정보를 좀 더 용이하게 분석하여 획득할 수 있다.

표 3-2 | 핵심환경요인 추출표

구 분	핵심환경요인	발생가능성(1-5) (likelihhood)	영향 정도(1-5) (impact)	종합점수
국내외 경제환경				
사회 문화 환경				
산 업 환 경				
기 술 환 경				
정 부 정 책				

출처: 국제경영연구회 (2000). p. 261.

기업은 경영정보시스템을 이용하여 각 국가에서의 경제의 흐름, 정부의 개입, 사회문화환경 등에 관한 정보를 획득할 수 있다. 주요 환경변화로 꼽을 수 있는 것들에는 소비자의 구매력의 변화, 특정제품이나 서비스라인에서 주요 경쟁자의 진입이나 퇴출, 법규의 변화, 현지국의 정치적 변화, 원자재비용의 상승, 소비자 소비패턴의 변화 등을 들 수 있다. 한 가지 중요한 것은 모든 환경변화가 기업에게 결정적인 영향을 미치는 것은 아니라는 점이다. 여기에서 기업에게 유리한 영향을 미치는 것을 기회라고 하고, 그 반대의 영향을 미치는 것을 위협이라고 할 수 있다.

한편 〈표 3-2〉와 같은 분석모델은 환경을 분석하는 데 매우 유용하게 사용될 수 있다. 〈표 3-2〉의 핵심환경요인 추출표에서도 첫째로, 기업에 영향을 미칠 수 있는 외부환경요인들을 분류한 후 세부항목별로 발생가능성과 영향 정도를 평가하여 진정 우리 기업에게 중요한 영향을 미치고 있는 핵심적인 환경요인들이 무엇인가를 선별하게 된다. 발생가능성이 높고 동시에 영향의 크기가 큰 요인들이 상대적으로 중요한 환경요인이 된다.

둘째는 선정된 핵심환경요인들에 대한 평가이다. 이는 우리 기업에게 미치는 영향을 기회와 위협의 측면에서 분석하여 보는 것이다. 즉, 핵심환경요인들을 기회와 위협의 양 측면에서 분류하여 보고 그 각각에 대하여 기회 또는 위협의 크기 정도를 파악하여야 한다. 기업은 이 모델을 통하여 현재의 기업환경만이 아니라 향후 변화될 환경들을 체크할 수 있을 것이다.

셋째로 글로벌 경영환경분석에서 중요한 일은 소속산업의 세계화 잠재력(globalization potential)을 평가하는 일이다. 산업의 세계화 잠재력 정도는 글로벌 경영환경이 그 산업의 소속기업에 미치는 영향의 정도를 결정하여 줄 뿐만 아니라 차후 기업의 글로벌 경영전략 수준을 결정하게 된다.

즉, 어떤 산업이 세계화될 잠재력이 낮은 경우는 글로벌화 전략의 추구가 오히려 기업에게 손실을 안겨줄 수 있기 때문이다. 산업의 세계화 잠재력은 [그림 3-6]과 같이 네 가지 요인들, 즉 시장요인, 비용요인, 정부 및 규제요인, 경쟁요인을 분석하여 봄으로써 판단할 수 있다.

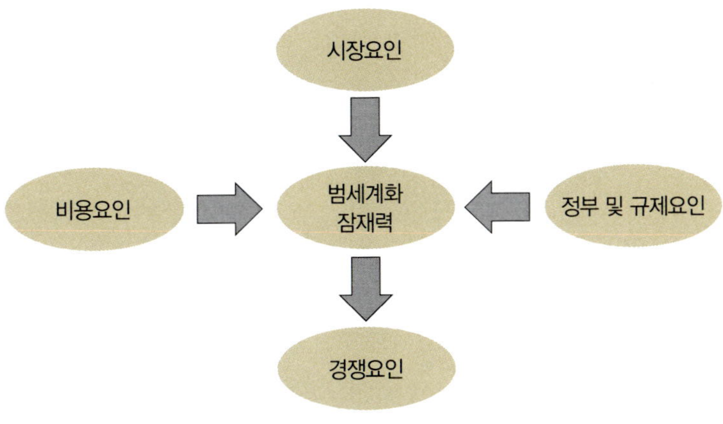

그림 3-6 | 산업의 세계화 잠재력

출처: Yip, G. S. (2003).

4) 내부환경분석

내부환경분석은 글로벌 기업이 보유하고 있는 유형 및 무형의 경영자원과 경영기능에 대한 분석을 통해 글로벌 기업의 강점과 약점을 도출하고, 외부환경분석에서 도출한 환경이 주는 기회와 위협에 대해 "우리 기업이 이를 얼마나 이용하고 대처해 나갈 수 있는 내부능력이 있는가"를 알아보기 위한 것이다. 즉 이 작업은 각 시장과 국가에서 기업이 가진 경쟁력이 있는 핵샘역량을 확인하는 것이다.

먼저 기업은 상대적으로 전략적 우위에 있는 분야를 우선적으로 선택하여 전략을 실행해나가는 것이 좋다. 기업이 취할 수 있는 행동으로는 열위에 있는 분야를 극복하는 것도 포함할 수 있으나 이보다는 기업이 상대적으로 경쟁자보다 우위를 가지고 있는 분야에서 경쟁자를 앞서는 것이 보다 공격적인 전략이 될 수 있다.

기업의 내부능력분석 시 도출되는 기업의 강점과 약점은 어디까지나 경쟁기업들과 비교된 것이어야 한다. 보통 비교상대로는 동종기업들 중에서 뛰어난 초우량기업을 선정한다.

둘째로 필요한 절차는 일련의 기업의 활동을 부가가치활동별로 분류하고 각 분야별로 해당 기업이 타 경쟁기업과 비교하여 상대적으로 뛰어난 부분과 상대적으로 뒤떨어지는 부분을 비교 평가하여 기업이 지닌 강 · 약점을 추출해내는 것이다.

내부분석에서 또 한 가지 고려되어야 할 점으로는 기업의 자원흐름을 파악하는 것이다. 궁극적으로 전략의 실행에 있어 가장 중요하게 고려되어야 하는 부분이 자원의 배분문제이므로 이를 위해서는 기업의 사업 혹은 제품들에 대해 자원이 어떠한 형태로 배분되고 있는지를 분석하여야만 한다.

마지막으로 글로벌 경영전략의 실행과 관련하여 고려될 점으로는 조직 측면의 분석이다. 조직은 글로벌화 전략의 수립뿐만 아니라 실행에도 많은 영향을 미친다. 따라서 현행조직이 수립된 전략을 실행할 만한 여건을 지녔는지가 전략의 성공에 기본적인 전제가 되므로 이 부분은 충분히 평가되어야만 한다.

5) 경영전략목표의 설정

전략목표의 설정은 외부환경분석과 내부환경분석을 끝낸 후에 시작된다. 상기 두 가지 분석을 통해 기업은 경영환경변화를 최대한 활용하고 자사의 강·약점을 충분히 반영한 전략목표를 설정하게 된다.

전략목표란 기업의 아주 기본적이고, 장기적으로 추구해야 하는 목표로서 전달하고자 하는 메시지가 명확해야 한다.

따라서 전략적 목표란 어떠한 기본적인 원칙들을 가지고 짧은 문장으로 표현될 수 있는 것을 말한다. 목표는 짧고, 명백하고, 수량적으로 의미가 있고, 실현가능한 것들이어야만 한다(예, 3년 내에 세계시장에서 5%의 시장점유율의 향상, 5년 이내에 10억 달러의 판매량 증가, 4년 내에 10%의 투자에 대한 수익률의 증가 등).

6) 경영전략대안의 개발과 선택

기업의 외부환경분석과 내부환경분석이 끝난 후에 이루어지는 절차는 전략대안의 개발과 선택이다. 글로벌 전략은 기업에 대한 환경의 압력과 기업의 자원능력, 목표의 성취를 전제로 한 기본적인 수단이다. 전략대안들의 평가 및 선택의 도구로서 대표적인 방법이 [그림 3-7]에서 보여주는 국제포트폴리오(international portfolio) 분석이다.

국제포트폴리오 분석은 우리 기업이 활동하고 있는 각 국가별 시장(산업)성장률(현지시장의 전략적 중요성/성장성)과 각 국가별 상대적 시장점유율(현지에서의 경쟁력)을 양축으로 하고 자사의 해당 국가에서의 매출액을 원의 크기로 표시하여 전사적 입장에서 효율적인 자원배분으로 최적의 사업 포트폴리오를 제시하여 준다. 즉, 개별국가 내에서 자사의 경쟁력을 측정한 상대적 시장점유율이 높으면 높을수록 기업이 벌어들이는 자금은 많고, 개별국가의 시장(산업)성장률이 높으면 높을수록 기업이 지출해야 할 자금의 양은 많아진다. 따라서 이상적인 자금의 배분방향은 그림에서 표시된 화살표의 방향과 같다. 매트릭스상에 별(star)로서 위치하고 있는 지역 SBU(Strategy Business Unit, 전략사업단위)들은 빠르게 성장할 수 있으나 급속히 성장하는 시장에서 시장점유율을 유지하기 위해서는 많은 자금이 필요하다. 오른쪽 위에 위치하고 있는 문제아(problem child) SBU들은 높은 성장률을 구현하나 시장 내에서는 낮은 시장점유율을 가지고 있으므로 자체 자금력이 부족한 지역 SBU들을 말한다. 따라서 경영자는 이 지역 SBU를 별(star)로 키워야 하는지 철수해야 하는지를 신중히 결정해야 한다.

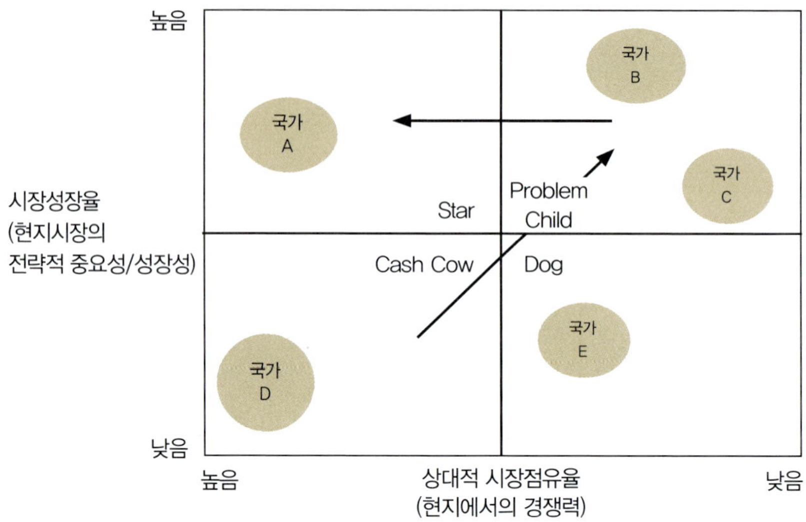

그림 3-7 | 국제포트폴리오 분석

출처: Leontiades, James C. (1985). p. 43.

또한 왼쪽 아래에 위치하고 있는 현금젖소(cash cow) SBU는 낮은 성장률을 구현하나 반면에 시장 내에서는 높은 시장점유율을 가지고 있으므로 자금창출능력이 있는 지역 SBU들을 말한다. 오른쪽 아래에 위치하고 있는 개(dog)는 저성장, 저점유율의 SBU로서 대체로 수익성이 낮고 시장전망 또한 어두운 SBU들이다. 기업은 이에 따라 각 지역별로 각 지역의 전략적 위상에 따라 확대, 축소, 현상유지 중 하나의 전략을 선택하게 된다.

7) 실행프로그램의 작성

전략의 선택이 이루어지면 전략의 집행을 위한 실행계획이 수립되어야 한다. 만약 선택된 전략이 새로운 제품시장에 진입하려는 것이라면 진입을 위한 수단으로써 신제품개발을 위한 체계적 계획이 수립되어야 할 것이고 새로운 설비와 인원을 확보하기 위한 계획이 뒤이어 작성되어야 한다.

글로벌 경영전략이 대개 중장기적으로 글로벌 경영활동의 전반에 대해서 수립되는 데 비해서 실행계획은 이를 구체화하는 만큼 기간도 짧고 범위 역시 전략계획에 비해서 좁은 것이 보통이다. 실행계획은 글로벌 경영전략에서 기능별 전략 중의 하나 또는 그보다 더 좁은 경영관리기능에 대한 구체적인 계획이다. 예를 들면 특정제품의 개발계획이나 해외펀드의 발행계획과 같이 하나의 계획을 어떻게 집행할 것인가를 보통 1년 또는 길어도 2년 내의 기간에서 구체화하는 작업이다.

이와 같은 실행계획이 수립되면 거의 동시에 필요한 자원량이 결정되고 이에 따라 예산이 수립되게 된다. 예산기간은 실행계획의 수립기간과 같은 것이 보통이다.

실행계획과 예산작성은 조직의 여러 계층에서 이에 대한 검토가 이루어진 후, 최고경영층의 동의를 얻어 다음 단계로 넘어간다. 전략을 보다 구체화시키고 운영계획을 수립하는 데 기능별 관리자들이 참여하고 마지막 단계에서는 상세한 예산편성계획이 포함된 연차계획이 수립되게 된다.

이러한 모든 과정에서 요구되는 권한은 하위구조로 이양되어야 한다. 사업부 책임자에게 전략집행을 위한 권한을 완전히 이양하였을 때 그 책임자는 갑작스러운 환경변화에 가장 효과적으로 대응할 수 있을 것이며 매우 높은 동기수준을 유지할 수 있을 것이다. 그러나 한편 권한의 분권화 정도가 높을수록 최고경영자의 자원할당기능이 무시되거나 약화될 위험이 증대한다. 각 사업부 책임자들은 자기사업부의 수익을 보장할 수 있는 자원할당을 받으려 할 것이고 결국 사업부 책임자들의 개인적 설득력에 의해 사업부별로 자원할당이 될 것이다. 분권화의 이점과 함께 자원할당의 최적화를 동시에 이루는 것이 최고경영자 임무 중의 하나이며 전략적 자원분석이 이러한 임무를 달성하는 데 크게 도움을 줄 수 있을 것이다.

8) 경영전략의 실행

실행프로그램의 작성이 이루어지면 거의 마지막 단계로서 구체적인 글로벌 경영전략 실행단계에 들어가게 되며, 글로벌 경영환경의 변화에 따라 상황에 맞는 실행계획을 적절히 집행하여야 한다. “실행되지 않는 전략은 전략이 아니다.”라는 말이 있을 정도로 전략의 실행은 글로벌 경영전략에서 매우 중요한 위치를 차지하고 있다.

이와 같은 전략실행의 첫 번째 단계는 바로 단기적 목표들을 수립하는 것으로 시작한다. 즉 1년 주기나 2년 주기의 목표를 설정함으로써 전략의 실행은 시작된다.

기능별 조직들은 바로 이러한 목표를 기반으로 하여 움직이게 되는 것이다. 다음 두 번째 단계는 기업의 자원할당을 포함하는데 여기에는 자본, 인적자원, 고정자산 등을 들 수 있다. 이 세 가지 자원들은 서로 상호작용을 하면서 할당되게 되는데 자본의 경우 너무 많이 투하될 경우에는 자본이 부족해지는 부작용을 가져오게 될 것이다. 그리고 자본 이외의 자원 중 인적자원에게 우선적으로 배당될 것들은 공장, 기계, 기술, 공정, 제품노하우 등의 고정자산이 될 것이다. 인적자원들은 그들의 재능을 이용해 이러한 고정자산들을 최대한 이용하게 된다. 세 번째 단계는 기업이 선택한 글로벌 전략을 실행하는 데 적합한 조직형태를 완성해 내는 것이다.

9) 경영전략의 평가

경영전략의 평가는 기업의 전략이 올바로 수행되었는지 또한 전략적 목표에 일치하고 있는지를 평가하는 작업이다. 경영전략은 의사가 환자의 병을 다루는 절차와 비슷하다. 의사가 환자의 완쾌를 목표로 하여 일한다면, 전략은 기업의 생존을 위해 일한다. 이와 마찬가지로 의사가 환자에게 어떠한 처방을 하였을 때 마치 기업이 전략을 실행하듯이 환자는 이 처방을 따르게 된다. 만약 이 처방이 잘못되었다고 인식되면 의사는 처방을 바꾸게 될 것이다. 전략의 경우도 마찬가지로 잘못 실행되었다는 인식이 들 때 이를 수정하는 과정이 필요하게 된다. 즉, 기업의 경영전략이 잘 실행되었는지를 평가하고 이를 피드백하여 수정해 주는 것이 평가작업이다.

전략평가는 전략이 환경상의 모든 조건과 기업의 내부능력과의 일관성을 유지하고 있는지를 판단하며, 전략이 수행한 실적치를 미리 설정된 목표와 자사의 과거실적, 그리고 경쟁사의 과거와 현재실적을 비교하는 것이다. 전략수행에 대한 분석과 평가는 경영적 동기부여와 직관 그리고 환경과 기업 간의 상호관련된 여러 요소들에 대한 분석을 기초로 한다.

이와 같이 전략수행에 대한 분석과 평가는 이를 피드백하여 전략의 수정 및 변경뿐 아니라 기업의 장기비전에도 반영되어 기업의 사업 기회를 지속적으로 창출하는 데 활용하게 된다. 따라서 월별, 분기별 등 일정한 시간을 두고 사전 목표와 실제 성과 간의 차이를 분석하여야 한다.

연습문제

1. 글로벌 경영전략의 개념 및 구성요소를 설명하시오.
2. 통합적응모형에서 글로벌통합과 현지적응의 개념 및 필요성을 설명하시오.
3. 해외시장 진출방법의 고려요인을 설명하시오.
4. 글로벌 기업들이 고려해야 하는 사항들을 설명하시오.
5. 글로벌 경영전략의 수립절차를 설명하시오.

참고문헌

국제경영연구회 (2000). 국제경영. 서울: 문영사.

김광수, 정동섭, 이수형, 이수진 (2010). 국제경영(개정판). 시울: 박영사.

김이태 (2002). 창업경영전략. 서울: 오케이프레스.

신용보증기금. 경영전략의 수립 및 추진방법 (www.consultop.co.kr).

장세진 (2011). 글로벌경영(5판). 서울: 박영사.

전외술, 김재욱, 박성규, 최승일, 양진호 (2009). 최신 글로벌경영론. 청주: 대명.

Cavusgil, S. T., Knight, G. & Riesenberger, J. R. (2008). 국제경영: 전략, 관리 및 새로운 현실. 조영곤, 이성봉, 최수형, 김명숙, 권기환 공역 (2010). 서울: 시그마프레스.

Hill, C. W. L. (2009). 글로벌 시대의 국제경영. 박철순 외 (2009). McGraw-Hill Korea.

Ambos, B. & Schlegelmilch, B. (2005). In search of global advantage. European Business Forum 21, Spring, 23-24.

Brake, T. (2002). Managing globally. New York: Dorling Kindersley.

Copeland, Y., Koller, T. & Murrin, J. (2000). Valuation: Measuring and managing the value of companies. New York: John Wiley & Sons.

Hofer, C. W. & Schendel, D. E. (1978). Strategy formulation: Analytical concepts. St Paul: West Publishing.

Leontiades, James C. (1985). Multinational Corporate Strategy. Boston, MA: Lexington Books.

Levitt, T. (1983). The Globalization of markets. Harvard Business Review, 61(May-June), 92-102.

Maznevski, M. L. & Athanassiou, N. A. (2006). Guest editors' introduction to the foucused issue: A new direction for global teams research. Management International Review, 46(6), 631-646.

Porter, M. E. (1986). Competition in the global. Harvard Business School Press.

Porter, M. E. (1990). The competitive advantage of nations. New York: Free Press.

Prahalad, C. K. & Doz, Y. (1987). Multinational mission. Free Press.

Yip, G. S. (2003). Total global strategy II: Updated for the Internet and service era. 2nd ed., Pearson Higher Education: New Jersey.

국민일보 (2013. 2. 27). 장수기업에겐 특별한 것이 있다.

동아일보 (2012. 9. 6). 한국시장만으론 어렵다. 글로벌 진출은 선택이 아닌 필수.

매일경제 (2011. 12. 9). 한국지엠 성장은 국내 자동차 부품 산업의 글로벌 성장 기회.

매일경제 (2012. 1. 16). 위기탈출 SMART 경영혁신이 답이다.

한국경제매거진 (2012. 2. 8). 신흥국 시장의 양극화.

한국일보 (2010. 11. 12). 글로벌, 현지화 동시 추진이 경쟁력의 비결.

Batanews (2010. 10. 28). 리홈, 글로벌 기업 도약 위한 장기 경영 전략 발표.

Chapter

04

글로벌 통상환경

1. GATT 체제
2. WTO 체제의 출범
3. 지역경제통합과 세계경제의 블록화
4. 통상마찰 위험

Chapter 04

글로벌 통상환경

1. GATT 체제

1) GATT 설립의 배경

1929년 미국의 대공황으로 인하여 세계의 경제가 침체되기 시작하자 각국은 보호무역을 통해 불황에서 탈피하려 노력하였다. 그러나 이는 세계경제의 침체를 더욱 가속화시켰을 뿐 아니라 제2차 세계대전이라는 파국을 불러일으켰다. 제2차 세계대전이 끝나갈 무렵 보호무역의 폐해를 교훈으로 새로운 무역질서가 필요하다는 인식이 공유되었고, 마침내 1944년 7월 미국 뉴햄프셔주의 브레턴우즈에서 44개국의 대표가 모여 자유무역을 활성화하자는 협정을 체결하게 된다. 이를 브레턴우즈협정이라 하며, 이 협정에 의해 생긴 것이 IMF와 IBRD이다. 이 협정으로 본격적인 자유무역을 시작하게 되었지만 정작 이를 지원하는 국제기구인 국제무역기구(International Trade Organization: ITO)의 출범은 어려움을 겪게 된다. ITO의 헌장이 각국의 의회에서 비준을 받지 못했고 최종적으로 미국의회가 이를 비준하지 않자 결국 이 국제기구의 설립은 무산되었다. 대신 최초 이 헌장에 서명한 23개국이 모여 국제기구는 아니더라도 헌장의 일부만 발췌하여 1947년 10월에 협정 형식으로 발효시킨 것이 '관세와 무역에 관한 일반 협정'(General Agreement on Tariffs and Trade: GATT)이다. GATT는 국제기구의 조직은 아니었고 ITO 출범 시까지 중간역할을 하기 위해 생긴 조건부 규범이었으나 1995년 WTO가 출범할 때까지 47년간 세계의 무역질서를 주도하는 역할을 수행했다. GATT는 최초에 23개국이 가입하였으나 WTO 출범 직전인 1994년까지는 125개국이 가입하였으며 우리나라는 1967년 4월 정회원으로 가입하였다.

2) GATT의 기본 원칙

(1) 최혜국 대우 원칙

최혜국 대우 원칙(Most Favored Nation: MFN)은 GATT 제1조에 규정되어 있는데 모든 GATT 회원국에게 최대한의 혜택을 동일하게 제공하여야 한다는 것이다. 이는 모든 회원국들을 차별 없이 동일하게 취급하라는 원칙으로 서비스와 지적재산권에도 동일하게 적용된다. 다만 자유무역협정(FTA)을 체결한 국가, 개발도상국에 제공되는 특혜, 그리고 불공정무역을 하는 국가에 대해서는 예외를 인정한다.

(2) 자유무역의 원칙

회원국은 관세를 인하하고 각종 비관세장벽을 점진적으로 폐지하여 회원국 사이의 자유무역을 실현하는 데 목적이 있다. 정부의 지원과 간섭을 최소화하고, 쿼터 철폐, 수출보조금 금지 등도 규정하고 있다. GATT가 인정하는 관세와 비관세장벽은 모든 회원국에게 똑같이 적용하여야 하는 무차별의 원칙도 적용된다.

(3) 다자간 협상 원칙

관세 인하, 비관세장벽 완화 등의 무역의 주요 이슈는 양자 간이 아닌 다자간의 협상에 의해 해결하자는 원칙이다. GATT는 실제로 주기적으로 다자간 협상을 주도하였는데 이를 라운드(Round)라고 부른다. 1947년 이래 총 8차례의 라운드가 GATT에 의해 주도되었는데 가장 최근은 1986년부터 1994년까지 진행된 우루과이라운드(Uruguay Round)였다. 실제 GATT는 8차례의 라운드를 통해 세계의 자유무역 확산과 회원국의 경제발전에 기여하였다.

3) GATT 체제의 한계

GATT는 국제기구가 아닌 협정이기 때문에 법적 구속력이 없다는 점이 가장 큰 한계였다. 1970년대부터 1980년대 초반까지 국가 간 무역불균형이 심화되고 경기침체로 인한 각국의 보호무역조치가 생겨나고 GATT 원칙을 우회하는 예외조항들이 만들어졌는데도 GATT는 이를 제재할 수단을 가지고 있지 못했다. 또한 세계 무역의 증대로 인하여 농산물, 서비스, 지적재산권 등의 교역도 활발해졌는데 기존의 협정으로는 이를 주도할 수 있는 역할의 한계를 보이게 되었다. 우루과이라운드를 계기로 새로운 무역규범이 필요하다는 인식이 널리 퍼졌고 1995년부터는 새로운 체제인 WTO가 출범하게 되었다.

2. WTO 체제의 출범

1995년 1월 1일 자유무역을 확대하고 보다 공정한 무역질서를 확립하기 위해 우루과이라운드에서 합의된 세계무역기구(WTO)가 공식 출범하였다. 이전의 GATT 체제는 주로 상품의 교역을 다룬 협정임에 비해 WTO는 상품교역은 물론 서비스교역과 지적재산권 등의 무형자산도 포괄적으로 다루고 있다. 또한 공정한 무역질서를 이루기 위해 불공정경쟁의 조치를 시정하도록 할 수 있는 권한이 대폭 강화된 것도 특징이다.

WTO는 2012년 현재 157개 회원국을 가지고 있고 세계 전체 교역량의 95% 이상을 관장하고 있다. 중국은 2001년에 회원국이 되었으며 2012년에는 러시아가 가입하였다. WTO는 스위스 제네바에 본부가 있으며 회원국들이 세계무역에서 차지하는 비중에 따라 매년 납부하는 회비로 운영되고 있다. WTO의 의사결정은 다수결보다는 회원국들의 합의로 이루어지는데, 투자 지분에 따라 투표권이 달라지는 IMF와는 다른 점이다.

1) WTO의 활동 목표

(1) 보다 자유로운 무역

회원국들이 관세와 비관세장벽의 무역장벽을 낮추는 것을 목표로 하고 있으며, 필요한 경우 환율이나 통관절차 등에 대해서도 논의한다. 1980년대 이후에는 상품의 비관세장벽, 서비스 및 지적재산권 등 새로운 분야도 계속 추가하고 있다. 또한 부작용을 최소화하기 위해 회원국들이 협상을 통해 점진적으로 자유화하도록 추진하고 있으며, 개발도상국에 대해서는 보다 오랜 기간을 인정하고 있다.

(2) 구속력 있고 투명한 변화를 통한 예측가능성

미래에 대한 예측가능성과 안정성이 있어야만 투자가 확대되므로 이를 제고할 수 있도록 구속력과 투명성을 강화한다. 회원국의 통상정책을 공개하도록 하고 WTO에 통보하도록 규정함으로써 규범을 명확하고 투명하게 한다. 무역정책검토기구를 통해 정기적으로 통상정책을 감독하는 것도 투명성을 제고하기 위함이다.

(3) 공정경쟁의 촉진

WTO는 공개적이고, 공정하며 왜곡되지 않은 경쟁을 촉진시키고자 한다. 최혜국대우, 내국인 대우 원칙들은 공정성을 확보하기 위한 것이고, 덤핑이나 보조금에 관한 규정들도 마찬가지로 공정경쟁을 촉진하기 위함이다.

(4) 경제발전에 대한 지원

UR 협상부터 개발도상국의 참여가 크게 확대되었고, WTO 회원국의 3/4 정도가 개발도상국이다. 개발도상국도 자유화 의무를 이행하여야 하지만 이들에게는 경제발전을 먼저 지원하는 측면에서 합의사항 이행에 있어 장기의 시간적 신축성을 제공한다.

2) WTO 규정

WTO 협정은 상품, 서비스, 지적재산권에 대한 자유화 원칙과 예외 규정을 담고 있는데, 그 기초는 UR 합의문이며, 현재 진행 중인 DDA 협상에서 추가될 내용이 협상 중이다. UR 합의문은 크게 6개로 구분할 수 있는데, WTO 설립협정, 부속협정 1A, 1B, 1C 그리고 부속협정 2와 3이다. 또한 전 회원국이 서명하지 않은 2개의 협정은 부속협정 4에 담고 있다. 그 내용은 다음과 같다.

WTO 설립협정 : 전문과 16개 조항

부속협정 1A : 상품무역에 관한 다자간 협정 13개[1)]

부속협정 1B : 서비스교역에 관한 일반협정

부속협정 1C : 무역관련 지적재산권에 관한 협정

부속협정 2 : 분쟁해결 규칙 및 절차에 관한 양해

부속협정 3 : 무역정책 검토제도

부속협정 4 : 복수국가 간 무역협정 2개

3) WTO의 조직

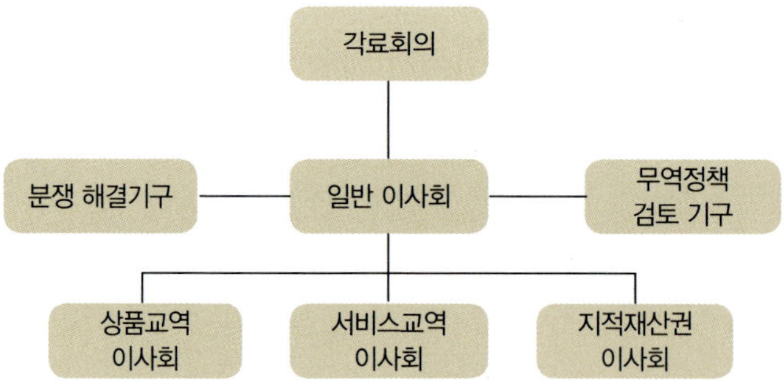

그림 4-1 | WTO의 조직도

출처: http://www.wto.org

1) 13개 협정은 GATT 1994, 농산물협정, 섬유협정, 기술장벽협정, 반덤핑협정, 관세평가, 수입허가절차, 보조금과 상계관세, 위생 및 검역조치, 무역관련 투자조치, 선적 전 검사, 원산지규정, 긴급수입제한조치 등이다.

[그림 4-1]은 WTO의 조직을 보여주고 있다. 이를 보다 자세히 설명하면 다음과 같다.

① 각료회의(Ministerial Conference)

회원국 대표로 구성된 최고의결기구로 최소 2년에 한번 개최한다. 각료회의에서 결정된 사항은 상설운영기구인 일반이사회에서 집행한다. 1996년 이래 지금까지 총 8회 개최되었으며 가장 최근의 회의는 2013년 12월 인도네시아의 발리에서 개최되었다.

② 일반이사회(General Council)

회원국 상주 대표들로 구성되며 매월 또는 필요시 개최한다. 실질적으로 각료회의의 결정사항을 수행하는 기구이며, 산하에 상품교역이사회, 서비스교역이사회, 지적재산권이사회를 둔다. 그 외 직속기구로 다수의 위원회를 두고 있다.

③ 상품교역이사회(Council for Trade in Goods)

WTO 부속협정 1A에 해당되는 대부분의 다자간 협정을 관장하는 이사회로, 각주 1에 적은 모든 분야의 위원회를 산하에 두고 있다.

④ 서비스교역이사회(Council for Trade in Services)

WTO 부속협정 1B에 해당되는 분야를 관장하는 이사회로 산하에 기본통신, 인력이동, 항공운송서비스, 금융서비스의 협상그룹과 전문직 서비스 실무위원회를 두고 있다.

⑤ 지적재산권이사회(Council for Trade-Related Aspects of Intellectual Property Rights)

WTO 부속협정 1C에 해당되는 분야를 관장하는 이사회로 회원국이 준수해야 할 기본원칙을 정하고, 다양한 지적재산권의 기준을 설정하며 규정을 강제할 수 있는 절차를 정한다.

⑥ 분쟁해결기구(Dispute Settlement Body)

과거 GATT 체제보다 그 기능이 대폭 강화된 분쟁을 해결하는 기구로, 무역분쟁이 발생할 경우 우선 당사국 간 해결을 모색한다. 해결이 어려울 경우 분쟁 패널을 구성하여 보고하게 하는데 이 결과는 모든 당사국에 강제할 수 있는 효력을 가진다.

⑦ 무역정책검토기구(Trade Policy Review Mechanism)

회원국의 무역제도에 대한 투명성을 제고하기 위해 각국의 통상정책을 정기적으로 평가하는 기능을 수행하는데, 미국, 일본, EU, 중국은 2년에 한 번, 교역규모 5위~20위까지는 4년에 한 번, 나머지 국가는 6년에 한 번 평가받도록 규정하고 있다.

4) 도하 개발 어젠다

2001년 카타르의 도하에서 열린 제4차 각료회의에서 새로운 다자간 협상을 시작하기로 합의하였는데 이를 DDA(Doha Development Agenda) 협상이라 부른다. UR 협상을 능가하는 대규모의 통상협상인 DDA의 의제는 굉장히 다양한데 농산물과 비농산물(NAMA)의 시장개방, 기존 무역규범의 개선, 각종 무역정책의 투명성 제고, 서비스시장의 추가개방 외에 개발도상국의 경제개발 지원 등 광범위한 부문을 다루고 있다. 2002년 본격적인 협상이 시작되어 2006년 이전 일괄타결로 합의도출을 하려고 하였으나, 2014년 현재까지 협상이 타결되지 못하고 있다.

2003년 멕시코 칸쿤에서 열린 제5차 각료회의는 농산물과 소위 '싱가포르 이슈'에 대한 이견으로 성과 없이 끝났고, 2005년 홍콩 각료회의 또한 합의도출에 실패하였다. 2008년 스위스 제네바 각료회의는 다소간 진전이 있어 농업과 비농업 핵심 쟁점에 대한 주요 7개국 잠정타결안을 도출하기도 하였으나, 농산물 특별 긴급관세와 비농업 분야별 자유화에 관한 세부 원칙에 있어 미국과 중국, 인도의 이견 차이가 좁혀지지 않아 결렬되었다. 2009년 스위스 제네바에서 열린 각료회의에서도 DDA를 최대한 빨리 종결하자는 의견에는 합의했지만 아직도 협상은 타결의 실마리를 찾지 못하고 있다.

2001년부터 시작되어 이미 14년 이상 끌어온 DDA 협상은 주요국들의 이해관계가 첨예하게 대립하고 있고, 의제 자체가 너무 광범위한데 이를 일괄타결하겠다는 방식이 너무 이상적이어서 가까운 장래에 완전 타결되기는 어려워 보인다. 다만 분야별로 타결된 몇몇 의제들은 현재 무역규범에 적용되고 있어 그 영향력은 살아 있다. 오히려 DDA 협상 타결이 어려워지자 각국은 다자간 협상에 의존하던 무역장벽 완화를 양자 간 자유무역협정(Free Trade Agreement: FTA) 또는 지역협력체제에 의존하는 경향이 두드러지고 있다.

3. 지역경제통합과 세계경제의 블록화

GATT 체제와 WTO 체제하에서 전반적인 무역의 기조는 자유무역이며 이를 바탕으로 세계적인 지구화 또는 개방화가 이루어지고 있다. 하지만 특정 지역이나 특정 국가들 사이에서만 무역과 투자를 자유화하는 지역경제통합 또는 블록화현상도 두드러지게 나타나고 있다. 그 중 가장 빈번한 것이 자유무역협정(FTA)인데 WTO 출범 이후 이 현상은 오히려 증가추세에 있다. 2011년 5월 현재 발효 중인 FTA는 총 297건인데, GATT 체제하 47년간의 자유무역협정은 91건에 불과하나 WTO가 출범한 1995년 이후 이보다 많은 206건이 체결되었다. 또한 2005년 통계에 의하면 지역무역협정 내의 무역비중이 세계 전체 무역에서 차지하는 비중은 55%에 달하는 것으로 나타났다.

최근 FTA로 대표되는 지역경제통합 움직임이 활발해진 이유는 다음과 같이 설명할 수 있다. 첫째, 개방을 통해 경쟁을 심화시켜 생산성을 향상시킬 수 있다는 점, 둘째, 경제성장의 원동력인 외국인의 투자유입이 지역경제협정으로 도움을 받는다는 점, 셋째, WTO의 다자간 협상은 시간이 오래 걸리고 합의도출이 어렵다는 점, 넷째, 특정 국가 간의 배타적 호혜조치가 실익을 제고하고 부담을 완화하는 데 유리하다는 판단, 다섯째, 지역주의 확산에 따라 역외국가로서 받는 반사적 피해에 대한 필요성 등이다.

이와 같은 지역경제통합 또는 블록화가 가속화되면 무역 비중이 높은 우리나라의 정책이나 수출에 크게 의존하는 우리 기업들의 전략에는 커다란 영향을 미치게 된다. 우리나라 정부는 다른 나라 정부나 블록과 적극적인 협력과 통상정책을 모색해야 하고 우리나라의 기업들은 불이익을 받지 않기 위하여 해당 지역에 직접투자를 하던지 해당 지역 기업들과 전략적 제휴를 추진하여야 한다.

경제통합(economic integration)이란 두 나라 또는 그 이상의 국가들이 협정을 체결해 새로운 광역경제권을 형성하고 역내에서는 무역제한을 완화 또는 철폐하여 경제적으로 협력하고 나아가 사회 · 정치적 협력에까지 이르는 지역적 조직체를 만드는 것을 말한다. 경제통합의 동기로는 크게 경쟁효과와 보완효과를 들 수 있다. 경쟁효과란 경제발전이 비슷한 국가들끼리 경쟁을 촉진하여 무역 창출효과를 높여 경제적 이익을 기대하는 것이며, 보완효과란 경제발전이 상이한 국가들 사이에 부문별 특화를 통해 규모의 경제로 인한 이익을 추구하는 것이다.

발라싸(Balassa)의 분류에 의한 경제통합의 단계는 다음과 같다.

(1) 자유무역지대

자유무역지대(free trade area)는 경제통합의 1단계에 해당하는 것으로 국가 간 자유무역협정(FTA)을 통해 무역장벽을 철폐하지만 제3국에 대해서는 독자적인 무역정책을 실시하는 것을 말한다. 이 형태가 현재 가장 많이 형성된 경제통합의 형태로 2012년 3월 기준 WTO에 보고되어 발효 중인 지역무역협정은 330건에 이른다. 이러한 FTA는 관련 WTO의 규정이 명확하지 않아 WTO 규정에 합치되는지 판단하기 쉽지 않으며, 이를 명확히 하려는 WTO의 협상 노력이 진행 중이기는 하나 지지부진한 상태이다. 하지만 많은 국가들 사이에 FTA를 포함한 지역무역협정의 이익은 가시적인 반면 역기능을 억제하기 위한 감시 내지 견제는 작동하기 어려운 상황이어서 이 추세는 앞으로도 확산될 것으로 보인다. 대표적인 것은 1994년 미국, 캐나다, 멕시코 간의 북미자유무역협정(North American Free Trade Agreement: NAFTA), 1960년 결성된 EFTA(European Free Trade Association) 등이 있으며, 우리나라도 2000년대 들어 FTA에 집중하여 왔는데 현재 15개의 FTA를 이미 체결하였으며 현재 추진 중인 FTA도 다수 있다.

(2) 관세동맹

관세동맹(customs union)이란 회원국 간 자유무역을 실시하는 것은 물론 더 나아가 비회원국에게도 공동의 관세정책을 실시하는 것을 말한다. 대표적 관세동맹은 1950년대의 베네룩스 3국간의 관세동맹을 들 수 있다.

(3) 공동시장

공동시장(common market)은 관세동맹에서 한 단계 더 발전된 경제통합의 단계로, 자유무역, 공동관세정책은 물론 노동과 자본 등의 생산요소까지도 자유로운 이동을 인정하는 것이다. 생산요소의 자유로운 이동의 의미는 자원의 최적배분을 성취하는 것을 뜻한다. EU 통합 이전의 단계였던 EC(European Community)가 여기에 분류될 수 있다.

(4) 경제동맹

경제동맹(economic union)은 공동시장에서 한 발 더 나아가 회원들 간의 경제정책까지도 조정을 하는 단계이다. 예를 들어 소득세나 부가가치세의 차이는 노동과 생산요소의 차별을 초래할 수 있으므로 이에 대한 조정을 필요로 한다. 유럽연합(European Union: EU)이 대표적인 경제동맹의 사례라 할 수 있다.

(5) 완전경제통합

경제통합이 완전히 진행된 단계를 완전경제통합(complete economic integration)이라고 하며 경제동맹의 요건에 금융·재정·사회 분야의 공동정책까지 결정하는 초국가적 조직을 가지고 있는 단계이다. 아직 이 단계까지 도달한 경제통합은 없으나, 유럽연합의 경우 이 단계를 추구하는 것으로 보인다.

1) 북미자유무역협정

북미자유무역협정(NAFTA)은 미국, 캐나다, 멕시코 사이에 체결한 자유무역협정으로 관세 및 비관세 장벽의 철폐, 원산지규정, 투자와 금융, 지적재산권, 노동과 환경문제까지 포괄하는 세계 최대의 경제블록이다. 1992년부터 추진되어 1994년 1월부터 발효되었다. 그 추진 배경은 유럽의 경제통합 움직임과 아시아 국가들의 경제력 향상에 대응할 수 있는 공동체의 결성이었으며, 멕시코의 값싼 노동력, 캐나다의 풍부한 자원에 미국의 기술과 자본을 결합하고자 하는 것이었다. NAFTA는 빠른 시일

내에 중남미까지 포함시키는 미주자유무역지대(Free Trade Area of Americas: FTAA)를 목적으로 하고 있는데, 2005년 출범을 목적으로 34개국 정상 간에 합의를 이루기는 하였으나, 중남미국가들의 경제부진과 농업보조금 문제 등의 이견을 해결하지 못하고 지금은 지지부진한 상태이다.

NAFTA의 출범이 우리나라와 여타 나라에 미친 영향도 적지 않다. 특히 미국으로의 수출비중이 높은 기업들은 이 지역, 특히 멕시코로의 직접투자를 늘리는 계기로 작용하였다. 원산지 규정을 보면 거래가격의 60% 이상의 부품을 현지에서 조달하여야 역내제품으로 인정을 받게 되어 있는데, 관세 등에서의 경쟁력을 유지하기 위해서는 완제품공장뿐 아니라 일정 수준의 부품공장까지도 역내에 진출하게 하는 결과를 초래한 것이다. NAFTA 발효 이후 실제로 멕시코로의 해외 직접투자가 급증하였다.

2) 유럽연합

유럽국가들은 1950년대 석탄 및 철강공동체를 시작으로 국가 간 경제협력에서 선도적 역할을 했으며, 이후에도 유럽경제공동체(EEC) 그리고 유럽공동체(EC)를 거쳐 1993년 마스트리히트조약을 통하여 유럽연합(European Union: EU)을 출범시켰다. 출범 당시 회원국은 벨기에, 영국, 덴마크, 프랑스, 독일, 그리스, 아일랜드, 이탈리아, 룩셈브르크, 네덜란드, 포르트갈, 스페인의 12개국이었으나 1995년 스웨덴, 핀란드, 오스트리아 등 3개국이 늘어나 15개국이 되었으며, 2002년 니스조약이 발효되면서 EU 회원국은 더욱 늘어나게 되어, 현재는 12개국이 더 늘어난 27개국의 초대형 경제블록으로 발전하였다. 인구는 5억 이상이며 GDP 규모는 미국을 능가하고 있고 현재 EU 가입을 신청하고 있는 국가도 다수 있어서 향후 규모가 더 커질 가능성도 있다.

EU는 여타 경제통합에 비해 그 단계도 훨씬 더 진전되어 있는데 공동시장의 단계를 넘어 1999년에는 역내 단일화폐인 유로(Euro)를 발행하였고, 2002년부터는 가입국들이 자국화폐를 없애고 유로만을 단일화폐로 사용하고 있다. 초기 EU 회원국 중 영국, 스웨덴, 덴마크는 국내 사정을 이유로 유로 체제에는 참여하지 않고 있다. 현재 유로를 자국 화폐로 사용하는 국가는 총 16개국이다. 2004년 EU는 통합헌법을 제정하여 유럽의회를 통과하기도 했으나 유럽 통합에 가장 적극적이었던 프랑스에서의 국민투표가 부결됨으로써 유럽헌법을 제정하려는 노력은 실패로 돌아가는 듯했다. 그 후 유럽대통령과 공동 외무장관을 두는 리스본조약이 2009년 아일랜드 국민투표를 통과하는 것을 시작으로 27개국 중 25개국에서 통과되어 정치적 부문에서도 통합이 진전되고 있다.

2011년부터 흔히 PIGS라고 부르는 남부 유럽 4개국(포르투갈, 이탈리아, 그리스, 스페인)에서 불거진 재정위기는 국가별 통화정책을 사용할 수 없다는 유로화 체제의 한계점을 보여주었고, 이를 해결하기 위한 과정에서도 국가별로 이해관계가 첨예하게 대립하는 모습을 보여주기도 했다. 남부 유럽의 재정위기는 2015년 현재 해결이 되지 않았으며 완전 해결까지는 시간이 더 필요할 것으로 보인다.

또한 EU가 인류 역사상 한 번도 없었던 완전경제통합으로 가기 위해서는 몇 가지 해결해야 할 과제가 남아 있다. 첫째, EU에는 가입했지만 아직 유로체제에 가입하지 않은 영국, 스웨덴, 덴마크와 EU 미가입국인 스위스의 유로체제 가입이 필요할 것으로 보인다. 둘째, 남부 유럽의 재정위기에서도 보았듯이 가입국 간의 이익분배의 문제가 해결되어야 할 것이다. 실제로 그리스와 이탈리아는 EU 탈퇴를 고려한 것으로 알려지기도 했다. 셋째, 주로 과거 동유럽국가 출신인 후발가입국과 선발가입국 간의 경제수준 차이의 조정도 필요할 것이다.

3) 기타 경제통합

(1) 남미자유무역협의체

남미자유무역협의체(Latin American Free Trade Association)는 1960년대에 아르헨티나, 브라질 등 다수의 남미국가들이 참가한 협의체로 오랜 시도 끝에 무역자유화는 진전되지 못했다. 1981년부터 남미통합협의체(Latin American Integration Association)로 대체되었는데, 이 협의체의 목적은 단기적으로는 경제우선지역을, 장기적으로는 남미공동시장을 결성하는 것으로 되어 있다. 또한 이 협의체는 회원국 중 일부가 다른 국가들과 무역자유화를 체결할 수 있도록 인정하고 있는데 그 대표적인 예가 메르코수르(MERCOSUR)이다. 메르코수르는 1991년 아르헨티나, 브라질, 파라과이, 우루과이 4개국이 체결한 협정으로 1995년부터 역내 공동시장을 결성하였으며 남미에서는 가장 지속적으로 잘 운영되는 경제통합체이다. 현재 칠레, 볼리비아, 페루 외에 멕시코와 베네수엘라도 메르코수르와 긴밀한 관계를 유지하고 있으며, 그 영역을 중남미 전체로 확대하기 위한 노력을 하고 있다.

(2) 아세안

아세안(Association of South East Asian Countries: ASEAN)은 1967년 인도네시아, 말레이시아, 필리핀, 싱가포르, 태국 등 5개국이 결성한 지역협력체였으나 이후 브루나이, 베트남, 라오스, 미얀마가 가입하여 현재는 회원국이 10개국인 경제협력체로 발전하였다. 1992년 15년 이내에 아세안자유무역지대(AFTA)를 발효하기로 합의하였으나 현재까지는 그 목표를 달성하지 못하고 있다. 하지만 외부와의 협력에는 큰 진전이 있었는데, 1997년부터는 한국, 중국, 일본을 초대하여 ASEAN+3를 정례화하는 등 동북아시아 국가들과의 협력을 강화하고 있고, 2004년 중국과 FTA를 발효시켰으며, 2007년에는 한국과 FTA도 성사시켰다.

(3) 아 · 태경제협의체

아 · 태경제협의체(Asia Pacific Economic Cooperation: APEC)는 1989년 한국, 일본, 호주, 뉴질랜드, 미국, 캐나다 그리고 ASEAN이 참가하여 최초의 회의를 하였고, 1991년 중국, 홍콩, 타이완, 1993년 멕시코와 파푸아뉴기니 그리고 1994년 칠레가 참여한 아시아 태평양 지역의 경제협의체이다. 1994년 회의에서 2010년을 시작으로 2020년까지 역내 무역과 투자의 자유화를 완료하기로 결정하였고 매년 회원국 정상회담으로 경제공동체로 발전하고자 노력하고 있으나 아직 구체적 결실은 없는 상태이다.

4) 한국의 경제통합

한국은 1967년 4월 GATT 체제에 가입한 이래 2000년대 초반까지 WTO 체제하에서 주로 다자간 협상에만 주력하여 왔다. 1990년대 NAFTA가 결성되고 EU의 통합이 더욱 진전되었으며, 세계 각국이 FTA를 추진하는 추세에 비하면 우리나라의 지역경제통합은 상대적으로 뒤떨어져 있었다. 그러나 2002년 최초로 성사시킨 한 · 칠레 FTA는 2004년 4월 발효되었는데 이를 시작으로 한국의 FTA 정책은 급물살을 타기 시작했다. 이후 다수의 FTA를 성사시켰는데 2015년 1월 기준 총 11건의 FTA를 발효시켰고, 4개국과의 4개의 FTA는 체결되어 비준을 앞두고 있으며, 13개국과 3개의 FTA는 추진 중에 있다. 한국이 체결하거나 추진 중인 자세한 FTA 일지는 〈표 4-1〉에 나와 있다.

표 4-1 | 한국의 FTA 추진일지

발효된 FTA	
추진국	추진현황
칠레	99.12월 협상 개시, 03.2월 서명, 04.4월 발효
싱가포르	04.1월 협상 개시, 05.8월 서명, 06.3월 발효
EFTA	05.1월 협상 개시, 05.12월 서명, 06.9월 발효
ASEAN (10개국)	05.2월 협상 개시, 06.8월 상품무역협정 서명, 07.6월 발효, 07.11월 서비스협정 서명, 09.5월 발효, 09.6월 투자협정 서명, 09.9월 발효
인도	06.3월 협상 개시, 09.8월 서명, 10.1월 발효
EU	07.5월 협상출범, 09.7월 협상실질타결, 09.10.15 가서명, 10.10.6 서명, 11.7.1 잠정발효
페루	09.3월 협상 개시, 10.8월 협상타결, 10.11.15 가서명, 11.3.21 서명, 11.8.1 발효
미국	06.6월 협상 개시, 07.6월 협정 서명, 10.12월 추가협상타결, 11.10.22 "한 · 미FTA이행법" 미의회상 · 하원통과, 11.11.22 비준동의안 및 14개 부수법안 국회본회의통과, 12.3.15 발효
터키	08.6월~09.5월 공동연구, 총 4차례 공식협상 개최 (10.4월~12.3월), 12.8.1 기본협정 및 상품무역협정 서명, 13.5.1 발효
캐나다	총 13차례 공식협상 개최(05.7월~08.3월), 14.9.22 서명, 15.1.1 발효
호주	07.5월~08.4월 민간공동연구, 총 5차례 공식협상 개최(09.5월~10.5월), 14.4.8 서명, 15.1.1 발효

타결된 FTA	
추진국	추진현황
콜롬비아	09.3월~9월 민간공동연구, 총 6차례 공식협상 개최, 12.6.25 협상타결 선언
중국	07.3월~10.5월 산관학 공동연구 이후 민감 분야 처리를 위한 실무협의, 12.5.2 협상개시 선언, 총 4차례 협상 개최(12.5월, 7월, 8월, 10월), 14.1.1 타결 선언

베트남	11.11월 공동연구보고서 완료, 12.8.6 협상개시 선언, 12.9월 제1차 협상 개최, 14.12.10 타결 선언
뉴질랜드	07.2월~08.3월 민간공동연구, 총 4차례 공식협상 개최(09.6월~10.5월), 14.11.15 타결 선언

협상중인 FTA	
추진국	추진현황
인도네시아	11.10월 공동연구보고서 완료, 12.3.28 한 · 인니 CEPA 협상개시 선언, 총 2차례 협상 개최
한중일	03~09년 민간공동연구, 10.5월~11.12월 산관학 공동연구, 12.5월 3국 정상회의 시 "연내 협상개시 목표" 합의, 12.11.20 협상개시 선언
RCEP	11.11월 ASEAN이 RCEP 작업계획 제시, 12.11.20 동아시아 정상회의 계기 협상개시 선언

출처: 외교통상부.

이미 발효된 FTA 중에 대표적인 것은 2011년 7월에 발효된 한 · EU FTA와 2012년 3월 발효된 한 · 미 FTA이다. 이 두 가지의 FTA는 세계 최대의 양대 경제 주체와 맺은 경제통합으로 뒤늦게 출발했지만 한국의 경제 영역을 크게 넓힌 중요한 계기가 되었다. 또한 2010년 1월 발효된 한 · 인도 간 포괄적 경제동반자협정(CEPA)은 엄밀한 의미에서 FTA는 아니지만 FTA에 준하는 경제통합의 일종으로 괄목할 만한 진전이었다. 또한 현재 추진 중인 FTA에는 한 · 중 · 일 FTA가 있는데 2012년 11월 3국 통상장관회의에서 2013년 초부터 협상을 개시하기로 전격 합의한 것이다. 이 FTA가 성사되면 세계 3대 경제권역과 모두 FTA를 맺은 최초의 국가가 될 것이며, 세계 경제의 90%를 차지하는 지역과의 경제통합이 이루어지는 것으로 북미, EU에 대항할 수 있는 동북아 경제통합의 가시적인 형태가 될 것이다.

우리나라는 지역경제통합에 뒤늦게 뛰어 들었지만 비교적 짧은 시간에 다양한 주요 경제 주체들과 FTA를 맺는 성과를 이루었다. 국내 경제의 수출의존도가 높은 상황에서 안정적 수출시장 확보와 수출 품목의 다각화 측면에서도 꼭 필요한 선택으로 보인다. 우리나라의 경제통합정책은 당분간 FTA를 중심으로 추진될 것으로 보인다.

Case
사례

신동북아시대. 한중일 FTA 어떻게 되나?

한국과 중국, 일본 3국의 경제 · 산업 분야 새 질서를 결정할 분수령은 바로 한중일 자유무역협정(FTA)과 환태평양경제동반자협정(TPP) 체결이 될 것이다. 3국은 교착상태에 있던 FTA 진전을 위해 지난해 11월 캄보디아 프놈펜에서 통상장관회의를 개최, 올 초부터 협상을 시작하기로 합의했다. 당시 회의에는 박태호 통상교섭본부장, 천더밍 중국 상무부장, 에다노 유키오 일본 경제산업대신이 참석해 협상 개최에 대한 의지를 확인했다. 한중일 FTA가 타결되면 세계 3위의 통합시장이 등장한다. 한중일 FTA 체결은 시장 창출뿐 아니라 역내 교역비용을 감소해 실질적 수익을 늘릴 수 있다는 게 정부 입장이다. 또 동북아 3국간 경제협력관계를 제도화해 외부 변수가 경제에 악영향을 미치는 효과를 차단한다는 목적도 담고 있다. 문제는 농어민 등 한중일 FTA를 반대하는 국내 여론도 만만치 않은데다 중국과 일본과의 악화된 양자 관계가 변수가 될 것으로 보인다. 더욱이 아베 신조 총리를 포함한 자민당이 주축이 돼 TPP 등을 반대하는 여론이 만만치 않다. 그나마 최근 자민당이 다소 입장을 바꿔 TPP 참가 의사를 내비친 것은 고무적이다. 일본 언론에 따르면 자민당 · 공명당이 구성한 연립정권은 최근 합의문에서 TPP와 관련해 '국익에 맞는 최선의 길을 선택한다'고 명시했다. 일본 역시 농어민을 중심으로 성역 없는 관세 철폐가 자국 산업의 뿌리를 없앨 것이라고 우려해왔다. TPP와 달리 FTA는 상호 호혜적 입장을 포함시킬 수 있는 여지가 많아 일본이 더 진전된 행보를 보일 수도 있다는 게 전문가들의 관측이다.

우리 정부 관계자는 "한중 FTA가 먼저 시작된 만큼 일본도 한중일 FTA 논의를 더 이상 방치할 수 없고 동북아지역 통상확대 흐름에 주도권을 잡기 위해 노력할 것으로 보인다"면서 "시기는 좀 조정될 수 있더라도 연내 협상 테이블을 열 수 있을 것"이라고 내다봤다.

출처: 전자신문 (2012.12.31).

4. 통상마찰 위험

WTO 체제는 자유무역을 표방하고 있기 때문에 회원국들의 시장 개방을 촉진시키고 있다. 국제적 분업을 통해 모든 회원국이 혜택을 얻을 것이라는 것이 자유무역의 논리지만, 지속적인 시장의 개방은 결과적으로 무역에 있어서 구조적인 불균형을 가져오고 있다. 또한 경쟁의 국제화로 인해 경쟁력이 약한 기업은 상대적으로 도태될 수밖에 없는 것이 현실이었다. 특히 값싼 노동력을 바탕으로 정부의 보조금을 받아가면서 개발도상국의 기업들이 선진국 시장을 잠식하게 되자 선진국 정부들은 해당 산업이나 기업에 대해 다양한 방법으로 보복조치를 취하는 경우가 많아지게 되었다. WTO는 모든 회원국에 최혜국 대우를 해야 한다는 기본적 원칙이 있지만, 한편으로는 공정무역을 해야 한다는 조항도 강화되고 있기 때문에 이와 같은 통상마찰은 끊임없이 벌어지고 있다.

1980년대 일본이 자동차와 전자산업을 앞세워 전 세계에서 커다란 무역수지 흑자를 보게 되자 미국을 중심으로 한 서방선진국들의 통상압력이 집중되었고, 지금은 커다란 무역수지의 흑자를 보고 있는 중국, 한국 등의 아시아 국가들에 대한 통상마찰이 꾸준히 늘고 있다. 수출을 경제성장의 주력으로 삼고 있는 우리나라의 경우 점점 거세어지는 통상마찰의 위험을 어떻게 대비하고 관리하는가가 중요한 전략의 하나로 등장하게 되었다.

1) 통상마찰의 이유

(1) 구조적인 무역수지의 불균형

일시적인 무역수지의 불균형이 아닌 장기적이고 구조적인 무역수지의 불균형은 통상마찰의 원인이 된다. 미국은 만성적인 무역수지의 적자가 점점 커지자 초기에는 일본에 대해, 최근에는 중국 등 신흥공업국에 대한 통상압력을 강화하고 있다. 특히 무역적자가 심화되는 산업에 집중되는데, 자동차, 전자, 반도체, 철강 등의 산업에 대한 통상마찰이 빈번히 발생한다.WTO의 조항을 통해 압력을 가하면서 분쟁화하기도 하지만 자국 내의 통상법을 강화하기도 하는데 대표적인 예가 미국이 통상법 301조를 강화하여 1988년 제정한 슈퍼 301조를 만든 것이다. 슈퍼 301조는 교역상대국의 특정 품목이나 산업이 미국 산업에 피해를 주었다고 판단하면 무역상의 보복조치를 일방적으로 취할 수 있도록 규정하고 있다.

(2) 자국 산업의 보호

시장의 지속적인 개방으로 개발도상국의 특정 산업이 선진국에 진출하여 경쟁력이 상대적으로 약한 자국 기업이 어려운 처지에 놓이게 되면 선진국 정부로부터의 통상압력이 거세어질 수밖에 없다. 이 경우 자국민의 일자리를 보호하고 자국의 사업을 보호해야 한다는 논리를 내세워 통상압력이 가해지는데, 주로 국가의 기간산업, 국방과 관련된 산업, 향후 주력산업으로 육성하려는 산업, 부가가치가 높은 산업들에서 많이 일어난다.

(3) 지적재산권의 보호

WTO 체제하에서는 지적재산권의 보호가 특히 강화되었는데, 이를 이용하여 자국 기업의 특허, 상표권의 침해가 있다고 판단하면 강한 통상압력 수단을 동원하며 최근 들어서는 이 빈도가 급격히 증가하는 추세이다. 최근 미국에서 있었던 애플과 삼성 간의 법적 소송 및 미국 국제무역위원회(ITC)의 삼성전자에 대한 제재는 이런 관점에서 발생하는 통상마찰 위험의 좋은 예라 할 수 있다.

(4) 기타 불공정무역에 대한 제재

WTO는 공정한 자유무역을 표방하고 있는데, 수입국에서 특정 무역이 불공정하다고 판단하면 통상압력이 발생한다. 불공정무역이라고 판단하는 대표적인 사안들은 반덤핑과 같이 가격과 관련된 불공정무역도 있지만 수출국 정부의 부당보조금이나 지적재산권의 침해와 관련된 불공정무역도 많다.

2) 통상마찰의 형태

과거 GATT 체제하에서는 수입할당제도(quota)나 수출자율규제(voluntary export restraints)와 같은 제도도 많이 사용되었으나, 최근 들어서 통상압력의 수단으로 주로 사용되는 방법은 다음과 같다.

(1) 긴급수입제한조치

WTO 제도하에서는 특정 물품의 수입이 급증하여 자국 산업이나 기업에 피해를 주거나 피해를 줄 가능성이 있을 때는 긴급수입제한조치(safeguard)를 취할 수 있다. 이 조치는 일반적으로 4년을 초과할 수 없으며 1년이 지나면 점진적으로 조치를 완화하여야 한다. 특정 국가로부터의 수입을 제한하기 위하여 사용할 수는 없으며, 수입국은 수출국과의 협의를 통해 적절한 보상을 해주어야 한다. 만일 보상에 합의하지 못하면 수출국은 보복조치를 취할 수 있다.

(2) 반덤핑관세

덤핑이란 수출국의 생산자 또는 수출업자가 자국 내에서 통상적으로 거래되는 정상가격보다 낮은 가격으로 수출하는 것을 의미하며, 덤핑마진이란 정상가격에서 실제 수출가격을 뺀 것이다. 수입국은 덤핑마진 범위 내에서 반덤핑관세를 부과할 수 있다. 과거 GATT 체제하에서도 반덤핑관세를 부과할 수 있었으나 규정이 모호하여 남발이 되었으나 실제적 효과보다는 무역보복으로 사용되었으며, 6차 다자간 협상인 케네디라운드(1962~1967)에서부터 논의가 새로 시작되어 현재 WTO 반덤핑협정이 탄생하였다. 주로 선진국들이 반덤핑관세를 발동하는 경우가 대부분이었으나, 최근 들어서는 신흥공업국이나 개발도상국이 발동하는 경우도 늘고 있다.

(3) 보조금 및 상계관세

WTO 체제에서는 정부가 제공할 수 있는 보조금과 제공할 수 없는 보조금을 구분하고 있으며, 상대국은 부당한 보조금이 있다고 판단하면 이 효과를 상쇄할 수 있는 대응조치가 가능하다. WTO의 분쟁해결기구에 제소할 수도 있고 자체 조사과정을 통해 상계관세를 부과할 수도 있다.

(4) 지적재산권과 관련된 수입금지 또는 판매금지 조치

부당한 지적재산권을 사용한 제품이 수입될 경우에는 피해 사실이 입증되지 않았을 경우에도 수입금지 및 판매금지의 조치를 취할 수 있다.

3) 통상마찰 위험의 관리

(1) 수출시장의 다변화

통상마찰을 피할 수 있는 다른 시장을 개척하여 위험을 줄여야 한다. 일반적으로 수출시장이 다변화된 국가나 기업의 제품은 통상마찰 위험의 가능성이 낮다. 한 군데 시장에서 통상마찰을 피할 수 없다면 일시적으로 대체시장에 집중하는 것도 한 방법이다.

(2) 연구개발을 통한 품질향상과 원가절감

일반적으로 가격을 통한 수출전략은 통상마찰의 가능성이 높다. 꾸준한 연구개발을 통한 고품질 전략으로 전환하여 상표충성도가 높아지면 통상마찰의 위험성이 낮아진다. 1980년대와 1990년대 일본의 자동차와 전자산업이 통상마찰을 피할 수 있었던 방법이다. 또한 생산성을 향상시켜 원가를 절감할 수 있다면 각종 추가세금을 내는 경우라도 피해를 줄일 수 있다.

(3) 지적재산권 및 통상 전문인력 강화

수출제품이 특허나 상표권을 가지고 있다면 상대적으로 통상마찰에서 자유로울 수 있다. 이 분야의 전담부서를 강화하여야 할 필요성이 있다. 법률이나 지적재산권과 관련된 전문인력을 확보해 적극적으로 대처하는 것도 필요하다. 자체 내에 담당부서를 두거나 규모가 크지 않다면 아웃소싱을 통해 대처할 수 있으며, 경우에 따라서는 현지인을 고용하는 것이 유리할 때가 많다.

(4) 글로벌 소싱과 전략적 제휴 강화

해당 국가로부터의 부품 수입이 있다면 그만큼 통상마찰의 가능성이 낮아진다. 이 전략은 여러 나라에서의 통상마찰을 피하기 위해 장기적 측면에서 추진할 필요가 있다. 또한 통상마찰 가능성이 있는 국가의 기업들과 전략적 제휴가 많이 되어 있다면 그만큼 위험을 줄일 수 있다.

(5) 현지 생산을 위한 해외 직접투자의 확대

근본적으로 통상마찰의 원인을 제거하는 방법은 현지에서 생산, 판매하는 것이다. 최근 우리나라의 기업들이 미국이나 EU에 현지 공장을 설립하는 것은 이 이유이다.

연습문제

1. GATT 체제의 배경과 원칙에 대해 설명하시오.
2. GATT 체제의 한계점에 대해 설명하시오.
3. GATT 체제와 WTO 체제의 차이점에 대해 설명하시오.
4. DDA란 무엇이며 한국의 경제와 기업경영에 미치는 영향에 대해 설명하시오.
5. 지역경제 통합의 현황에 대해 설명하시오.
6. EU의 현황은 어떠하며 향후 전망에 대해 토론하시오.
7. 아시아의 경제통합 현황과 전망에 대해 설명하시오.
8. 한국의 경제통합 전략은 무엇이며 현재의 진행 상황에 대해 설명하시오.
9. 통상마찰의 원인과 유형에 대해 설명하시오.
10. 통상마찰 위험관리방안에 대해 설명하시오.

참고문헌

이장로, 신만수 (2003). 국제경영. 서울: 홍문사.

장세진 (1998). 글로벌 경영. 서울: 박영사.

전용욱, 김주헌, 최창범 (2012). 글로벌 경영. 서울: 박영사.

B. Balassa, The theory of Economic Integration, Richard D, Irwin Inc.

기획재정부 무역협정국내대책본부. 함께하는 FTA. 2012.9-2015.2

외교통상부 홈페이지 http://www.mofat.go.kr

WTO 홈페이지 http://www.wto.org

Chapter

05

글로벌 금융환경

1. 외환시장
2. 환율
3. 외환시장의 종류
4. 외환시장거래의 종류
5. 외환시장의 역사
6. 우리나라의 외환시장

Chapter 05

글로벌 금융환경

Case studies
도입사례

미국, 환율전쟁서 한국편 아니다

아베 신조 총리가 이끄는 일본의 금융완화정책이 미국의 용인 아래 이뤄지고 있다는 주장이 나왔다. 세계 각국이 자국 통화가치를 인위적으로 떨어뜨리며 벌이고 있는 '글로벌 통화전쟁(환율전쟁)'에서 미국과 일본이 사실상 공조하고 있다는 것이다. 2011년 나온 베스트셀러 《커런시 워(Currency Wars)》의 저자 제임스 리카즈(사진)는 2일(현지시간) 한국경제신문과의 인터뷰에서 "미국의 주요 무역 상대국 중 일본만이 미국 달러화보다 빠른 통화(엔화)가치 하락을 용인받고 있다"며 이같이 말했다. 그는 "미국은 일본 경제가 도움이 필요하다고 인식하고 있고, 앞으로 중국을 대신해 미국 국채를 매입할 나라이기 때문에 일본을 특별대우하고 있다"고 설명했다. 미국 중소형 투자은행(IB)인 탄젠트캐피털 대표를 맡고 있는 리카즈는 "미국 중앙은행(Fed)의 양적완화 정책으로 2010년 시작된 통화전쟁이 적어도 2020년까지 이어질 전망"이라며 "한국이 여기서 살아남기 위해서는 기술 혁신과 교육에 투자하고 친기업적 환경을 조성해 생산성을 높이는 수밖에 없다"고 말했다.

리카즈는 특히 "미국은 한국의 군사적, 외교적 동맹국이지만 통화전쟁에서 만큼은 한국편이 아니다"고 경고했다. 그는 "미국과 일본이 통화가치 하락을 통해 진짜 원하는 것은 수입물가를 높여 자국 내 인플레이션을 유도하는 것"이라며 "미국이 원화 강세를 원하는 이유도 이 때문"이라고 분석했다. "전례를 볼 때 통화전쟁은 승자 없이 패자만 만들 것"이라고 주장한 리카즈는 "과거 100년간 세계는 1930년대와 1970년대 두 차례에 걸쳐 통화전쟁을 벌였으며, 그때마다 국제통화시스템의 붕괴로 이어졌다"고 지적했다. 이어 "이번 통화전쟁에서 미국에 초 인플레이션이 발생, 미국 달러화가 세계 기축통화 지위를 잃을 것"이라고 전망했다. 그는 "앞으로 약 10년 후에는 국제통화기금(IMF)의 특별인출권(SDR)이 달러를 대체하고, 궁극적으로는 국제통화시스템이 금본위제로 돌아갈 가능성이 크다"고 관측했다.

출처: 한국경제 (2013.02.03).

1. 외환시장

1) 외환시장

외환시장(Foreign Exchange Market)은 특정한 거래소를 지정하여 거래하는 주식시장과는 달리 외환의 수요자와 공급자들이 각 금융기관의 전산망을 통해 거래하는 가상의 시장을 일컫는다. 일부 외환의 경우, 예를 들어 통화선물이나 통화옵션 등은 특정 거래소를 통하여 거래되기도 하나 대부분의 외환은 장외시장(over the counter market)의 형태를 띠며, 전화 또는 전산망을 통해 직접 거래하는 형태로 이루어진다.

2) 외환시장의 특징

(1) 24시간의 시장

외환시장은 둥그런 지구를 따라 24시간 쉬지 않고 거래된다. 한국시간을 기준으로 볼 때 아침 7시에 호주와 뉴질랜드의 시장을 시작으로 도쿄, 홍콩, 싱가포르의 시장이 열리며, 이어서 바레인 등 중동의 시장, 프랑크푸르트, 파리, 런던 등의 유럽시장이 열린다. 유럽의 시장들이 폐장하기 전 미국 뉴욕의 시장이 열리게 되며 3시간의 시차를 두고 미국 서부의 로스앤젤레스와 샌프란시스코의 시장이 열린다. 또한 미국시장이 끝나기 전에 다음날의 호주와 뉴질랜드의 시장이 열리기 때문에 외환시장은 동일한 상품이 24시간 쉬지 않고 거래되는 특징을 가진다. 물론 주말에는 시장이 열리지 않지만 한국의 시간을 기준으로 볼 때 월요일 아침 7시부터 토요일 아침까지 쉬지 않고 매일 24시간 거래되는 시장이다. 이러한 관점에서 외환시장을 가장 효율적인(efficient) 시장으로 부르기도 한다.

(2) 대규모 시장

2012년 기준 외환시장의 하루 거래규모는 약 5조 달러에 이를 정도로 대규모의 시장이다. 이는 연간 약 1,000조 달러 이상을 거래하는 것으로 전 세계 GDP의 약 15

배, 전 세계 무역규모의 약 50배에 달하는 규모이다. 또한 전 세계 주식, 채권 등의 금융시장의 약 5배, 최근 급등하는 금융파생상품의 규모도 능가할 정도로 가히 현존하는 세계 최대의 시장이라고 하여도 무방할 것이다. 또한 이러한 대규모의 시장이 매년 그 규모가 증가하는 추세에 있다는 점에 주목할 필요가 있다.

Case 1
사례 1

효율적 시장 가설(Efficient Market Hypothesis)과 외환시장

E. Fama는 효율적 시장이란 정보(information)가 가격에 빨리 반영되는 시장이라 정의하였다. 정보의 종류에 따라 약형(weak form), 중강형(semi-strong form) 그리고 강형(strong form)의 효율적 시장으로 나누어 볼 수 있다. 이 가설이 나온 이 후로 수많은 연구논문들이 현대의 자본시장들이 어느 정도까지 효율적인지 연구하였다. 약간의 예외적인 현상들이 발견되긴 하였지만, 대체적인 결론은 선진국의 현대 자본시장들은 약형과 중강형에 있어서는 효율적 시장이라는 점에서는 이견이 없는 것 같다. 다시 말하면 과거에 관한 정보와 대중적(public) 정보는 이미 가격에 반영이 되어 있음을 의미한다. 다만 내부정보(inside information)은 가격에 반영이 되어 있지 않은데 이는 강형의 효율적 시장은 아니라는 것을 뜻하며, 내부정보를 이용하면 부당이득을 취할 수 있기 때문에 각국의 자본시장 감독당국은 이에 대한 감시와 처벌을 강화하고 있다.

가격에 큰 영향을 미칠 수 있는 새로운 정보가 나왔을 때 시장의 효율성을 저해하는 요인들로는 크게 두 가지가 있다. 첫째는 제한된 거래시간이다. 거래시간이 제한적일 때 거래 종료 후 새로운 정보가 나왔다면 다음 날까지 기다려야 하는데 이러한 시장은 효율적이지 못하다. 현대 자본시장은 거래시간을 늘리는 추세에 있는데 이는 시장을 보다 효율적으로 만들겠다는 취지에서이다. 예를 들어 우리나라의 주식시장이나 외환시장도 과거보다는 거래시간이 늘어났고, 시간외거래, 야간거래 등 점점 효율적 시장에 가까워지는 추세에 있다. 미국의 경우, 최근 시카고선물거래소가 로이터통신망을 이용하여 시작한 Globex라는 야간선물거래시스템의 이론적 배경도 여기에 있다.

둘째는 상·하한가와 같은 가격제한제도이다. 가격의 커다란 변화를 일으킬 요인이 발생했을 때 상·하한가제도는 거래의 중단을 가져오며 적정가격에 이르기까지는 많은 시일이 소요될 것이며 결국 시장은 효율적이지 못하게 된다. 오히려 빨리 적정가격에 이르게 하여 거래가 일어날 수 있도록 하는 것이 더 좋다는 결론이다. 대부분 선진국의 주식시장과 외환시장에는 상·하한가가 없다. 우리나라의 경우 IMF 금융위기 전 외환시장의 상·하한가는 ±2.25%였는데 이는 금융위기의 영향을 반영시키기엔 턱없이 부족하여 한때 외환시장의 마비를 가져왔었다. 결국 IMF 구제금융의 조건으로 폐지하였고, 환율은 단기간에 달러당

2,000원까지 오르기도 하였고, 현재는 상 · 하한가가 없다. 주식시장에는 ±15%의 상 · 하한가가 있으나 이는 과거에 비해 크게 늘어난 것이며 향후 ±30%로 늘리자는 논의도 진행되고 있다.

이와 같이 전 세계의 자본시장은 시장을 보다 더 효율적으로 만들어가는 추세에 있다. Fama의 효율적 시장 가설의 영향력인 것 같다. Fama는 이러한 업적으로 2013년 노벨경제학상을 수상하였다.

(3) 도매시장

소규모 무역업 또는 여행자들을 위한 소매시장(retail)도 존재하지만, 대부분의 외환거래는 건당 수백만 달러 이상이 거래되는 도매시장(wholesale)이며 그 중 많은 부분이 은행간(inter bank) 거래로 이루어진다. 대형 외국환은행들은 전문화된 거래시스템을 구축하고 수십 명의 전문 딜러들을 고용하여 전 세계의 외환시장 거래에 대응하고 있다.

(4) 장외시장

대부분의 외환거래는 거래소를 통하지 않고 각 은행의 전문 딜러들이 전화나 전산망을 이용하여 거래하는 장외시장(over the counter market)의 형태를 띤다. 최근 거래시스템의 발달로 전 세계 어느 외환시장을 통하여 거래를 하여도 대부분 수 초 이내에 거래할 수 있다.

2. 환율

환율(exchange rate)이란 두 나라 화폐 간의 교환비율을 말한다. 예를 들어 한국의 수입업자가 수입대금 결제를 위하여 한국의 원화(₩)를 결제통화인 미국의 달러($)로 바꾸어야 하는데, 이를 바꾸기 위해서는 외환시장을 통하여 $의 ₩에 대한 교환비율인 환율로 바꾸어야 한다. 다른 말로 하자면 이 경우 환율은 $의 ₩화 표시가격인 셈이다. 환율은 모든 가격들이 결정되듯이 외환시장에서 해당 통화의 수요와 공급에 의해서 결정된다. 그밖에 환율의 변화에 영향을 미치는 요인들은 다음 절에서 자세히 설명하기로 한다.

1) 현물환율의 표시방법

(1) 직접표시법

우리가 흔히 접하게 되는 환율의 표시방법은 S=₩1,000/$이다. 여기서 S는 현물(spot)환율로 추후 설명할 선물환(forward) 환율인 F와 구분하기 위함이다. 현물환율이라 함은 거래 후 2영업일 이내에 결제되는 환율을 의미한다. 이 표시의 의미는 미국 $1는 한국의 ₩1,000과 교환된다는 뜻이다. 우리에게는 이 표시방법이 편하게 느껴지지만 미국 사람들에게는 그렇지 않을 수도 있다. 어느 나라 사람에게나 외화 한 단위당 자국통화 몇 단위가 되는 것으로 표시할 때 더욱 편하게 느껴지기 마련이다. 이 표시방법을 직접표시법(direct quotation)이라 한다.

(2) 간접표시법

위의 환율표시를 간접표시법(indirect quotation)으로 표시하면 S=$0.001/₩이 된다. 의미는 ₩1을 $0.001 또는 0.1센트로 교환한다는 뜻이다. 우리에게는 어색한 이 표시방법을 간접표시법이라 한다. 중요한 것은 이 표시방법이 미국인들에게는 직접표시법이라는 점이며, 미국인들은 이 방법이 더 편하게 느낄 수 있다. 직접표시법과 간접표시법의 관계는 수학의 역수의 관계이다.

표 5-1 | 미국의 환율표

U.S.-dollar foreign-exchange rates in late New York trading (Monday, December 31, 2012)									
	IN US$		PER US$			IN US$		PER US$	
Country/currency	Mon	Fri	Mon	Fri	Country/currency	Mon	Fri	Mon	Fri
Americas					Europe				
Argentina peso	0.204	0.204	4.915	4.911	Czech	0.0526	0.053	19.01	19
Brazil real	0.488	0.488	2.049	2.048	Denmark krone	0.1769	0.177	5.654	5.644
Canada dollar	1.007	1.003	0.993	0.997	Euro area euro	1.3195	1.322	0.758	0.757
Chile peso	0.0021	0.0021	479.4	479.4	Hungary forint	0.0045	0.0045	220.8	220
Colombia peso	0.0006	0.0006	1767	1773	Norway krone	0.1797	0.179	5.565	5.586
US dollar	1	1	1	1	Poland zloty	0.3234	0.324	3.092	3.084
Mexico peso	0.078	0.077	12.86	13.02	Romania leu	0.2967	0.298	3.37	3.361
Peru new sol	0.3918	0.3928	2.553	2.546	Russia ruble	0.0328	0.0329	30.5	30.37
Uruguay peso	0.0522	0.0522	19.15	19.15	Sweden krona	0.1538	0.1535	6.503	6.517
Venezuela	0.2299	0.2299	4.35	4.35	Switzerland franc	1.0926	1.0947	0.915	0.914
Asia-Pacific					1-mos forward	1.0933	1.0953	0.915	0.913
Australian dollar	1.039	1.037	0.962	0.964	3-mos forward	1.0945	1.0965	0.914	0.912
1-mos forward	1.037	1.035	0.965	0.967	6-mos forward	1.0964	1.0984	0.912	0.91
3-mos forward	1.033	1.03	0.969	0.971	Turkey lira	0.5606	0.5589	1.784	1.789
6-mos forward	1.026	1.024	0.975	0.977	UK pound	1.6247	1.6161	0.616	0.619
China yuan	0.161	0.16	6.232	6.236	1-mos forward	1.6245	1.6159	0.616	0.619
Hong Kong	0.129	0.129	7.75	7.752	3-mos forward	1.6242	1.616	0.616	0.619
India rupee	0.0182	0.0183	54.995	54.760	6-mos forward	1.624	1.615	0.616	0.619
Indonesia rupiah	0.0001	0.0001	9638	9637	Middle East/Africa				
Japan yen	0.0115	0.0116	86.74	85.97	Bahrain dinar	2.652	2.652	0.377	0.377
1-mos forward	0.0115	0.0116	86.72	85.94	Egypt pound	0.157	0.162	6.357	6.191
3-mos forward	0.0115	0.0116	86.68	85.9	Israel shekel	0.268	0.268	3.732	3.734
6-mos forward	0.0116	0.0117	86.61	85.83	Jordan dinar	1.409	1.411	0.71	0.709
Malaysia ringgit	0.3271	0.3266	3.057	3.062	Kenya shilling	0.012	0.012	86	85.99
New Zealand dollar	0.8279	0.8198	1.208	1.22	Kuwait dinar	3.555	3.553	0.281	0.282
Pakistan rupee	0.0103	0.0103	97.25	97.4	Lebanon pound	0.0007	0.0007	1504	1506
Philippines peso	0.0244	0.0243	41.04	41.07	Saudi Arabia	0.267	0.267	3.75	3.75
Singapore dollar	0.8188	0.8170	1.221	1.224	South Africa	0.118	0.118	8.461	8.48
South Korea	0.0009	0.0009	1064	1067	UAE dirham	0.272	0.272	3.673	3.673
Taiwan dollar	0.0344	0.0344	29.04	29.04	The New York foreign exchange mid-range rates as quoted at 5 p.m. Eastern time by ICAP plc. Retail transactions provide fewer units of foreign currency per dollar.				
Thailand baht	0.0327	0.0327	30.58	30.6					
Vietnam dong	0.0001	0.0001	20840	20843					

출처: ICAP plc, WSJ.

〈표 5-1〉은 미국의 Wall Street Journal에 나온 2012년 12월 31일자 환율표이다. 나라별로 4개의 환율이 표시되어 있는데, 첫 두 줄은 U.S $ Equivalent 표시법이고 이 표시법이 미국인들의 입장에서의 직접표시법이며, 마지막 두 줄은 Currency per U.S. $ 표시법인데 이 표시법은 미국인들의 입장에서 간접표시법이 된다. 다만 환율별로 전통적으로 쓰는 환율표시법이 있는 경우가 대부분이다. 일반적으로 숫자가 1보다 큰 경우인 영국의 파운드화(£)와 유로화(€)의 경우는 U.S. $ Equivalent의 방법을, 그 외에는 Currency per U.S. $의 방법을 많이 사용하지만 확정된 것은 아니다.

(3) 환율의 변화와 표시방법

위의 예를 다시 들어 S=₩1,000/$이던 환율이 한 달 후 S=₩1,100/$으로 변동했다고 가정하자. 이의 정확한 표현은 '한 달 동안 $의 가치가 $당 ₩100원 또는 10% 상승(appreciated)'했다고 하는 것이며 '₩의 가치는 10% 하락(depreciated)'한 셈이 된다. 즉 어떤 통화의 가치상승 또는 어떤 통화의 가치하락이라고 표현하는 것이 정확한 표현이다. 흔히 잘못 쓰는 표시방법이 환율의 상승 또는 하락이라는 것이다. 숫자의 상승 하락은 직접표시법이냐 간접표시법이냐에 따라 반대로 나타나기 때문이다.[1)]

2) 선물환환율의 표시방법

선물환(forward)환율은 현물환율과는 다르게 계약은 오늘 체결하지만 실제의 인수는 미래의 시점에 일어나는 환율이다. 예를 들어 〈표 5-1〉에 보면 캐나다, 일본, 스위스, 영국 등에는 1개월, 3개월, 6개월짜리 선물환환율이 표시되어 있다. 이는 1개월, 3개월, 6개월 뒤에 교환하는 환율을 표시하는 것으로, 이를 보면 시장의 이들 환율이 향후 어떻게 변할 것인가에 대한 예측치를 담고 있는 것이다. 선물환환율은 원래 무역 종사자들이 외환시장으로부터 오는 위험, 즉 환위험(foreign exchange risk)을 헤지(hedge)하기 위해 생긴 것인데 이에 대한 자세한 설명은 10장에서 하도록 하겠다.

예를 들어 S=₩1,000/$, $F_{\frac{1}{4}}$=₩1,100/$이라는 환율이 있다고 가정하자. 여기서 S는

1) 평가절상 또는 평가절하라는 표현을 흔히 쓰기도 하는데 이 표현방법은 일본식 방식을 직접 사용하는 것으로 국제경제학계의 권고는 특정 통화의 가치상승 또는 가치하락으로 표현하는 것이다.

현물환율로서 즉시 교환하는 환율이고, F는 선물환환율로 계약은 오늘 체결하지만 교환은 미래에 하는 환율이다. $\frac{1}{4}$이라는 숫자는 1년의 $\frac{1}{4}$이라는 의미로 $F_{\frac{1}{4}}$은 3개월짜리 선물환환율이다. 즉 1은 1년짜리, $\frac{1}{2}$은 6개월짜리 선물환환율을 의미한다. 여기서 $F_{\frac{1}{4}}$=₩1,100/$의 정확한 표현은 무엇일까? 정확한 표현은 '$는 3개월짜리 선물환시장에서 $당 ₩100 또는 10%의 할증(premium)에 거래된다'는 뜻이다. 선물환환율에서 가치상승 또는 가치하락은 잘못된 표현이다.

그렇다면 〈표 5-1〉에서 보듯이 선물환환율이 현물환율과 다르게 거래되는 이유는 무엇일까? 그 이유는 시장의 종사자들이 3개월 뒤 $의 가치가 ₩에 비해 상승할 것으로 믿고 거래하기 때문이다. 만일 반대로 사람들이 $의 가치가 3개월 뒤 하락할 것으로 믿고 있다면 선물환율은 $F_{\frac{1}{4}}$=₩900/$에 거래될 것이며, 이의 정확한 표현은 '$는 3개월짜리 선물환시장에서 $당 ₩100원 또는 10% 할인(discount)에 거래된다'이다.

3) 크로스 환율

한국의 외환시장에서 직접 거래되는 외국 통화는 미국 달러($)와 일본 엔(¥)뿐이다. 그렇다면 €화와 ₩의 환율은 어떻게 구해지는지 알아보도록 하겠다. 직접 거래되지 않는 통화와의 환율은 삼각 크로스(cross) 환율을 통해 구할 수 있다. 예를 들어 한국에서 거래된 환율이 S=₩1,000/$이고 미국 또는 유럽에서 거래된 환율이 S=$1.50/€라고 가정하자. ₩과 €의 환율은

$$S = ₩1{,}000/\$ \times \$1.50/€ = ₩1{,}500/€$$

와 같이 구할 수 있다. 한국의 은행에서 직접 거래되는 $와 ¥ 외의 모든 통화를 구입하거나 팔 수 있는 것은 이와 같은 크로스 환율을 통해서 가능하다. 물론 이 경우 직접 거래되는 통화에 비해 수수료도 비싸고 매입 매도 환율의 차이인 스프레드(spread)도 커진다.[2)]

2) 매입 매도 환율의 차이를 보다 정확히 표현하면 Bid-Ask Spread라고 한다. Spread가 생기는 원인으로는 여러 학설이 있으나 은행이 외환을 보유하는 비용으로 설명하는 것이 일반적이다. 현금(Cash)을 보유하는 비용이 많이 들기 때문에 현금에 부과하는 Spread는 일반적으로 크고 전신환이나 은행발행수표 등에 부과하는 Spread는 비용이 적게 들어 일반적으로 작다. 동전은 교환을 해주지 않는 것도 이러한 이유 때문이다.

3. 외환시장의 종류

1) 현물시장

앞서 설명한 바와 같이 현물시장(spot exchange market)은 즉석 또는 2일 이내에 거래하는 시장을 말한다. 건당 백만 달러 단위로 거래하는 은행 간 거래의 도매시장도 현물시장이고, 여행자 등 소액의 거래를 하는 소매시장도 현물외환시장이다. 도매시장이든 소매시장이든 모두 앞서 설명한 현물환율(spot exchange rate)로 거래가 이루어지지만, 스프레드와 수수료는 크게 다르다. 최근 우리나라의 외환시장의 규모 및 시스템이 커지면서 건당 $10,000 이상의 거래는 큰 스프레드 대신 시장거래환율에 달러당 2~3원의 수수료로 거래해 주는 은행들도 늘어나고 있다. 소액의 경우 스프레드와 수수료는 3~5%에 달하기도 한다.

2) 선물환시장

선물환시장(forward exchange market)은 계약은 오늘 체결하지만 실제의 결제는 미리 정해놓은 미래의 시점에 이루어지는 거래이다. 선물환거래는 수출이나 수입을 하는 기업들이 환위험 제거 목적으로 선물환을 매도 또는 매입하는 거래이지만 투기의 목적으로 사용되기도 한다. 구체적인 사례는 다음 절에서 다루기로 한다. 이 거래는 전적으로 사적인 거래이며 상세한 거래조건은 기업과 거래은행 간에 정하게 된다. 또한 계약불이행의 위험을 전적으로 신용으로 담보하기 때문에 개인이나 신용이 없는 중소기업은 이용하기 어려운 거래이다.

3) 차액선물환시장

차액선물환(Non-Deliverable Forward: NDF)시장은 약정금액을 전액 결제하여야만 하는 선물환시장과는 다르게 만기 시 손익을 계산하여 $화로 차액만 결제하는 시장으로 계약불이행의 위험이 상대적으로 작고 주로 투기의 목적으로 사용된다. 우리나라의 ₩화의 NDF는 싱가포르, 홍콩, 뉴욕에서 주로 거래가 이루어지므로 역외(Offshore) 선물환시장이라고 부르기도 하며, 이 시장에서의 거래는 우리나라에서 거래되는 환율에 커다란 영향을 미치기도 한다. 1997년 IMF 금융위기 때와 2008년 세계적 금융위기 때에 한국의 환율이 급격한 가치하락을 겪었을 때에 해외의 악성 투기자금들이 많이 이용한 것으로 알려진 시장이기도 하다.

4) 통화선물시장

통화선물의 개념은 미래의 특정 시점에서의 거래를 오늘 체결한다는 점에서는 선물환시장과 동일하다. 다만 선물환시장은 사적계약으로 계약 당사자 간에 신용을 바탕으로 이루어지지만, 통화선물시장(currency futures market)은 불특정 다수가 거래소를 통해 표준화된 조건으로 거래한다는 점에서 차이점이 있고 계약불이행의 위험을 증거금(margin)을 징수하여 처리한다는 점에서 다르다. 1970년대 초 변동환율제도 채택 이후 미국의 시카고 선물거래소에 처음 도입되었으며, 현재 시카고와 런던의 시장이 가장 크다. 우리나라에는 1999년 한국거래소에 원/달러 선물이 처음 도입되었으며 최근 유로화와 엔화의 선물이 추가되었다. 증거금의 납부만 있으면 개인들도 손쉽게 참여할 수 있어 투기 및 헤지의 목적으로 거래가 늘고 있다.

5) 통화옵션시장

특정 외환을 미리 약정된 행사가격(strike price 또는 exercise price)에 사거나 팔 수 있는 권리를 거래하는 시장을 통화옵션시장(currency options market)이라고 한다. 살 수 있는 권리를 Call Option, 팔 수 있는 권리를 Put Option이라 한다. 약정한 금액을 무조건 결제해야 하는 선물환이나 선물시장과는 다르게 유리할 때만 옵션을 행사할 수 있는 권리의 거래이므로 헤징에 유리한 점이 많으나, 권리에 대한 대가(option premium)를 지불하여야 하는 단점도 있다. 거래소를 통해 거래하는 옵션은 선물시장처럼 계약조건이 표준화되어 있으나, 계약 당사자 간의 거래인 장외(OTC)옵션은 당사자끼리 조건을 자유로이 정할 수 있다. 미국의 시카고 선물거래소를 중심으로 런던 등 유럽시장과 홍콩 등 아시아시장에서 세계 각국 통화의 옵션이 다양하게 거래되고 있으며, 한국거래소에는 미국달러옵션이 거래되고 있다. 옵션은 헤징에 유용한 수단을 제공하기도 하지만 투기성이 강해 투기에 많이 이용되기도 한다.

4. 외환시장거래의 종류

1) 투자 · 투기거래

외환시장을 이용한 투자 · 투기거래는 앞 절에서 설명한 모든 시장을 이용하여 할 수 있다. 투자와 투기거래를 정확히 구분하는 방법은 없지만, 대략적으로 투자의 위험이 적절히 조정가능할 때는 투자(investment)라 하고, 커다란 위험이 수반될 때는 투기(speculation)라 한다. 투자 · 투기거래를 수행할 때는 앞으로 환율이 어떻게 움직일 것인가에 대한 예측이 수반되어야 하는데, 예측이 맞으면 이익, 예측이 틀리면 손해를 보게 된다. 일반적으로 선물환시장, 선물시장, 옵션시장을 이용할 때는 큰 위험이 수반되므로 투기라 하는 것이 맞을 것이다.[3] 각 시장을 이용한 투자 · 투기거래의 예는 10장에서 자세히 다루기로 한다.

2) 헤지거래

헤지(hedge)란 무역이나 각종 자본거래에서 환율변동으로 인하여 발생하는 위험을 없애거나 줄이려는 행위를 말한다. 무역에서는 계약체결과 대금결제의 시점의 차이에서 환위험(foreign exchange risk)이 발생하게 되는데 이 환위험이 때로는 회사의 경영에 커다란 영향을 미치므로 해당 기업들은 이 위험을 회피하려는 노력을 하게 된다. 환위험의 헤지는 외환의 선물환시장, 통화선물시장, 옵션시장, 금융시장을 이용하여 할 수 있다. 자세한 헤지의 방법은 10장에서 자세히 다루기로 한다.

3) 이 세 가지의 시장은 대표적인 파생상품(derivative securities)의 시장인데, 투기성이 강하다는 점은 상품의 가격보다 훨씬 적은 돈으로 거래하는 지렛대효과(leverage effect)에서 기인한다.

3) Arbitrage 거래[4]

Arbitrage란 시장의 일시적 불균형을 이용하여 위험 없이 차익을 실현하는 거래를 이야기한다. 특정한 균형상태가 필요한 모든 시장에서 일어날 수 있다. 예를 들어 현물환시장과 선물환시장 사이에는 일정한 균형상태가 유지되어야 하는데 이 균형이 일시적으로 깨어지면 Arbitrage 이익을 얻을 수 있다. 금융시장에서의 일시적 불균형이 생기면 Arbitrager들이 이익을 취하려고 시장에 개입하게 되며 곧 다시 균형상태로 돌아가는 경향이 있다. 주식시장에서도 Arbitrage의 예는 흔히 볼 수 있는데, 주가지수와 주가지수 선물 사이에 일시적 괴리가 발생하면 이 차익을 얻으려는 매매가 활발히 이루어지는데, 주식시장에서는 이 거래가 주로 컴퓨터 프로그램을 통해 이루어지므로 이를 프로그램 매매라 부르기도 한다. 10장에서 두 나라 사이의 현물환과 선물환을 이용한 Arbitrage 거래의 예를 자세히 다룰 것이다.

4) 스왑거래

외환 스왑(SWAP)거래란 서로 반대되는 방향의 현물환과 선물환이나 선물환과 또 다른 선물환을 동시에 체결하여서 환위험을 줄이려는 거래를 의미한다. 대부분의 기업이나 금융기관들의 외환거래는 한 번 이루어지는 것이 아니라 연속적으로 이루어지는데, 이들 중 일부를 묶어서 스왑거래를 한다면 훨씬 효율적이고 위험을 줄여서 거래할 수 있다. 우리나라도 외환시장의 규모가 점점 커지면서 이와 같은 스왑거래의 규모가 꾸준히 증가하는 추세이다.

5. 외환시장의 역사

외환시장의 역사는 국제무역의 역사와 같다고 볼 수 있다. 무역의 결제수단으로

4) Arbitrage는 흔히 차익거래 또는 재정거래로 번역하여 사용하기도 하지만, 정확한 표현은 아니다. 정확히 표현하자면 무위험차익거래가 맞는데 여기서는 영어표기인 Arbitrage로 사용하기로 한다.

외환이 필요하게 되었고 안정적이고 지속적인 제도의 필요성이 제기되어 왔다. 1870년대 이전에는 금과 은 등 귀금속이 다양하게 결제수단으로 이용되었고 시기별, 지역별로 서로 다른 제도가 다양하게 사용되었다. 1821년 영국은행이 처음으로 금으로 교환할 수 있는 화폐를 만들었고, 프랑스의 경우 1850년대 즈음 금본위제도에 준하는 제도가 정착하는 모습을 보였다. 제대로 모습을 갖춘 최초의 외환시장은 1875년경에 시작된 것으로 보인다.

1) 금본위제도(1875~1914)

약 40년간 국제 금융시장을 주도해왔던 금본위제도(gold standard system) 아래에서 유일한 실질화폐는 금이었다. 각국 화폐는 금을 기준으로 교환가치가 정해졌고, 국가 간 금의 교환비율로 환율이 결정되며, 각국 화폐는 항상 금으로 교환할 수 있도록 하는 제도이다. 이 제도가 유지되기 위한 조건으로 각국은 금의 수입과 수출을 자유롭게 하여야 하며 금의 유입 및 유출량에 따라 화폐의 유통량을 조절해야 한다. 이 제도의 중추적인 역할은 영국이 하고 있었다.

금본위제도하에서는 국제무역의 불균형이 자동적으로 조절되는데 이 이론을 제공한 것이 흄(D. Hume)의 가격경화흐름제도(price specie flow mechanism)이다. 양국 간에 무역적자가 생기면 적자국에서 흑자국으로 금이 흘러 들어가게 되고 통화량 증가로 흑자국의 물가는 상승하며 흑자국의 가격경쟁력은 하락하게 된다. 적자국의 물가는 반대의 이유로 하락하고 가격경쟁력이 상승하여 결국 양국 간의 적자와 흑자는 자동적으로 해소된다는 내용이다.

금본위제도는 한동안 잘 작동되었으나 다음의 이유로 붕괴하게 된다. 첫째는 금의 생산량이 제한적이기 때문에 경제발전에 따른 통화량 증가 수요를 따라갈 수 없다. 둘째는 화폐 발행이 금보유량으로 제한되어 있는 이 제도하에서는 각국의 경제정책이 제한적일 수밖에 없다. 이러한 상황에서 제1차 세계대전이 발발해 전쟁비용을 충당하기 위한 각국의 화폐 발행이 더 이상 금본위제도를 지탱할 수 없게 하였다.

2) 혼돈기(1914~1944)

제1차 세계대전이 끝나자 각국은 전쟁 복구를 위한 보호무역이 극심해졌고, 정상적인 외환제도의 부재 속에 독일을 비롯한 유럽국가들은 초인플레이션(hyperinflation)을 겪게 된다. 1923년의 독일의 물가 수준은 전쟁 전의 1조 배에 달할 정도로 화폐가치의 극심한 하락을 겪게 되는 와중에서도, 미국을 중심으로 무역결제를 위한 정상적인 외환제도의 필요성이 대두되었다. 1920년대 중후반에 일시적으로 주요국 사이에 금본위제도가 다시 채택되기도 하였으나, 이조차도 오래 가지 못하고 1929년 미국의 대공황(great depression)을 맞게 된다.

1931년부터 영국에 이은 미국의 금본위제도 포기선언으로 일시적인 변동환율제도가 채택되기도 하였으나, 이 제도는 각국이 자국의 이익만을 추구하기 위한 극심한 보호무역의 결과였다. 극심한 혼돈기를 겪는 와중에 설상가상으로 제2차 세계대전이 발발하여 세계의 무역과 금융은 최악의 암흑기를 겪게 된다.

제2차 세계대전이 끝나갈 무렵 세계 경제의 복원을 위한 국제공조의 필요성이 서서히 나타나게 되는데, 이 무렵 그나마 경제가 가장 양호하고 물가가 안정적이었던 곳이 미국이었고, 이때부터 미국이 그동안 국제금융질서를 주도하였던 영국의 역할을 대신하며 부상하게 되어 미국의 달러가 현재의 기축통화(vehicle currency)로서의 입지를 서서히 구축하게 된다.

3) 브레튼우즈제도(1944~1972)

제2차 세계대전이 끝나갈 무렵인 1944년 7월 세계 44개국의 대표들이 미국의 뉴햄프셔주 브레튼우즈(Bretton Woods)에 모여 새로운 세계무역 및 금융질서의 필요성에 대해 논의하게 된다. 대표들은 오랜 토의 끝에 국제통화기금(International Monetary Fund: IMF)을 창설하고 및 새로운 외환제도인 브레튼우즈제도를 태동시키게 된다. 브레튼우즈제도는 미국의 달러를 기축통화로 금에 고정(peg)시키고 다른 여타의 화폐는 미국의 달러에 기준환율(par value)로 다시 고정시키는 고정환율제도(fixed exchange system)이다.

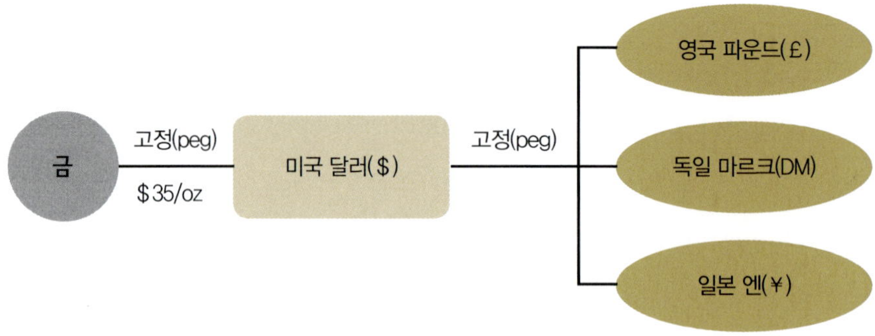

그림 5-1 | 브레튼우즈제도의 고정환율 구조

[그림 5-1]에서 보는 바와 같이 금은 온스당 $35에 고정이 되고 영국의 파운드, 독일의 마르크, 프랑스의 프랑 등은 미국의 달러에 기준환율로 고정되어 있다. 브레튼우즈제도 아래에서 각국은 기준환율의 ±1% 이내에서만 변동이 허용되도록 유지할 책임이 있으며, 구조적으로 불균형이 생겼을 때만 협의하에 변동시킬 수 있도록 하고 있다. 또한 이 제도는 미국 달러만을 금과 교환할 수 있는 유일한 화폐로 규정하며, 금과 더불어 미국 달러를 국제결제에 사용할 수 있도록 하고 있다. 즉, 미국 달러를 가지고 있으면 항상 금으로 교환할 수 있다는 믿음이 전제된 제도이다. 이러한 이유로 브레튼우즈제도는 달러를 기초로 한 금환본위제도(gold-exchange system)라고 부르며, 때론 IMF 제도라고 부르기도 한다.

1950년대와 1960년대 초반까지 외환시장의 안정에 크게 기여했던 브레튼우즈제도는 미국 달러에 대한 신뢰가 점점 약해지면서 문제점이 불거지기 시작했다. 각국의 외환보유고가 증가하면서 미국은 구조적으로 국제수지의 적자를 피할 수 없게 되었고, 1960년대 베트남전쟁을 수행하기 위한 막대한 미국 달러화의 발행으로 미국의 금 보유가 유통되는 미국 달러에 비해 턱없이 부족해지자 미국 달러화에 대한 신뢰는 급격히 떨어지게 되었다. 일부 국가들은 달러를 팔고 금 보유를 늘리거나 미국 정부에 대해 보유 달러를 금으로 교환해 달라고 요구하기도 하여 브레튼우즈제도는 최대의 위기를 맞게 되었다. 이 제도를 지속시키기 위한 여러 가지 노력이 있었는데, 그 중 하나가 1970년 IMF에 의해 발행된 특별인출권(Special Drawing Right: SDR)이다.

이러한 브레튼우즈제도를 유지하기 위한 여러 노력에도 불구하고, 달러의 가치에 대한 신뢰는 계속 추락하였고 1971년 미국은 미국 달러의 금 교환 중지를 선언하기에 이르렀다. 이후에도 미국 달러의 금으로의 교환 가격을 두 번이나 인상하고 기준 환율로부터의 변동폭을 ±2.25%로 올리는 등 여러 가지 수단이 시도되었지만 결국 1973년 들어 약 30년간 존속했던 브레튼우즈제도는 공식적으로 사라지게 되었다.

4) 변동환율제도(1973~현재)

(1) 변동환율제도의 주요 환율동향

1973년경부터 시작된 변동환율제도(floating or flexible exchange system)는 주요국 환율이 시장을 통해 자유롭게 변동하도록 용인하는 제도이다. 변동환율제도의 공식적 출범은 1976년 1월 자메이카협약(Jamaica Agreement)으로부터라고 볼 수 있는데, 이 협약에서는 금의 지불준비 역할의 폐지, 변동환율제도의 채택, 그리고 IMF와 SDR의 역할 강화가 주 내용이었다. 1980년 미국의 레이건 행정부가 들어서면서 해외로부터의 투자를 유인하기 위한 고금리정책이 사용되었고 이는 미국 달러화의 커다란 가치 상승으로 이어져 1985년 2월에 달러화의 가치는 정점에 이르게 되었다. 달러화의 강세는 미국의 무역수지 악화를 가속시켰으며 이를 우려한 선진국 정상들은 1985년

그림 5-2 | 달러인덱스 추이

출처: 미연방준비이사회 (FRB). http://www.federalreserve.gov

9월 미국 달러화의 가치하락을 용인하는 협약을 맺게 되는데 이를 플라자협약(Plaza Accord)이라 한다. 실제로 1985년부터 미국 달러화의 가치는 급격히 하락하였고 당시 무역수지의 최대 흑자국인 일본과 독일은 자국 화폐의 커다란 가치상승을 맞게 된다. 미국 달러화의 과도한 가치하락을 방지하고자 1987년 루브르협약(Louvre Accord)이 체결되었는데 이 협약의 주된 내용은 외환시장과 거시경제의 정책에 G-7 국가들의 공조를 이끌어내는 것이었다. 루브르협약 이후 한동안 외환시장은 안정을 찾는 듯하였으나 큰 흐름에서 엔화와 마르크화의 강세는 꾸준히 진행되었다.

Case 2

사례 2

일본 엔화의 강세와 아베노믹스

일본의 엔화는 브레튼우즈체제 당시 미국 달러당 360엔에 고정되어 있었다. 1970년대부터 일본의 경제는 고도성장을 이루며 전 세계의 자동차 및 전자시장에서 엄청난 무역수지의 흑자를 창출하며 1980년대에는 세계 2위의 경제대국으로 등장했다. 일본의 주가지수인 Nikkei 225는 1989년 38,900엔을 넘어서기도 하였으며 한때는 도쿄주식시장의 시가총액이 미국을 추월하기도 하였다. 1985년 플라자협약은 잘나가던 일본경제에 커다란 전환점을 제공하였는데, 합의 전 달러당 260엔이었던 엔화 환율이 합의 이후 120엔까지 상승하게 된 것이다. 엔화가치의 상승은 일본기업의 국제경쟁력 악화를 가져왔으며 부동산시장 등의 거품을 야기하는 계기가 되었다. 1991년을 정점으로 일본경제의 거품은 급격히 꺼지기 시작했고 한번 하강하기 시작한 경기는 어떤 처방을 동원해도 되돌리지 못했으며 일본경제의 침체는 이때부터 20년간 지속되었다. 설상가상으로 2008년 전 세계 금융위기와 유럽의 재정위기를 극복하기 위한 미국과 유럽제국의 양적완화(QE, Quantitative Easing)정책은 그렇지 않아도 어려운 일본경제를 더욱 어렵게 만들었다. 실제로 엔화는 어려운 일본경제 상황에도 달러당 75엔까지 상승하고 Nikkei 225 지수는 2011년 11월 8,200엔을 밑돌기도 하였으며, 그동안 일본 경제의 버팀목이었던 자동차와 전자산업은 후발주자인 중국과 한국에 추월을 허용하게 되었다.

2012년 12월 일본의 정권을 재탈환한 아베 신조 일본 총리는 강력한 통화팽창정책으로 잃어버린 20년의 일본경제를 재건하고자 하고 있는 데 이를 아베노믹스라고 부른다. 아베노믹스의 핵심은 무제한적인 양적완화이다. 이를 통해 엔화의 가치하락을 유도하고 주요 산업의 수출경쟁력을 회복하여 경제의 선순환구조를 복원시키는 데 있다. 실제로 일본의 엔화의 가치는 2013년 들어 달러당 94원까지 하락하였고 자동차와 전자 등 주요 기업의 주가는 50% 가까이 상승하였고 일본의 경제는 지난 20년 장기침체 이래 어느 때보다도 들뜬 분위기에 있다. 하지만 일본의 아베노믹스에 회의적인 시각도 많다. Financial Times는 추락한 일본제품의 경쟁력이 더 문제라고 지적했고, IMF와 OECD에서는 향후 예상되는 강대국들 간의 환율전쟁에 우려를 표시했으며, 지금도 과도한 일본정부의 재정적자를 걱정하는 목소리도 많다. 아베노믹스가 성공할 것인지 지켜봐야 할 것이다.

1990년대 중반 이후 2000년경까지 미국의 주식시장이 강세를 보이면서 미국 달러는 강세를 보이기도 했으나 주식시장이 조정을 보이고 미국의 무역수지 및 재정적자에 대한 우려, 9·11 테러사건 등 정치적 우려가 커지면서 다시 약세로 돌아섰다. 2008년 미국발 글로벌 금융위기를 해결하기 위해 대규모의 양적완화를 단행하면서 달러의 가치는 10년 이상 장기 하락 추세에 있다. 2010년경부터 불거진 남부유럽의 재정위기 또한 유로의 가치를 하락시키는 요인으로 작용하고 있다. 현재 화폐가치가 상승하는 국가의 대표적인 경우가 중국이다. 중국은 개방화, 산업화정책으로 대규모의 무역수지 흑자가 발생하여 미국 등 선진국들이 통상압력을 가하고 있으며, 그 결과 중국 위안의 가치는 꾸준히 상승하는 추세이다. 그로 인해 한국, 대만 등의 아시아국가들의 통화도 지속적인 상승압력을 받고 있다.

일본의 엔화와 유로화 출범 이전의 독일의 마르크화가 변동환율제도 이후 가치가 가장 많이 상승한 화폐라면, 가장 큰 환율 하락을 겪은 곳은 중남미일 것이다. 중남미국가들은 정치적인 불안이 계속 있었고 경제성장 또한 지지부진하였으며 1, 2차 오일쇼크를 겪으면서 만성적인 인플레이션으로 1980년대에 수차례에 걸쳐 엄청난 수준의 화폐가치 하락을 경험하였다. 1990년대 들어 커다란 외환위기가 중남미에 3차례 불어닥치게 되는데, 그 첫 번째가 1994년의 멕시코 페소의 위기이며 두 번째는 1999년에 있었던 브라질의 금융위기이고, 2002년에 있었던 아르헨티나의 금융위기가 세 번째였다. 이 세 가지 중남미 외환위기 모두 정도의 차이는 있지만 수십 퍼센트의 화폐가치의 하락으로 이어져 변동환율제도 이후 가장 화폐가치가 많이 떨어진 지역이 되었다. 세 차례 금융위기 이후 중남미경제는 최근 들어 비교적 안정을 되찾는 모습을 보여주고 있다.

(2) 변동환율제도의 형태

변동환율제도가 매일 변하는 시장의 기능으로 환율을 정하는 제도이기는 하지만, 모든 국가의 환율이 다른 모든 국가의 화폐에 대해 시장에 의해 변동하는 것은 아니다. 각 국가별로 또는 지역별로 제 각각 다른 형태의 환율제도를 채택하고 있다.

첫째는 환율이 시장에 의해 자유롭게 변동하는 제도이다. 미국, 영국, 일본 등 약 36개국이 이 그룹에 속하며 한국은 1997년 IMF 금융위기를 겪으면서 이 그룹에 속하게 되었다.

둘째는 자국의 화폐를 특정통화에 고정(peg)시키는 제도이다. 예를 들어 홍콩은 미국 달러에 고정시키고 있고 에스토니아는 유로에 고정시키고 있다.[5] 또한 시리아는 SDR에 고정시키고 있으며, 단일통화가 아닌 복수통화에 연계시키는 경우도 있는데 사우디아라비아가 그 예이다.

셋째는 관리변동환율제(managed foating system)를 사용하는 곳도 있는데, 통화 관리 당국의 적극적 관리체계하에서 제한적 변동환율제도를 사용하는 것으로, 약 50개국이 이 그룹에 속한다. 중국, 러시아, 인도, 싱가포르 등 많은 국가들이 이 제도를 채택하고 있다.

넷째로 자국의 화폐를 없앤 경우도 있다. 이 경우도 두 가지의 형태를 나눌 수 있는데 우선 가장 대표적인 경우가 EU의 유로이다. 1999년 출범한 유로는 처음 11개국이, 지금은 17개국이 참여한 세계 최대의 통화동맹으로 참여국은 자국의 화폐를 모두 없애고 공동으로 발행한 화폐 유로를 공동으로 사용한다. 또 하나 특이한 외환제도는 자국화폐 대신 미국 달러를 자국통화로 사용하는 것인데 파나마, 에콰도르, 엘살바도르가 여기에 속한다. 이 제도의 단점은 이들 국가들은 금리나 통화정책을 사용할 수 없다는 것이지만, 다른 중남미국가들의 인플레이션이 수백 내지 수천 퍼센트에 달했을 때에도 이들 국가들의 인플레이션은 3% 내외로 안정적이었다는 점이 장점일 것이다.

5) 에스토니아는 2011년 유로존에 가입하여 유로화를 자국통화로 사용하기 시작했다.

(3) 유럽의 통화동맹과 유로의 출범

변동환율제도 채택 이후 외환시장의 변동성은 급격히 높아졌고, 크고 작은 외환위기들이 지속적으로 발생하게 되었다. 환율을 안정시키기 위한 수많은 노력들이 소개되었고 각국 정부들이 지역별로 정책을 공조하는 움직임도 나타나기 시작하였다. 그 중에서도 두드러진 것은 1979년 생겨난 유럽통화제도(European Monetary System: EMS)이다. EMS의 목적은 역내 통화의 안정을 꾀하고 역외 국가와의 환율을 조정하며 장기적으로 유럽 통화동맹을 위한 준비를 하는 것이었다. EMS는 회원국의 환율변동을 ±2.25 내로 제한하고 이를 위해 EMS와 각국 중앙은행이 적극 개입할 수 있도록 하였으며 SDR과 비슷한 개념의 인조화폐인 유럽통화단위(European Currency Unit: ECU)를 발행하였다. ECU는 역내 국가 간 그리고 역내 국가와 EC와의 결제수단으로 쓰이기도 했다. EMS는 향후 EU의 중앙은행인 ECB(European Central Bank)의 모태가 되었고, ECU는 EU의 단일통화인 유로의 모태가 되었다.

1980년대 유럽의 경기침체가 장기화되고 미국 등 북미의 경제권과 아시아의 신흥경제권과의 경쟁에서 보다 효과적으로 대응하기 위해 유럽 내 경제통합의 필요성이 지속적으로 제기되었다. 1991년 마스트리트조약에서 통합 유럽인 EU(European Union)를 창설하기로 의결하였으며, 각종 경제정책을 꾸준히 이에 맞춰 추진한 결과 마침내 1999년 1월 세계 최초의 국가 간 단일화폐인 유로를 출범시키게 되었다. 15개의 EU 가입국 중 11개국이 유로에 참가하였고 이후 그리스, 슬로베니아, 몰타, 사이프러스, 슬로바키아, 에스토니아가 참가하여 지금은 17개국이 참가하고 있다.[6] 1999년 유로당 1.20달러에 시작한 환율은 2000년 유로당 1달러 밑으로 떨어져 3년 가까이 거래되다가 2003년 이후 유로당 1달러를 넘어서 현재까지 거래되고 있다. 한때는 유로당 1.60달러 근처까지 간 적도 있으나 2015년 1월 현재 1.20달러 근처에서 거래된다.

유럽의 경제통합은 유로 출범 이후 10여 년간 순탄한 모습을 보였다. 초기 참가국에서 8개국이 더 추가되었으며 지금도 참가신청을 하고 대기 중인 국가가 여럿 있어 규모는 더욱 커질 것으로 보인다. 다만 2011년부터 불거진 남부유럽의 재정위기가

6) EU 가입국 중 유로를 사용하지 않는 주요국은 영국, 덴마크, 스웨덴이 있고 EU 미가입국 중 주요국가에는 스위스가 있다.

가장 큰 현안 문제이다.[7] 그리스와 포르투갈은 과도한 재정적자로 IMF와 ECB로부터 구제금융을 받기도 하였는데 이 과정에서 일부 국가들은 유로존 탈퇴 가능성을 시사하기도 하였다. 지금은 대규모 구제금융으로 잠잠해진 것 같기도 하지만, 독일 등 무역수지 흑자국과 적자국인 남부유럽의 불균형을 구조적으로 해결해야 하는 문제점을 안고 있다. 또한 현재 미가입국인 영국, 스웨덴, 스위스 등의 향후 가입문제가 유럽 통화동맹의 장기적 성공 여부를 좌우할 것으로 보인다.

(4) 아시아의 금융위기와 통화 협력

1997년 7월 태국의 통화인 바트화의 가치 폭락으로 시작한 아시아의 금융위기는 곧 이웃나라인 인도네시아, 말레이시아, 필리핀, 한국으로 파급되었고, 이 중 태국, 인도네시아, 한국 등은 IMF로부터 구제금융을 받으면서 진정되었다. 한국의 원화는 단기간에 약 50%의 가치가 하락하고 인도네시아의 루피아화는 80%나 가치가 떨어지기도 하였다. 아시아 금융위기의 원인은 여러 가지가 있겠지만, 그 중에서도 대부분 무역수지의 적자를 경험하고 있던 아시아 국가들의 환율제도가 유연하게 움직일 수 없었던 것에서 찾을 수 있다. 즉, 만일 당시 이들 국가들이 자국통화의 가치를 자유롭게 하락시킬 수 있는 제도를 유지했다면 위와 같은 갑작스런 위기는 없었을 것이라는 주장도 있다. 실제로 위의 국가들은 위기 이후 변동환율제도를 채택하여 통화가치의 하락을 통한 무역수지 개선으로 위기를 극복하였다. 또한 국제 단기투기자금에 대한 경각심도 이 기간 많이 부각되었다.

1990년대 후반 아시아의 외환위기를 직접 혹은 간접적으로 경험한 아시아 국가들은 금융과 통화정책에 있어 서로 협조하는 지역적 협력의 필요성을 느끼게 되었다. 몇 가지 조치가 실시되었는데 1997년 12월 쿠알라룸푸르에서 있었던 ASEAN 30주년 기념회의에 동아시아 3개국 정상을 초대한 것이 첫 시도였다.[8] 1998년부터는 ASEAN+3국이라는 형태로 정례화되었으며, 1999년 마닐라회의에서는 역내 금

7) 재정문제가 있는 남부유럽 4개국을 PIGS라고 부르기도 하는데 포르투갈, 이탈리아, 그리스, 스페인을 일컫는다.

8) ASEAN은 동남아시아국가연합으로 인도네시아, 말레이시아, 싱가포르, 태국, 필리핀의 5개국으로 시작해 현재는 베트남, 브루나이, 라오스, 미얀마, 캄보디아 등 10개국으로 확대된 경제연합이다.

융협력을 강화하자는 공동성명을 발표하기도 하였다. 2000년 5월 치앙마이합의(ChiangMai Initiative: CMI)에서는 회원국이 외환위기를 겪게 되면 역내의 회원국끼리 책정한 통화스왑협정을 통해 서로 지원하자는 내용을 담고 있다. 이후 CMI는 약간 진일보하기는 하였으나 위기 시 두 국가 간 협력하는 성격을 벗어나지 못하고 있으며, 아직 아시아 국가들 사이에는 유럽의 수준에 달하는 금융 및 외환의 근본적인 협조체제는 구축되지 않고 있다.

6. 우리나라의 외환시장

1) 우리나라 외환시장의 역사

(1) 고정환율제도(1945~1964)

해방 후 우리나라의 환율은 공정환율(official exchange rate)을 중심으로 한 복수환율제도와 단일환율제도가 번갈아 시행되었는데, 여기서 복수환율제도라 함은 공공거래와 민간거래에 서로 다른 환율을 적용하는 것을 말한다. 이 기간 우리나라의 환율은 기본적으로 고정환율제도였기 때문에 한 번 환율이 결정되면 한동안 변동이 없는 제도이기는 하나, 6·25전쟁과 두 차례의 화폐개혁 그리고 수차례에 걸친 원화의 가치하락을 위한 환율의 실세 조정 등으로 환율은 안정적이지 못했다.

(2) 단일변동환율제도(1964~1980)

1964년 5월 공정환율을 달러당 255원을 하한으로 하고 외환증서의 거래를 바탕으로 하는 단일변동환율제도를 채택하였으나, IMF로부터 안정기금을 확보한 1965년까지는 고정환율제도와 다름이 없었다. 1965년 3월부터의 단일변동환율제도는 외환증서시장을 형성하고 그 거래를 바탕으로 ±2% 범위 내에서 매일 변동시키는 제도였다. 그러나 외환시장의 규모가 크지 못했고 시장의 기반이 취약하여 사실상은 고정환율제도와 차이점이 거의 없는 제도였다.

(3) 복수통화 바스켓제도(1980~1990)

1980년 2월부터 도입된 복수통화 바스켓제도는 해외에서는 이미 실시되고 있었던 변동환율제도의 영향으로 원화의 환율을 실세 환율에 맞게 변동시키려는 제도였다. 이 제도하에서는 원화 환율이 세 가지에 의해서 결정되는데 첫째는 미국 달러와 SDR의 환율, 둘째는 한국의 주요 교역 대상국의 환율 바스켓에 가중평균한 다음 셋째로 정책조정변수를 추가하여 결정되는데 한국은행이 매일 당일 사용하는 집중기준율을 고시하게 되어 있었다. 이 제도는 주요 교역 대상국의 환율변동과 한국의 국제수지 등을 고려하여 환율이 변동할 수 있도록 하였는데, 우리나라 최초의 시장을 반영하고자 하는 환율제도라 할 수 있고 원화 환율의 안정을 가져오는 데 기여하였다고 할 수 있다.

(4) 시장평균환율제도(1990~1997)

1990년 3월부터 실시된 시장평균환율제도는 환율이 시장의 변동요인을 충분히 반영할 수 있도록 개선한 제도이다. 이 제도로의 이행은 한국의 대외거래규모 확대와 한국경제의 국제화를 반영한 것이며 IMF 등 국제사회로부터의 환율조작국 지정을 피하기 위한 부분도 일부 작용하였다. 이 제도는 외국환은행 간 실제 거래된 복수 통화의 환율을 거래량으로 가중평균하여 다음날 기준환율로 정하고 이 기준환율을 중심으로 상하 일정 범위 내에서만 변동하도록 한 제도이다. 도입 당시 ±0.4%였던 일일환율변동폭은 꾸준히 증가하여 1995년에는 ±2.25%, IMF 금융위기 직전인 1997년에는 ±10%까지 확대되었다.

(5) 자유변동환율제도(1997~현재)

1997년 11월 한국의 IMF 구제금융 신청을 계기로 원화와 미국 달러의 환율은 일일변동폭을 폐지하고 환율이 전적으로 외환시장의 수급에 의해 결정되게 하는 본격적인 자유변동환율제도를 도입하게 되었다. 외환위기를 겪으면서 원화의 가치하락 압력이 커졌고 시장의 불균형이 발생했을 경우 시장이 일시적으로 마비되는 현상을 겪기도 하면서 시장의 효율성을 제고하기 위한 것이 이 제도 채택의 이유가 되었다. 다만 단기간 급등락으로 시장이 불안해지면 외환당국은 변동의 속도를 조절할 수 있는 시장 개입의 여지는 남겨두고 있다.

2) 변동환율제도 이후의 원화 환율

시장평균환율제도의 도입으로 본격적인 변동환율제도가 시작된 이후의 원과 달러의 환율이 [그림 5-3]에 나와 있다. 그림에서 볼 수 있듯이 1980년부터 1997년까지 원화의 달러환율은 커다란 변동 없이 달러당 600원에서 900원 사이에서 움직여왔다. 1990년대에 들어오면서 무역의 규모가 커지고 국제자본시장의 개방이 가속화되면서 한국으로의 달러 유입이 가속화되는 중에 1997년 11월 한국은 전례 없던 IMF 금융위기를 맞게 된다. 앞서 이야기했듯이 한국외환시장은 일일변동폭을 폐지하게 되면서 환율은 일시적으로 달러당 2,000원까지 올라갔다가 1,500원대로 떨어지는 큰 변동성을 보였다. 이후 2008년까지 원화가 꾸준히 강세를 보여 다시 달러당 900원 근처까지 환율이 떨어지게 된다. 2008년 9월 미국발 세계금융위기가 찾아오자 환율은 급상승하여 달러당 1,600원 근처까지 오르게 되었다. 세계금융위기 속에서도 한국경제의

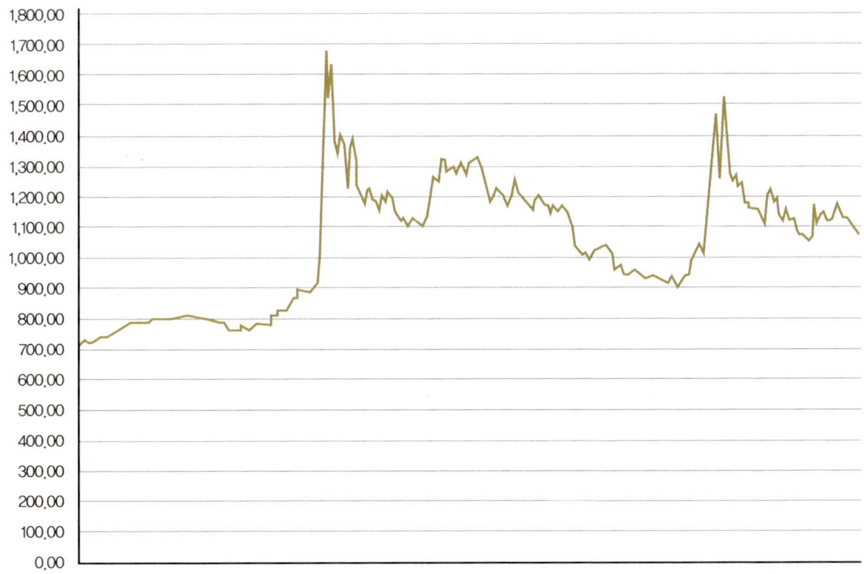

그림 5-3 | 한국 원화의 환율동향

출처: 한국은행.

회복이 여타 국가에 비해 빠르게 나타나자 이후 원화는 다시 강세를 보이기 시작하여 2015년 초 현재 달러당 1,100원 근처에서 거래되고 있다.

3) 두 차례의 외환위기와 교훈

(1) IMF 금융위기(1997년 11월)

1997년 발생한 IMF 금융위기는 대내적 그리고 대외적 요인이 모두 작용한 위기로 보인다. 우선 대외적 요인을 보면 1990년대 들면서 아시아의 자본시장이 크게 개방되었고 그 중에서도 높은 수익률을 노린 단기투기자금이 유입되었다가 거시경제지표들이 좋지 않게 나오자 일시적으로 빠져나가면서 유동성 부족을 겪게 되었으며, 이들 국가의 외환시장들도 외화 유출에 대처할 수 있는 유연한 구조가 아니었다. 1997년 7월 태국 바트화의 폭락을 시작으로 인도네시아, 필리핀, 대만으로 확대되었으며, 홍콩의 주식시장 폭락으로 공포감은 극도에 달했다. 대내적으로도 한국의 경제상황은 별로 좋지 않았는데, 대기업들의 과도한 부채비율, 무역수지적자의 증가, 빠르게 증가한 외채, 외채 중 단기외채 비중의 증가, 자본자유화로 인한 환율의 고평가 등 구조적 문제를 안고 있었다. 더욱이 한국 정부는 환율이 하락하자 환율방어를 위해 외환보유고의 절반 이상을 달러 매도에 쏟아 부었는데, 상황이 악화되면서 외환보유고는 바닥이 나고 말았다. 한국 정부는 마침내 11월 21일 IMF에 구제금융을 신청하기에 이르렀다. 당시 원화의 환율은 달러당 900원이었는데 일일변동폭 폐지 이후 며칠 만에 2,000원까지 상승하기도 하였다.

1997년 12월 IMF로부터 구제금융을 받게 되면서 IMF로부터 강도 높은 긴축프로그램, 구조조정 그리고 시장의 완전개방을 요구받게 되었다. 우선 원화의 저평가를 통해 국제수지의 개선 및 외환보유고의 축적을 추진하였고, 기업의 부채비율을 줄이고 금융기관의 자기자본비율을 높이는 노력이 기울여졌으며 외환 및 자본시장의 완전자율화를 꾸준히 추진하였다. 그 결과 한국은 이후 꾸준한 무역수지의 흑자를 통해 외환위기 이전의 약 10배에 해당하는 외환보유고를 쌓을 수 있었고 2001년 IMF로부터 지원받은 금액을 모두 상환하게 되었다.[9] 몇몇 대기업과 금융기관의 퇴출이 있었지만 살아남은 기업과 금융기관의 건전성은 크게 제고되었다. 외환시장과 자본시장의 완전개방은 한국시장의 위험을 증대시키기도 하였지만, 반대로 한국에게는 세계의 시장에 널리 진출할 수 있는 기회를 제공하기도 하였다. IMF 금융위기는 재발되어서는 안 되는 불행한 사건임에는 틀림없지만 아이러니하게도 한국 경제의 구조조정의 기회를 제공하기도 하였다. 또한 최근 발생한 여타 국가들의 사례에서 보듯이 악성 단기투기자금에 대한 감시와 방어에 대한 필요성을 부각시킨 사건이기도 했다.

(2) 세계 금융위기(2008년 9월)

2008년 가을 세계 경제를 강타한 세계 금융위기는 2000년대 초 미국의 저금리정책으로 인한 미국 주택시장의 호황에서 시작되었다. 미국의 주택시장이 10년 가까이 상승세를 보이자 미국의 은행들은 앞다투어 부동산대출(mortgage) 규모를 늘리기 시작했고, 이는 주택가격의 추가적 상승을 이끄는 전형적 거품(bubble)을 만들어냈다. 이와 같은 거품은 신용이 낮고 소득이 없는 사람들에게의 대출까지 크게 늘리게 되었는데 이와 같은 대출을 서브프라임(sub-prime) 모기지대출이라 부른다. 이러한 대출은 대형투자은행(investment bank)을 통해 증권화되었고 이 증권들은 고수익 상품으로 알려지면서 투자은행, 증권회사, 보험회사, 헤지펀드 등을 통해 전 세계에 불티나게 팔려나갔다. 또한 증권화 과정에서 각종 파생상품들이 만들어졌는데 그 중 대표적인 것이 신용부도스왑(Credit Default Swap: CDS)이다.

2008년 들어서면서 미국 주택가격의 거품이 빠지면서 서브프라임 대출의 연체가 증가하였고, 모기지대출회사, 대형투자은행, 보험회사, 헤지펀드들이 줄줄이 무너지면서 공포는 전 세계로 확산되었다. 이 금융위기는 세계 금융기관들의 신용경색으로 이어졌고 급기야 실물경제까지 마비시키는 1929년 대공황 이래 최대의 금융위기로 발전하였다. 2014년 현재까지도 완전한 회복이 안 될 정도로 영향이 컸다. 한국도 세계금융위기에서 예외는 아니어서 2008년 리먼브라더스 파산 이후 주가는 약 2,000포인트에서 900 포인트 아래로 떨어지기도 하였고 환율도 달러당 900원대에서 1,600

9) 2014년말 현재 한국의 외환보유고는 $3,270억 조로 세계 7위의 수준이며 이 금액은 1997년 IMF 구제금융 금액인 $210억의 약 15배에 달한다.

원까지 급격히 가치가 하락하는 모습을 보이기도 했다. 일시적으로 외국의 자금이 빠져나가고 몇몇 한계 기업들이 파산을 하기도 하였으나 비교적 한국은 세계금융위기에서는 빨리 회복하는 모습을 보였다. IMF 위기를 한 번 겪은 경험이 있어 유동성이 비교적 풍부했던 것이 주 이유였다. 외환보유고가 이전의 10배 이상인 3,000억 달러 이상이었고 미국, 일본, 중국 외에 ASEAN과 체결한 통화스왑협정으로 유사시 필요한 유동성을 충분히 확보하고 있었다. 이전의 외환위기로 꾸준한 구조조정을 하여 기업의 체질이 개선되어 있었다는 것도 또 다른 이유이기도 했다. 오히려 한국기업들에게는 기회가 된 면도 있는데, 특히 자동차와 IT기업들은 전 세계의 경쟁기업들이 어려움을 겪는 사이 이전보다 유리해진 환율과 이자율로 무장하여 글로벌 기업으로 도약하는 발판을 마련하기도 하였다.

4) 우리나라 외환시장의 규모

2010년도 현재 한국은행 자료에 의하면 한국의 일평균 외환시장의 거래규모는 약 486.6억 달러로 2005년도 약 207.7억 달러에 비해 크게 증가하였다. 2010년도의 전체 거래에서 각 거래별 차지하는 비중은 현물환거래 40.7%, 선물환거래 15.2%, 외환스왑거래 41.9%였다. 2005년도에 비해 특히 비중이 늘어난 거래는 외환스왑거래로서 2005년도에는 31.1%였던 것이 2010년에는 41.9%로 늘어났다.

거래량은 늘어났지만 한국의 외환시장의 규모는 한국의 경제규모에 비해서는 아직 낮은 편이다. 국제결제은행(BIS) 통계에 따르면 한국의 2010년 4월중 일평균 외환거래량은 438억 달러로 GDP대비 5.3%, 무역규모대비 6.4%로 신흥시장국의 평균치인 3.4%와 5.3%보다는 높은 편이지만, 선진국 평균치인 13.7%와 30.3%에는 크게 못 미치고 있다. 또한 세계 전체 외환시장에서 한국이 차지하는 비중은 0.9%로 BIS 조사대상 53개국 중 13위에 그치고 있다.

연습문제

1. 외환시장은 가장 효율적 시장의 하나라는 의미에 대해 설명하시오.
2. 오늘 현물환환율 S_0=₩1,000/$가 한 달 뒤 S_1=₩1,100/$이 되었을 때의 정확한 표현을 설명하시오.
3. 오늘 현물환환율 S_0=₩1,000/$일 때 선물환환율 $F_{1/2}$=₩1,050/$일 때의 정확한 표현을 설명하시오.
4. NDF의 특징에 대해 설명하시오.
5. 브레튼우즈제도의 설립 배경에 대해 설명하시오.
6. 고정환율제도의 붕괴원인은 무엇인지와 그 과정은 어떠했는지에 대해 설명하시오.
7. SDR이란 무엇인지와 그 활용도에 대해 설명하시오.
8. 아베노믹스란 무엇이며 향후 전망은 어떠한지에 대해 설명하시오.
9. 우리나라 외환시장의 변천 과정에 대해 설명하시오.
10. 아시아 금융위기의 본질은 무엇인지에 대해 설명하시오.
11. 2008년 글로벌 금융위기의 내용과 향후 전망에 대해 설명하시오.
12. 미국 달러($)화의 장기 전망에 대해 설명하시오.

참고문헌

이명섭, 정치화 (2011). 외환시장의 이론과 실무. 서울: 율곡출판사.

이장로, 신만수 (2003). 국제경영. 서울: 홍문사.

전용욱, 김주헌, 최창범 (2012). 글로벌 경영. 서울: 박영사.

한국은행 (2010). 우리나라의 외환제도와 외환시장.

한국은행 (2012). 한국의 금융시장.

한국은행 (2012). Monthly Bulletin, 2012년중 금융 · 외환시장 동향.

C. Eun & B. Resnick (2007). International Financial Management. McGraw Hill/Irwin.

IMF 홈페이지 http://www.imf.org

FRB 홈페이지 http://www.federalreserve.gov

Chapter

06

글로벌 소비자 환경

Chapter 06

글로벌 소비자 환경

1. 글로벌 소비자

1) 소비자의 개념

국민경제의 한 축으로서 소비자(consumer)는 생산자(producer)인 기업이나 조직, 경제행위의 규제, 조정, 촉진 등 정책기능을 담당하는 정부(government)와 대비되는 말이다. 소비의 주체로서 소비자는 가계와 개인, 조직 등으로 구성된다.

우리나라의 소비자기본법 제2조에 법적으로 명시되어 있는 소비자에 대한 정의는 다음과 같다.

'소비자'라 함은 사업자가 제공하는 물품 또는 용역(시설물을 포함한다. 이하 같다)을 소비생활을 위하여 사용(이용을 포함한다. 이하 같다)하는 자 또는 생산활동을 위하여 사용하는 자로서 대통령령이 정하는 자를 말한다.

소비자는 자유시장경제를 구성하는 주체임을 인식하여 소비자의 기본적 권리를 정당하게 행사하여야 하며, 스스로의 권익을 증진하기 위하여 필요한 지식과 정보를 습득하도록 노력하여야 하고, 자주적이고 합리적인 행동과 자원절약적이고 환경친화적인 소비생활을 함으로써 소비생활의 향상과 국민경제의 발전에 적극적인 역할을 다하여야 한다.

국가 및 지방자치단체는 소비자의 기본적 권리가 실현되도록 하기 위하여 관계 법령 및 조례의 제정 및 개정 · 폐지, 필요한 행정조직의 정비 및 운영 개선, 필요한 시책의 수립 및 실시, 소비자의 건전하고 자주적인 조직활동의 지원 · 육성 등의 책무를 진다.

이처럼 소비자기본법은 종래 소비자보호 위주의 소비자정책에서 탈피하여 중장기 소비자정책의 수립, 소비자 안전교육의 강화 등으로 소비자권익을 증진함으로써 소비자의 주권을 강화하고, 시장환경 변화에 맞게 한국소비자원의 관할 및 소비자정책에 대한 집행기능을 공정거래위원회로 이관하도록 하며, 소비자 피해를 신속하고 효율적으로 구제하기 위하여 일괄적 집단분쟁조정 및 단체소송을 도입하여 소비자피해구제제도를 강화하였다.

이런 소비자의 권익신장과 보호를 위해 1987년 개정된 소비자보호법에 의해 1987년 7월 1일에 설립된 재정경제부 산하 특수공익법인으로 한국소비자원이 설립되었다.

한국소비자원은 소비자의 기본 권익을 보호하고 소비생활의 합리화를 도모하여 국민경제의 발전을 위한 활동을 하고 있다.

2) 글로벌 소비자

글로벌 소비자는 소비자가 자국 이외에도 세계 각국에서 소비활동을 하는 것을 말한다. 즉 여러 나라에 존재하는 소비자를 글로벌 소비자라 한다. 글로벌 소비자들은 각국의 정치 · 경제 · 사회 · 문화적 특성에 영향을 받게 된다. 오늘날의 글로벌 소비자들은 정보, 통신의 발달로 과거보다 더 빠르게 국제화, 글로벌화되는 경향이 있다. 글로벌 소비자들의 소비 성향은 일정한 쏠림현상을 보이고 있어 글로벌 시장에서 유사하게 전개되고 있는 소비 패턴을 분석할 경우 기업의 전략 수립에 도움이 될 수 있다.

3) 인터넷 소비자

인터넷 소비자는 인터넷이란 공간을 이용하여 소비활동을 하는 소비자를 말한다. 인터넷 소비자는 전통시장과 같은 시간적 · 공간적 제약이 없고 국경이 없다는 특성을 지니고 있다. 즉, 소비자들은 인터넷에 개설된 세계 각국의 가상상점에서 언제 어디서나 원하는 시간에 비교적 저렴한 가격으로 구매할 수 있다는 것이다. 그러나 제품에 대한 정보의 왜곡(허위광고, 과대광고) 등으로 판매자와 소비자 사이에 마찰이 생길 수 있다.

인터넷 소비자는 충동구매나 허위광고, 과대광고 등의 부작용도 있을 수 있으며, 최근에는 소비자를 울리는 인터넷쇼핑 사기도 늘어나고 있다.

2. 소비자 환경의 중요성

경영환경이란 크게는 국가경영, 공공기관경영, 기업경영 등과 가계의 경영에 이르기까지 경영이 필요한 모든 조직이 직면하는 문제다. 경영환경은 분석단위와 관점에 따라 거시환경과 미시환경 그리고 기업과 조직의 내·외부 어디에 속하는지에 따라 내부환경과 외부환경으로 나눌 수 있다.

이러한 경영환경에서 소비자는 기업의 외부환경으로 간주된다. 소비자는 기업의 경영활동의 목표와 지향점이며 경영성과에 직접적으로 영향을 미칠 수 있는 대상이다. 여기서 소비자 환경이란 소비자에게 영향을 미치는 여러 환경을 의미하며 동시에 소비자 자체의 특성과 변화 등에 대한 내용을 포괄한다.

결과적으로 기업이 생산·제공하는 제품과 서비스는 소비자에 의해 구매된다. 소비자의 취향, 구매패턴, 선호도 등이 일정하지 않기 때문에 기업은 이러한 소비자 특성의 변화를 충분히 고려하여 제품을 생산하고 서비스를 제공해야 하며, 또한 소비자의 기업에 대한 이미지도 중요하다.

따라서 소비자 환경은 국내기업은 물론 국제기업과 글로벌 경영을 지향하는 글로벌 기업 모두에게 해당하는 매우 중요한 요인이며 이에 대한 정확한 이해가 필요하다.

3. 글로벌 소비자 환경

1) 정치환경과 주요 정치경제 사상

정치의 넓은 의미는 '권력투쟁을 통해 인간들이 맺고 있는 사회적 관계를 유지 · 재생산시키거나 변화 · 혁신시키는 인간의 사회적 실천 일반'이라는 개념으로 인식하고 있다. 프랑스 정치학자 뒤베르제는 대립적인 이해를 가진 사람들과 세력에 의해 피할 수 없는 갈등이 상존하고 있는 곳이기 때문에 문제는 갈등의 존재 그 자체가 아니라, 그러한 갈등을 해결할 수 있는 메커니즘으로서 정치를 가지고 있는가이다. 그래서 그러한 갈등이 보다 성숙된 통합으로 이루어질 수 있게 하는 것이 정치의 핵심적 역할이라고 정의했다. 소비자 환경으로서 정치는 정치제도를 주로 의미하며 해당 국가의 정치체제와 민주화의 정도, 지방자치와 분권화의 정도 등에 관심을 가진다. 근본적으로 해당 국가의 정치, 경제적 지향점을 대상으로 하기도 한다.

글로벌 경영과 소비자 환경으로서 정치경제환경은 기업이 활동하는 나라의 자유화 정도, 경제적 여건 등을 말한다. 대표적인 정치경제체제로 우리는 자본주의와 사회주의를 들 수 있으며, 관련 정치사상적 유형을 다음과 같이 소개할 수 있다.

(1) 자본주의

자본주의(資本主義, 독일어: Kapitalismus, 영어: capitalism)는 시장경제를 기반으로 사유재산제도를 인정하며 자유로운 경쟁과 거래가 가능한 경제체제다. 자본주의를 채택한 나라는 유럽과 미국 등 선진국들이 많고, 우리나라와 일본 등 국가들로 현재의 세계경제를 주도하는 국가들이다.

자본주의는 재화의 사적 소유권을 사회구성원의 양도 불가능한 기본권으로 인정하는 사회구성체이다. 또는, 생산수단을 가진 자본가 및 기업가 계급이 그 이익 추구를 위해 생산활동을 하도록 보장하는 사회경제체제로 정의하기도 한다. 재화의 사적 소유권에 대한 인정은 곧바로 재화의 매매, 양도, 소비 및 이윤의 처분 등에 대한 결정을 개인에게 일임하는 것이기 때문에 자본주의는 사적 소유권을 기반으로 한 경제체제이기도 하다. 자본주의 경제체계에서는 상품 또는 용역의 가격, 투자, 분배

등이 모두 시장경제를 통해 이루어진다.

고대에 이미 일부 자본주의적 특징을 보이는 조직이 존재하였으며 중세 말에는 상업자본이 발달하기도 하였으나, 현대 자본주의 경제체제의 제도들은 대부분 16세기에서부터 19세기까지 영국에서 발달한 것들이다. 서양에서는 봉건제도의 종식과 함께 자본주의가 지배적인 사회구성체로 자리잡았다. 20세기에 이르러 전 세계적인 산업화가 일어났고 자본주의가 세계 전체에서 지배적인 경제체제로 자리잡았다.

자본주의는 세계 각지의 정치, 경제, 문화, 사회적 상황에 따라 다양한 방식으로 수정되고 발전해 왔으며, 사회주의와 혼합경제를 이루기도 하였다. 20세기에 걸쳐 자본주의는 마르크스(K. Marx)주의와 같은 공산주의국가 경제체제와 대립하였다.

아담 스미스에 주도된 자유시장경제체제는 1929년 미국의 경제대공황 등의 변화된 경제여건으로 다른 국면을 맞게 된다.

1937년 영국의 경제학자 존 메이너드 케인즈(J. M. Keynes)가 《고용 · 이자 및 화폐의 일반이론》을 출판하였다. 그는 이 책에서 자본주의가 투자의 감소 국면에 접어들면 심각한 위기를 겪게 되는 것을 지적했다. 케인즈는 높은 실업상태에서도 자본주의 경제가 균형상태를 무한정 지속할 수 있음을 들어 세이(J. Say)의 법칙을 반대했다. 그는 대공황과 같은 자본의 쇠퇴국면에서 사람들은 새로운 상품이나 용역의 구입보다 유동자산을 더 선호하므로 자본의 쇠퇴가 더욱 커지는 악순환을 겪게 된다고 지적하면서 "어느 정도의 투자의 사회화"만이 이를 해결할 수 있다고 주장하였다. 케인즈 경제학과 같은 적극적인 정부 주도의 경제가 도입되었으며, 이를 기존의 자본주의와 구분하여 수정자본주의라 한다. 수정자본주의는 일정 정도의 사회주의적 계획경제를 자본주의에 도입하여 시장을 규제함으로써 투자의 유지와 불경기 국면에서의 시장회복력을 얻고자 하였다.

(2) 사회주의

사회주의(社會主義, Socialism)는 대중들이 권력의 수단을 통제하는 것을 핵심 이념으로 하며, 자본주의의 자유시장경제보다는 평등을 강조하며 사유재산제도를 제한 또는 부정하는 정책을 지향한다. 오늘날 사회주의는 다양한 변화를 겪고 있으며, 유럽의 주요 국가들에서는 사회주의 정당이 때로는 정권을 잡고 정책을 집행하기도 한다. 1987년 소련 붕괴로 공산주의는 거의 힘을 잃고 있고, 중국, 북한, 쿠바 등 몇 개 국가는 아직 공산주의를 표방하고 있으나, 경제적으로는 많은 부분이 자본주의를 도입, 확장해 가고 있다.

마르크스주의 이론에서 사회주의는 자본주의를 대체할 다음 단계이며 프롤레타리아에 대한 계급 억압이 차츰 약해짐에 따라 최종적으로 공산주의로 발전한다. 마르크스주의와 공산주의는 둘 다 사회주의의 한 계열이다.

사회주의라는 용어는 19세기에 파생되었다. 영국에서는 감리교 노동 공동체를 구상하던 로버트 오웬(R. Owen)을 따르는 이들이 1827년 자신들을 설명하면서 처음 사용하였다. 프랑스에서는 1832년 이상적 사회주의자로 불리는 생 시몽의 이념을 따르는 이들과 앙시끌로뻬디 누벨의 저자 삐에르 레로와 J. 레노들이 사용하였다.

사회주의는 다양한 사상적 흐름을 갖게 되며 국가별로 변용된 형태로 발전하게 된다.

- 아프리카사회주의 – 자유사회주의 – 기독교 사회주의
- 이슬람사회주의 – 공산주의 – 민주사회주의
- 국제사회주의 – 조합주의 – 유토피아사회주의

이 중 마르크스주의–사회주의 전통의 연장선상에 놓여 있는 주의들은 사회정치적 여타 흐름으로 다음과 같이 분화되었다.

- 의회(좌익)공산주의 – 레닌주의 – 룩셈부르크주의
- 마오이즘 – 마르크스주의적 인본주의 – 스탈린주의 – 트로츠키주의

그후 이 용어는 사회주의자들과 그를 비난하는 자들에게 폭넓게 활용되었다. 사회주의 단체들 사이에 이견은 존재하나 이들은 대체적으로 19세기와 20세기 산업 · 농업 노동자들의 투쟁사를 공유하고 있다. 연대의 원칙과 소수가 아니라 폭넓은 대중에게 유리한 경제체제가 근간이 되는 평등한 사회를 부르짖는다는 것에 대의를 같이 한다.

(3) 사회주의 여러 유형

① 민주사회주의

민주사회주의(民主社會主義, Democratic Socialism)는 혁명을 부정하고, 의회제 민주주의 내에서 사회주의의 이상을 실현하려고 하는 정치사상이다. 자본주의의 점진적 개량을 추구하고 계급투쟁을 부정하는 것이 특징이다. 19세기에 베른슈타인 등이 사용하기 시작한 용어로 1951년에 사회주의 인터내셔널이 채택했다. 독일의 좌익당과 같이 공산주의자가 자칭하는 예도 있다. 엄밀하게는 사회민주주의와 구별된다.

사회민주주의는 제1차 세계대전 전까지는 원래 공산주의와 동의어로 사용되고 있었다. 그러나 볼셰비키가 공산당으로 이름을 바꾼 이후, 수정주의를 채택한 독일 사회민주당 등을 중심으로, 사회민주주의는 수정사회주의를 의미하게 되었다. 세계대전 후, 1951년에 사회주의 인터내셔널이 민주사회주의를 정식으로 채택함으로써 국제적으로는 사회민주주의는 민주사회주의와 기본적으로 동의어가 되었다. 그러나 그 이후에 사회민주주의는 공산주의를 반대하는 마르크스주의, 즉 수정주의적 마르크스주의의 입장을 가리킨다.

② 기독교사회주의

기독교사회주의(Christian Socialism)는 기독교와 사회주의가 긴밀히 연결되어 있다고 보는 사상으로, 나눔과 참여를 통한 평등 실천을 주장한다. 넓게 보자면 해방신학과 사회복음주의가 이 부류에 들어갈 수 있다.

기독교사회주의는 빈부격차 문제에 대한 기독교적 대안제시를 목적으로 하고 있으며, 다음과 같은 신념을 갖고 있다.

- "네 이웃을 네 몸처럼 사랑하라"는 레위기 19장 18절 말씀과 "무엇이든지 남에게 대접받고자 하는대로 대접하라"는 마태복음서 7장 12절 말씀은 그리스도인의 행동원리가 되어야 한다.
- 빈부격차 문제, 경제적 불균형으로 인한 사회적 소외계층과 빈곤계층 문제를 해결하기 위한 신학적 모색과 선교적 실천을 추구해야 한다.
- 경제적 소외와 빈곤문제가 개인의 문제가 아닌, 사회적인 문제임을 인식하여, 그 해결을 개인의 결단에만 의지하지 않고, 공동체적 관심과 사회적 책임의 틀

안에서 이루어져야 함을 믿는다.

- 기독교사회주의는 창의적 생산을 촉진시키는 개인의 자유와 자율을 바탕으로 한 시장주의 경쟁을 인정하지만, 자유와 경쟁이 소수가 부를 독점하는 문제의 원인이 되지 않도록 견제해야 함을 믿는다.
- 나눔과 참여를 통해 인간평등과 부의 균형적 분배가 이루어져야 함을 믿는다.
- 기독교사회주의는 생산과 분배의 물질적 바탕과 수단이 개인이나 국가 또는 어느 집단의 독점소유물이 됨을 경계하며, 모든 물질의 소유권은 하나님(하느님)에게 있으며, 인간은 하나님의 뜻대로 물질을 관리해야 함을 믿는다.
- 기독교사회주의는 유물론과 유심론을 양자택일의 관점에서 보지 않고 종교적 각성과 훈련을 통해 정신과 물질, 영혼과 육신의 조화가 이루어진 사람들이 생산과 분배의 조화를 이루어 인류평화공동체를 구현할 수 있음을 믿는다.

③ 자유사회주의

자유사회주의(Libertarian socialism)는 정치, 경제, 사회적인 계급과 폭력적, 강제적인 명령이 사라지고, 모든 사람이 자유롭고 공평하게 정보 및 생산수단에 접근할 수 있는 사회를 건설하는 것을 목표로 하는 사회주의사상이다. 권위적 명령체계와 사유재산을 폐지하고, 노동계층과 사회 전체 구성원들이 생산수단과 자원을 직접 통제함으로써 목표(자유와 평등)를 달성할 수 있다고 본다. 이 사상은 또한 정체성을 찾는 것, 사회 전반의 불법적인 권위에 대해 비판의식을 가지는 것, 그 권위의 해체를 실천하는 것 등의 생각을 담고 있다. 자유사회주의자는 모든 형태(경제적, 정치적, 종교적, 성적인 형태 등)의 관행화된 권력행사는 권력을 휘두르는 자와 영향을 받는 자들 모두를 잔인하게 만든다고 생각한다.

여러 가지 사회주의사상들이 국가통제와 사회공학을 촉진하기 위해 국가나 정당의 역할을 강조하는 데에 반해, 자유사회주의자들은 무역연합, 노동자의회, 지방자치제, 시민집회, 기타 비관료주의적 · 분권적 행위수단 등으로 그들의 의사를 표출할 수 있다고 본다. 대부분의 자유사회주의자들은 국가체제를 자본가계층의 보루로 인식하며, 이의 완전철폐를 지지한다. 정치철학자들은 대체로 다음과 같은 사상들이 자유사회주의에 포함된다고 생각한다.

- 다양한 무정부주의(무정부주의적 공산주의 포함)
- 무정부주의적 집산주의(anarchist collectivism)
- 무정부주의적 노동조합운동(anarcho-syndicalism)
- 상호주의(mutualism)
- 사회생태주의(social ecology)
- 의회공산주의(또는 칼 마르크스 또는 레닌에 의해 묘사된 사회주의 발전의 이후 단계로서의 공산주의 그 자체 포함)

자유사회주의자들은 무정부주의적 공산주의와 자유공산주의는 동의어가 아니라고 한다. 한편, 몇몇 학자들은 자유사회주의를 무정부주의와 동의어처럼 사용하고 있다.

④ 사회민주주의

사회민주주의(社會民主主義, Social democracy)는 19세기 말에 고전적인 사회주의로부터 등장한 정치사상이다. 초기 사회민주주의 정당은 로자 룩셈부르크와 블라디미르 레닌 등의 혁명적 사회주의자와 에두아르트 베른슈타인, 카를 카우츠키와 장 조레스(프랑스 사회당 당수) 등의 개량주의 · 진화주의자들을 동시에 포함하였다. 제1차 세계대전과 러시아혁명 이후 사회민주주의는 비혁명적 접근법과 동일시되었다. 현대의 사회민주주의는 자본주의체제를 더 평등하고 인간적으로 만들기 위한 점진적인 의회주의적 개량 프로그램을 강조하여 이론적 사회주의사회 건설의 최종 목표는 아예 잊거나 또는 친자본주의적인 방식으로 재정의한다.

사회민주주의라는 표현은 또한 사회민주주의자들이 주창하는 특정 사회 형태를 의미할 수도 있다. 사회민주주의와 민주사회주의 정당들을 포괄하는 전 세계적 조직인 사회주의 인터내셔널은 '사회민주주의'를 대리민주주의의 이상적 형태로 정의한다. 이러한 형태는 자유민주주의에서 발견되는 문제점을 해결할 것으로 생각된다. 사회주의 인터내셔널은 다음의 원칙을 중시한다. 첫째로는 '자유'가 있으며 이는 개인의 자유뿐만이 아니라 차별을 당하지 않을 자유와 생산수단의 소유주 또는 폭압적인 정치권력의 대리인들에게 의존하지 않을 자유를 포함한다. 둘째로는 '평등과 사회 정의'를 들 수 있는데 이것은 법으로만 존재하는 정의가 아니라 경제적, 사회적,

문화적인 정의를 포괄하고 모든 이들, 구체적으로는 육체 · 정신 · 사회적 장애를 겪는 이에 대한 동등한 기회를 의미한다. 마지막으로 '연대'가 있으며 이것은 불의와 불평등의 대상이 되는 이들에 대한 동정 그리고 이들과 함께하는 단결을 뜻한다.

사회민주주의자들은 사회주의로의 민주적 도정을 추구하며 이는 민주적인 방법으로 사회주의 방식을 추구한다는 말이다. 1980년대, 서유럽의 사회주의자들은 마르크스-레닌주의식의 사회주의 추구에 회의를 품었으며, 결국에는 결별한 사례도 있다.

사회민주주의 정당으로는 20세기를 전후하여 프랑스의 사회당과 독일의 사회민주당 그리고 영국의 노동당을 비롯한 유럽의 유사 정당들이 있다. 또한 캐나다의 신민주당, 오스트레일리아 노동당, 뉴질랜드 노동당 그리고 노르웨이의 노동당 등은 강력한 노동법, 주요 산업의 공기업화(이전에는 국유화), 그리고 사회복지를 강조하는 정책을 소개했다.

대한민국의 민주노동당과 한국사회당과 진보신당도 사회민주주의 성격의 진보정당이며, 죽산 조봉암이 당수였던 진보당도 사회민주주의를 이념으로 하였다. 삼균주의의 창시자인 조소앙은 해방 후에 한국독립당과 결별하여 사회당을 창당하였다.

(4) 공산주의

공산주의(共産主義, communism, 라틴어: communis, 함께하는)는 생산재의 공공소유에 기반한 무계급 · 무국가 사회조직에 관한 이론, 또는 그러한 체제를 목표로 삼는 정치 성향을 말한다.

이론적으로 공산주의는 19세기 유럽의 급속한 산업화와 함께 논의되기 시작한 사회주의 정치사상에 그 기원을 둔다. 인류의 초기 사회조직은 '고대의 공산주의'라 정의될 수 있겠으나 정치운동으로서의 공산주의는 일반적으로 아직 현실화된 적이 없는 미래의 사회조직을 제시한다.

마르크스주의 이론에서 계급투쟁은 핵심적인 역할을 지닌다. 이를 따르면 공산주의 체제의 형성은 자본가계급(자본을 소유하는 이)과 노동자계급 사이의 계급투쟁의 최정점이다. 또한 자본주의 생산방식에서 공산주의 생산방식으로 전환하기 위해서는 이른바 "프롤레타리아 독재"라 불리는 과도기적 기간이 불가피하다. 마르크스가 제시한, 자본주의사회에서 형성되는 공산사회는 역사적으로 실현된 적이 없으므로 하나의 이론적 가능성에 불과하다. 그러나 '공산주의'라는 용어는 공산당 지배하에 있는 정치경제적 체제를 가리킬 때에 흔히 사용된다.

1917년 러시아 10월 혁명이 성공한 이후 해외의 수많은 사회당들은 공산당으로 변하고 소련 공산당과 다양한 종류의 관계를 맺었다. 제2차 세계대전의 종막 후 스스로를 공산주의라 칭하는 체제들이 동유럽에 들어섰다. 1949년 마오쩌둥이 이끄는 중국공산당은 국민당과의 내전에서 승리하여 그 해 10월 31일 중국을 건국하였다. 기타 사회주의 정부 형태를 채택한 제3세계 국가들로는 쿠바, 북한, 베트남, 라오스가 있다. 1980년대 초반에 이르러 전 세계의 1/3이 과학적 사회주의라는 이름의 공산주의 체제 아래서 살게 되었다.

(5) 아나키즘

아나키즘은 흔히 무정부주의(無政府主義)라고도 불리지만, 대부분의 아나키스트들은 아나키즘의 본질을 왜곡할 수 있다며 이런 표현을 사용하기 꺼린다. 대신에 자유연합주의라는 용어를 선호한다. 아나키즘은 다른 사상들과 달리 정의내리기가 매우 까다롭다. 일반적으로 아나키즘은 사회주의적 아나키즘을 말하며, 이외에도 다양한 성향이 있다. 아나키즘은 자본주의에 대한 반발에서 일어난 만큼 평등을 중요하게 본다. 하지만 현대의 일부 아나키스트들이나 개인주의자들은 평등보다는 자유를 중요시하기도 한다. 한편으로는 국가와 권력에 대한 반대로 자유를 추구한다는 점에서 프롤레타리아 독재를 부정하기에 공산주의와 대립한다.

역사에서는 고대의 공동체에서 비롯하여 갖가지 공동체나 고대의 철학, 사상에서도 연원을 찾아볼 수 있으나 근대에 이르러 자본주의와 권위주의의 폐해에 대한 반발로 공산주의, 사회주의와 함께 발흥하였으며 페미니즘, 펑크문화 등과도 깊은 관련이 있다. 하지만 아나키즘을 자본주의와 사회주의의 장점을 포용하는 중용이념으로 보는 학자들도 있다.

아나키즘에서는 평등과 자유를 동시에 추구하기에 자본주의와 공산주의 모두를 반대하고 있다. 19세기 후반에는 공산주의와 세를 다툴 만큼 세계 도처에서 큰 세력을 형성하였으나, 권력이 부여되는 조직 자체를 부정하는 성향으로 차츰 세력을 잃었지만, 혁명 운동이 일어난 어느 곳에서나 아나키즘은 자유와 평등을 외치면서 살아났다. 대표적인 아나키즘의 투쟁은 파리 코뮌, 에스파냐 내전, 그리고 프랑스 학생혁명이며 21세기에 들어서서는 신자유주의를 반대하는 운동에 많은 아나키스트들이 참가하고 있다. 러시아에서 발흥한 니힐리즘과의 차이점은 허무주의가 모두를 부정하고 철저한 파괴를 주장하면서도, 새로운 사회에 대한 대안이 없었으나 이에 반해 아나키즘은 새로운 대안을 공동체 자치에서 찾았다. 사회주의나 공산주의와의 차이점은 공산주의는 자본주의 파괴나 몰락 후의 계획경제를 대안으로 하였으나, 아나키즘은 계획 자체를 부정하고 공동체 내의 자립, 자치, 자영 경제를 대안으로 한 점에서 차이가 있다.

아나키즘운동에는 크게 세 조류가 존재하는데, 사회주의적 아나키즘, 개인주의적 아나키즘, 환경주의적 아나키즘이 있으며 환경주의적 아나키즘은 최근에 생겨난 조류이다. 현재 다양한 아나키즘 이론이 공존하고 있으며, 아나키스트로 자신을 정의하는 집단들 가운데서도 전략, 전술, 조직, 정치철학, 경제학, 사회학적인 면에서 대립하는 경우가 많다.

사회주의적 아나키즘, 혹은 자유지상주의적 사회주의는 상호호혜주의, 공산주의, 노동조합주의 등의 형태로 나타난다. 사유재산의 말소와 생산수단의 공유를 주장한다. 사회주의적 아나키즘은 프루동에 의해 최초로 시작되었으며 후에 바쿠닌과 그의 추종자들은 제1인터내셔널에서 중요한 세력을 형성했으나 칼 마르크스와의 대립으로 바쿠닌이 국제당에서 축출된 이후 독립된 세력이 되었다. 사회주의적 아나키즘은 자본주의와 권위주의에 대항하며 공동체주의와 자유지상주의적 연방주의 등의 형태로 사회주의와 개인주의 사이의 다리 역할로 간주된다.

개인주의적 아나키즘은 자유지상주의적 개인주의로 사유재산의 소유를 인정한다. 이들에 따르면 권위주의 조직은 민중의 외면 속에서, 혹은 투쟁의 결과로 사라져야 하는 존재이며 이것은 사회에 의해 억압받는 개인의 자유를 위한 중요한 요소로 본다. 국가에 대한 견제 목적으로 개인들 사이에서 자생적으로 생겨난 중간적 조직들은 군대를 조직한다거나 하는 식으로 '국가적'인 조직이 되지 않는 한 올바른 것으로 본다.

환경주의적 아나키즘은 모든 형태의 산업화 경제와 자연의 파괴를 거부하며, 산업화를 주장한 공산주의적 아나키스트들에도 반대한다. 현재 아나키즘의 세 번째 극으로 자리 잡혔으며, 자연으로의 회귀를 주장한다. 산업화와 기술의 지배를 거부하며 원시적 사회로의 회귀를 주장하기도 한다.

역사적으로 한국의 아나키스트 단체로는 의열단(義烈團)을 든다. 의열단은 약산 김원봉을 단장으로 하는 아나키스트 성격의 무장독립운동단체이다. 이들은 프랑스 조계지역(외국인 치외법권지역)인 중국 상하이에서 폭력항쟁으로 대일본제국의 대한제국에 대한 식민통치에 대항하는 독립운동을 했다. 이들이 상하이에서 활동한 이유는 프랑스와 일본의 대립으로 인해, 프랑스 경찰이 백범 김구 선생을 포함한 조선인 독립운동가들을 보호했기 때문이다.

의열단은 광복을 위해 폭력만을 수단으로, 암살만을 정의로 삼으면서, 5개소의 적 기관 파괴와 7악의 제거를 위해 파괴활동을 벌였다.

4. 세계경제환경 변화

지금 세계경제는 과거에 경험하지 못했던 불확실성에 빠져 있다. 유럽에서 시작된 재정위기, 그것이 곧 금융위기인데 이 위기가 유럽에만 해당되는 것이 아니라 세계 전체의 문제로 진전되고 있고, 이 문제는 정책적이고 구조적인 문제를 가지고 있다.

세계경제환경에 큰 영향을 미치는 요소는 세계화, 지식기반경제사회, 경제의 성장 잠재력 등 3가지이다.

1) WTO와 세계경제의 블록화

세계경제의 구조적 변화로 WTO 체제를 들 수 있다. WTO는 다양한 규정과 내용을 포함하고 있으며, 국제적 협력과 갈등의 조정 등을 맡게 된다. 이는 곧 세계경제의 자유화 및 세계화를 지향하며, 기술이 빠르게 발전하여 우리가 살고 있는 이 지구 전체가 한 나라처럼 되는 것을 의미한다. 세계화 시대에는 기업의 공장입지 선정 등과 같은 활동에 제약을 받지 않는다. 세계화되면서 세계가 하나의 국가로 통합되고 있어 각각의 나라의 의미는 사실상 중요하지 않게 되었으며 국가보다는 국가를 종횡

무진하고 있는 다국적기업의 영향력이 증대되었다는 것이 큰 특징이다.

2) FTA 확대

(1) FTA 의의

FTA(Free Trade Agreement)란 자유무역협정으로 국가 간 교역을 자유화시키는 협정으로 기업들 간의 무역에 국가가 개입(관세와 통관)하지 않고 실질적으로 판매하는 가격을 받을 수 있도록 특혜를 부여하는 협정이다. 이는 타 국가를 배척하고 협정한 국가의 기업끼리 상호협력하고 상호이익을 지향하는 자유무역협정이다.

FTA는 지역경제통합의 한 형태로서 역내 회원국 간의 관세 및 기타 제한적 통상규제를 완화 내지는 철폐하여 무역자유화를 추구하고, 이를 통하여 자원의 효율적 배분과 시장확대에 따른 공동의 경제적 이익을 향유하고자 하는 국가 간 협정을 말한다. 현재 전 세계적으로 220개의 지역무역협정이 체결된 것으로 WTO에 보고되고 있으며, 이 중 172개가 실제로 체결되어, 효력을 발휘하고 있고, 68개의 협정이 새로이 추진되고 있다. WTO 중심의 다자체제(multilateralism)와 지역주의(regionalism)는 세계 통상질서의 양대 축으로 이미 자리 잡았으며, 이러한 통상질서는 향후에도 강화될 것으로 전망된다. 즉, WTO 중심의 다자무역체제가 강화되고 있는 가운데 지역주의 양상도 급속하게 발전하고 있는 추세다.

(2) 지역주의와 WTO와의 관계

지역주의 확산의 주요 배경으로는 먼저 시장확대, 재화의 보다 자유로운 이동성 등을 통한 자유무역협정의 역내국에 대한 경제적 효과를 들 수 있다. 또한, EU와 미국 등 주요 국가들이 지역협정에 지대한 관심을 가지고 선도적으로 지역무역협정의 체결에 임하고 있는 추세에 대한 여타국들의 불안감도 작용하고 있다. WTO의 다자합의 과정의 내생적 한계를 극복하기 위한 수단의 하나로 지역무역협정을 체결하고 있는데, WTO 다자체제는 회원국 간의 합의도출이 어려울 뿐 아니라 자유화의 속도가 느리고, 개별 국가의 이해를 충족시키기 어려운 측면이 있기 때문이다. 전략적 통상정책의 확대 등도 지역주의 확산의 주요 배경이 되고 있다.

지역주의에 대한 다자간통제의 필요성을 위하여 WTO는 역할을 담당한다. WTO 설립협정의 전문은 '관세 및 기타 무역장벽의 실질적인 삭감'을 달성하는 것을 회원국들의 공동목표로 설정하고 있다. 그러나 지역경제공동체는 역외국가에 대해 차별적이고 보호주의적 무역조치를 취하는 것이 일반적이므로 GATT 및 WTO 체제의 최혜국대우원칙에 정면으로 위반될 수 있다.

3) 지식기반경제사회

세계경제환경에 영향을 미치는 요소로 지식기반경제사회를 들 수 있다. 지식기반경제사회는 자본이나 노동력보다는 지식이 경쟁력과 성장의 원천이 되는 경제사회이다. 지식의 기반은 정보이기 때문에 정보력의 차이는 생산성에 영향을 줄 수 있다. 각 국가들은 정보력의 차이로 인한 세계경제의 격차가 악화되는 것을 막기 위해 사회적인 통합을 신경 써야 한다.

세계가 점차 지식집약서비스의 비중이 높아지는 지식경제기반사회로 변화하고 있는 것으로 정보격차로 인한 차별을 막아야 하는 환경에 있다.

오늘날 세계경제는 상호의존성이 심화되고 있다. 그리스 재정위기가 포르투갈, 스페인, 이탈리아 등으로 퍼져 전 유럽 경제가 어려움에 처해 있다. 2011년 중반부터 본격화되기 시작한 그리스 국채의 부도 가능성은 2012년에도 지속되었고 급기야는 그리스에 대한 구제금융 지원 여부를 둘러싼 공방으로 이어졌다. GDP 규모가 약 3,000억 달러 수준으로서 유럽 경제의 3% 수준에 해당하는 그리스는 2008년부터 지속된 위기로 인해 정점대비 GDP 수준이 20% 가까이 하락한 상황이고 이러한 경기부진이 2013년에도 지속되었다. 스페인의 경우도 지방정부의 채무악화로 곤욕을 치른 바 있고 현재까지 그 후유증이 남아 있다. 이은 상황에서 또 다시 위기로 인해 요동을 치게 될지 아니면 점진적인 회복국면으로 접어들지 기로에 서 있는 상황이다. 세계경제의 높은 재정적 경제적 의존성은 중요한 환경이라 할 수 있다.

사실 글로벌 경제위기는 과도한 유동성과 부채, 이로 인한 자산버블, 지나치게 발달된 금융산업, 그리고 방만한 금융기관 및 미흡한 금융감독 등이 원인이다.

4) 신흥개도국과 세계경제의 성장잠재력

세계경제에 새로운 성장잠재력으로 등장하는 나라들이 있다. 과거에는 강대국이 미국 하나였지만, 일본에 이어 중국이 급부상하면서 신흥국가인 브릭스(BRICS)[1]들도 나타났다. 이전에는 강대국인 미국의 결정을 다른 나라들이 무조건 따르는 체계였으나, 지금은 성장잠재력이 큰 신흥국가들이 등장하기 시작하면서 중요한 의사결정 과정에 참여할 수 있게 되었다.

여기서의 경영환경은 전술한 환경들을 제외한 기업경영에 직간접 영향을 미치는 경영환경으로 기업이 내외적으로 통제가능한 것과 불가능한 것을 포함하고 있다. 이 책의 많은 내용은 경영환경에 대한 것이라 할 수 있다.

5. 사회, 문화환경

1) 문화의 의의와 특성

문화(文化, culture)는 일반적으로 한 사회의 주요한 행동 양식이나 상징체계를 말한다. 문화란 사회사상, 가치관, 행동양식 등의 차이에 따른 다양한 관점의 이론적 기반에 따라 여러 가지 정의가 존재한다. 인간이 주어진 자연환경을 변화시키고 본능을 적절히 조절하여 만들어낸 생활양식과 그에 따른 산물들을 모두 문화라고 일컫는다.

문화는 음악, 미술, 문학, 연극, 영화와 같은 예술분야에서 두드러지게 나타난다. 사람들은 상품으로서 대중문화, 유행가와 같은 것들을 소비함으로써 문화를 접하기도 한다. 인류학 사회 전반의 기술, 예술, 관습, 양식 등 보다 광범위한 것들을 가리키는 용어로서 문화를 정의한다. 그러나 현대사회에서 소비재로서의 문화상품은 문화의 다른 분야에 막대한 영향을 미치고 있다.

인류학자들은 정형화할 수 있고 기호로서 의사소통할 수 있는 모든 인간의 능력을

1) 브릭스(BRICS): 2000년대를 전후해 빠른 경제성장을 거듭하고 있는 브라질(Brazil) · 러시아(Russia) · 인도(India) · 중국(China)등 신흥경제 4국을 일컫는 경제용어.

문화로서 정의한다. 한편, 동물학에서는 문화를 동물생태계에서 위치하고 있는 인류의 행동양식으로 이해하기도 하며, 고고학은 역사적 유적에 집중한다. 또한 사회인류학은 사회제도와 인간의 상호관계로서, 문화인류학에서는 규범과 가치로서 문화를 다룬다.

문화의 주요 특성으로는 다음을 들 수 있다.

- 개인의 정신과 마음속에 존재한다.
- 여러 민족의 문화는 서로 상당히 다르다.
- 문화는 여러 측면에서 서로 다르나 반면에 유사성도 가지고 있다.
- 문화는 일단 학습되어 수용되면 지속되는 경향이 있다.
- 모든 문화는 지속적으로 천천히 변화해간다.
- 같은 사회의 모든 사람들이 비록 같은 문화요소를 지니고 있다 하더라도 각 개인은 상황에 따라 다르게 행동할 수 있다.

2) 사회, 문화환경의 중요성

문화란 사회환경을 구성하는 요소로서 자신의 형태를 다른 것과 구별시켜 주는 학습된 인간행위의 사회적 규범과 생활방식이며 국제기업 환경을 결정짓는 가장 중요한 기초적 요인 중의 하나이다. 문화에 대한 이러한 기본적인 생각을 바탕으로 국제경영에서 사회, 문화환경의 중요성을 살펴본다.

첫째, 문화는 시간, 공간적으로 한 범주로 설정된 하나의 집단 속에서 함께 만들어지고 향유되는 공유현상의 하나이다. 따라서 재화와 서비스에 대한 수요와 소비형태를 결정짓는 중요한 요인으로 작용한다.

둘째, 문화는 하나의 집단 속에서 형성된 여러 계층의 생활현상들을 반영하는 것이기 때문에 계층성을 가지며, 겹겹이 쌓인 공통현상에서 만들어지는 것으로 다양한 모양과 특성을 갖게 된다.

셋째, 모든 문화현상은 긴밀하게 연결되어 있어서 홀로 존재하지 못하는 성격을 가지고 있기 때문에 유기체적인 성격을 지니고 있으며 한 국가, 한 지역의 문화현상은 인근지역에 큰 영향을 미치게 된다.

다섯째, 오늘날의 사회, 문화현상들은 교통, 통신의 발달과 인터넷의 보급으로 매우 빠르게 전달되고 소통되어 세계적 동조화되는 경향이 있으며, 동시에 변화의 속도도 빠르다.

3) 사회, 문화의 구성 요인

① 언어

형성된 문화권에 따라 그 차이가 매우 크며, 국제기업의 경영자는 진출대상국의 언어에 능통해야 하며, 그 언어의 내면에 깔려 있는 고유의 사고방식까지 이해할 수 있어야 한다.

② 종교

민족정서의 근간을 형성하는 중요한 요소로서 국제기업은 각국의 민족종교 등이 지니는 고유성과 이질성의 정도와 종교단체가 사회적, 정치적 변화를 초래할 수 있는 정도를 사전에 파악하여 현지국에서 발생할지도 모르는 정치적 위험을 분석하여야 한다.

표 6-1 | 세계의 주요 종교 개관

구분	내용
기독교	19억 명이 기독교 신자이다. 중동지방에서 탄생한 기독교는 유럽대륙으로 전파되면서 지속적으로 분열되었다. 전파 초기에 유럽의 기독교는 동부와 서부의 기독교로 양분되었다. 즉 로마를 중심으로 하는 라틴어지역과 콘스탄티노플을 중심으로 하는 그리스어 지역으로 분화된 것이다(개신교, 침례교, 모르몬교, 루터교, 가톨릭교 등 종파가 많이 나뉘었다).
이슬람교	이슬람교의 분포 범위는 서남아시아와 아프리카 북부의 사막지대로부터 동쪽의 인도네시아와 필리핀까지 넓게 걸쳐 있다. 전 세계적으로 이슬람교를 믿는 사람은 10억 1000만 명에 달한다. 이슬람교는 기독교와 마찬가지로 단 하나의 신만을 인정하고 섬기는 유일신교다. 이슬람교도들은 가장 위대한 예언자라고 믿는 마호메트를 이슬람교의 창시자로 떠받든다. 이슬람교는 마호메트가 죽은 후에 여러 개의 종파로 분열되었지만 기독교만큼 복잡하지는 않다. 양대 종파인 시아파와 수니파를 제외한 나머지 종파는 세력이 미미하다.
힌두교	인도의 국교나 다름 없는 힌두교는 현재 약 7억 8100만 명의 신도를 거느리고 있는 민족 종교이다. 힌두교는 기독교, 이슬람교, 유대교와 달리 수많은 신들은 인정하고 숭배하는 다신교이다. 조상과 직업을 기준으로 사람들을 엄격하게 분리하는 카스트제도는 힌두교의 발달과 깊은 관계가 있다. 힌두교는 전국을 통제하는 중앙 교단이 없고 교리와 신앙행위가 표준화되어 있지 않다.

구분	내용
불교	불교는 지금으로부터 2500년 전에 힌두교를 모체로 하여 인도 북부에서 탄생하였다. 인도 북부 한 왕국의 왕자였던 고타마 싯다르타가 제창한 종교개혁은 불교의 창설로 이어졌다. 오늘날 3대 종교의 하나인 불교는 아시아 대륙에서 가장 광범위한 분포를 보이는 종교이다. 특히 중국, 한국, 일본으로 전파, 확산되는 과정에서 원시불교는 현지의 유교, 도교, 무속, 신도(神道)와 같은 토착신앙과 융합하였다. (대승불교, 소승불교)

③ 태도, 신념, 가치

태도 및 가치관을 포괄하는 개념으로 성취도, 일에 대한 태도 및 직업관 등을 포함한다. 기업의 경영활동에 영향을 미치는 가치관으로는 시간에 대한 태도, 일에 대한 태도 및 성취 욕구, 부에 대한 태도, 변화에 대한 수용성 등이 있다.

④ 물질문명

물질문명은 수요의 정도, 제품의 형태와 질, 기능, 생산방법 및 유통방법 등 국제기업의 총체적 기업활동 전반에 영향을 미친다.

⑤ 미학

특정문화가 지니고 있는 음악, 회화, 조각, 연극, 무용 및 민속 등으로 표현되는 미에 대한 감각과 사물에 대한 선호경향이 다르다.

⑥ 커뮤니케이션과 제도

인간이 다른 동료와 관계를 맺는 수단과 의사소통의 수단으로 이는 국가와 사회마다 다르며, 사회제도의 구성내용에는 사회조직, 정치구조 및 교육이 포함되어 있다.

4) 문화환경 분석 이론 및 주요 분석 모형

글로벌 경영에서 문화환경은 매우 중요하며 이를 연구하고 분석하는 다양한 이론들이 존재한다. 문화란 사회환경을 구성하는 요소로서 자신의 형태를 다른 것과 구별시켜주는 학습된 인간행위의 사회적 규범과 생활방식이다. 글로벌 경영에서 문화는 글로벌 기업 환경을 결정짓는 가장 중요한 기초적 요인 중의 하나이다. 문화는 후천적으로 학습된 행위이기 때문에 글로벌 기업은 학습을 통해 다른 나라의 문화를 배울 수 있고, 나아가 문화적 차이를 극복하고 타 문화에 적응하게 된다.

여기서는 대표적인 주요 이론들을 간략히 소개한다.

표 6-2 | 문화 분석에서 주요 학자들의 문화 개념

학 자	문화 개념
A. Hoeble	사회구성원들에 의해 공유되고 학습된 행위의 총체
M. J. Herskouite	인간이 접하고 있는 환경의 일부로서 지식, 예술, 도덕, 법률, 관습 등 사회의 한 구성원으로서 습득한 능력과 버릇의 총체
Hall	문화란 선천적인 것이 아니라 학습된 것이며 여러 요소가 상호 관련을 맺으며 내재되어 있고 사회구성원들에 의해 공유되며 다른 사회의 구성원들과 확연히 구별할 수 있다
V. Terpstra and D. David	문화란 사회구성원들의 특성을 나타내는 학습되고 공유되고 강제되는 상호 관련된 일련의 상징으로서 구성원들의 생존문제에 해결책을 제공해 주기 때문에 그 해결책을 실현하는 영리단체인 기업의 존속과 성장에 영향을 미친다.

표 6-3 | 문화의 공통 구성요인

학 자	문화의 공동적인 구성인자
J. Daniels	일과 성취에 대한 태도, 미래에 대한 태도, 의사결정에 대한 태도, 권위에 대한 태도, 가족에 대한 책임, 사회구조
E. T. Hall	시간의식, 공간의식, 물질적 소유, 우정의 패턴, 합의도달의 패턴, 상호작용, 결합(association), 생존방식, 남녀관계, 영역 · 공간에 대한 의식, 시간에 대한 의식, 학습, 놀이, 방어, 환경에 대한 이용
E. J. Kolde	사고방식, 문제해결방식, 구두의사소통, 비언어적 의사소통, 계급구조, 경영자의 사회적 지위, 권력지향성, 위험의 회피, 의사결정 스타일, 리더십 스타일, 성취에 개념, 친족간의 유대, 개인주의 대 집단주의, 성적(性的) 유형화, 시간의식, 언어, 무질서
P. Harris & R. T. Moran	의사소통과 언어, 의복과 외양, 음식과 식사관습, 자아와 공간의식, 지적 과정과 관습, 신념과 태도, 각종 사회시스템(가족 · 교육 · 정치 · 경제 · 종교단체 · 건강 · 오락 등)
V. Terpstra	교육, 종교, 가치관, 기술, 사회조직, 정치적 환경
G. Hofstede	권력간의 가격, 개인주의 대 집단주의, 불확실성의 회피 정도, 남성다움 대 여성다움
P. Cateora	물질문화: 기술, 경제 사회제도: 사회적 조직, 교육, 정치구조 신념체계: 인간 · 우주 · 세계관 미적 정서: 조형예술 · 민속 · 음악 · 연극 · 무용 · 언어

5) 국제기업의 문화, 환경 변화와 적응

국제기업은 문화적 환경이 다른 여러 지역을 배경으로 활동함에 있어 문화의 의미를 이해하고 평가하여 전략적 시사점을 도출해야 한다. 특히 본국과 다른 문화적 배경을 지닌 국가에 대한 사전적 이해 없이는 문화적 위험에 노출되기 쉽다. 따라서 문화적 위험을 최소화하고 국제경영활동에서 경쟁적 지위를 확보하기 위해서는 문화가 국민문화, 기업문화, 경영방식에 어떠한 영향을 미치는가에 대한 이해가 선행되어야 한다.

국제경영활동은 국경을 넘어 자원을 이동하고 결합하는 활동이라고 정의할 때, 국제기업은 이러한 활동을 수행하면서 이문화 관리 측면에서 두 가지 핵심적인 역할을 수행한다.

① 새로운 문화권에의 적응

② 한 국가의 문화, 상품, 경영기법 등을 다른 국가로 이전시키는 사회적 변화의 중개인 역할

그리고 현지국 문화에의 조정을 위한 전략으로는

① 현지문화에 일치하려는 전략

- 피투자국 현지의 문화에 일치하도록 하는 기업전략
- 현지국과의 마찰 최소화
- 기업의 기본적 목표 및 전략과 상충될 수 있는 가능성 등을 고려하여야 한다.

② 자연적인 문화의 변화를 기다리는 전략

③ 문화의 변화를 유도하는 전략

- 기존의 피투자국 현지문화를 글로벌 기업의 기업목표에 걸맞도록 적절한 변화를 유도하는 적극적 방법
- 문화의 구성 요소 중 혁신을 유도하는 요소와 갈등을 일으키는 요소를 파악하여 변화를 유도할 수 있도록 갈등 유발 요소를 전환시키는 전략
- 피투자국 현지문화와의 갈등을 최소화하기 위한 특별한 노력이 필요하다.

6. 인터넷 소비환경

1) 인터넷 비즈니스 모델의 유형과 특성

현재의 비즈니스 모델의 유형은 매우 다양하고, 기존 모델들이 조금씩 변형되거나 여러 모델이 서로 결합되면서 새로운 모델들이 나타나고 있다. 따라서 전자상거래 모델을 분류하기 위하여 다음과 같은 다양한 기준들이 활용된다.

- 비즈니스 참여자 구분에 따라 기업과 소비자 간의 전자상거래, 기업 간 전자상거래, 소비자와 기업 간 전자상거래, 그리고 소비지 간 전자상거래로 구분
- 사업모델의 주 수익원에 따라 광고형, 소매점형, 채널형, 제휴형 등으로 구분
- 가치사슬 요소의 조합과 거래 참여자의 상호작용 형태에 따라 구분
- 순수한 인터넷에서만 가능한 새로운 비즈니스 모델과 기존의 사업모델이 인터넷에 이식된 모델로 구분
- 인터넷 비즈니스의 목적에 따라 개선지향적 비즈니스 모델과 수익지향적 사업모델로 구분

(1) 참여자에 의한 구분

- 기업과 기업간 전자상거래(Business to Business, 이하 B2B): B2B 전자상거래는 기업과 기업 사이에서 일어날 수 있는 다양한 거래들, 예를 들어 부품의 조달, 운송망 공유 등을 인터넷을 이용하여 처리하는 것을 말한다.
- 기업 대 소비자 전자상거래(Business to Customer, 이하 B2C): B2C 시장은 인터넷의 보급과 더불어 급속도로 성장한 분야로 상품의 생산자 혹은 판매자들이 소비자들을 상대로 가상의 공간인 인터넷에 상점을 개설하고 상품을 판매하는 형태이다.
- 소비자 대 기업 간 전자상거래(Customer to Business, 이하 C2B): C2B 시장은 인터넷의 등장이 새롭게 만들어낸 시장이라고 할 수 있다. 이 경우에는 소비자가 개인적으로 혹은 단체를 구성하여, 상품의 공급자나 상품의 생산자에게 가격이나 수량 혹은 부대서비스 등에 관한 조건을 제시하고 구매하게 된다.

• 소비자 대 소비자 간 전자상거래(Customer to Customer, 이하 C2C): C2C 시장은 소비자 간에 1대 1 거래가 이루어지는 것을 말한다.

(2) 사업모델의 수익원에 따른 분류

비즈니스 모델의 수익원에 따라 구분하면 크게 〈표 6-4〉와 같이 6개 유형으로 구분할 수 있다.

표 6-4 | 수익원으로 구분한 6가지 전자상거래 비즈니스 모델

수익모델	수 입 원
광고형	사이트 조회 및 배너 클릭 수 등을 근거로 한 광고 수입 예) eBay, Yahoo, Amazon
소매점형	인터넷을 통한 직접 판매 매출 예) GAP, Del Computer, Wal-Mart
채널형	웹을 통해 자사의 제품을 판매하거나, 다른 유통점에게 자사 제품을 판매 예) Reebok, Levi-Straus
제휴형	배너공고를 제공하고 이를 통해 구매가 이루어진 경우 거래수수료 수입 예) Amazon.com의 10만 개 제휴사
프랜차이즈형	프랜차이즈 허가에 따른 수수료 예) 하우와우닷컴(www.howow.com)
가입형	컨텐츠 이용에 따른 이용료, 가입비 예) AOL, www.hoovers.com

2) 인터넷 비즈니스의 확장

인터넷 비즈니스는 지속적으로 확장되고 있다. 전술한 다양한 인터넷 비즈니스 모델 등은 물론 기술과 산업의 다양화로 여러 가지 유형으로 확장되고 있다.

인터넷 비즈니스 모델은 기업이 수익을 창출하기 위해 사용하고 있는 사업방식, 즉, 기업이 어떻게 장기적으로 돈을 벌 것인가를 보여주는 것으로서, 매우 단순한 사업모델로부터 매우 복잡한 사업모델에 이르기까지 다양하다.

인터넷 비즈니스 모델은 일반적으로 ① 거래에 관여한 당사자들과 각각의 역할을 포함해 상품, 서비스와 정보의 흐름을 나타내는 아키텍처, ② 거래에 참가하는 당사자들에게 주어지는 잠재적 편익과 ③ 수익원에 대한 정확한 묘사가 있어야 한다고 정의된다.

확장되고 있는 인터넷 비즈니스 모델을 바탕으로 시장을 어떻게 세분화하고(segmenting), 어떤 세분시장에서 어떻게 포지셔닝할 것인가 하는 마케팅 전략이 비즈니스 모델의 성공가능성을 결정하는 척도라고 볼 수 있다.

7. 인터넷 소비의 특성

1) 인터넷 마케팅과 신소비자 특성

(1) 소비자들의 라이프스타일 변화

마케터들은 라이프스타일의 변화를 알아내려고 노력한다. 시장조사회사인 얀켈로비치(Yankelovich)는 건강과 운동, 음식습관 및 선호도, 종교참여 등과 관련된 사람들의 태도와 행동을 정기적으로 조사한다. 얀켈로비치 모니터보고서는 예를 들자면 사람들이 다시 쇠고기를 많이 먹기 시작했다는 등의 내용을 싣는다. 이러한 보고는 어떤 마케터들에게는 좋은 소식이 될 테고, 어떤 마케터들에게는 나쁜 소식이 될 것이다.

오늘날 영향력 있는 미래학자 가운데 '팝콘 리포트(Popcorn Report)'와 '클리킹(Cliking)'을 쓴 페이스 팝콘(Faith Popcorn)이 있다. 다음은 팝콘이 발견한 10가지 추세이다.

① 현금인출(cashing out)

현금인출은 인생을 조금 느리지만 더욱 풍요로운 것으로 바꾸고자 하는 충동이다. 이는 직장인이 숨가쁘게 바쁜 도시의 직장을 갑자기 그만두고 시골로 들어가 작은 신문가게나 여관을 운영하거나 악단에 참여하는 등의 현상으로 나타난다. 이들은 사무실에서 받는 스트레스는 아무런 가치가 없는 것이라고 생각한다. 깨끗한 공기, 안전한 학교, 평범한 이웃이 있는 작은 도시의 가치(small town values)를 지향하는 향수적 귀향이다.

② 은둔생활(concooning)

은둔생활은 밖에서의 생활이 너무 힘들고 두려워 집안에 머무르려는 충동이다. 많은 사람들이 집안을 은신처로 바꾸고 있다. 그들은 카우치포테이토(couch potato)가 되어 TV에 붙어 살고 영화를 보고 카탈로그를 보고 상품을 주문하며, 집을 다시 장식하고, 자동응답기로 외부의 연락을 걸러낸다. 범죄 등의 사회문제가 증가하는 데 대응하여 일부 무장한 은둔생활자들은 굴을 파고 벙커를 만든다. 자기보존이 이들의 근본 주제이다. 또한 떠도는 편력 은둔자들은 차 안에서 식사를 하고 카폰으로 전화를 한다. 사회화된 은둔자들은 친구들과 소그룹을 형성하여 대화와 살롱문화를 즐긴다.

③ 나이깎기(down-aging)

나이깎기는 나이보다 더 젊게 느끼거나 행동하는 경향을 나타낸다. 오늘날은 체어(Cher, 45세 이상), 폴 뉴먼(Paul Newman, 65세 이상), 엘리자베스 테일러(Elizabeth Taylor, 60세 이상) 등이 섹시 스타가 되고 있다. 사람들은 자신의 연령보다 더 젊게 보이는 옷이나 머리염색, 얼굴 성형수술에 많은 돈을 소비한다. 이들은 장난스런 활동을 즐겨 하며, 또래들에게서는 흔히 볼 수 없는 방식으로 행동하기를 좋아한다. 이들은 성인용 장난감을 구매하며 성인캠프와 모험적인 휴가에 참여한다.

④ 자기개성(egonomics)

자기개성은 다른 사람들과 다르게 보이거나 대접받기 위하여 개성을 개발하려는 욕망을 말한다. 이것은 자기중심적 사고(Egomania)가 아니라 단순히 스스로를 자신의 소유나 경험을 통해 개별화하는 것이다. 사람들은 정치적으로 좁은 범위에 관심을 집중하는 잡지들을 구독하고, 좁은 분야의 활동을 하는 소규모 그룹에 가입하거나 맞춤형의 옷과 차, 화장품을 구매한다. 자기개성은 마케터들에게는 맞춤형의 상품, 서비스 경험을 제공하여 성공할 수 있는 경쟁적인 기회를 제공한다.

⑤ 환상적 모험(fatasy adventure)

환상적 모험은 사람들이 일상적 활동의 무미함을 상쇄하기 위해 갖는 감정적 탈출 욕구를 충족시킨다. 사람들은 휴가를 떠나거나, 외국음식을 먹거나, 디즈니랜드 등의 환상적 공원에 가거나 자신의 집을 산타페(Santa Fe)모양으로 장식하면서 이러한 욕구를 표현한다. 이런 모험에 대한 욕망은 마케터들에게는 환상적인 신상품과 서비스를 창조하거나, 현재 상품과 서비스에 환상적인 접촉을 부과할 수 있는 기회이다.

⑥ 99가지 삶(99 Lives)

99가지 삶은 사람들이 많은 역할과 책임을 안고 곡예하듯이 살아야 하는 불가피한 상태를 말한다. 슈퍼엄마(SuperMom)를 생각해 보라. 이들은 정규직업이 있고, 가정과 아이들을 돌보아야 하며, 그 외 쇼핑 등의 여러 가지 일을 한다. 사람들은 시간에 쫓겨 팩스나 카폰을 사용하고 패스트푸드점에서 식사를 하는 등의 방법으로 시간을 절약하려고 한다. 마케터들은 군집마케팅사업(Cluster Marketing Enterprise)을 창조하여 이러한 욕구에 부응할 수 있다. "비디오타운 세탁소"와 같은 곳은 모든 서비스를 한 곳에 모아놓은 곳으로, 세탁시설, 선탠실, 자전거 운동기, 팩스, 복사기와 6천 가지의 대여 비디오테이프 목록을 갖추고 있다.

⑦ S.O.S(Save Our Society, 사회구원)

사회구원은 사람들이 3E(Environment, Education, Ethics)의 차원에서 더욱 책임감 있는 사회를 만들기 위한 운동에 나서는 경향이다. 여기에 참여하는 사람들은 기업과 시민들이 더욱 더 많은 사회적 책임을 질 것을 촉구하는 모임에 가담한다. 마케터들은 자신들의 기업도 바디샵, 벤앤제리, 리바이 스트라우스(Levi Strauss) 등과 같이 사회적 활동에 많은 관심을 보이는 기업들과 같은 반열에 서서, 사회적으로 책임 있는 마케팅을 실시하도록 독려하고 있다.

⑧ 작은 탐닉(small indulgence)

스트레스에 지친 소비자들에게는 종종 감성적 치료가 필요하다. 이들은 BMW 자동차를 살 여력은 없지만, BMW 오토바이는 살 수 있다. 이들은 주중에는 주로 건강식을 먹지만, 주말에는 커다란 하겐다즈 아이스크림을 먹으며 만족스러워할 수 있다. 이들은 또 휴가 때 2주 예정의 유럽여행을 가는 대신, 카리브해에서 사흘짜리 보트여행을 할 것이다. 마케터는 많은 소비자들이 느끼는 박탈감을 인식하는 것은 물론, 그들에게 감성적 행복감을 주는 작은 탐닉거리들을 제공하는 기회들을 인식해야 한다.

⑨ 건강장수(staying alive)

건강장수는 더욱 오래 더욱 건강하게 살고 싶어 하는 사람들의 욕구에 관한 것이다. 이들은 현재 생활방식, 즉 나쁜 식습관, 흡연, 대기오염, 독한 약물 사용 등이 스스로를 죽이고 있다는 것을 잘 안다. 이들은 자신의 건강에 책임을 질 준비가 되어 있기 때문에, 더욱 좋은 음식을 섭취하고, 규칙적으로 운동하며, 자주 휴식을 취한다. 마케터들은 소비자들에게 더욱 건강한 상품과 서비스를 제공함으로써 이러한 요구들을 충족시킬 수 있다.

⑩ 의식 있는 소비자(vigillance consumer)

의식 있는 소비자들은 질 낮은 상품과 부적절한 서비스에 대해서 참지 않으려고 하는 사람들이다. 이들은 기업들이 더 인간적으로 행동하기를 원한다. 그들은 자동차회사들이 "불량품"을 회수하고, 돈을 완전히 환불해줄 것을 원한다. 그들은 〈전국불매운동소식(National Boycott News)〉이나 〈소비자 보고서(Consumer Reports)〉를 정기구독하고, MADD(Mother Against Druck Driving, 음주운전반대 어머니모임)에 가입하며, 좋은 기업과 나쁜 기업의 목록을 찾는다. 마케터들은 기업이 제공하는 상품과 서비스에 높은 기준을 도입하여 기업의 양심이 되어야만 한다.

(2) 인터넷 마케팅 소비자 행동

인터넷에 접속하는 소비자는 다양한 유형을 들 수 있다. 미국의 경우 미디어 매트릭스(media matrix)와 맥킨지는 인터넷을 통한 소비자의 유형을 다음의 6가지로 나누고 있다.

① 단순성 추구자(simplifiers)

이들은 인터넷 쇼핑의 편리성을 추구하는 집단이다. 매월 온라인에 소비하는 시간이 7시간으로 접속시간은 많지 않은 편이지만 총 온라인거래의 절반을 차지하는 중요한 소비자라 할 수 있다. 온라인 마케팅 관리자들은 이들 집단에게 쇼핑의 편의성을 강조하거나 특정사이트에서 쇼핑함으로써 시간을 절약할 수 있다는 측면을 강조하는 것이 효과적인 전략이 될 수 있다.

② 항해자(surfers)

조사대상 총 인구의 8%만을 차지하는 집단이지만 총 온라인 소비 시간의 32%를 소비하는 중요한 집단이라 할 수 있다. 이들 항해자는 혁신적인 디자인과 지속적으로 업데이트되는 사이트를 선호하는 선도적인 사용자 집단이다.

③ 단순접속자(connectors)

온라인에 새로이 참여하는 소비자 집단이다. 이들은 비교적 전통적인 성향이 강한 집단으로서 온라인에 대해 다소 회의적이며 기존 오프라인의 친숙한 브랜드를 선호하고 신뢰하는 경향이 강하기 때문에 온라인을 통해 구매할 가능성이 상대적으로 적다고 보아야 할 것이다. 이러한 관점에서 볼 때 온라인 마케팅 관리자에게 다소 중요성이 감소할 수 있는 집단이지만 전체 사용자 중 36%를 차지하는 다수의 이용자라는 점에서 매우 중요하게 인식되어야 할 것이다.

④ 교섭자(bargainers)

전체의 8%에 해당하는 집단으로 이들은 저렴한 거래조건을 탐색하는 특징이 있다. 이러한 점에서 이베이(ebay)와 같은 경매사이트는 이들 집단에게 매력적인 사이트가 될 수 있다. 이들은 자신들과 성향이 유사한 교섭추구자들의 커뮤니티에 속하고자 하는 의지가 다분하며 최적의 거래를 성사시키는 조건을 추구하는 성향이 있다.

⑤ 반복이용자(routiners)

웹을 통해 정보와 컨텐츠(contents)를 취득하는 것을 주된 목적으로 이용하는 집단이다. 이들은 소수의 사이트를 정해 놓고 정기적으로 방문하는 성향이 있는데 주로 뉴스나 재무적 사이트를 한정적으로 이용하는 집단이다.

⑥ 레저추구자(sportsters)

반복이용자와 유사한 사용자 집단으로 이들 역시 정보와 컨텐츠를 얻기 위해 인터넷을 이용하지만 특이한 점은 스포츠 사이트나 엔터테인먼트 사이트의 접속을 주로 이용하는 집단이라 할 수 있다.

8. 소비자 행동 특성

1) 소비자 행동의 중요성

소비자들의 구매심리나 그들의 행동을 이해하지 않고는 성공적인 마케팅을 기대할 수 없다. 시장지향적 경영, 즉 마케팅 컨셉트의 중요한 골자는 기업이 수익이라는 소기의 목적을 달성하려면 소비자의 욕구를 잘 파악하여 그에 맞는 제품을 개발하고 판매하여야 한다는 것이다. 뿐만 아니라 그러한 제품이 시장에서 성공하기 위해서는 목표시장 소비자들에게 제품을 잘 알려야 하고 그들이 이용하는 유통경로를 통해 제품의 가치에 상응하는 가격수준으로 제품을 내놓아야 할 것이다. 이렇게 보면 소비자에 대한 이해는 시장지향적 경영철학을 실천에 옮기기 위한 필수조건이라 할 수 있다.

여기서 마케팅 컨셉트의 한 가지 한계점을 지적할 필요가 있다. 이 경영철학의 요지는 시장수요, 즉 소비자의 욕구가 이미 존재한다는 가정하에 기업이 그 욕구를 파악해서 만족시켜야 한다는 것이다. 실제 그렇게 성공한 기업도 있지만 보다 적극적인 자세로 시장에서의 수요를 새로이 창조하거나 기존의 소비자 욕구를 변화시킴으로써 성공한 기업도 적지 않다. 기업에서 이렇게 적극적인 전략을 펼쳐 나갈 경우에도 역시 소비자에 대한 이해가 필수불가결이다. 따라서 이 글에서는 마케팅 전략 수립의 근간이 되는 소비자 심리와 행동에 대한 논의를 하고자 한다. 이 분야는 크게 둘로 나누어져 있는데 그 하나가 소비자들의 구매의사 결정과정에 관한 논의이고, 다른 하나는 이러한 소비자 행동의 영향변수에 관한 것이다. 전자에 대하여 연구하는 이유는 기업의 입장에서 여러 가지 마케팅믹스 전략을 이용하여 소비자들의 구매행동에 영향을 미쳐 자사제품 구매로 연결시키고자 하는 것이고, 후자를 공부하는 목적은 그러한 소비자 행동의 영향변수들을 시장세분화와 표적시장 선택 등에 응용하고자 하는 것이다. 우선 소비자들의 구매행동 과정을 설명하면서 다음과 같은 질문에 대답하고자 한다.

2) 소비자 행동 모델

(1) 소비자의 의사결정과정

소비자의 의사결정과정은 문제인식→정보탐색→대체안평가→선택과 구매행동→구매 후 행동의 순으로 이루어진다.

① 문제인식(problem recognition)

소비자가 기대하는 바람직한 상태(ideal state)와 소비자가 누리는 현실상태(actual state)의 차이가 일정수준보다 커질 때 구매의 동기가 활성화된다(threshold level).

문제인식을 일으키는 요인으로는 충동의 야기(arousal of drive), 준거집단의 영향, 다른 의사결정, 마케팅 노력(회사)이 있다.

② 정보탐색

정보의 탐색이란 소비자가 관심 있는 재화나 서비스에 대하여 필요한 정보, 즉 속성 · 가격 · 컬러 · 디자인 · 성능 · 내용 · 연수 · 대금지불조건 등을 찾아보는 행위를 말한다. 소비자는 관심 재화나 서비스의 정보를 먼저 자신이 알고 있는 정보에서 내적(internal)으로 탐색(search)한다. 즉 자신의 지식경험 등을 토대로 해당 제품을 평가한다. 내적탐색으로 부족하거나 더 확실한 정보를 얻기 위해 외적탐색(external search)을 하게 된다. 외적탐색이란 친구나 전문가 또는 전문서적, 관련자료, 인터넷 등을 통해 필요한 정보를 획득하는 절차이다.

③ 대체안평가(alternative evaluation)

대체안평가는 소비자가 문제를 인식하고 제품을 구매하려는 의도를 갖고 필요한 정보를 탐색한 후에 몇 가지 고려 중인 상품군(evoked set, consideration set) 안에서 중요한 평가기준들에 따라 대체안을 평가하는 과정이다. 대체안에 대한 평가는 소비자에 따라 다양한 기준과 방법을 사용한다. 이때 주로 영향을 미치는 것들로 소비자의 생활방식(life style), 가치관, 소속한 집단의 규범, 대체안에 대한 태도형성 및 소비자의 구매의도 등에 의해 평가하게 된다.

④ 선택과 구매행동

소비자가 구매하고자 하는 상품에 대한 여러 기준에 따른 평가를 한 후 상품을 선택, 결정하며 구체적 구매를 확정하는 단계이다. 구매는 상품에 대한 평가에 의해 결정하기도 하며 해당상품의 대금지불조건 구입방법, 관련 제품의 구매 점포의 선택 그리고 소비자의 자금마련방법 등에 의해서도 영향을 받게 된다.

⑤ 구매 후 행동

소비자가 구매 후에 보이는 대표적인 상태는 만족, 불만족 그리고 인지부조화 상태를 들 수 있다. 만족은 상품구입 후 품질, 가격, 서비스 등에서 만족하여 향후 반복구매의 가능성이 높은 경우이며 불만족인 경우는 구매로 인해 오히려 불만족인 상태여서 향후 재구매 등을 기대하기 어려운 경우다. 인지부조화는 소비자의 구매 전에 가졌던 신념이나 판단이 구매 후와 일치하지 않음으로 인한 심리적 불안상태를 의미한다.

(2) 소비자 행동 모델

레빗(T. Levitt)은 "마케팅은 소비자를 만족시키는 과정이다."라고 하였다. 소비자들을 만족시키려면 먼저 그들의 욕구가 무엇이고, 그런 욕구가 왜 생겨나며, 어떻게 하면 그들의 욕구를 가장 잘 만족시킬 수 있는지 알아야 한다. 소비자들이 상품을 구매하는 과정은 몇 개의 개별적인 행위의 집합이 아닌 하나의 과정(process)이다. 이들에 의하면 소비자가 상품을 구입하는 과정은 실제의 구매행위 훨씬 이전에 그가 구매의 필요성을 느낄 때부터 시작해서 구매를 한 후의 그의 행동까지 포함한다.

우리는 그들의 이러한 관점이 특히 비싸거나 관여도가 높은 상품(high-involvement product)을 구입할 때는 적합하다고 생각한다. 또한 이 관점은 마케팅 관리자로 하여금 소비자의 구매결정보다는 구매과정에 초점을 맞추게 하는 이점이 있다.

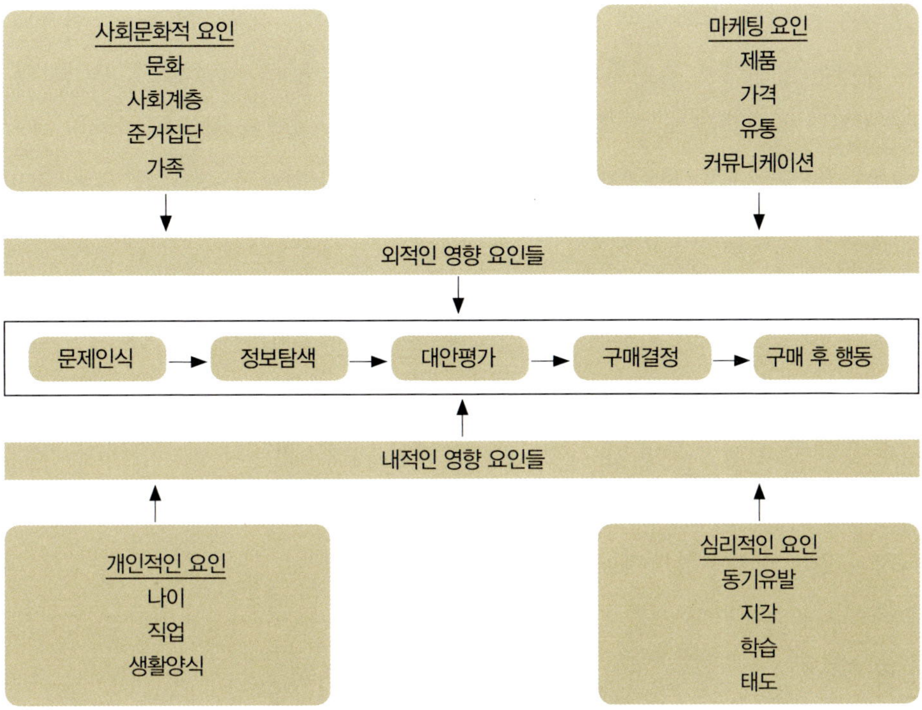

그림 6-1 | 종합적인 소비자 행동 모델

9. 소비자주의

글로벌 경영에서 소비자 보호가 중요한 요인으로 등장한 지 오래다. 글로벌 소비자들은 다양한 배경과 관습, 종교, 문화 등에서 차이를 갖고 있다. 이들 글로벌 소비자들의 권익과 해당 국가의 관련법들에 대한 이해와 그 준수는 글로벌 경쟁에서 중요하다. 근래 도요타 자동차가 급발진 등 결함에 대해 적절한 대응을 하지 않아 미국 등 국제시장에서 도요타의 경쟁력이 현저히 떨어진 것은 중요한 사례라 할 수 있다.

소비자주의는 글로벌 국가의 경제발전단계, 국민소득 등 여러 요인에 의해 그 수준에 차이를 보이고 있다.

소비자주의(consumerism)란 구매활동에서 소비자의 권익을 보호하고, 다양한 요인에서 발생하는 피해와 손실을 보전하고 최소화하려는 행위, 정책의 추진, 관련 제품의 생산과 유통 및 홍보 등의 여러 관련 활동을 추진하는 것을 말한다. 소비자의 권익을 증진하기 위하여 소비자의 권리와 책무, 국가 · 지방자치단체 및 사업자의 책무, 소비자단체의 역할 및 자유시장경제에서 소비자와 사업자 사이의 관계를 규정함과 아울러 소비자정책의 종합적 추진을 위한 기본적인 사항을 규정함으로써 소비생활의 향상과 국민경제의 발전에 이바지함을 목적으로 한다.

우리나라에서 재정경제부장관은 소비자정책위원회의 심의 · 의결을 거쳐 소비자정책에 관한 기본계획을 3년마다 수립하여야 한다. 소비자단체는 국가 및 지방자치단체의 소비자의 권익과 관련된 시책에 대한 건의, 물품 등의 규격 · 품질 · 안전성 · 환경성에 관한 시험 · 검사 및 가격 등을 포함한 거래조건이나 거래방법에 관한 조사 · 분석, 소비자문제에 관한 조사 · 연구, 소비자의 교육, 소비자의 불만 및 피해를 처리하기 위한 상담 · 정보제공 및 당사자 사이의 합의권고 등의 업무를 행한다.

또 소비자권익증진시책의 효과적인 추진을 위하여 한국소비자원이라는 법인을 설립한다(제33조). 소비자는 물품 등의 사용으로 인한 피해의 구제를 한국소비자원에 신청할 수 있고(제55조), 소비자와 사업자 사이에 발생한 분쟁을 조정하기 위하여 한국소비자원에 소비자분쟁조정위원회를 둔다.

소비자단체가 소비자의 생명 · 신체 · 재산 등 소비자의 권익을 침해하는 사업자의 위법행위에 대하여 법원에 금지 · 중지를 청구하는 소비자단체소송을 도입하고, 소제기의 당사자요건, 소송허가신청 및 확정판결의 효력 등 소비자단체소송의 요건 및 절차에 관한 사항을 규정하고 있다.

1) 경영환경

경영환경은 전술한 환경들을 제외한 기업경영에 직간접 영향을 미치는 경영환경으로 기업이 내외적으로 통제가능한 것과 불가능한 것을 포함하고 있다.

글로벌 경영에서 경영환경은 많은 부분이 경제환경과 겹친다. 다만 기업의 활동에 대한 국가의 금융, 세제, 주식시장, 노사환경, 기술조건 및 SOC 등에 대한 지원 등 실질적으로 경영활동에 영향을 미치는 요인들에 대한 이해라 할 수 있다.

글로벌 경영활동의 주요 대안으로 상품 수출, 기술 및 플랜트 수출, 해외생산 등이 있다.

수출이 오랫동안 국제경영전략에서 중심적인 위치를 차지하여 왔으나 최근에는 해외생산의 중요성이 증대되고 있다. 해외생산에도 해외자회사가 있는 국가의 시장만을 겨냥하는 것(현지지향 전략)과 한국이나 제3국에의 수출을 겨냥하는 것(글로벌 전략)이 있다. 과거에는 전자가 대부분이었으나 최근 글로벌 전략을 택하는 기업이 점차 증가하고 있다. 해외시장은 국내시장과는 그 환경이 국가마다 다르고 동태적으로 유동적이어서 위험도 더 높으므로 기업이 국제화하려면 국제경영활동에 전문적인 지식과 능력을 가진 경영자가 필요하다.

국제적인 경영활동을 기능별로 보면 마케팅 · 제조 · 재무 · 인사 · 원자재 조달 등을 중점적으로 하게 되는데 현지법인의 설립 · 전액출자 · 합자 · 기술제휴 등에 따라 다국적적인 경영정책이 필요하게 될 수도 있다.

연습문제

1. 소비자 권익보호와 그 중요성에 대해 설명하시오.
2. 세계경제 환경변화의 주요 요인에 대해 설명하시오.
3. 문화의 의의와 그 구성요소에 대해 설명하시오.
4. 인터넷을 이용한 소비자 유형에 대해 설명하시오.
5. 인터넷 비즈니스 유형에 대해 설명하시오.

참고문헌

1. 유필화, 김용준, 한상만 (2009). 현대마케팅론. 서울: 박영사.
2. 이장로 (2008). 국제마케팅. 서울: 무역경영사.
3. 조동성 (2005). 국제경영. 서울: 서울경제경

3부

Global Marketing

글로벌 경영관리

Chapter

07

글로벌 생산관리

Chapter 07

글로벌 생산관리

1. 글로벌 생산관리

1) 글로벌 생산관리의 개념

각국 기업들의 해외투자가 급증하면서 기업의 국제화가 진전되고 있다. 기업들은 전 세계를 대상으로 가장 유리한 생산입지를 찾아 공장을 이전시키고 있기 때문에 새로운 생산관리전략이 필수적으로 필요하다. 하지만 기업의 경영활동은 인사, 생산, 마케팅, 판매, 재무, 구매활동 등 다양한 영역으로 구성되어 있기 때문에 생산관리전략은 기업의 다른 경영활동부문과 불가분의 관계를 유지하면서 생산활동을 효율적으로 전개해 나가야 한다.

다시 말해 글로벌 생산관리는 다른 경영활동부문, 국제인사, 국제마케팅, 국제재무, 국제구매, 국제로지스틱스, 국제소싱, 국제조달 등과 유기적인 관계를 유지하면서 해외에 진출한 기업의 생산활동을 합리적으로 계획, 조직, 통제하는 것을 의미한다. 하지만 관리 측면에서 보면 해외에서의 생산관리는 국내에서의 생산관리보다 더욱 복잡하고 어려운 과제로 대두되고 있다. 그 이유는 외국의 정치, 경제, 사회, 문화적 환경 및 제도 등이 국내의 경영환경과 큰 차이가 있으며 현지국정부가 존재하는 등의 특수한 특성이 있기 때문이다.

따라서 해외에서 생산활동 및 생산관리를 진행할 때, 생산입지의 결정, 생산규모와 범위 및 기술, 분업생산을 위한 지리적 배치와 네트워크, 소싱, 그리고 로지스틱스 등을 종합적으로 고려해야 한다. 또한 해외진출기업은 국내기업과 마찬가지로 생산요소를 투입하여 고객의 욕구를 충족시킬 수 있는 제품을 생산하기 위해 해외진출기업, 즉 다국적기업에 적합한 새로운 개념의 생산관리를 필요로 하고 있다. 따라서 현지의 정치, 경제, 문화, 사회 등의 독특한 환경이 반영된 생산전략을 수립하고 구체적인 관련 프로그램을 개발하는 것이 무엇보다 중요한 과제이다.

2) 글로벌 생산입지 선정

해외 생산활동을 하는 기업에게 가장 중요한 선택의 문제는 어느 국가를 생산입지로 할 것인가 하는 것이다. 글로벌 생산입지 선정은 특정국가만을 대상으로 하는 것이 아니라 경제환경과 다국적기업의 전략적 대안에 따라 여러 지역을 대상으로 고려하고 상호비교하여 최적의 생산입지국을 선정해야 한다. 또한 제품을 생산하는 데 있어서 최적의 지역에 생산시스템을 입지시키고 이를 통합, 운영하는 과정에서 기초적인 의사결정이며 생산시스템의 효율성과 직접적으로 연관되어 있으며 기업의 성패를 좌우하기 때문에 생산입지의 선정은 매우 중요하다고 하겠다.

한편, 다국적기업이 어느 국가에 생산설비를 갖출 것인가에 대한 결정은 기업의 해외진출 동기와 밀접하게 관련된다. 만일 원부자재 확보가 투자의 동기이면 원부자재가 풍부한 국가를, 생산비용 절감이 주요 동기이면 노동력이 풍부하고 임금이 저렴한 국가를, 선진기술의 습득이 주요 동기이면 기술정보가 풍부한 국가를, 판매를 통한 매출액 신장이 주요 목적이면 자사 제품에 대한 거대한 시장규모를 가지고 있는 국가를, 그리고 무역장벽의 회피가 주요 목적이면 최적의 우회수출국이나 현지국을 투자대상국으로 선정해야 한다. 즉, 글로벌 생산입지의 선정은 기업의 해외진출 동기와 부합하며 생산시설의 투자효과가 장기적으로 지속되고 안정적으로 운영할 수 있는 지역을 선정하는 것이 중요하다.

3) 글로벌 생산입지 선정 시 고려요소

기업이 글로벌 생산입지 선정 시 고려해야 할 요소들은 크게 4가지로 요약할 수 있다. 첫째는 국가요인이다. 특정국가를 생산입지로 결정하는 데 있어서 현지국 정부의 정책이나 법규는 투자기업의 사활을 좌우할 만큼 중요한 영향을 미친다. 국제거래를 어렵게 하는 관세나 비관세장벽, 제품 및 생산과 관련된 규제 등 부정적으로 작용하는 요인이 있는가 하면 투자를 촉진하기 위한 보조금 지원, 장기저리대출 등의 금융지원, 세금감면, 이중과세 면제정책 등과 같이 생산시설을 입지시킬 수 있도록 지원하는 긍정적 요인이 있다. 최근에는 각국 중앙정부나 지방정부 모두 해외직접투자를 보다 많이 유치하기 위해서 다양한 유인책을 마련하고 있다. 이 외에도 반드시 고려되어야 할 또 하나의 국가요인은 환율이다. 오늘날 환율변동성은 예측하기 어렵고, 현지국의 통화가치 상승은 현지 생산비를 올려 입지경쟁력을 약화시키기 때문이다.

둘째, 기술요인이다. 기업의 해외생산입지결정은 현지국의 기술적 요인에 큰 영향을 받는다. 이러한 기술요인은 규모, 기계, 공정, 제품설계, 기타 생산기술적 측면과 같이 생산공정에 관련된 것을 말한다. 또한 기술의 유형과 종류는 기업의 제조활동이 한 곳으로 집중되는 것이 효율적인지 아니면 여러 곳에 분산하는 것이 효율적인지를 결정짓게 해주며, 특히 소요되는 설비투자규모와 규모의 경제 효과는 제조활동의 집중과 분산 결정에 중요하게 고려되는 요인이다. 다국적기업은 국가별로 상이한 공업표준과 안전기준 등의 영향을 받기 때문에 현지국 생산활동 관련규정을 반드시 숙지하고 고려하는 것이 우선적으로 선행되어야 한다. 또한 기술수준을 각 국가별로 적용시켜 원자재 및 부품 등을 현지가용성에 맞추어 기술수준을 결정하려는 노력이 필요하다.

셋째, 현지국의 생산인력요인이다. 어느 국가에서나 효율적인 공장운영을 위해서는 물적자원과 더불어 인적자원이 중요하다. 따라서 해외생산 시에도 인력문제에 직면하게 되는데, 이는 국내생산보다 더욱 복잡하고 까다롭다. 본국에 위치한 공장에서 보편적으로 활용하는 생산관리방법을 현지국에서 그대로 적용하지 않고 현지공장의 기계, 시설, 생산계획 및 통제시스템을 현지종업원의 가치관 및 관습, 태도를 고려하여 설계해야 한다. 또한 해외공장 운영 시 노사관계에 있어서 민족 간 감정대립으로 발전하지 않도록 항상 예의 주시해야 한다. 인력문제는 선진국보다는 개도국에서 더욱 심각하다. 그 이유는 개도국에서 생산관리에 대한 전문적인 업무능력을 갖춘 현지인을 찾기 힘들고, 올바른 생산기술과 건전한 작업태도를 심어주기가 어렵기 때문이다. 이러한 문제들은 기업의 글로벌 생산활동에 부정적인 영향을 미치는 요소가 될 수 있으므로 기업들은 현지종업원들의 교육훈련, 품질관리 및 생산성 향상 등에 대한 내용들을 강조하여 본국의 경영진들과 현지국 종업원들 간의 상생의 분위기를 형성하는 것이 무엇보다 중요하다.

넷째, 현지국 지원산업의 여부이다. 만일 선진국에서 현지생산을 한다면 원자재, 부품, 반제품 등을 공급업체로부터 원활히 공급받을 수 있지만 개도국에서의 상황은 다르다. 원활하지 못한 공급은 물론 수요 역시 제한되어 있어 소규모 생산을 할 수밖에 없다. 이에 따른 비경제성은 제품의 생산원가를 높이거나 현지 업체들이 공급하는 원자재 및 부품들의 품질을 저하시킬 가능성이 높다. 따라서 개도국에서와 같이 현지의 지원산업이 적절하지 못할 경우에는 현지공장의 수직적 통합으로 인한 주요부품의 자체 생산, 조달이 하나의 전략이 될 수 있다. 또한 주요부품을 본사나 제3국으로부터 수입하는 방법이 있다.

4) 글로벌 생산입지 선정과정

글로벌 생산입지를 결정하는 데 있어 그 결정과정은 보통 세 단계로 나눠진다. 먼저 대상지역을 검토한 후 최적입지를 선정하고 선정된 지역의 부지를 평가하여 최종적으로 입지를 결정하는 것이다.

(1) 대상지역의 검토

이 단계에서는 생산시스템의 투입과정, 생산공정 및 산출과정에 있어 어떤 요소들이 중요한지를 살펴보며 공장을 입지시킬 지역이나 국가를 조사하는 것이다. 이때 공장입지지역과 국가는 기업이 생산하려는 제품의 특성이나 생산투입요소의 구성과 밀접한 연관성이 있어야 한다. 전통적인 입지요인에서는 경제적 생산요소로서 비용적인 측면을 중시했던 것과 달리 최근의 입지요인은 비경제적인 요인들을 더욱 중요시하고 있다. 비경제적인 요인들을 예를 들자면, 생산입지와 관련된 이용가능성, 확보용이성, 접근성, 시설의 구비 여부 등과 같은 요인들이 있다. 이를 구체적으로 교통, 노동력, 집적이익, 시장, 원료와 부품조달요인으로 구분하여 보면 다음과 같다.

첫째, 교통요인의 경우 과거에 중요시되던 운송비의 중요성이 낮아지고 시설, 운송수단의 이용가능성이 더욱 중요시되고 있다. 둘째, 노동력 요인의 경우 숙련된 노동력, 전문기술자의 확보가능성, 노동생산성, 노조의 활동을 포함한 노동자 집단의 태도와 같은 노동의 질적 측면이 보다 중요시되고 있다. 셋째, 집적이익에 있어서는 생산비용의 감소, 정보 및 하부구조, 서비스제공의 측면이 더욱 강조되고 있다. 넷째, 시장 측면에서는 새로운 시장개척 및 시장의 규모와 잠재력을 위한 입지가 중요시되고 있다. 마지막으로 원료 및 부품의 조달에서 원료의 원산지, 부품의 조달 및 확보가 운송비보다 중요시되고 있다.

(2) 최적입지의 결정

입지대상지역의 평가 및 검토가 끝나면, 그 다음 단계는 이 가운데에서 특정지역을 최적입지로 결정하는 순서이다. 최적입지의 결정과정은 첫째, 여러 가지 대안이 되는 지역들을 선정하고 그 대안들을 비교 및 평가하기 위한 평가기준을 선정해야 한다. 평가기준으로 자주 사용되는 항목은 비용과 수익 등이 있다. 둘째, 기업의 해외진출 동기와 밀접하게 관련된 현지 공장의 입지요인을 확인해야 한다. 셋째, 두 번째 단계에서의 입지요인과 현지국의 제약조건을 상쇄시킬 수 있는 지역을 일차적으로 선정한다. 마지막 단계에서 1차 선정된 입지대안을 집중적으로 평가하고 결정한다. 한편 일반적으로 최적입지를 결정하기 위한 분석방법으로는 계량적 입지 결정 모델이 있으며 총비용비교법, 손익분기도법, 요인평정법, 수송비법 등이 이용된다.

① 총비용비교법: 현실적 비용, 추상적 비용, 기회비용을 모두 망라하여 총비용이 최소가 되는 지역을 결정하는 기법이다. 그러나 추상적인 비용은 현실적으로 파악하기 어려워 대체로 재료비, 수송비, 노무비 등의 구체적 비용만으로 입지를 결정하게 된다.

② 손익분기도법: 조업수준의 변화에 따라 고정비와 변동비의 변화를 나타내는 손

익분기도법을 이용하여 입지를 결정하는 방법이다.

③ 요인평정법: 입지요인별로 가중치를 부여하고 요인별 점수가 높은 곳을 선정하는 방식이다.

④ 수송비법: 복수공장의 입지결정을 위해 개발된 기법으로서 수송비를 최소로 하기 위해 어느 공장에서 어느 시장으로 제품을 얼마나 수송해야 하는지를 중심으로 분석하는 방식이다.

(3) 부지의 평가

최적의 입지를 선정하여 공장을 세울 지역이 선정되면, 현지공장을 세울 구체적인 장소인 부지가 결정되어야 한다. 일반적으로 토지가격, 지형이나 넓이, 크기 등의 부지 특성, 배기 및 배수 등과 같은 폐기물 처리의 용이성, 도로건설비용, 관계법규의 저촉 여부로 부지를 선정 및 평가한다. 보통 공장부지의 검토요인은 업종의 성격에 의해 달라지는 경향이 있다. 예컨대 철강공장의 경우 지반이 강해야 하는 반면 배수처리가 용이해야 하는 업종은 염색, 도금, 주물 같은 공해유발업종이다.

2. 글로벌 소싱

1) 글로벌 소싱의 개념 및 동기

소싱이란 기업이 제품을 생산하는 단계에서 투입물을 조달하는 활동을 의미한다. 즉 글로벌 소싱은 원자재, 부품, 자본, 인적자원, 기술 등을 전 세계에 걸쳐 최적지에서 조달받는 것을 의미한다. 예를 들어 원자재를 공급받아 제품을 생산하는 제조업체에서 제조원가 중 원자재의 비중이 큰 제조업체일 경우 가장 저렴하게 자재를 공급받는 것이 유리하다. 한편 상대적으로 인건비의 비중이 큰 노동집약적 산업은 임금이 낮은 지역에서 제품을 생산하는 것이 유리하다. 이처럼 글로벌 소싱의 동기는 원가절감, 품질개선, 구매프로세스의 단순화 및 간소화, 가격상승 및 공급 리스크에 대한 회사의 리스크 축소, 공급자와의 관계 수립, 규모의 경제 달성, 글로벌 수준의 공급 관리 등으로 다양하게 나타난다.

2) 글로벌 소싱의 전략적 선택

위에서 살펴본 바와 같이 기업의 글로벌 소싱은 여러 요인의 복합적 작용에 따라 나타나며 내부소싱과 외부소싱, 단일소싱과 복수소싱 등의 전략적 선택 문제가 발생한다.

(1) 내부소싱과 외부소싱

내부소싱은 기업 생산의 전통적인 방법으로 생산에 필요한 원료, 자재, 부품, 중간재 등을 자사의 공장에서 직접조달 및 제조하는 것을 의미하며, 외부소싱은 제3자에게 그것들을 위탁하여 공급받는 것을 의미한다. 내부소싱과 외부소싱 간 선택의 문제는 원가절감의 유무, 타사와의 관계 및 신뢰성, 지적재산권의 문제, 자사 기반시설의 능력 제한, 기술적 능력, 현지 정부의 제한사항 등으로 결정된다.

(2) 단일소싱과 복수소싱

단일소싱은 하나의 공급업체로부터 원자재 및 중간재 등을 구매하는 것을 의미하며, 복수소싱은 다수의 공급업체로부터 구매하는 것을 의미한다. 이는 기업과 공급업자 간 관계, 기업과 공급업자 간 협상력, 소싱의 계약 범위, 기업의 전략적 구매활동 등에 의해 결정된다. 예를 들어 기업은 원자재가 저렴한 해외업체로부터 가공된 원료를 조달받아 임금이 저렴한 국가의 또 다른 해외제조업체에 생산을 맡길 수 있다.

표 7-1 | 전략적 글로벌 소싱을 위해 고려할 의사결정 요소 (4C)

4C	의사결정
적합성 (Compatibility)	• 해외 직접투자가 필요한가? • 구매가 새로운 운영을 효과적이고 효율적으로 지원할 수 있는가? • 기존 공급자들이 활용될 수 있는가? 동반진출해야 하는가? • 현지 공급기반을 구축할 수 있는가? 관련규제가 있는가?

4C	의사결정
구성 (Configuration)	• 부품을 생산할 것인가, 구매할 것인가? • 의사결정권한을 어디에 둘 것인가? • 전 세계적으로 몇 개의 공급자를 활용할 것인가? • 해외 공급자들과 어떤 관계 유형을 구축할 것인가?
조정 (Coordination)	• 최적의 공급자 선정기준은 무엇인가? • 어떻게 시장, 상품에 대한 지식을 전 세계적으로 확산할 것인가? • 어떻게 분산된 운영 지점에서 공통성을 레버리지로 활용할 것인가?
통제 (Control)	• 글로벌 운영을 위한 자재지원에 따른 총 비용을 파악할 수 있는가? • 글로벌 공급기반 전체에 대한 품질 유지와 개선이 가능한가? • 공급기반의 속성과 입지에 대한 물류 지원이 가능한가? • 주문 발주, 추적 및 문제 발생시 해결방안이 있는가?

출처: 김대수 외 (2009).

3) 글로벌 소싱과 적시생산시스템(JIT)

다국적기업은 해외에 자회사들을 보유하고 있기 때문에 재고관리에 있어 재고수준을 감축하고, 외부 공급업자로부터의 조달비용을 절감하고 일관성 있는 품질관리를 해야 한다. 그러나 원자재와 부품을 해외에서 조달할 경우에는 예상하기 어려운 변수가 많이 생겨 적시생산시스템(Just-In-Time production system)과 같은 효율적인 생산관리체계가 요구된다.

1970년대에 일본의 도요타(Toyota) 자동차 회사에서 개발한 적시생산시스템은 생산에 필요한 원자재와 부품을 적절한 시간에 맞춰 생산공정에 도달하게 하는 체계를 말한다. 도요타와 같은 일본 기업들은 당시 기술 유출 등을 우려해 생산기지의 해외이전을 꺼렸기 때문에 이러한 시스템을 개발했고 실제 생산관리에 활용했다. 적시생산시스템은 일반적으로 가전기기, 자동차와 같이 표준화된 제품을 규모의 경제성을 활용하여 생산할 때 적용된다. 적시생산시스템을 활용해 원자재 및 부품공급업체가 정확한 시간에 중간재를 생산시설에 납품함으로써 재고를 최소화해 재고저장과 관련된 비용을 줄이고 품질향상에 초점을 맞출 수 있다. 또한 공급선과의 거래관계를 개선하고 운송시간을 단축할 수 있는 가능성이 높다.

적시생산시스템은 위에서 언급했듯이 재고비용 절감, 재고수준 감축, 운송시간 단축 등의 명확한 장점이 있지만, 지진, 해일 등 자연재해와 테러 등 예상치 못한 외부적 환경으로 인해 생산공정이 충격을 받게 될 경우, 전체 생산과정의 차질이 불가피하다. 이러한 경우에 전반적인 생산활동이 진행될 수 없기 때문에 기업은 큰 손실을 입을 수 있다.

3. 글로벌 로지스틱스

1) 글로벌 로지스틱스의 개념

로지스틱스(logistics)는 원부자재의 조달, 생산, 보관을 거쳐 완제품이 최종 소비자에게 도달하는 물적 유통과정을 가장 효율적으로 수행하는 종합적인 체계를 의미한다. 한편, 기업의 국제화가 진전될수록 로지스틱스는 기업의 글로벌 경영활동에 중요한 과제로 간주된다. 즉, 기업이 전 세계 각국에 분산된 생산거점들을 어떻게 연결하여 원부자재, 완제품 등을 원활하게 운반할 것인지에 대한 고민을 한다는 것이다. 그리고 다국적기업의 목표시장은 외국 전체 또는 특정한 지역이고, 현지에서 생산관리를 비롯한 경영활동이 이루어지게 되므로, 제품 또는 서비스가 해외시장에 효율적으로 도달할 수 있는 최상의 글로벌 로지스틱스 시스템 수립이 필수적이다.

글로벌 로지스틱스는 다양한 국가 사이에서 이루어지는 물류활동으로, 기본적으로 수송, 하역, 포장, 보관 및 정보의 다섯 가지 기능으로 구성되어 있다. 글로벌 로지스틱스는 국가 간 제품의 운송이 중심이 되고, 하역, 보관 및 포장 등 제반활동이 운송기능을 지원하는 방식으로 강화하는 형태로 실행되고 있다. 이러한 체계를 가장 효율적으로 만들기 위해서는 운송, 하역, 보관, 포장 등 로지스틱스를 구성하고 있는 각 단계의 기능 합리화뿐만 아니라, 모든 단계를 종합한 전사적 로지스틱스 체계를 구축하는 것이 중요하다.

표 7-2 | 글로벌 로지스틱스 전략 수립 전 고려요인

고려요인
1. 생산관리시스템의 지역별·시장별 분산 여부
2. 글로벌 소싱 여부
3. 현지공장이 글로벌시장을 목표로 생산하는지에 대한 여부
4. 현지 자회사에 원부자재, 완제품 등의 공급방법 결정
5. 특정시장에 제품을 공급하는 방법 결정: 수출 또는 현지마케팅
6. 재고보관시설의 입지 결정
7. 생산공정의 생산시설별 수직적 통합 여부 또는 각 공장의 생산공정 전문화 및 상호 교역을 통한 주요 부품 조달 여부

출처: 어윤대 외 (1996). pp. 484-485.

글로벌 로지스틱스는 기본적으로 국내 로지스틱스의 체계와 유사한 점이 많다. 그러나 외부환경의 불확실성 등으로 인해 국내 로지스틱스보다 복잡한 부분이 많다. 현지국 정부의 글로벌 로지스틱스 시스템 구축에 대한 태도, 현지국의 산업기반, 현지국의 사회·문화적 요인 등을 이러한 외부환경의 예로 들 수 있다. 그러므로 다국적기업은 환경분석, 전략계획의 수립, 조직의 구축, 운영계획의 수립, 실행상황의 관리 및 통제, 결과의 평가 및 개선 등 체계적인 과정을 통해 로지스틱스를 관리할 필요가 있다.

2) 글로벌 로지스틱스 관리시스템

기업이 글로벌 경영활동을 수행하는 과정에서 활용할 로지스틱스 시스템은 고전적 시스템, 통과시스템, 직송시스템 및 다국적 창고시스템 등 총 4가지로 분류할 수 있다. 이 4가지 체계는 투자형태, 생산시스템, 지역·제품·기간별로 취하는 형태가 달라질 수도 있다.

표 7-3 | 글로벌 로지스틱스 관리시스템의 분류

각 관리시스템별 세부내용
1. 고전적 시스템 (classical system)
– 고전적 시스템의 물류 흐름: 생산시설(공장)에서 제품 생산 → 다국적기업의 국가별 자회사 창고로 제품 이동 → 대량 선적 및 운송 후 보관 → 고객에게 배송 – 제품이 대량으로 출하됨에 따라 수송비의 감축, 혼재수송의 가능, 관세절감, 재고관리의 효율성 등의 장점을 확보할 수 있음
2. 통과시스템 (transit system)
– 고전적 시스템과 유사하나, 자회사의 창고는 단지 통과센터로만 기능하게 되고 자회사 창고에 1차 수송된 제품은 단시간 내에 다음 단계의 유통경로로 이동하는 특징이 있음 – 고전적 시스템에 비해 자회사 단계에서 보관비가 절감될 수 있으나, 제품의 출하가 빈번해져 출하, 통관비용 등이 증가할 수 있음
3. 직송시스템 (direct system)
– 제품이 생산공장으로부터 해외의 고객에게 직접배송되는 체계를 의미함 – 현지에 본사나 자회사가 없는 상태 또는 지사나 자회사가 있더라도 보관시설을 보유 · 운영하지 않고 판매만을 행하는 경우에 적용되는 체계 – 모든 재고를 출하지의 한 창고에 집중하게 되어 보관비가 다른 시스템보다 훨씬 저렴하다는 장점이 있음. 그러나 소량운송이 빈번하여 제반절차 및 관련비용이 상대적으로 높아지며 운송비 부담이 증가된다는 단점도 있음
4. 다국적 창고시스템 (multi-country warehouse system)
– 제품을 생산시설로부터 먼저 수요 거점지역에 입지한 다국 간 물류센터로 수송하고 그곳에서 다시 각국의 자회사 창고 또는 고객에게 배송하는 형태 – 재고가 각 거점지역을 중심으로 각기 통합하게 됨으로써 각 국가별로 재고를 보유하는 고전적 시스템보다 총보관비는 감소하게 되지만 재고가 단일창고로 집중되는 통과시스템에 비하면 보관비는 여전히 높은 상태임. 수송비 또한 다른 시스템과 큰 차이가 없음

출처: 김철 (1996). pp. 346-347. 재구성.

연습문제

1. 글로벌 생산관리, 글로벌 소싱, 글로벌 로지스틱스의 개념을 각각 구분하여 설명하시오.
2. 글로벌 생산입지 선정 시 고려해야 할 요소에 어떠한 것들이 있는지 설명하시오.
3. 글로벌 소싱의 동기에 대해 설명하시오.
4. 글로벌 로지스틱스 전략 수립 전 고려해야 할 요인에 대해 설명하시오.
5. 적시생산시스템(JIT)의 개념과 장단점에 대해 설명하시오.

참고문헌

김철 (1996). 다국적기업론. 파주: 법문사.

박의범, 권종욱, 오대혁 (2013). 세계화와 글로벌경영. 서울: 두남.

김대수 외 2인 (2009). 공급사슬관리. 서울: 시그마프레스.

안태호 (2002). 로지스틱스 21세기. 인천: 한국로지스틱스학회.

어윤대 외 18인 (1996). 국제경영. 파주: 학현사.

정창영 (2010). 국제경영. 서울: 명경사.

Chapter

08

글로벌 마케팅활동

Chapter 08

글로벌 마케팅활동

1. 마케팅의 일반 개념

1) 마케팅과 글로벌 마케팅의 개념

마케팅에 대한 가장 대표적인 정의로 다음의 두 가지를 들 수 있다. 먼저 코틀러(P. Kotler)는 "마케팅이란 재화나 가치를 창출하고 타인과 교환함으로써 그들이 필요하고 원하는 것을 획득하는 개인과 집단의 사회적 경영관리적 과정이다."(Marketing is a social and managerial process by which individuals and groups obtain what they need and want through creating and exchanging products and value with others)라고 정의했다. 다음으로는 미국마케팅협회(American Marketing Association: AMA)의 "마케팅이란 개인과 조직의 목적을 충족시키는 교환을 창출하기 위해 봉사하고 재화와 아이디어들의 가격결정, 촉진 및 유통을 계획하고 수행하는 과정이다."(Marketing is the process of planning and executing the conception of pricing, promotion, and distribution of ideas, goods and serving to create exchange that satisfy individual and organizational objectives)라는 정의가 널리 인용되고 있다.

근래에는 미국마케팅협회에서 2004년에 "마케팅은 고객을 위한 가치를 창출하고 이를 커뮤니케이션하고 전달하기 위해, 그리고 조직과 이해관계자들에게 혜택을 주는 방향으로 고객관계를 관리하기 위해 요구되는 조직의 기능과 일련의 과정들이다."(Marketing is an organizational function and a set of processes for creating, communicating, and delivering value to customers and for managing customer relationships in ways that benefit the organization and its stakeholders)라고 규정하며 매우 폭넓게 마케팅을 정의하였다.

국제 마케팅(International Marketing)은 위와 같은 마케팅활동이 2개국 이상의 영역에서 수행될 때를 일컬으며, 글로벌 마케팅(Global Marketing)이란 국가의 경계를 뛰어넘어 전 지구적으로 마케팅이 수행되는 것을 말한다.

2) 마케팅의 내용과 유사개념

마케팅은 내용적으로 거시마케팅, 미시마케팅으로 나눌 수 있다.

① 거시(macro)마케팅: 상품이 생산자로부터 소비자에 이르는 과정을 사회적인 유통현상으로 파악하고 그의 유통기구 및 기능을 분석(사회, 경제적 마케팅론)

② 미시(micro)마케팅: 개별경제, 기업, 단체의 마케팅활동을 분석 연구하는 마케팅 관리 입장

마케팅과 유사한 개념으로는 다음 사항을 들 수 있다.

① 마케팅: 고객의 필요에 맞는 상품의 개발, 상품의 매매, 물적유통, 조성활동, 가격결정활동 등 포괄

② Merchandising: 소비자 욕구에 적합한 상품을 판매하기 위해서 기업이 판매촉진활동에 중점을 두면서 실시하는 마케팅, 관리의 대내적 방법 및 정책

③ Distribution(배급): 상품매매기능에 주로 관련되며 상품의 지리상의 수집, 중계 분산의 경로 간을 다룸

④ Selling(판매): 만들어진 상품을 단순히 파는 것에만 집중

3) 마케팅에 대한 관점 변화

마케팅에 대한 기업과 사회의 생각은 점차 변해왔다. 생산이 부족했던 시대에는 생산 위주의 경영을 하였고, 점차 제품 위주, 판매 위주의 경영으로 진전되어 왔다.

오늘날은 마케팅 위주의 경영과 고객만족 지향의 경영으로 변화되었다. 그리고 기업이 속한 사회와 국가 및 환경과 후대를 고려하는 사회마케팅의 시대로 진전되었다.

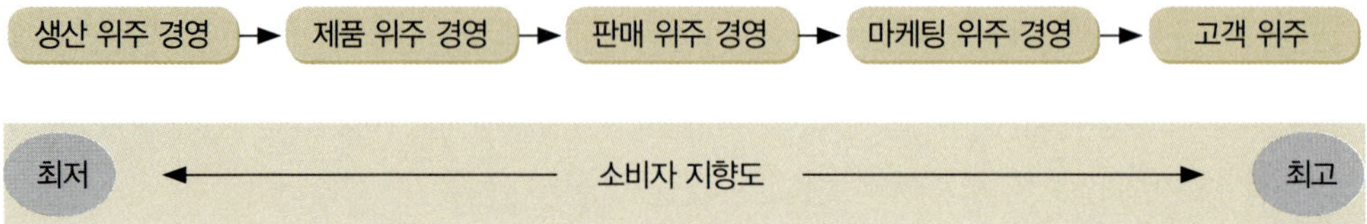

그림 8-1 | 마케팅 관점 변화

4) 마케팅 4P와 4C

마케팅을 파악하고 이해하는 분석의 틀로서 다양한 접근이 제시되었으며, 대표적으로 마케팅믹스의 4P를 활용하고 있다. 마케팅활동은 4P 중 하나로 귀속된다.

4P
- Product(상품)
- Price(가격)
- Place(유통)
- Promotion(촉진)
- Physical distribution(물류, Logistics)

여기에 드러커(P. Drucker)는 물적 유통의 중요성을 강조하여 물류(Physical Distribution)을 추가하고자 했고, 키건(W. Keegan)은 Probe(조사연구)를 추가하기도 하였다. 그 외에 여타의 이슈들을 추가할 수도 있겠으나 다음의 2P도 고려할 수 있다.

① 정치적 요소(Politics): 정치적 활동은 판매에 큰 영향을 미칠 수 있다. 만약 담배광고를 금지하는 법령이 통과되면, 담배판매는 지장을 받는다. 만약 철강기업에 공해억제 장비설치를 요구하는 법이 있다면 공해방지장비의 판매량은 증가할 것이다. 그러므로 마케터들은 시장수요에 영향을 미치기 위하여 로비와 정치적 활동을 사용하고자 할 수도 있다.

② 여론(Public opinion): 일반대중의 분위기나 태도의 변화는 어떤 상품이나 서비스

에 대한 관심에 영향을 미칠 수 있다. 몇 번인가 미국 국민들은 쇠고기 소비, 우유 소비, 기타 활동들에게서 등을 돌렸다. 쇠고기와 우유를 판매하는 기업들은 그냥 보고만 있지 않는다. 그들은 소비자들이 안심하고 자사의 상품을 구매, 소비할 수 있게 하는 캠페인에 자금을 지원한다.

마케팅에서 핵심이슈는 4P냐 6P냐, 혹은 10P냐가 아니라, 어떤 개념틀(framework)이 마케팅 전략을 설계하는 데 가장 유용한가 하는 것이다. 경제학자들이 이른바 수요와 공급이라는 두 가지 중요 개념을 분석틀로 사용하는 것과 마찬가지로, 마케터들은 4P를 그들의 마케팅 계획을 가이드하는 서류정리 캐비닛과 같은 도구로 간주한다. 이밖에 매우 타당한 비판이 또 하나 있는데, 이는 4P개념이 구매자 관점이 아니라 시장의 판매자 관점을 내포하고 있다는 것이다. 마케팅의 참여자는 판매자의 입장에서와 구매자의 입장에서 다르게 접근할 수 있다. 먼저 판매자 입장에서 본 4C는 다음과 같다.

판매자 입장에서 본 4C

기업(Company): 재화나 서비스의 생산 주체

소비자(Consumer): 재화나 서비스의 소비 주체

유통(Channel): 기업의 생산물을 소비자에게 전달하는 기능

경쟁자(Competitors): 유사, 동종 활동으로 해당 기업에 영향을 미치는 주체

그리고 물건을 고려하는 구매자 관점에서 볼 때 4C는 다음과 같이 보는 것이 더 타당할 수 있다.

구매자 입장에서 본 4C

고객가치(Customer value): 상품구입으로 고객이 느끼는 가치

고객측의 비용(Cost to the Customer): 마케팅활동에서 고객이 부담하는 비용

편리성(Convenience): 상품으로 누리는 편안함

커뮤니케이션(Comunication): 마케팅 과정에서 정보소통

2. 시장세분화와 표적시장 선정

1) 시장세분화의 의의와 가정

경제학에서의 시장은 구매자 · 공급자, 가격형성, 물품소유권의 이전 등 3요소의 구성으로 이루어진 추상적 시장을 의미한다. 경영학과 마케팅에서의 시장은 판매대상품, 구매와 관계되는 사람 소비자의 욕구충족을 위한 소비시스템을 중심으로 시장을 이해하고 분석한다.

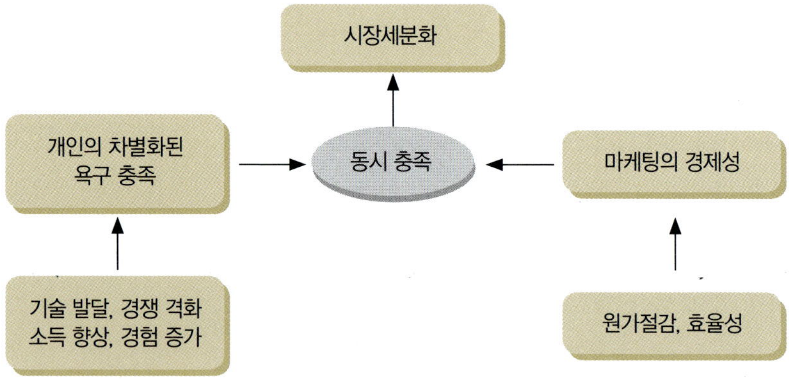

그림 8-2 | 시장세분화의 의의

시장세분화(market segmentation)란 어떤 재화나 서비스에 대하여 소비자들의 반응이 동질적이라고 추정되는 사람들을 동일한 시장이라 가정하고 세분하여 나눈 시장을 의미한다. 이런 시장세분화는 주로 소비자들의 취미, 나이, 소득, 지식수준 등에 따라 집단화하게 되며, 동일집단으로 세분화된 시장이라 하더라도 시간에 따라 변화하게 된다(유필화 · 김홍섭, 1998).

시장세분화를 통해 동질적인 욕구를 갖는 소비자집단(세분시장)을 규명하고 그 중에서 바람직한 세분시장을 표적시장으로 선정하게 된다. 바람직한(최적의) 표적시장은 자사의 능력에 비추어볼 때 효과적으로 공략이 가능하다.

이러한 시장세분화에는 다음의 가정하에 진행되게 마련이다.

- 모든 소비자는 상이하다(나이, 소득, 취미 등에 따라 상이).
- 수요형태도 상이하다.
- 이렇게 서로 다른 소비자들은 유사한 특질을 기준으로 구분이 가능하다.

그리고 이런 시장세분화가 기업 경영에 의미 있고 성공적으로 기능하기 위해서는 다음의 전제조건들이 충족될 필요가 있다.

- 측정가능성(measurability): 자동차 구입하는 자들이 중요시하는 경제성, 품질, 지위 등에 따라 다르다면 여러 개로 나눌 수가 있다.
- 접근가능성(accessibility): 해당 제품을 만들어 소비자에게 접근할 수 있다.
- 실질성(substantiality): 별개시장에 대해 독자적인 마케팅 프로그램을 수행할 수 있는 수익성, 가치가 보장되어야 한다.
- 유효성(validity): 소비자의 특성, 촉진활동의 탄력성 등을 나타낼 수 있어야 한다.
- 신뢰성(realiablity): 시장은 일정기간의 일관성 유지

2) 시장세분화의 이점

시장세분화를 통해 기업경영자와 마케터(Marketer)가 기대하는 몇 가지 이점으로 다음의 사항들을 들 수 있다.

소비자 욕구의 충족과 소비자 욕구에 보다 충실할 수 있다. 또 상품에 대한 브랜드 가치 제고가 가능하다. 특정 세분시장에 대한 마케팅 노력의 집중으로 경쟁력 우위를 확보할 수 있다. 마케팅활동에 대한 소비자들의 반응을 알고 있으므로 마케팅 자원을 보다 효율적으로 배분할 수 있다.

3) 글로벌 시장세분화의 기준

(1) 단일기준에 의한 세분화

시장을 나누는 기준은 학자와 기업경영자의 경영철학에 따라 그리고 제화와 서비

스의 특성에 따라 다를 수 있다. 시장세분화는 단일기준에 의한 경우와 다속성 기준에 의한 세분화로 나누어볼 수 있다. 가장 일반적으로 사용하는 단일기준에 의한 시장세분화의 기준으로는 다음 사항을 들 수 있다.

① 지리적(geographic) 변수

국가, 지역, 인구밀도, 도시 크기, 기후 등에 따라 시장을 세분하는 방법이다.

미국서부 사람들은 동부보다 강한 맛의 커피를 좋아하며, General Foods의 맥스웰하우스 커피는 지역마다 커피 맛을 상이하게 하여 지역의 특성과 맛을 세분하여 제품을 공급한다.

② 인구통계적(demographic) 변수

해당 국가의 인구 구조, 나이, 성별, 가족규모, 가족 수명주기, 소득, 직업, 교육, 종교 등의 기준에 따라 시장을 나누는 경우를 말한다. 이 기준은 소비자들의 욕구와 선호도 그리고 제품의 사용량 등이 이들 기준과 상관관계가 높게 평가되어 널리 이용된다.

③ 심리적(psychographic) 변수

심리적 변수는 위의 해당 국가의 인구통계적 변수보다 구체적 정보이며 소비자에 대해 더 구체적인 정보를 제공해 준다. 인구통계적으로는 같은 집단이라 하더라도 심리분석상 다른 특성을 보이는 경우가 많다. 심리적 변수에서 가장 대표적인 것들이 생활양식(life style)에 의한 세분화다. 이 생활양식에 의한 세분화의 기준으로 AIO 분석이 많이 사용된다.

표 8-1 | AIO 분석 변수들

활동(activity)	관심(interest)	의견(opinion)
일	가족	자신에 대한 의견
취미	가정	사회적 이슈
사회활동	직업	정치
휴가	지역사회	사업
오락	역가활동	경제
클럽회원활동	유행	교육
지역사회활동	음식	상품
쇼핑	대충매체	미래
스포츠	업적	문화

또한 심리적 변수로는

- 사회적 계층(social class): 상류, 중류, 하류층 등으로 소득, 직업, 교육수준 등을 반영한 계층으로 나누는 방법
- 개성(personality): 어떤 대상에 대하여 비교적 일관성 있게 지속적 반응을 보이는 심리특성을 기준으로 나누는 방법이다. 예를 들어 담배를 많이 피우는 사람의 성격은 공격성이 강하고 성취욕이 크다고 구분하는 등의 방법을 말한다.

④ 행태적 변수(behavioral valialble)

글로벌 마케터가 가장 세분하여 유익하게 사용할 수 있는 기준으로 평가되며, 편익(benefit), 사용량(uasge), 상표애호도(brand loyalty), 상품구매 단계 등에 근거하여 세분하는 방법이다

(2) 다속성 기준에 의한 세분화

다속성 기준에 의한 세분화는 변수 고려를 순차적으로 하는 경우와 동시적 기준 적용방식으로 나눈다. 먼저 순차적 기준 적용방식은 다음과 같다.

① 그리드(grid)방식의 고객세분화: RFM

이는 고객의 가치를 측정하여 우수고객, 일반 고객으로 나누는 경우이다. RFM(Recency, Frequency, Monetary)을 기준으로 순차적으로 구분한다. 즉 고객의 가치를 수익성 외에 최근에 얼마나 자주 그리고 얼마나 많은 액수를 구매했는지를 순차적으로 고려하여 고객을 세분화하는 방법이다.

② 트리(tree)방식의 고객세분화

트리방식은 전체 집단에서 출발하여 집단을 잘 구분하는 세분기준을 순차적으로 적용하여 시장을 세분하는 방법이다. 그리드방식이 마케터가 세분화 변수, 변수 적용 순서, 분할 기준을 직접 정하는 것이라면 트리방식은 데이터 마이닝을 통하여 수행된다.

다음으로 동시적 기준적용방식은 다음과 같다.

① 지리적 군집방식(geo-clustering)

미국 Claritas사가 만든 프리즘이라는 지리적 군집방법을 통해 미국 인구를 62개 군집으로 구분한다. 지역별 Zip 코드로 지역을 구분하고 다시 이를 39개의 기타 변수들(교육, 소득, 가족 라이프사이클 등)을 이용하여 군집분석을 실시한 후 유사그룹으로 나눈다.

② 고객 생애가치(life time value) 세분화

고객 생애가치란 일정기간 동안 고객으로부터 발생할 것으로 기대되는 수익을 현재가치로 환산한 가치의 총합이며, 이를 토대로 고객을 세분화하는 방법이다.

4) 글로벌 시장세분화의 비용

시장세분화에는 비용이 든다. 세분시장의 파악, 시장조사, 분석에는 상당한 비용이 들며, 이에 맞는 마케팅믹스의 개발과 유지에도 비용이 든다. 따라서 세분시장의 수가 늘어감에 따라 비용은 더 빨리 증가하게 된다. 경영자는 기업의 전략과 제품의 특성 및 시장 여건 등을 고려하여 최적의 세분화 전략을 세워야 할 것이다.

3. 글로벌 시장 공략과 표적시장

글로벌 시장에서 표적시장의 결정은 시장세분화에 이어 중요한 마케팅 과제이다. 전체 시장에 대한 시장세분화 여부와 표적으로 선택한 세분시장의 수에 따라 비차별화 마케팅(undifferentiated marketing), 차별화 마케팅(differentiated marketing), 집중화 마케팅(concentrated marketing)으로 구분하기도 한다.

시장세분화를 기초로 표적시장을 정하는 방법은 다양하나 주로 다음의 세 가지를 이용하게 된다.

1) 표적 마케팅

(1) 비차별화 마케팅

글로벌 시장에서 여러 세분시장의 차이를 무시하고 전체 소비자를 대상으로 하나의 마케팅 전략을 짜는 것으로 소수계층보다는 다수의 소비대중을 겨냥하는 경우를 말한다.

장점으로는 제품의 대량생산과 규모의 경제에 의한 경제성 그리고 재고, 수송비 절감을 통한 비용절감을 들 수 있다. 단점으로 소비 욕구의 다양성 미흡, 적극적 욕구 충족 개발 부족 등으로 세분된 욕구를 충족하는 다른 경쟁자에게 시장을 뺏길 수 있다.

(2) 차별화 마케팅

글로벌 시장에서 각국의 세분시장에 맞는 마케팅믹스를 개발, 활용하여 다수의 세분시장에서 사업하는 경우를 말한다.

이때의 장점으로는 전체적 소비자 만족도 향상과 전체 매출액 향상을 들 수 있고, 단점은 복수의 마케팅믹스를 운용하므로 생산비, 관리비 및 재고비 등 비용상승 요인이 발생하게 된다. 그러나 전체적 수익률은 향상하는 것으로 평가된다.

(3) 집중 마케팅

기업의 자원과 경제력은 한계가 있으므로, 특정 세분시장에 집중하는 전략이다. 장점으로는 시장 특성과 장점을 파악하여 효율적으로 마케팅을 적용하여 비용절감과 이를 통한 높은 Market share로 수익률을 높일 수 있다.

다만 단점은 과도한 집중으로 위험에 노출되기 쉽고 시장환경의 변화나 강력한 경쟁사 출현으로 어려움에 처할 수도 있다.

2) 표적시장 공략

어떤 표적이 좋은가에 대한 판단은 기업의 중대한 결정사안이다. 이때는 기업의 자원, 제품의 동질성, 제품수명주기 등을 고려하여 신중하게 결정하여야 한다. 표적시장을 선정할 때는 다음 사안을 고려해야 한다.

① 시장의 잠재성(크기 고려)
② 객관적으로 매력 있는 시장인가? 현재의 매출액, 수익률, 성장속도, 유통 난이도, 경쟁 강도, 산업환경 등 고려
③ 회사가 강점을 갖고 있는가? 회사의 특정 여건 등을 고려한다.

생산기술상의 위치, 마케팅 기술상의 위치, 노사관계의 현황과 과제 등을 고려하여 표적시장을 결정한다.

3) 시장 포지셔닝

포지셔닝(positioning)은 '위치화' 또는 '위치 정립'의 의미로 사용된다. 이는 "표적시장 소비자의 마음에 자신의 제화나 서비스를 자리매김시킬 목표 포지션을 설정하고 그 자리에 실제로 자리매김하도록 일련의 마케팅활동을 전개하는 과정"이라 정의할 수 있다.

마케팅은 '제품의 경쟁'이라기보다는 '이미지의 싸움' 또는 '인식의 싸움'이라 할 수 있으며 이런 관점에서 포지셔닝은 매우 중요한 역할을 한다. 특히 다양화된 글로벌 시장과 글로벌 마케팅에서는 여러 문화와 종교 및 관습을 고려한 신중하고 경쟁력 있는 포지셔닝이 시장에서 우위를 점하는 중요한 계기가 된다.

(1) 포지셔닝 전략 수행과정

글로벌 경영에서 포지셔닝이란 포지셔닝 대상에 대한 분석을 하고 그것에 대해서 포지셔닝을 하면서 실제로 사용가능한 모든 마케팅믹스들을 활용하는 것을 말한다.

포지셔닝 속성 차원의 규명 → 경쟁제품의 포지셔닝 확인 → 표적 고객의 이상점 규명 → 최적의 포지셔닝 설정 → 포지셔닝을 위한 마케팅믹스 조정

그림 8-3 | 포지셔닝 전략 수행과정

(2) 포지셔닝 방법의 유형

재화와 서비스를 포지셔닝하는 방법은 다양하나 가장 일반적인 방법으로 다음의 방법이 사용된다.

① 속성에 의한 포지셔닝 혜택

재화나 서비스가 갖는 속성(attributes)에 근거하여 포지셔닝하는 방법이다. 재화나 서비스는 다양한 속성을 갖으며, 이는 여타 경쟁품과 다른 특성과 효용을 갖게 된다. 예를 들어 세탁기에서 삼성전자는 세탁기에서 삶는 속성을 강조하고 대우전자는 공기방울에 의한 세척력을 강조한다. 이와 같이 그 재화나 서비스가 갖는 속성과 특질을 강조하여 이미지를 높이려 하는 포지셔닝을 말한다.

② 사용상황에 의한 포지셔닝

재화나 서비스가 사용되는 상황에 초점을 두어 부각하려는 방법이다. 커피를 마실 때도 사무실에서 마시는 경우와 거리에서 또는 야외에서 마실 때에 각기 다른 상황이 적용되며 각 상황에 맞는 커피 맛과 향이 달리 어울리게 된다. 지프차인 체로키(Grand Cherokee)는 '산악지역에 사는 사람보다 더 기동성이 있다'라는 가치 제안으로 산악지형 운전에 강점을 강조했고, 게토레이는 운동 후 갈증해소에 좋은 음료임을 강조하여 큰 반향을 일으켰다.

③ 제품 사용자 포지셔닝

제품을 사용하는 사용자와 그 이미지를 강조하여 특이성을 드러나게 하는 포지셔닝 방법으로 존슨&존슨은 '아기용 삼푸'를 강조하여 부드러운 아기 피부 이미지를 활용하였으며, SK텔레콤의 TTL은 '처음 만나는 자유, 스무살의 011 TTL'로 20대의 젊은 이용자를 설득하였다.

④ 경쟁 포지셔닝

재화나 서비스의 경쟁상황을 고려하여 경쟁제품과 비교하여 차별성과 효용성을 강조하여 경쟁우위를 돋보이게 하는 포지셔닝이다. 대표적으로 컴퓨터의 경우 IBM과의 호환성을 강조하거나 콜라의 부정적 이미지와 차별화된 'Un Cola'를 강조한 7up의 경우 등이 유명하다. 기존의 맥도날드 햄버거와 차별화된 요리를 강조한 버커킹의 '직접 불꽃에 굽는다', 파스퇴르 유유의 고급 우유 개념도 경쟁 포지셔닝의 한 사례라 할 수 있다.

⑤ 틈새시장 소구를 위한 포지셔닝

표적고객에게 자사제품의 이미지(image)를 어떻게 부각시킬 것인가에 대하여 특히 기존의 재화나 서비스가 간과한 분야의 틈새(niche)를 강조하는 포지셔닝이다. 상품 비교 기준, 상품 비교 속성(가격, 맛, 디자인 등)에서의 틈새를 강조한 포지셔닝 방법이다. LG전자는 중동지역에서 핸드폰을 출시할 때 카바 신전의 방향을 가리키는 제품을 차별적, 틈새시장으로 포지셔닝하여 좋은 반응을 얻어내었다.

4) 글로벌 제품 전략

(1) 글로벌 제품의 정의

다양한 정의가 있으나 마케팅에서 제품은 소비자의 욕구나 필요를 충족시킬 수 있는 모든 것을 의미한다. 스텐톤(W. J. Stanton)은 제품을 '화학적, 물리적 속성이 결합된 실체와 포장 색채, 가격, 제조업자나 소매상의 명성 및 서비스 등의 비실체적 속성이 결합된 복합체'로 정의했다. 코틀러(P. Kotler)는 제품을 3차원으로 구분하여, 핵심제품(core produnt), 유형제품(tangible product), 확대된 제품(augmented product)으로 설명하였다.

(2) 글로벌 제품의 유형

기업이 글로벌 시장에 판매하게 되는 제품은 기존 국내제품과의 관련성 정도에 따라 다음과 같이 나눌 수 있다.

① 기존제품(existing product)

기존의 국내에서 판매하는 제품을 수정하거나 개량하지 않고 그대로 글로벌 시장에 판매하는 경우를 말한다.

② 수정제품(modified product)

기존의 국내에서 판매하는 자사나 타사의 제품의 일부를 수정하거나 개량하여 글로벌 시장에 판매하는 경우를 말한다.

③ 개량제품(improved product)

국내에서 판매하는 기존제품의 성능, 용량, 스타일, 서비스 등 상당한 부분을 개량한 제품을 만들어 글로벌 시장에 판매하는 경우를 말한다.

④ 신제품(new product)

기존의 국내에서 판매하는 기존제품과 다른 새로운 개념의 제품을 개발하여 글로벌 시장에 판매하는 경우를 말한다. 신제품을 해외시장에 판매하는 데는 위험이 따르기 때문에 충분한 사전검토와 현지시장에 대한 이해와 준비가 필요하다.

(3) 글로벌 제품의 개발 방식

글로벌 제품을 개발하는 방법은 유형에 따라 다음과 같이 나눌 수 있다.

① 국내 개발

신제품이나 개량제품 등을 국내에서 개발하여 글로벌 시장에 판매하는 경우를 말한다. 이 경우의 비용의 절감과 규모의 경제를 실현할 수 있으며, 기존의 인력과 시설과 설비를 최대한 활용할 수 있다는 장점이 있다.

② 순차적 개발

신제품이나 개량제품 등을 현지시장의 사용조건, 관습, 기후 등에 맞추어 일부 수정하여 점진적으로 제품을 수정, 개발하는 방법이다. 이 경우 현지시장의 상황과 본국의 기업 여건 등을 고려하여 순차적으로 진출해갈 수 있어 기존의 인력과 시설과 설비를 점진적으로 교체할 수 있다는 장점이 있다.

③ 국별 개발

신제품이나 개량제품 등을 현지국의 여건과 사용조건, 관습, 기후 등에 맞추어 국가별 특성을 고려하여 수정, 개발하는 방법이다. 이 경우 현지 시장의 상황과 소비자의 요구를 잘 반영할 수 있다. 다만 기업은 충분한 시장조사를 통해 위험에 대한 대비를 철저히 해야 한다.

④ 다국적 개발

제품의 개발 초기부터 신제품이나 개량제품 등을 다수의 국가를 대상으로 현지시장의 사용조건, 관습, 기후 등에 맞추어 다수의 제품을 개발한다.

4. 글로벌 제품의 상표전략

1) 상표의 의의와 종류

글로벌 상표는 재화나 서비스의 속성과 효용을 내포하는 이름, 표시, 상징 등을 의미하며 경쟁품과 차별성을 두어 상표 자체로서 가치를 갖게 된다. 제품의 명성은 제품 자체에 축적되는 것이 아니라 상표에 축적되어 소비자의 상표충성도로 이어지게 된다는 데 전략적 중요성이 있다.

상표는 음성적 표현인 상표명(brand name)과 시각적 표현인 상표마크(brand mark), 그리고 이것들이 등록되어 법적보호를 받는 것을 등록상표(trademark)라 한다.

2) 상표 의사결정

글로벌 상표와 관련한 전략과 의사결정으로 다음 사항이 고려된다.

① 유표품과 무표품

제품에 자사의 상표를 부착하는 것을 유표품이라 하고 자사의 제품이나 경영과 마케팅상의 여러 전략적 이유 등으로 상표를 부착하지 않는 것을 무표품이라 한다.

② 제조업자상표와 판매업자상표

제품에 제조업자의 상표를 부착하는 것을 제조업자상표라 하며 대부분의 제품이 이를 이용한다. 반면에 중간상이나 유통업자 등의 상표를 부착하는 것을 판매업자(유통업자)상표 또는 사설상표(private brand)라 한다.

③ 통일상표(family brand, 가족상표/공동상표)와 개별상표(individual brand)

통일(공동)상표 또는 가족상표는 한 기업에서 만든 제품에 모두 동일상표를 사용하는 경우를 말한다. 이에 비해 한 기업의 제품을 제품별로 다른 상표를 부착하기도 하는데 이를 개별상표라 한다.

제품의 질이 우수할 때는 통일상표를 이용하는 것이 유리하지만 그렇지 못할 때는 기존의 가족상표를 부착하지 말고 개별상표를 부착하는 것이 바람직하다. 개별상표의 경우는 해당 제품의 성과는 해당 제품에만 영향을 미치게 되므로 그동안 기존의 상표에 대한 평판이 좋지 않을 때는 새로운 개별상표를 이용하는 것이 현명하다. 가족상표의 평판이 좋은 경우에도 개별상표를 동시에 부착하여 제품의 개성을 표출하는 방식을 사용하기도 한다.

④ 복수상표전략

전술한 상표전략은 한 가지의 상표만을 부착하는 단일상표전략이라 할 수 있다. 기업은 복수의 상표를 사용하기도 한다. 두 개 이상의 상표를 동일제품에 부착하여 판매하는 전략으로 이때 상표 간에 경쟁이 벌어지기도 하나 다음의 이점이 있다.

첫째, 성과 제고를 기대할 수 있다. 각 상표는 고유한 매력과 시장을 확보하고 있기에 복수상표 사용 시 총판매액의 신장 및 시장점유율의 증대를 기대할 수 있다.

둘째, 전시효과를 노린다. 각 상표는 고유한 매력과 시장을 확보하고 있어 소매점에서 진열할 때 더 넓은 진열공간을 차지하고 전시효과를 증대할 수 있다.

셋째, 고객 확대와 판매 기회의 증대를 가져온다. 고유한 매력과 시장을 확보하는 각 상표는 여러 상표를 사용해 보려는 고객의 욕구를 만족시킬 수 있으며, 상표별 판매경쟁으로 판매효율이 더 높아질 가능성이 높다.

3) 글로벌 상표명의 결정

글로벌 제품이 우수하지 못한 경우 상표가 좋다고 해서 성공할 수는 없지만, 제품이 우수해도 상표가 좋지 않은 경우 실패할 가능성이 높다.

좋은 글로벌 상표명을 선정하기 위한 구체적인 기준을 들면 다음과 같다.

현지시장의 여건을 잘 고려한다. 종교, 관습, 금기, 언어의 발음(음성) 상태 등을 고려하여 현지국의 기호에 맞는 이름을 정한다.

제품의 효용과 품질 등 제품의 특성을 잘 나타내 주는 상표명을 사용한다. 예를 들면 위청수, 펑크린, 빼빼로, 초코파이 등이 있다.

발음이 쉽고 기억하기 쉬운 상표명을 사용한다. 속청, 봉고, 신라면 등 대체로 짧은 상표명 또는 오히려 '갈아 만든 배'와 같이 긴 상표명이 있다.

특이한 상표명을 사용한다. 코카콜라, 코닥, 제록스, 닉스, 아식스 등 의미보다는 독특함을 강조한 상표명이 있다.

외국어로 표현할 때 좋지 않은 의미와 연결되지 않는 상표명이어야 하고 세계화 시대에 시장 확장에 장애가 되지 않아야 한다. 한 예로 골드스타(gold star)는 미국에서 '전몰 장병'이라는 부정적인 의미를 나타낸다.

등록되어 있지 않은 상표명인지 확인해야 한다. 상표도용 문제와 상표권 보호 측면에서 사전에 등록 여부를 검색해야 한다.

4) 상표연장전략

상표연장전략(brand extension strategy)은 제품계열(제품 유형은 다르나 서로 연관성이 있는 제품)은 같지만 제품 유형이 다른 경우에 적용해야 효과가 있다.

5. 글로벌 가격전략

1) 가격의 의의와 가격결정 분야

가격은 기업이 제공하는 가치에 대해 소비자가 지불하는 대가이다. 글로벌 가격결정은 기업의 시장에 대한 상황과 전략에 따라 다르다.

표 8-2 | 글로벌 가격결정의 분야

가격 결정문제 \ 해외시장 개입	수출	현지생산 판매	사내 이전	라이선싱
가격책정				
가격조정				
가격변경				

출처: H. Becker (1980). p. 20.

2) 가격결정 기준과 방법

(1) 가격결정의 일반적 기준

가격을 결정하는 기준은 다양하며 전략적으로 결정되기도 한다. 가격은 소비자가 인식하는 효용가치를 상한선으로 하고 평균원가를 하한선으로 하여 그 사이에서 결정하게 된다.

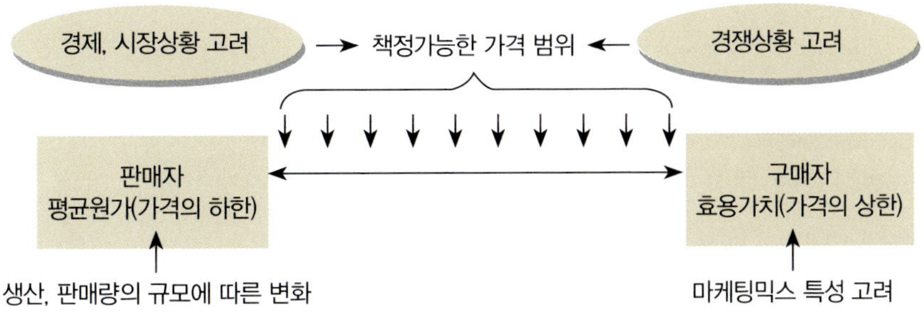

그림 8-4 | 가격책정 시 고려사항

이를 기업의 생존부등식 [V(재화, 비스의 가치) 〉 P(그 가격) 〉 C(그 원가)]이라 한다. 즉 기업이 생산하는 재화나 서비스의 원가보다 가격이 더 커야 하고 고객이 느끼는 가치는 그 재화나 서비스의 가격보다 커야 그 기업이 생존할 수 있다는 의미이다. 일반적으로 기업은 가격책정 시 [그림 8-4]의 사항을 고려하게 된다(김홍섭 외, 2000).

(2) 제품의 효용가치와 소비자 인식가치에 따른 가격 설정

기격결정 시에 고려하어야 하는 주요 요인들은 다음과 같다.

- 제품의 효용가치와 가격상한선: 제품이 기존의 여타 제품과 비교하여 갖는 차별적 효용가치
- 소비자 인식가치와 가격: 제품에 대하여 소비자가 인지하는 가치(perceived value)

$$\text{구매의도} = f\,(\text{소비자 인식가치})$$

$$\text{소비자 인식가치} = f\left(\frac{\text{효용가치}}{\text{가 격}}\right)$$

기업이 수요의 감소를 막으면서 높은 가격을 받기 위해서는 제품, 유통, 촉진 등의 활동이 소비자의 효용가치를 높일 수 있도록 설계되고 실제로 소비자가 인식할 수 있는 방법으로 제공되어야 한다.

- 원가와 가격 하한선:

$$\text{가격의 하한선} = \text{평균원가} = \frac{\text{총원가}}{\text{생산 · 판매량}}$$

$$\text{총원가} = (\text{총고정비} + \text{총변동비})$$

(3) 수요의 가격탄력성과 가격정책

가격의 변화율에 대한 수요의 변화율을 수요의 가격탄력성이라고 하며 가격탄력성의 강약에 따라 가격정책을 달리해야 한다.

$$\text{수요의 가격탄력성} = \frac{\text{수요의 변화량/변화 전 수요}}{\text{가격 변화량/변화 전 가격}}$$

$$\varepsilon = \frac{d/D}{p/P}$$

$d = (D^1 - D)$, $p = (P^1 - P)$

D^1 = 변화 후 수요, D = 변화 전 수요

P^1 = 변화 후 가격, P = 변화 전 가격

ε 〉1 : 수요의 가격탄력성이 크다.
가격의 변화율에 비해 수요의 변화율이 상대적으로 크다.

ε 〈 1 : 수요의 가격탄력성이 작다.
가격의 변화율에 비해 수요의 변화율이 상대적으로 작다.

3) 국제가격전략의 특성과 수출가격

(1) 국제가격전략의 특성

먼저, 국제가격전략의 특성으로 생산국과 소비국의 상이한 제품인 수출·입 상품의 가격을 결정한다. 국내제품과 달리 추가적 비용과 위험을 고려해야 한다.

둘째, 해외투자·라이선싱 등을 통하여 해외에서 생산, 판매되는 제품의 가격을 결정하는 등 다양한 요인을 다룬다. 특히 이전가격과 회색시장 등에 대한 고려를 해야 한다.

셋째, 한 국가의 가격이 여타 국가에서의 가격결정에 영향을 준다. 나라별 소비자 가격의 차이와 재정거래(arbitrage transaction) 및 전략 차원에서의 국제 가격조정 등을 고려해야 한다.

넷째, 국가별 다양한 환경요인으로 가격결정 시 고려할 요인이 복잡하다.

(2) 국제 가격결정 시의 고려요인

① 기업의 목표와 전략

기업이 성취하고자 하는 상위 목표와 전략은 가격결정에 중요한 요인이 된다. 이를 위한 다양한 마케팅믹스 전략의 구축은 가격 수준의 결정에 영향을 미친다.

② 원가

제품의 생산에 요구되는 직접, 간접원가는 가격결정에서 가장 중요한 고려요인이다. 글로벌 마케팅에서는 국제적인 운송과 위험 및 보험 등의 비용이 추가되며 현지국의 금융여건 등도 원가요인으로 작용한다.

③ 수요

현지시장의 수요 상황도 가격결정의 주요 요인이다. 이때 현재 수요는 물론 미래 수요와 잠재수요 등을 동시에 고려해야 한다.

④ 경쟁상황

현지시장에서 경쟁하고 있는 경쟁자의 조건과 능력 등은 주요한 가격 영향요인이다.

⑤ 법적 규제

현지의 다양한 법적 규제도 가격결정의 고려사항이다. 가격상한선, 환경부담금 등에 대한 법적 조건, 공정거래 등에 대한 규정 등을 고려하여 가격을 결정한다.

⑥ 경제적 여건

현지국의 물가상승률이나 생산국과 소비국 간의 환율과 금리 등도 가격결정의 영향요인이다.

(3) 무역거래조건과 가격

Incoterms 2010은 격변하는 국제 경제, 무역여건을 수용하기 위해 일정 부분의 내용변경이 필요하게 되었다. 국제경영에서의 제품 가격결정은 제품의 생산관련 비용, 관련 서비스 비용 및 국제운송관련 비용 등의 합으로 정해진다. Incoterms는 국제복합운송조건에 따른 운송비용의 국제표준을 말하며, 2010년 수정되어 이용되고 있으며 다음과 같이 요약할 수 있다(〈표 8-3〉 참조).

- 2011년 1월 1일부터 발효
- 최근 국제무역의 이슈인 전자상거래, 물류보완, THC 부담, 국내 및 국제매매계약 모두 적용 문제를 보완 개선
- 2010년 11개 무역조건으로 재정

- 신설된 DAT, DAP는 모든 운송방식에 활용(DAF, DES, DEQ, DDU를 대체하는 무역조건)
- 이전의 Incoterms 규칙에서는 EDI(전자데이터 교환) 메시지에 의하여 대체할 수 있는 서류만 명시했으나, "Incoterms 2010"의 규칙은 당사자 합의 또는 관행적 범위 내에서 전자형태의 통신이 종이에 의한 통신과 동일한 효력을 갖도록 하는 규정

표 8-3 | New Incoterms 2010년 규칙

Rules for and mode or modes of transport		
EXW	EX work	공장 인도
FCA	free carrier	운송자 인도
CPT	carriage paid to	운송비지급 인도
CIP	carriage and insurance paid to	운송비, 보험료지급 인도
DAT	delivered at terminal	도착터미널 인도
DAP	delivered at place	도착장소 인도
DDP	delivered duty paid	관세지급 인도
Rules for sea and inland waterway transport		
FAS	free alongside ship	선측 인도
FOB	free on board	본선 인도
CFR	cost and freight	운임 포함 인도
CIF	cost insurance and freight	운임, 보험료 포함 인도

* 1. EXW, DDP를 제외한 FCA, CPT, CIP, DAT, DAP는 복합운송(유럽)에서 많이 활용
2. 우리나라의 경우 3면이 바다로 둘러싸인 점과 분단으로 인하여 해상운송 무역조건을 주로 활용함

(4) 국제이전가격

국제이전가격(transfer price)이란 기업 내부에서 하나의 책임단위 또는 이익중심점이 다른 책임단위에 공급하는 제품이나 서비스의 가격을 측정하기 위해 사용하는 가격을 일컫는다. 이는 정상적인 가격과 달리 특정 기업(그룹)의 제조부서와 국제부서, 본사와 해외 자회사, 해외 자회사 간 등의 내부거래에서 결정되는 가격을 의미한다.

국제이전가격전략을 통해 다국적기업들은 조세의 경감, 관세의 절감 등을 얻을 수 있으며 기업 내의 자금의 배분이나 경쟁에서의 우위를 점하기 위해서 활용하기도 한다.

국제이전가격의 책정에는 직접원가에 의한 방법, 원가가산방법, 시장상황을 기초한 경쟁가격방법 등이 있다. 이런 국제이전가격은 가격을 조작하거나 본국이나 현지국의 여건 등을 고려하여 막대한 영업외 수익을 올리고도 조세를 회피하는 수단으로도 활용되어 정부의 규제를 받기도 한다. 이런 국제이전가격전략은 기업 내부에서 비밀로 이루어지기 때문에 정확한 파악이 어려우나 정부에서는 제도를 마련하여 국제 이전가격을 통제하려고 한다.

6. 글로벌 유통전략

1) 유통경로의 의의와 기능

유통경로(market channel)란 생산자로부터 소비자에게로 제품(용역)과 그 소유권을 이전시키기 위해 수행되는 모든 활동을 말한다. 유통경로의 주요 기능은 재화와 서비스의 생산과 소비를 연계하여 원활하게 거래, 소통하도록 하는 것이며, 소비자에게 저렴하고 고품질의 제품을 신속히 전달하기 위해 참가하는 소비자, 도소매, 운송업자 등의 활동을 주요 대상으로 한다.

유통경로의 주요 기능은 물적 흐름, 소유권 흐름, 촉진 흐름, 주문(ordering), 대금지불기능(payment), 거래협상기능(negotiation flow), 금융기능(financing), 위험부담(risk taking) 등이 있다. 이런 유통경로의 기능은 흐름의 방향에 따라 다음의 3방향으로 나눌 수 있다.

(1) 전방적 흐름(foward flow)

생산자→도매상→소매상→소비자의 방향으로 흐르는 유통경로이다.

- 물적 흐름(physical flow): 생산자와 소비자 사이에 존재하는 시간적, 공간적 분리를 극복하고 시간 효용(time utility), 장소 효용(place utility)을 창출
- 소유권 흐름(ownership flow): 소유권이 생산자에서 중간상, 소비자로 이전

• 촉진 흐름(promotion flow): 생산자 → 도매상 → 소매상 → 소비자에게로 촉진 활용 전개

(2) 후방적 흐름(backward flow)

소비자 → 소매상 → 도매상 → 생산자의 방향으로 흐르는 유통경로이다.

• 주문(ordering): 유통재고의 최소화, 기회비용의 최소화
• 대금지불기능: 거래된 재화, 서비스의 대가를 지불.
  결제(payment) 속도가 빠를수록, 유통효율화가 높다.

(3) 전후방적 흐름의 유통기능(two-way flow)

생산자 ⇆ 도매상 ⇆ 소매상 ⇆ 소비자 간에 쌍방향으로 활동이 교류되는 상태를 말한다.

• 거래협상기능(negotiation flow): 거래 성사에서 유리한 조건을 얻으려는 조정 · 협상활동
• 금융기능(financing): 거래 당사자 간에 제공되는 금전(융)의 편익
• 위험부담(risk taking): 거래 당사자 간에 서로의 거래에서 야기할 수 있는 위험에 대한 결정과 그 부담을 서로 담당하게 된다.

2) 글로벌 시장의 유통경로

(1) 소비재의 유통경로

재화의 효용을 구매자가 향유하기 위해 구매하는 소비재의 유통경로는 재화에 따라 [그림 8-5]와 같이 다양하게 형성된다.

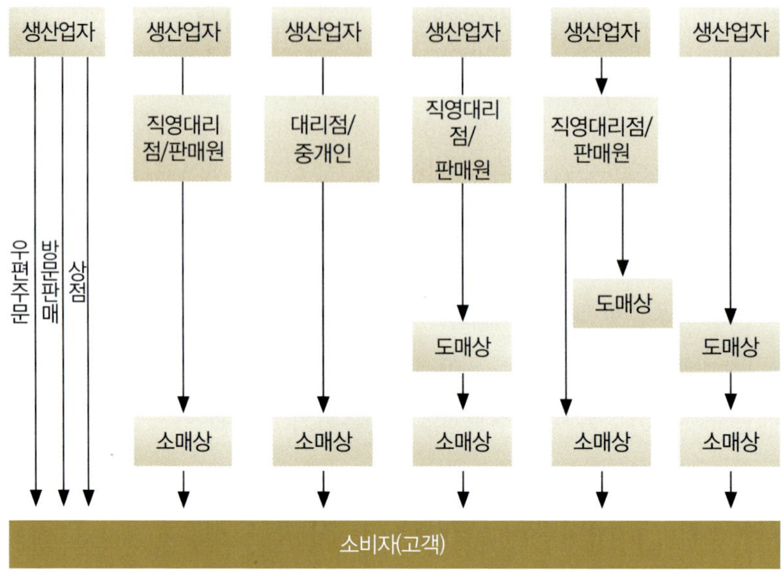

그림 8-5 | 소비재의 유통경로

(2) 산업재의 유통경로

산업재의 유통경로는 소비재에 비해 단순한 형태를 보이며 소매상보다는 중개상이나 도매상의 역할이 강조된다. 특히 해당 국가의 독특한 제도나 법에 따라 유통경로도 달라지게 된다. [그림 8-6]은 산업재의 유통경로의 일반 형태이다.

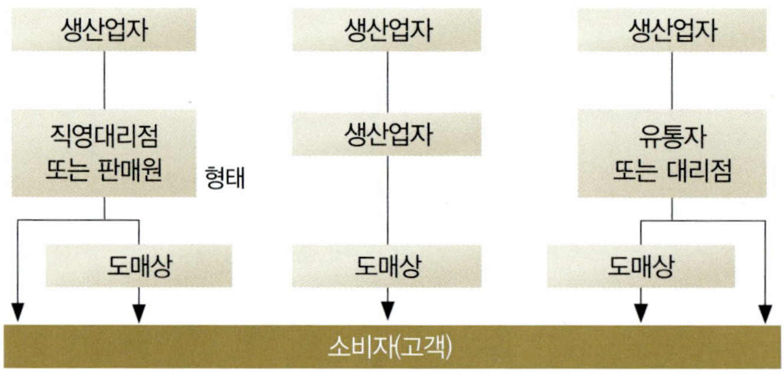

그림 8-6 | 산업재의 유통경로

3) 글로벌 유통경로의 설계와 진입방법

(1) 글로벌 환경과 해당국 특성 고려

먼저 글로벌 환경을 살펴보아야 한다. 국제적인 경제, 정치적 특성과 변화를 고려한 후에 진출하고자 하는 해당 국가의 정치, 경제 및 유통관련법과 제도를 분석한다.

특히 사회, 문화적으로 잘 드러나지 않는 관행과 규정 등을 분석할 필요가 있다. 그와 함께 중개(간)상의 특성을 살펴본다. 특히 중간상 유형, 수, 백화점 등과 같은 소매상, 대리점 등에 대한 검토가 필요하다. 또 목표 소비자의 특성을 살펴서 제품 구매, 장소, 시간대, 방법, 기다리는 시간, 고객 구매의 예상 최소/최대 단위, 선호하는 유형의 소매점 등에 대해 파악하여야 한다.

물론 먼저 자사제품의 특성과 제품의 강도, 부패성, 부피 계절성, 사용기간 등에 따른 수송, 보관, 하역조건 등을 파악하여 글로벌 시장에 대응하는 것이 필수적이다. 그리고 현지국의 시장과 경쟁 여건의 이해도 전제되어야 한다.

(2) 글로벌 유통경로 진입방법

현지시장에 기능하고 있는 가장 핵심적인 유통경로가 무엇인지를 파악한다. 유통경로별 판매점유율과 경쟁상황 등을 파악하고 접근방법을 찾아본다.

영향력 있는 유통점을 파악하고 접근하며 기업의 제품의 특성에 맞는 유통형태와 점포를 구축한다.

바람직한 유통경로를 파악한 후에는 적절한 유통점과 유통망을 접촉한다. 〈표 8-4〉에는 중국 내 경로별 진입 특성의 비교를 통한 차별적 진입형태를 소개하였다.

표 8-4 | 중국 내 경로별 진입 특성 비교

업체	제품	경로진입 특성
삼성전자	현지생산 TV, 백색가전	• 상품 부피가 크기 때문에 지역대리점이 비교적 많고, 각 대리점은 창고 보유
	현지생산 모니터, 프린터	• 상품의 유행이 빠르게 변화하여 빠른 의사결정에 유리한 경로방식으로서 지역대리점을 활용함
	휴대폰	• 상품 부피가 아주 작아 운반이 용이하여 지역대리점을 사용하지 않고, 모델별로 총대리점을 둠

업체	제품	경로진입 특성
삼성카메라	자동 줌 카메라	• 초기에는 브랜드 인지도가 낮아 백화점에 대소(위탁판매)하였으나 점차 브랜드 지명도가 높아지면서 경소(직거래)로 전환함. • 현재는 높은 브랜드 인지도를 활용, 지역대리점 위주로 함
CJ	조미료(다시다)	• 조선족시장 : 상품 지명도가 높아서 지역대리점을 활용함 • 한족(漢族)시장 : 상품 지명도가 낮아서 경소나 대소를 활용함
농심(라면)	라면	• 초기 경소를 활용하였으나 브랜드 인지도가 높아진 현재는 직영체제와 대리점체제 병행 • 대소방식은 외상거래이므로 초기부터 사용 안 함 • 직영체제는 대도시, 대형상점의 유통을 관할하고, 중소도시와 중소상점에는 대리점체제로 유통함
아가방	유아복	• 브랜드 지명도가 높아짐에 따라 전문대리상에서 도매상으로, 기존 소매상에서 프랜차이즈 가맹점으로 점차 전환함 • 초기에 전문대리상과 도매상을 통해 현지 유통시장 학습, 꽌시 설정, 원료 공급선 확보 등을 동시에 추구함

(3) 글로벌 유통경로의 관리

해당국 진출의 첫 번째 과정으로 유통업체 선정이 가장 중요하다. 먼저, 이를 위해 제품과 거래조건 등이 담긴 서신이나 인터넷 홍보내용을 잠재거래처에 전달하고 반응을 살펴본다. 둘째, 성실한 태도를 보인 기관에 보다 상세한 정보를 인터넷, 서면이나 전화로 알려서 해당 유통업체의 규모와 판매상황을 탐지한다. 셋째, 해당 업체의 기존 실적과 평판 등을 수집한다. 넷째, 개별적인 접촉과 방문을 통해 현실을 파악한다.

유통경로 구성원에 대한 지원으로는 교육훈련, 포상, 적절한 보수 등을 들 수 있다.

교육훈련은 해당 제품에 대한 지식과 사용방법 등을 교육하고, 고가품이나 고급기술을 요하는 경우 관련 지식을 알아야 판매가 가능하다. 판매기법과 경영노하우 등에 대한 교육이 필요하다. 포상은 유통업체의 높은 실적이나 오랜 거래 등의 경우에 다양한 포상과 지원을 하는 경우이다. 주로 공장견학, 상장 수여, 최고 유통업체로 표창과 포상 등을 하게 된다.

적절한 보수는 판촉지원금, 수수료, 현금할인 등 다양한 금전적 급부를 포함하게 된다. 글로벌 시장에 참여하는 유통업체들에게는 정당하고 적절한 보수체계가 확립되어야 한다.

이러한 지원정책과 동시에 정확한 평가와 통제가 병행되어야 한다.

유통경로의 평가를 위해 실적평가기준을 마련하여 실적과 목표 간의 관계를 살펴보고, 목표판매량, 시장점유율, 재고회전율, 가격의 안전율 등의 자료를 통해 객관적 평가를 한다. 평가결과가 높은 유통기관에 적절한 후원과 지원을 해주는 것도 가능하다.

재고량과 외상판매기간 등의 조정 유통기구는 제품의 인지도나 호감도가 높아지면 판매율이 향상되고 많은 재고를 확보하려 한다. 외상매출금이 회수가 길어질 때는 대금지급은 현금거래나 지급기간을 더 짧게 하여 제품을 유통시키면서 유통기구를 통제할 수 있다.

유통경로와의 소통 강화도 필요하다. 글로벌 유통경로는 시간이 오래 걸리고 언어 소통에 어려움이 많다. 따라서 다양한 소통방법을 강구하고 더 진지한 노력으로 의사소통과 분명한 계약 등 명시적인 소통이 필요하다.

유통경로 간의 갈등의 해소 문제는 유통업체 간의 역할과 문제를 분명히 하고 갈등 시 해소방법에 대한 절차와 방법을 명료하게 하여 구성원이 사전에 인지, 협약하도록 한다.

4) 유통경로관리에서의 회색시장

회색시장(grey market) 또는 평행시장(parrel market)은 해외에 존재하는 여러 시장들 간의 가격 차이에 편승하여 저가의 시장에서 특정 재화를 구입하여 이를 상대적으로 비싼 해외 다른 시장에서 정상가격보다 낮게 판매하여 이익을 추구하는 인가되지 않은 유통기구들의 행위를 일컫는다.

회색시장은 합법적인 시장을 왜곡하며 정상시장의 매출을 떨어뜨리며 기업의 유통전략과 가격전략을 어지럽히고 궁극적으로 상표의 신뢰도를 낮추는 결과를 낳게 된다.

(1) 회색시장의 형성 이유

회색시장이 형성되는 이유는 세계적인 상품의 존재로 어디서나 유통될 수 있는 점과 국제적으로 환율변동에 의한 추가적 이익을 기대할 수 있을 때, 그리고 동일 제품에 대하여 해외시장별로 상당한 가격 차이가 존재할 때, 해당 제품이 충분히 그리고 초과적으로 공급될 때 흔히 나타나게 된다.

(2) 회색시장에 대한 대응방법

회색시장에 대한 기업의 대응전략으로는 다음의 방법들을 들 수 있다.

① 수수방관: 회색시장이 존재하여도 수수방관하는 태도다. 회색시장을 통제하고 싼 가격의 제품을 단속하다 오히려 경쟁사의 제품으로 소비자가 전환될 우려가 있기에 내버려 두는 방안이다.

② 법적 제소: 회색시장에 과도하게 개입하여 유통질서를 어지럽힐 경우 특정업체를 고발조치하는 경우다.

③ 마케팅 전략의 수정: 회색시장이 과도하게 형성되는 경우는 기업의 제품, 광고, 유통 및 가격정책을 수정하여 대응한다. 회색시장의 과도한 팽창은 자사 브랜드의 신뢰도를 낮추기 때문에 적절한 대응이 필요하다.

7. 글로벌 촉진전략

1) 글로벌 촉진의 의의와 기능

촉진활동은 제품, 서비스, 아이디어의 수용(선택, 구매)을 촉진하기 위해 잠재고객과 기존고객에게 관련 정보를 전달하는 활동이다. 촉진활동은 마케팅 커뮤니케이션의 주요 사안으로 인적매체(personal media)와 비인적매체(non-personal media)를 통해 이루어진다. 인적매체를 통해서는 대면에 의한 양방향적 커뮤니케이션(two-way communication)이 일어나며, 비인적매체는 대중매체나 잡지, 경품 등과 같은 매체를 통해 일방적 커뮤니케이션(one-way communication)이 이루어진다. 글로벌 시장에서의 촉진은 다양한 정치제도, 언어, 관습, 종교 등 현지국의 환경을 고려하여 유연하게 추진될 필요가 있다.

그림 8-7 | 촉진믹스 유형

2) 글로벌 촉진의 유형과 활동

일반적으로 촉진은 광고(advertising), 홍보(publicity), 판매촉진(sales promotion) 및 인적판매(personal selling)로 구분하여 추진된다. 글로벌 시장에서의 촉진활동도 이에 준해서 시행된다.

(1) 광고

광고주를 명확히 알 수 있으며 유료(광고비를 지불하고)로 대중매체(신문, 텔레비전, 잡지)를 이용하여 제품, 서비스, 아이디어, 기업에 대한 메시지(바람직한 내용)를 광범위한 잠재고객에게 일방적(one-way)으로 전달하는 형식을 취한다. 여기서 광고주란 sponsor라 하며 커뮤니케이션의 주체로서 광고비를 지불하는 기업(개인, 조직, 단체, 기관)을 말한다.

(2) 홍보

대중매체를 통해 기사나 뉴스 형식으로 이루어지는 커뮤니케이션으로서 제3자에 의해 객관적인 정보형태로 전달된다는 점에서 신뢰성이 높은 메시지 전달방법이다. 대상별 홍보수단과 기대되는 마케팅 효과는 〈표 8-5〉와 같다.

표 8-5 | 대상별 홍보수단과 마케팅 효과

홍보 표적(대상)	홍보 수단	마케팅 효과
일반고객 (구매자)	– 언론을 통한 뉴스 – 이벤트(각종 행사 초청) – 후원(스폰서십 제공)	상표 및 기업 인지도 · 지명도 제고 메시지의 신뢰성 제고로 매출 향상
공급자	– 업계지(정보 및 소식지) – 기술 · 정보 세미나	우호적 거래관계 강화 적시 공급 및 물량부족 시 우선 공급
종업원	– 뉴스레터(사보) – 사회적 활동	종업원의 사기 진작 구성원에 의한 대외적인 홍보
일반대중	– 언론을 통한 뉴스 – 공장 · 현장 견학 – 지역사회 활동 지원	종업원 모집 시 유인효과 지역사회와의 갈등 예방

(3) 판매촉진

잠재구매자로 하여금 제품에 대해 신속한 관심과 즉각적인 구매를 자극하기 위해 사용하는 단기적인 유인책(incentives)을 말한다. 여기서는 촉진의 광고, 홍보, 인적판매의 세 가지 방식을 제외한 거의 모든 활동을 판매촉진으로 이해한다.

(4) 인적판매

판매원에 의해 이루어지는 양방향(two-way) 커뮤니케이션 수단이다. 잠재고객을 찾아내고, 고객의 요구를 정확히 파악하여 적합한 제품을 제시함으로써 구매에 대한 확신과 설득을 얻어내는 데 주로 이용한다. 주로 고가품, 산업재, 플랜트(Plant) 등 거대투자 등에서 많이 활용되고, 의약품과 같이 사람의 생명을 다루는 경우도 인적판매가 많이 사용된다.

3) 글로벌 촉진의 이용

글로벌 촉진은 ① 잠재고객에게 제품, 서비스, 아이디어, 기업이 시장에 존재함과 이에 대한 바람직한 정보를 제공, ② 광범위한 수요의 기반을 창출, ③ 경쟁제품이나 기존 제품과의 차별성을 부각, ④ 제품의 이미지 가치를 창조, ⑤ 매출의 변화가 심한 경우 매출의 안정화 등의 목적을 성취하기 위해 추진된다.

4) 촉진 및 광고 예산 편성

글로벌 촉진 및 광고 예산 편성에는 많은 비용이 든다. 따라서 효과적인 전략과 방침이 마련되어야 한다. 광고 등 촉진 예산의 편성에는 주로 다음의 방법들이 활용된다.

① 매출액의 일정비율을 촉진비로 책정하는 방법(매출액 비율법), ② 제품단위당 일정액을 정하는 방법(제품단위 기준법), ③ 경쟁업체의 촉진비를 고려하여 결정하는 방법(경쟁대응법), ④ 촉진(커뮤니케이션)활동을 통해 달성하고자 하는 목표를 정하고 이를 달성할 수 있는 활동계획을 수립하고 투입되어야 비용을 산출하는 방법(목표-과업법), ⑤ 자금의 여유(전년도 이익)를 고려하여 일정액을 촉진비로 배정하는 방법(가용자원법)이 있다.

연습문제

1. 마케팅과 글로벌 마케팅의 개념을 설명하시오.
2. 시장 유형 구분에 대해 설명하시오.
3. 신제품 가격결정에 대해 설명하시오.
4. 회색시장에 대해 설명하시오.
5. 촉진활동 4가지에 대해 설명하시오.

참고문헌

1. 이장로 (2008). 국제마케팅(5th). 서울: 무역경영사.
2. 주우진 외 2인 (2013). 마케팅관리. 서울: 홍문사.
3. 송용섭, 김형순 (1998). 마케팅. 서울: 문영사.
4. 김홍섭 외 (2000). 실전마케팅. 서울: 경문사.
5. 유필화, 김홍섭 (1998). 히트경영전략. 서울: 한언출판.

Chapter

09

글로벌 기업의 조직과 인사관리

1. 글로벌 기업의 국제화 동기와 인사조직 의사결정
2. 글로벌 기업의 조직구조
3. 글로벌 기업의 인사관리
4. 글로벌 기업의 조직관리

Chapter 09

글로벌 기업의 조직과 인사관리

1. 글로벌 기업의 국제화 동기와 인사조직 의사결정

1) 글로벌 기업의 국제화 동기

기업이 국제화를 하게 되는 동기에는 내부요인들과 외부요인들이 있다. 내부요인들로는 조직확대의 목적과 해외진출을 통한 국내에서의 위험분산의 목적이 있다.

외부요인들로는 정부의 각종 규제가 강화되거나 혹은 외국 정부의 초청을 받아 국제화하는 경우도 있다. 자국의 정부가 산업발전에 애쓰면 국내기업들은 점점 더 생산성을 높이려고 하다가 인건비가 싸면서도 새로운 조직구축이 가능한 나라들로 진출하게 된다. 또한 해외정부들이 좋은 생산부지와 저렴한 인건비를 지원조건으로 제시하면 그에 따른 혜택을 노리고 해외진출하는 경우도 있다.

국내시장이 작은 경우에는 바로 해외진출을 추구하고(한국, 유럽의 일부 국가들) 또한 국내시장이 대형인 경우에도 어느 정도 시장을 차지하고 나면 외국으로 진출(미국)하는 경우가 발생한다. 상이한 해외에 진출해서 성공하려면 인사조직 문제에 대해서 창조적이고 생산성이 있는 형태의 업무를 수행해야 한다.

2) 인사조직의 의사결정의 관점

글로벌한 진출을 모색하게 되면서 글로벌 기업의 의사결정의 관점은 크게 세 가지로 나누어진다. 먼저 자국 중심의 의사결정과 진입하는 국가 중심의 의사결정, 전 세계 중심의 의사결정이 있다. 한 번 결정한 관점에서 상당 기간 동안 글로벌 경영관리업무들이 수행된다. 물론 경우에 따라서는 한 번 결정한 의사결정의 관점을 어느 정도의 시간이 흐른 후에 수정하는 것도 가능하다.

첫째, 자국 중심의 의사결정의 관점이다. 많은 다국적기업들이 자국 중심의 의사결정을 내리고 있다. 1900년대 후반에 미국에서 성장한 많은 대형기업들이 미국 시장을 어느 정도 차지한 후에 유럽과 아시아로 진출을 모색했다. 미국 시장 자체가 상당한 규모이기 때문에 항상 의사결정은 미국 중심이었다. 물론 해외에 진출하면서 해외국가의 사정에 어느 정도 적합하게 하는 정도로 진출했다. 자국 중심의 인사조직의 관점은 여기에서 출발해서, 현재도 전 세계의 많은 국가들의 글로벌 기업들이 활용하고 있다.

둘째, 진출국 중심의 의사결정의 관점이다. 자국에서 어떠한 활동을 수행했던지 간에 해외로 진출한 국가의 상황에 맞추어서 인사조직의 틀을 갖추고 그것대로 수행하는 것이다. 해외 시장은 자국과는 상당한 문화 차이가 날 수 있다. 아무리 인접국가라 하더라도 자국과 진출국의 상황은 다르다. 그러한 상이한 문화조건을 감안해서 진출하는 국가에 맞추어서 인사조직 시스템을 구성하는 것을 의미한다. 이러한 현지적합형은 현지의 문화에 맞추어서 성과를 낼 수 있다는 강점이 있다. 그러나 진출하는 국가마다 현지에 맞춰 업무를 수행하게 되면 그룹 내의 통일성을 유지할 수가 없다는 단점도 있다.

셋째, 전 세계적인 관점에서 모두 동일한 수준과 기능의 인사조직 시스템을 운영하는 관점이다. 전 세계를 하나의 거대한 시장으로서 보며 전 세계에 맞춘 규모의 생산 경제와 규모의 판매 경제를 수행하겠다는 개념이다. 이것은 통일성과 일관성의 측면에서는 상당한 강점이 있으나, 전 세계가 다양한 문화권의 국가들로 이루어졌다는 상이한 성향들을 무시한다는 단점도 있다.

3) 인사조직의 실행 시의 고려요인

글로벌 경영으로 진출하는 기업은 앞에서 살펴본 것처럼 크게 3가지 관점에서 업무를 수행하게 된다. 자국 중심, 진출국 중심, 글로벌 중심이다. 어느 하나의 관점만을 택하고 다른 모든 관점을 배제하는 경우는 거의 없다. 처음에는 자국 중심으로 진출하다가 어느 정도 규모가 커지면 제품별 조직이나 혹은 지역별 조직과 같이 진출국 중심의 관점도 어느 정도 취하게 된다. 그리고 전 세계를 거의 커버하는 형태가 되면 글로벌 중심의 경영을 취하게 된다. 3가지 관점 모두에 보편적으로 통용되는 인사조직의 고려요인들이 있다. 그것들을 글로벌 경영의 관점에서 하나씩 살펴보면 다음과 같다.

첫째, 해외로 직원을 파견하려면 자국보다 보통 2~3배 정도 높은 임금과 부속비용(fringe benefits)을 제공해야 한다. 해외로 파견되어 업무를 수행하게 되면 언어와 가족문제들이 뒤따르게 된다. 현지국가의 언어를 잘하지 못하면 의사소통이 문제가 될 수 있으므로 언어도 다시 습득해야 하고 그리고 가족도 동반이주를 해야 하는 경우도 있다. 따라서 자국의 임직원을 해외로 파견할 때에는 그에 따른 비용들이 자국에서 근무할 때보다는 훨씬 많이 소요된다. 그리고 해외에 체류하게 되는 근무자는 자국이탈로 인해서 자신이 장기적으로 인사적으로 불이익을 받는다는 생각을 갖게 될 수도 있다. 이러한 해외이주자들의 인식 전환도 필요하다.

둘째, 해외파견 시에는 개인적 자질과 현지국 적응능력을 감안해서 적합한 인재를 선발하는 것이 중요하다. 개인적이 업무능력이 탁월하지 않으면 새로운 문화권에서 업무추진을 하는 데 상당한 장애가 발생할 수 있다. 자국에서 어느 정도 업무기획과 실행능력이 인정된 임직원을 해외로 파견시키는 것이 좋다. 또한 해외파견 기간이 길어지면 자국으로 귀국한 후 회사에 적응하지 못해 이직을 하는 등의 문제가 생길 수가 있으므로 귀임할 경우에 생기는 문제들에 대해서 예방적 차원의 관리를 수행하는 것이 필요하다.

셋째, 진출한 국가의 정부가 자국민의 채용을 강요하는 경우도 있다. 외국기업을 국내로 불러들인 해당국 정부는 선진기술을 이전받기 위한 목적도 있으나, 어느 정도는 자국민의 채용을 희망하게 된다. 자국민의 고용창출에 전혀 도움이 되지 않는다면(예를 들어서, 모두 해외경영자가 들어오거나 혹은 완전기계화로 인한 로봇생산으로 인력이 거의 필요 없는 경우), 해당 정부가 진출한 기업에게 자국민을 선발하라는 압력을 넣기도 한다. 무시할 수 없는 현실적인 고려요인이다.

2. 글로벌 기업의 조직구조

1) 글로벌 기업의 조직형성

처음에는 단순수출조직에서 국제화 추가조직으로, 그 후 글로벌 조직화가 이루어진다. 주로 미국, 유럽, 일본의 다국적기업들의 조직화 방식이다. 기본적으로 조직구조는 기업목표, 경영전략, 환경분석이 종합적으로 이루어진 후에 실행되어야 한다. 기업의 목표를 달성할 수 있는 경영전략을 수립하고 또한 이렇게 수립한 경영전략이 해외의 환경에서 실행가능한지를 면밀하게 검토한 후에 이에 맞추어서 글로벌 경영의 조직구조를 설정하는 것이 가장 바람직하다.

글로벌 기업의 조직구조는 보통 자국의 조직형태로부터 시작된다. 자국에서 수출을 하다가 수출물량이 늘어나면서 전체 매출액 중 해외매출액이 차지하는 비중이 늘어나게 되면 글로벌 조직화를 시도하게 된다. 가장 먼저 하는 것은 자국에서 국제부문을 담당하는 부서를 만드는 것이다. 수출에서 한 발짝 더 나아가 현지국에 협력하는 형태로 진출하는 전략적 제휴나 합작투자 혹은 현지국에 단독투자 형태로 진출하는 해외직접투자로 확대하게 되면서 글로벌 조직이 만들어진다.

글로벌 조직화는 크게 두 가지 방향으로 발전한다고 볼 수 있다. 하나는 본사에서 생산한 제품들을 국제적으로 판매하기 위한 글로벌 제품조직을 구성하는 것이다. 다른 하나는 글로벌화가 확산되면서 전 세계에서 진출한 국가들을 하나의 지역공동체로 묶어서 관리하는 글로벌 지역조직을 만드는 것이다. 각각을 상술하면 다음과 같다.

첫째, 글로벌 제품조직은 자국에서의 경쟁력이 확인된 제품을 가지고 해외로 진출하면서 구성된다. 전 세계적으로 가장 빼어난 브랜드자산을 가지고 있는 코카콜라는 세계 200여 국가에 진출하였다. 아이폰이 전 세계로 판매되는 것과 우리나라 삼성그룹의 전 세계 진출도 뛰어난 제품을 바탕으로 수행된 것이다.

국내에서 성공이 입증된 제품들을 전 세계로 표준화해서 그대로 판매하거나 혹은 국가나 지역별로 약간의 변화를 주어서 판매하는 형태들이 사용되고 있다. 어떠한 형태이든지 간에 글로벌 제품조직은 제품을 중심으로 한 글로벌 조직이라는 특징이 있다. 전 세계적인 판매를 확보할 수 있는 뛰어난 성능의 제품을 중심으로 조직화하는 것이다. 국내에서 십여 종의 승합차를 생산하는 현대자동차는 미국으로 진출하면서 다양한 노력을 하였고, 최근에는 인도로 진출하면서 자동차명을 현지에 맞추어서 바꾸는 등의 노력을 하고 있다.

둘째, 자국에서 성공한 대부분의 기업들은 다양한 형태의 경쟁력 있는 제품들을 가지고 있다. 적으면 십여 개에서 많으면 수백 가지의 제품들을 생산하는 기업들이 글로벌화하게 된다. 전 세계는 몇 개의 지역으로 분화되고 있다. 중국과 일본의 거대한 시장이 하나로 묶일 수 있고, 북미권의 미국, 캐나다, 멕시코도 하나의 권역으로 분류가 가능하고, 유럽경제공동체나 중동지역의 국가들 혹은 남미지역의 국가들도 하나의 결합체로 분류가 가능하다. 이와 같은 다양한 형태의 글로벌 지역에 진출하면서 조직화를 하는 것도 하나의 방법이다.

둘 중 어느 방법을 선택하든 자사의 경영형태에 가장 적합한 모습을 활용하면 된다.

2) 조직구조와 파워관계

앞에서 살펴본 것처럼 글로벌 조직은 크게 제품조직과 지역조직으로 구분된다. 기업이 생산하는 제품이 다품종이고 그리고 규격과 스타일이 다양할 경우에는 보통 제품별 조직을 형성한다. 제품별 조직은 제품별로 글로벌 브랜드매니저가 총괄하는 것을 말한다. 제품조직은 집권화되어 있고, 제품별 매출비중이 높아야 한다. 글로벌 브랜드매니저가 제품별 조직을 독립채산제의 형태로서 운영하는 것이 보통이다.

반면에 지역조직은 분권화되어 있고, 지역별 매출비중이 높아야 한다. 지역별 조직은 전 세계를 크게 보면 서너 개, 작게 보면 일고여덟 개의 지역으로 구분해서 관리하는 형태를 의미한다. 북미지역, 남미지역, 동북아지역, 동남아지역, 중동지역, 북유럽지역, 남유럽지역, 아프리카지역 등으로 구분해서 지역별로 매니저가 관리하는 형태이다. 유럽기업들이 전 세계로 진출할 때에 지역별 조직을 많이 활용했다.

제품별, 지역별 조직 모두 가장 중요한 것은 글로벌 경영의 생산성이다. 생산성이 지속적으로 향상되는 경우에는 어떠한 형태의 조직구조를 활용하든 별로 상관이 없다. 그러나 어떤 경우에는 제품별 조직의 효율이 높고, 다른 경우에는 지역별 조직이 더 나은 결과를 만들 때가 있다. 따라서 전체적인 관점에서 지역별 조직과 제품별 조직 선별 후 활용하는 경우가 보통이다. 어떠한 경우라도 전사적 차원에서 글로벌 경영의 통일성은 유지되어야 한다. 전 세계 글로벌 소비자들에게 하나의 기업이라는 이미지를 심어가는 것이 중요하다.

3. 글로벌 기업의 인사관리

1) 인적자원 확보의 중요성

글로벌 경영의 성패는 사람에게 달려 있다. 다른 모든 경영활동과 마찬가지로 능력 있는 경영자와 관리자가 없이는 모든 것이 해결이 되지 않는다. 대량생산을 위한 시스템이 완비되고 정보통신이 발전해도 경험과 지식을 가진 경영자의 판단은 상당히 중요한 몫이다.

특히 글로벌 경영의 경우에는 전 세계로 나가면서 자국의 시스템을 그대로 유지할 것인지 혹은 약간 바꿀지에 대해서도 철저히 준비가 되어야 한다. 미국의 햄버거가 전 세계로 진출할 때에는 거의 비슷하게 미국식 햄버거를 판매했으나 일본에서는 스시버거를 만들어서 팔았고, 미국의 콜라가 전 세계로 판매되면서 거의 비슷한 시스템을 유지했으나 독일에서는 더 진한 맛을 내도록 한 적도 있었다.

글로벌 경영의 초기 단계에서는 자국에서 해외로 인원이 파견된다. 그러나 규모가 커지고 해외의 독자적인 조직화가 이루어질 때에는 현지인 경영자를 채용하는 경우도 있다. 어떠한 경우이든지간에 성공의 여부는 국적을 불문하고 능력 있는 경영자를 선발하는 것이다.

국가 간의 인사정책, 노동조합구성, 조직통합과 인력구조가 상이하기 때문에 글로벌 인사관리는 상당히 어려운 작업이다.

2) 자국에서 파견하는 인적자원에 대한 관리방식

자국중심의 인사제도는 독점적 우위를 가진 자국인이 현지로 파견되어 기업을 통제하는 방식이다. 지식경영을 위해서 자국 임원을 파견한다. 자국의 인력을 해외에 파견하기 전에 파견프로그램을 개발해서 활용해야 한다. 특히 장기간 기주할 경우에는 가족이 동반해야 하는 문제가 발생한다. 또한 보수와 각종 혜택이 동일한 것인지 혹은 국가마다 약간의 차이가 있을 것인지에 대해서도 사전에 충분한 준비가 필요하다. 글로벌 기업들에게는 해외파견 전문인력의 양성에 대한 철저한 준비가 요구된다. 또한 현지국 중심은 현지국가의 문화를 이해하는 능력 있는 경영자를 선발하여 활용하는 것이 필요하다. 현지인력의 경우에는 본사와 커뮤니케이션이 잘 되어야 한다. 본사의 지시를 따라서 현지에서 경쟁력 있게 운영할 수 있는 시스템의 개발이 필요하다.

3) 전 세계적인 문화와 경영스타일에 대한 경험과 지식의 공유화

글로벌 인적자원관리에서는 본사가 추진하는 것들을 세계적으로 어떻게 공유할 것인지에 대한 프로그램이 잘 준비되어 있어야 한다. 본사의 중앙집권식 통제가 필요한 면과 각각의 개별 국가들에 대한 분권화와 자율권이 어느 정도 필요한지는 기업문화, 판매되는 제품형태와 지역별로 차이가 있을 수 있다.

그러나 전 세계적인 기업의 문화와 경영스타일을 공유하면서 기업의 철학을 유지하는 상태에서 경쟁력을 강화하는 것이 필요하다. 기업창업자의 경영철학과 그의 뒤를 잇는 CEO들의 경영철학의 맥을 이어나가면서 글로벌 경영을 하려면 전 세계적인 관점에서 이 지역의 경영자를 다른 지역으로 파견하는 것이 자유자재로 수행되어야 한다. 글로벌 경영의 현장에서는 북미지역의 총책임자가 유럽지역의 총책임자로 파견되는 경우도 있고, 아시아 경영담당자가 남미지역으로 파견되기도 한다.

4) 보상

글로벌 인사조직에서는 보상과 관련하여 크게 하나의 방향을 설정해야 한다. 보상을 연공서열급으로 할 것인지와 능력급제도를 도입할 것인지가 보상과 관련한 가장 중요한 의사결정문제이다. 전통적인 문화를 강조하는 경영형태(주로 아시아)에서는 연공서열제도를 많이 활용하고, 현대적인 생산성을 강조하는 경영형태(주로 북미나 유럽)에서는 능력급제도를 많이 사용하고 있다.

자국에서의 보상제도가 연공서열제도이면 해외에 진출한 경우에도 연공서열제도가 많이 사용되고 있다. 반면에 자국에서 능력급제도가 활성화되어 있으면 해외에 진출한 경우에도 능력급제도를 활용하는 편이다.

그러나 중요한 것은 해외에서 새로운 시장을 개척하는 것은 자국에서의 경영활동보다 어려운 것이 사실이다. 문화도 다르고, 시스템도 다른 곳에서 자사가 추구하는 목표를 달성하려고 노력한다고 해도 많은 난관에 부딪칠 수가 있다. 따라서 자국에서 연공서열제도를 활용한 경우에도 해외에 진출한 경우에는 연공서열제도에 일정의 능력급제도를 추가하는 것이 보통이다. 자국에서 능력급제도를 활용한 경우에는 당연히 해외에서도 능력급제도를 사용하게 될 것이다.

그러나 자사의 보상과 현지국가에서의 보상이 차이가 나게 되면 내부반발이 생길 수 있으므로 회사 차원의 배려와 조율이 요구된다.

5) 교육훈련

다국적기업의 능력 있는 인재를 목적에 맞게 선발하여 교육한다. 자사가 활용가능한 독점적 우위를 현지에서 유지하면서 발전시킬 수 있는 잠재력을 가진 현지인력을 선발해서 맞춤형 교육훈련을 시킬 필요가 있다. 글로벌적인 관점에서 표준화된 교육훈련을 시켜서 전 세계가 동일한 소비자메시지를 전달할 수 있는 제도를 미리 갖추어야 한다. 물론 어느 정도 현지맞춤형 교육도 필요하다. 현지국가의 임직원을 선발할 경우에는 진출국가에 대한 사회적 영향력을 고려하기도 한다.

6) 인소싱과 아웃소싱의 활용

경영학의 인사조직과 관련하여 인소싱(in-sourcing)과 아웃소싱(out-sourcing)이라는 개념이 있다. 인소싱이란 필요한 인력을 내부에서 발탁하는 것을 의미한다. 비용이 저렴하고 또한 내부사정에 정통하면서 쉽게 적응할 수 있는 장점이 있다. 반면에 인소싱된 내부인력이 필요한 새로운 업무를 수행할 능력이 부족한 경우가 생길 수있다. 글로벌 현장에서 발생하는 문제는 과거에는 경험해본 적이 없는 새로운 현상에 부딪쳤을 때 이를 해결할 내부인재가 없다는 것이다. 이럴 때는 외부에서 적절한 인력을 임시로 고용하거나 활용하는 방식을 사용하게 된다. 이것을 아웃소싱이라고 부른다. 비용이 많이 드는 단점이 있으나 업무를 원활하게 수행할 수 있는 장점이 있다.

7) 자국으로의 귀임관리

해외에 오래 체류한 후에 자국으로 귀임하면 적응에 문제가 생길 수가 있다. 따라서 귀임 전에 본지귀임적응준비를 시킬 필요가 있다. 이를 위해 일 년에 한 번 정도 자국을 방문하게 한다. 혹은 귀국 후에 해외현지 업무보고회를 하게 한다. 보통 해외근무기간이 길면 자국적응기간도 길어지는 편이다. 따라서 전 세계적인 관점에서 글로벌 인사순환제도를 활용할 필요가 있다.

4. 글로벌 기업의 조직관리

1) 조직관리

글로벌 관점에서 전 세계적으로는 동일하게 그러나 지역적으로는 맞춤형으로 조직구조를 설정하고 나서 본사가 글로벌적인 통제를 수행하는 것이 필요하다. 본사가 해외통제를 하는 기본적인 이유는 정보통신과 소셜네트워크서비스의 발전으로 전 세계가 하나의 생활권이 된 현대에서 이곳과 저곳의 다른 업무형태들이 일어나지 않도록 미연에 방지하려는 것이다. 또한 특정지역에서 업무가 원활하게 수행되면 다른 지역으로 추가진출을 하면서 새로운 지역본부를 설립하고 운영해야 하는데 신규로 설립된 지역본부도 전 세계적인 관점에서 일관성 있는 조직구조의 틀 안에 서 있어야 한다.

본사와 해외 자회사들 간의 커뮤니케이션을 원활하게 유지하면서 통일성과 적응성을 동시에 추구해야 한다. 전 세계 유수의 글로벌 기업들은 본사와 전 지역본부가 동시에 온라인미팅을 정례적으로 수행하고 있다. 전 세계가 다른 시간대에 있더라도 미리 정해진 동일한 시간에 수십여 명의 전 세계 글로벌 경영자들이 동시에 화상회의를 하는 것이다. 화상회의를 통해서 전 세계적인 시각을 조율하면서 동시에 각 지역본부의 업무현황보고를 듣고 그리고 불편사항들을 개선해 나가는 방식을 취한다.

지역본부 간의 경쟁상황이 발생하는 경우도 종종 있다. 전 세계적인 관점에서 글로벌 생산체제를 갖추었는데 특정지역에서 판매량을 증대하기 위해서 소비자판촉을 강하게 걸거나 혹은 무차별적인 가격인하를 수행하게 되면 다른 지역들의 불만을 사게 된다. 이유는 특정한 지역에서 상당히 낮은 가격에 팔리는 제품들을 외부의 병행수입업자들이 매입하여 다른 지역에서 판매하는 경우도 있기 때문이다. 보통 글로벌적인 관점에서 특정판매가격이 15~20% 정도 차이가 나게 되면 병행수입업자들이 개입하게 된다고 한다. 따라서 이러한 일을 기업 내에서 미연에 방지하려면 소비자판촉과 가격할인에서 일정한 가이드라인을 만들고 준수해야 한다.

조직문화를 잘 이해하고 나서 글로벌 임직원들이 업무에 매진하고 그리고 공평한 보상이 실행되는 시스템을 완비해야 한다. 업무에 대한 공평한 평가가 되지 않으면, 내부불만요인들이 축적되다가 어느 시점에 이르러서는 내부폭발로 이루어질 수 있다. 자국과 해외파견 시의 보상이 큰 틀에서 공평하다는 보편적인 인식이 확산될 수 있어야 한다. 특정한 지역에서 파격적인 보상이 실행되면 많은 임직원들이 스스로 진출을 원하게 되면서 조직이반이 생길 수 있다.

2) 정보통신기술과 글로벌 조직관리

정보통신기술이 급속하게 발전하면서 글로벌 조직관리의 형태도 약간씩 변화하고 있다. 정보통신시스템을 활용하여 본사에서 정한 제도를 글로벌적으로 쉽게 확산 시킬 수가 있다. 과거에는 본사의 최고경영층이 결정한 사항이 전 세계의 최하층직원들에게까지 전달되는 데 상당한 시간이 소요되었고 의사소통이 제대로 되지 않는 경우도 종종 발생했다. 그러나 최근에는 정보통신기술의 발전으로 순식간에 글로벌 조직 내부의 구석구석까지 쉽게 전달될 수 있는 것이다. 조직이 과거보다는 훨씬 더 탄력적이고 부드러운 발전을 하고 있는 것이 사실이다.

3) 노동조합

노동조합(labor union)이 정상적으로 발전한 국가의 기업들은 노동조합이 경영층과 상생적인 관점에서 대화와 타협을 수행하고 있다. 그러나 노동조합문화가 비정상적인 정치적 영향력이나 사회구조적 압박으로 변질이 되는 경우에는 노동조합과 경영층과의 정상적인 의사소통은 상당히 힘들다.

선진국에서는 일반적으로 노동조합과 경영층과의 의견 차이가 별로 없다. 의견 차이가 없는 경우는 곧바로 실행에 들어가면 되고, 혹시 노동조합과 경영층의 의견불화가 생기는 경우에는 마주 앉아서 의견불일치의 원인을 찾아 해결하려는 자세를 보이고 있다. 이와 같은 문화가 형성되어 있는 국가로 진출하는 경우에는 글로벌 기업에서는 노동조합의 문제에 별로 신경을 쓸 필요가 없다.

그러나 합의문화의 발전이 잘 되어 있지 않은 지역으로 진출하게 되면 노조와 경영층의 불화가 생길 수 있다. 노조가 비정상적인 국가로 진출할 경우에는 사전에 노조설립의 문제에 치밀하게 대응을 하는 것이 필요하다. 정상적인 업무의 마비가 생기지 않도록 미연에 예방 및 조치하여 글로벌적인 전략적 생산성이 발현될 수 있도록 한다.

연습문제

1. 글로벌 기업 인사조직의 의사결정 관점들에 대해 설명하시오.
2. 글로벌 기업의 인사조직 실행 시의 고려요인들을 설명하시오.
3. 글로벌 기업의 조직구조와 파워관계를 설명하시오.
4. 글로벌 기업의 직원보상방식에 대해서 상술하시오.

Chapter

10

글로벌 재무관리

Chapter 10 글로벌 재무관리

1. 외환시장의 균형이론

1) 장기적 균형: 구매력 평가설

(1) 일물일가의 법칙

구매력 평가설(Purchasing Power Parity: PPP)을 설명하기에 앞서 우선 일물일가의 법칙(the law of one price)을 이해할 필요가 있다. 일물일가의 법칙은 동일한 재화는 동일 시점에 장소에 관계없이 가격이 같아야 한다는 이론이다. 다시 말해 그 재화의 움직임에 제약이 없다면 국가에 관계없이 같은 가격에 거래된다는 법칙이다. 일물일가의 법칙을 식으로 표시하면 다음과 같다.

$$S(₩/\$) = P_{i₩}/P_{i\$}$$

여기서 S는 현물환율, $P_{i₩}$와 $P_{i\$}$는 특정재화 i의 각각 미국과 한국에서의 가격이다. 예를 들어 미국에서 금 1온스가 $75에 거래되고 한국에서는 ₩75,000에 거래된다면 균형환율 S(₩/$)=₩1,000/$가 된다. 만일 이 균형이 성립하지 않으면 시장은 불균형 상태가 되며 이 불균형은 Arbitrage의 기회를 제공하여 Arbitrager들은 싼 곳의 금을 사들이는 동시에 비싼 곳에 내다 팖으로써 Arbitrage 이득을 취하게 된다. 이 과정은 싼 곳의 금값은 올리고 비싼 곳의 금값은 내려서 다시 균형상태로 돌려놓게 된다는 것이다.

Case 1
사례 1

'빅맥'으로 본 원화가치, 22%나 저평가됐다.

세계 최대 패스트푸드 체인 맥도날드의 대표 햄버거인 '빅맥' 가격을 기준으로 할 때 한국의 원화가치가 22%나 저평가돼 있다는 분석이 제기됐다. 시사주간지 '이코노미스트'지는 지난 2일(현지시간) 최신호에서 빅맥지수(The Big Mac Index)를 근거로 주요 국가들의 적정환율을 산정한 결과 달러화대비 원화 환율은 적정수준에 비해 크게 높은 수준이라고 지적했다. 지난 1월초 원달러 환율인 1085.48원을 기준으로 할 때 우리나라의 평균 빅맥 가격은 3.41달러(3700원)로 미국의 평균 빅맥 가격 4.37달러보다 22%나 낮았다.

일반적으로 빅맥지수가 낮을수록 달러화에 비해 해당 통화가 상대적으로 저평가된 것으로 해석된다. 전 세계 맥도날드 매장에서는 같은 재료로 동일한 제품을 만들어 판매하기 때문에 우리나라의 빅맥 가격이 더 싼 것은 그만큼 원화가치가 저평가돼 있기 때문이라는 얘기다. 결국 이를 기준으로 할 경우 달러화 대비 원화의 적정 환율은 847.19원이었다.

우리나라뿐만 아니라 인접국 중국의 경우에도 빅맥 가격이 2.57달러(16위안)에 불과해 달러화 대비 무려 41.1%나 저평가된 것으로 분석됐다. 더구나 최근 일본 정부가 통화가치 하락을 위해 애쓰고 있는 일본 엔화도 19.5% 저평가됐다. 인도의 빅맥 가격이 1.67달러(89루피)로 조사대상인 45개국 가운데 가장 낮아 루피화가 달러화 대비 무려 61.8%나 저평가된 것으로 조사됐다. 그밖에 멕시코(33.5%), 러시아(44.5%), 홍콩(49.8%), 남아공(53.6%) 등의 통화가치가 적정수준보다 크게 낮은 것으로 분류됐다.

반면 베네수엘라의 빅맥 가격은 무려 9.09달러(39볼리바르)로 가장 높았다. 이를 기준으로 할 때 달러화 대비 통화가치가 107.9%나 고평가됐다. 그 뒤를 노르웨이(79.6%), 스웨덴(74.5%), 스위스(63.1%), 브라질(29.2%) 등이 이었다. 최근 강세를 보이고 있는 유로화도 빅맥 가격으로는 적정 수준보다 11.7% 더 높게 형성돼 있는 것으로 분석됐다.

빅맥지수는 전 세계에 점포를 둔 맥도날드의 빅맥 가격을 통해 각국 통화의 구매력과 환율 수준을 비교평가하기 위해 만든 지수로 이코노미스트가 해마다 분기별로 발표하고 있다. 환율이 각 통화의 구매력에 따라 결정된다는 구매력평가설(PPP)과 동일한 물건 가치는 어디에서나 같다는 일물일가의 법칙을 바탕으로 시장환율과 적정환율 간 차이를 파악할 수 있다는 점에서 의미 있는 지수로 받아들여진다.

순위	국가명	빅맥지수($)	순위	국가명	빅맥지수($)
1	베네수엘라	9.08	6	우루과이	5.45
2	노르웨이	7.84	7	캐나다	5.39
3	스웨덴	7.62	8	덴마크	5.18
4	스위스	7.12	9	오스트레일리아	4.90
5	브라질	5.64	10	콜롬비아	4.89

11	유럽연합	4.88	28	폴란드	2.94
12	터키	4.78	29	사우디아라비아	2.93
13	코스타리카	4.39	30	타이	2.92
14	미국	4.37	31	필리핀	2.91
15	칠레	4.35	32	멕시코	2.90
16	뉴질랜드	4.32	33	인도네시아	2.86
17	영국	4.25	34	스리랑카	2.77
18	이스라엘	4.00	35	말레이시아	2.58
19	아르헨티나	3.82	36	중국	2.57
20	헝가리	3.82	37	리투아니아	2.54
21	체코	3.72	38	타이완	2.54
22	싱가포르	3.64	39	러시아	2.43
23	일본	3.51	40	이집트	2.39
24	한국	3.41	41	우크라이나	2.33
25	라트비아	3.28	42	홍콩	2.19
26	아랍에미레이트	3.27	43	남아프리카공화국	2.03
27	파키스탄	2.97	44	인도	1.67

출처: 이데일리 (2013.2.3), 이코노미스트 (2012.2).

사례 1은 이코노미스트(Economist)라는 경제지가 1년에 한 번씩 내놓는 빅맥 환율(Big Mac Currency)이다.

(2) 절대적 구매력 평가설

일물일가의 법칙은 특정한 재화에 대해 성립하는 법칙이지만, 절대적 구매력 평가설(Absolute PPP)은 이 이론을 한 국가의 소비바스켓에 적용시키는 이론이다. 한 나라의 소비바스켓 가격, 즉 물가지수는 환율을 통해 다른 나라의 물가지수와 같아진다는 이론이고 다시 말하면 환율은 각국 물가지수의 비율이라는 뜻이다. 이를 식으로 표시하면 다음과 같다.

$$S(₩/\$) = P_{₩}/P_{\$}$$

여기서 S(₩/$)는 균형현물환율, $P_{₩}$는 한국의 물가지수, $P_{\$}$는 미국의 물가지수이다. 보통 물가지수로 많이 사용하는 것은 소비자물가지수(Consumer Price Index: CPI)이고,

CPI의 정의는 가계가 일상생활을 영위하기 위해 구입하는 상품가격과 서비스요금의 변동을 측정하기 위해 작성하는 지수로 한국의 경우 통계청이 한 달에 한 번 작성하여 발표한다.

(3) 상대적 구매력 평가설

절대적 구매력 평가설은 어느 한 시점에서 형성되는 균형이론인 반면 상대적 구매력 평가설(Relative PPP)은 일정 기간 동안의 균형이론이다. 절대적 구매력 평가설의 공식을 각 변수의 변화율로 표시하여 정리하면 다음의 식을 얻게 된다.

$$e \approx \pi_{₩} - \pi_{\$}$$

여기서 e는 S(₩/$)의 변화율, $\pi_{₩}$는 한국 물가지수의 변화율, $\pi_{\$}$는 미국 물가지수의 변화율이다. 물가지수의 변화율은 흔히 이야기하는 물가상승율 또는 인플레이션(inflation)으로 해석할 수 있으며, e는 +일 경우 ₩의 가치하락, −일 경우 ₩의 가치상승을 의미한다. 상대적 구매력 평가설을 이용한 환율 예측을 다음 사례에서 살펴보기로 하자.

Case 2
사례 2

상대적 구매력 평가설에 의한 환율 예측

한국의 인플레이션은 연간 5%이고 미국의 인플레이션은 연간 3%이다. 현재 환율은 S(₩/$)=₩1,000이라면, 상대적 구매력 평가설의 식에 의하면 $e \approx \pi_{₩} - \pi_{\$}$=5%−3%=2%가 된다. 이 의미는 1년간 ₩은 2%의 가치하락이 있어야 한다는 뜻이다. 따라서 1년 후 균형환율은 S_1(₩/$) = ₩1,020/$가 된다.

(4) 구매력 평가설에 의한 환율 예측

구매력 평가설에 의하면 환율의 변동에 영향을 미치는 가장 중요한 요인은 물가와 물가의 변동률인 인플레이션이다. 이 이론은 1920년대 스웨덴의 경제학자 카셀

(Cassel)에 의해 유명해졌는데 그 이후 수많은 실증분석이 발표되었다. 연구마다 약간의 차이는 있지만 구매력 평가설은 장기적인 환율변동을 비교적 잘 설명하고 있고 인플레이션이 아주 높은 시기에 비교적 정확하다는 것이 대부분의 결론이다. 4장에서 설명했듯이 1920년에 많은 유럽 국가들이 초인플레이션(hyperinflation)을 겪었던 시기에 나온 이론이다.

장기적인 환율변동과 인플레이션이 아주 높은 시기의 환율변동 외에 구매력 평가설은 정확도가 상당히 떨어지는데, 그 이유를 크게 두 가지로 들고 있다. 첫째는 물가지수를 산정하는 소비바스켓의 구성이 나라별로 크게 다르다는 점이다. 예를 들어 한국의 소비바스켓에서 쌀과 배추의 가격은 매우 중요하지만 미국에서는 그렇지 않기 때문이다. 둘째는 소비바스켓을 구성하는 재화와 서비스에 국가 간 이동이 불가능한 비교역재가 상당히 포함되어 있기 때문이다. 국가 간 가격 차이가 있는 불균형 발생 시 Arbitrage가 개입되어 균형으로 되돌려야 하는데 비교역재의 존재는 이를 불가능하게 한다. 또한 절대적 구매력 평가가 성립하지 않는 경우에도 상대적 구매력 평가는 성립하는 경우가 많았다는 점은 특기할 만하다.

2) 중기적 균형: 국제수지와 외환시장의 수요와 공급

이 이론의 기본적인 골격은 균형환율은 외환의 수요와 공급에 의해서 결정된다는 것이다. 특정 외환의 수요가 증가하면 그 외환의 가치는 상승하고 공급이 증가하면 그 외환의 가치는 하락할 것이다. 특정 외환의 수요와 공급은 국제수지표(balance of Payments: BOP)에 잘 나와 있다. 국제수지표란 한 나라의 국제 거래를 복식부기형태로 기록한 표인데, 수많은 항목이 있지만 크게 두 가지의 항목이 있다. 먼저 나오는 것이 무역수지(current Account)이고 이어서 나오는 것이 자본수지(capital account)이다. 모든 항목의 경우 외환의 유입은 (+)로 표시하고 외환의 유출은 (−)로 표시한다. (+)로 나타나는 외환의 공급요인은 재화와 서비스의 수출, 이전수입, 해외로부터의 투자와 차입 등이 있고 (−)로 나타나는 외화의 수요요인은 재화와 서비스의 수입, 이전지출, 해외로의 투자와 대출 등이 있다.

[그림 10-1]은 국제수지에 의해 어떻게 균형환율이 형성되고 변화하는지 설명하

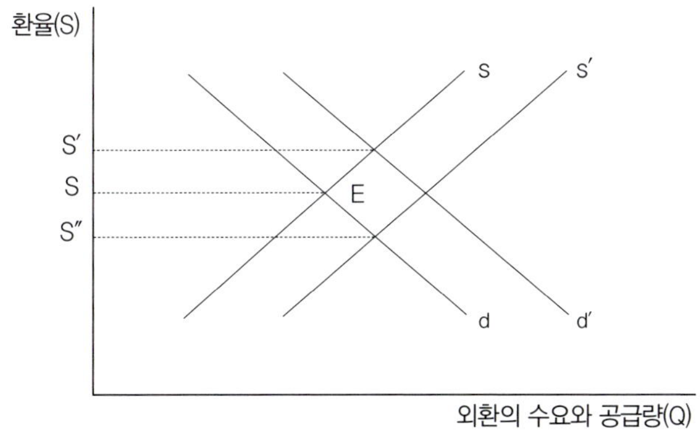

그림 10-1 | 외환의 수요공급과 환율 관계

고 있다. 편의를 위해 한국과 미국 사이의 경우를 예로 든다. s는 달러의 공급곡선이고 d는 달러의 수요곡선이다. 초기의 균형은 공급곡선 s와 수요곡선 d가 만나는 E점에서 형성될 것이다. E에서의 균형환율은 S(₩/$)가 될 것이다. 만일 한국의 수출이 미국으로부터의 수입보다 많은 무역수지의 흑자가 발생한다면 달러의 공급곡선은 s에서 s′으로 우측으로 이동할 것이고 균형환율은 S에서 S′으로 내려갈 것이다. S′으로의 이동은 원화의 가치상승을 의미한다. 만일 한국에서 대규모의 미국으로의 투자가 일어난다면 달러의 수요곡선 d가 d′으로 우측으로 이동할 것이다. 이 경우 새로운 균형환율은 S″으로 올라갈 것이며 이는 달러의 가치상승 또는 원화의 가치하락을 의미한다.

전통적으로 미국은 무역수지의 적자가 일어난 국가였으며, 전성기의 일본은 반대로 무역수지의 흑자가 일어난 곳이었다. 이러한 불균형이 지속적으로 일어나면 이를 해소하기 위한 외환시장의 변화가 일어나는데 중기적으로 보았을 때 무역수지의 지속적 흑자는 자국통화의 가치상승 압력을 받게 된다. 플라자협약 이후의 일본 엔화의 가치상승이나 최근 미국의 중국에 대한 위안화 가치상승 압력이 좋은 예가 될 것이다. 최근 한국의 경우도 이와 비슷한 처지에 놓여 있다. 이 이론에 의하면 미국은 전통적 무역수지 적자국으로 달러는 지속적 가치하락의 추세에 있지만 자본수지의 흑자로 인한 달러의 수요로 인한 상쇄효과도 어느 정도 존재한다고 볼 수 있다.

3) 단기적 균형: 이자율 평가설

이자율 평가설(Interest Rate Parity: IRP)은 자본의 흐름이 자유로운 국가 사이에 유지되어야 하는 단기균형이다. 한국과 미국 사이에 자본의 흐름이 자유롭다고 가정하고 두 국가 사이의 이자율 평가설의 예를 들어보자. 한국 사람의 입장에서 ₩1을 1년간 투자하는 방법은 첫째는 한국의 은행에 예금하는 방법이고 둘째는 ₩1을 $로 환전하여 미국 은행에 예금하면서 만기 $금액을 선물환시장에서 파는 것이다. 두 가지 방법은 부도의 위험만 없다면 다른 위험이 없으므로 서로 같아야 한다. 첫 번째 방법의 1년 후 만기금액은 $₩(1+i_{₩})$이 될 것이고 두 번째 방법의 1년 후 만기금액은 $₩[F(₩/\$)/S(₩/\$)] \times (1+i_{\$})$가 될 것이다. 이자율 평가설의 균형은 이 두 가지가 같아야 한다는 것이다.

$$(1+i_{₩}) = F/S \times (1+i_{\$})$$

여기서 F는 선물환 환율, S는 현물환율, $i_{₩}$는 한국의 이자율 그리고 $i_{\$}$는 미국의 이자율이다. 이자율 평가가 성립하지 않으면 Arbitrage의 가능성이 생기는데, 어떻게 Arbitrage 이득을 취하는가와 어떻게 균형으로 되돌아가는가는 다음 절에서 사례를 통해 자세히 살펴볼 것이다.

4) 국제피셔효과

이자율 평가설의 공식에서 F는 선물환환율인데 개념상 현재의 정보로 예측할 수 있는 최상의 미래 현물환율의 예측치이다.[1] 선물환환율이 미래의 현물환율과 같아진다는 가정하에 이자율 평가설을 이용하여 미래의 환율을 예측할 수 있다. 위의 이자율 평가 공식을 일정 기간의 변화율의 형태로 수정하여 정리하면 다음과 같이 쓸 수 있다.

$$e \approx i_{₩} - i_{\$}$$

1) 이 이론은 선물환율을 미래 현물환율의 불편추정치(unbiased estimator)라고 부르기도 한다.

여기서 e는 환율의 변화율이고 $i_{₩}$는 한국의 이자율, $i_{\$}$는 미국의 이자율이다. 즉 환율은 양국의 이자율 차이만큼 변동하는데, 이자율이 높은 나라의 화폐가치가 하락하고 이자율이 낮은 나라의 화폐가치는 상승한다. 이 이론을 국제피셔효과(International Fisher Effect)라고 부르기도 한다. 이자율 차이로 인한 환율변동의 경우를 다음 사례를 통해 살펴보기로 한다.

Case 3
사례 3

국제피셔효과를 이용한 환율 예측

현재 한국 원화의 달러 환율은 ₩1,000/$이고 한국의 1년짜리 이자율은 5%, 미국의 1년짜리 이자율은 2%라고 가정하자. 이자율 평가설을 이용한 환율 변동 공식은 $e \approx i_{₩} - i_{\$} = 5\% - 2\% = 3\%$이다. 이 의미는 1년 사이 한국의 원화는 높은 이자율로 3%의 가치 하락이 있어야 한다는 뜻으로 1년 뒤의 균형 현물환율 S_1(₩/$) =₩1,030/$이 될 것이다.

5) 초단기 환율 예측: 효율적 시장 가설

앞서 살펴본 이론들에 의하면 환율변동의 요인은 장기적으로는 물가, 중기적으로는 국제수지, 단기적으로는 이자율 등이 있다. 그러나 환율의 초단기적 변동, 예를 들어 하루 사이의 변동 혹은 짧은 일간(intraday)의 변동은 이러한 거시경제 변수를 반영하여 움직인다고 보긴 어렵다. 그렇지만 환율은 짧은 시간에도 끊임없이 변동하고 있는데 이를 어떻게 설명할 것인가? 이와 같은 초단기 환율변동에 주로 사용되는 이론이 효율적 시장 가설(efficient market hypothesis)이다.[2] 효율적 시장은 이미 모든 정보를 포함하고 있으므로 환율은 새로운 정보가 발생했을 때만 변동하는데 이 새로운 정보는 그 발생이 무작위(random)적이기 때문에 환율 또한 무작위하게 움직인다

2) 이 가설의 논리적 설명은 높은 수준의 수학을 요구하므로 본 과목에서는 개념 위주의 설명으로 대체한다. 보다 자세한 설명은 Eugene Fama (1991). "Efficient Capital Market II," Journal of Finance 26. 을 참조하기 바란다.

는 것이다. 때문에 초단기적 환율의 움직임은 내일의 현물환율 최적 예상치는 오늘의 현물환율이라는 랜덤워크가설(random walk hypothesis)을 따르게 된다. 따라서 환율 움직임에 가장 커다란 영향을 미치는 요인은 새로운 정보(information)의 발생이며, 이 경우 환율의 변동은 마치 주식가격의 움직임과 흡사하게 미래에 대한 사람들의 기대를 반영하고 있다는 것이다.

2. 외환시장을 통한 거래의 종류

1) 투자 · 투기거래

(1) 현물시장을 이용한 투자 · 투기거래

현물시장(spot market)에서의 투자 · 투기거래는 현재의 환율이 향후 어떻게 변할 것인가에 대한 예측에 근거한다. 향후 환율이 오를 것으로 예측한다면 해당 외화를 사서 보유하는 Long Position을 통해 이익을 취할 것이고, 향후 환율이 내려갈 것으로 예측한다면 해당 외화를 먼저 팔았다가 떨어지면 되사는 Short Position을 통해 이익을 취하려 할 것이다. 물론 예측이 틀리면 손해를 감수해야 한다. 다음 사례를 통해 현물시장에서의 투자 · 투기거래를 살펴본다.

Case 4
사례 4

현물환시장을 통한 투자 · 투기거래

(1) Long Position

현재 환율은 S_0=₩1,000/$이다. 1년 뒤 환율이 S_1=₩1,100/$으로 예상한다고 한다면, $를 매입하여 이익을 취하려 할 것이다. ₩10,000,000을 투자해 $10,000를 매입하였다고 가정하자.

1년 뒤 환율 (S_1)	투자이익	수익률(%)
900	−₩1,000,000	−10%
1,000	₩0	0%
1,100	₩1,000,000	+10%

이 경우 수익률 ±10%는 커다란 위험이 수반된 것이 아니므로 투기로 보지 않고 투자로 보아도 무방할 것이다.

(2) Short Position

만일 1년 뒤 환율이 S_1=₩900/$이 예상된다면 은행에서 $10,000를 빌린 후 바로 매도하여 ₩10,000,000을 가지고 있다가 1년 후 환율에 $10,000를 매입하여 은행에 돌려주면 될 것이다.

1년 뒤 환율 (S_1)	투자이익	수익률(%)
1,000	₩0	0
1,100	−₩1,000,000	?

이 경우 투자이익은 앞의 사례와 마찬가지로 ±₩1,000,000이나, 수익률은 달라질 것이다. 은행이 $10,000를 빌려주는 대가로 담보를 요구할 것인데, $10,000의 매도대금을 은행에 예치한다면 환율의 예상 변동과 $10,000에 대한 이자에 따라 달라지겠지만 앞 사례의 투자금액 ₩10,000,000보다는 훨씬 작은 납부금액만 요구할 것이다. 납부금액이 얼마인가에 따라 달라지겠지만 Long Position의 경우보다는 커다란 수익률의 차이를 보일 것이다. 많은 경우의 Short Position은 투기로 분류하여야 할 가능성이 높다.

(3) Long Position의 투기거래

①에서와 같은 Long Position에서도 투기거래가 가능하다. 똑같이 ₩10,000,000을 투자하여 $10,000의 Long Position을 취하더라도 그 중 ₩8,000,000은 빌리고 투자가는 ₩2,000,000만 투자하였다고 가정하자.

1년 뒤 환율 (S_1)	투자이익	수익률(%)
900	−₩1,000,000	−50%
1,000	₩0	0%
1,100	₩1,000,000	+50%

이 경우 (1)에서와 같은 투자이익이 발생하더라도 실제 투자금액은 ₩2,000,000밖에 되지 않기 때문에 수익률은 ±50%로 크게 나타난다. 이러한 현상을 투자의 지렛대(Leverage)효과라 하는데 이 경우는 전형적인 투기거래라 할 것이다. 물론 이자를 계산하면 약간 수익률이 작아지겠지만 계산의 편의를 위해 고려하지 않았다. 주식시장에서도 이와 같은 투기거래가 빈번히 일어나는데 이를 신용(Margin)거래라 부른다.

(2) 선물환시장을 이용한 투기거래

앞의 예와 마찬가지로 S_0=₩1,000/$이고 은행에 조회해본 F_1=₩1,050/$이라 가정하고 1년 뒤 환율은 S_1=₩1,100/$으로 예상할 때 선물환을 이용한 투기거래는 어떻게 수행하는지 알아보자. 환율이 이미 형성되어 있는 선물환환율보다 더 상승할 것으로 예상할 때는 선물환 매입을 통해서, 반대로 하락할 것으로 예상되면 선물환 매도를 통해 투기거래를 할 수 있다.

Case 5
사례 5

선물환시장을 통한 투기거래

현재 환율은 S_0=₩1,000/$이다. 은행에 확인하여 본 선물환환율은 F_1=₩1,050/$이다.

(1) 선물환 매입거래(Forward Buy)

만일 1년 뒤 예상하는 예상환율이 $E(S_1)$=₩1,100/$이라면 선물환 매입을 통하여 투기거래를 할 수 있다. 여기서 한 가지 주의해야 할 점은 신용이 없다면 은행이 선물환거래를 받아주지 않을 것이지만 받아만 준다면 선물환거래는 1년 뒤 결제 시까지 자금이 전혀 투입되지 않는다는 점이다. 그렇기 때문에 본인의 자금여력을 크게 초과하여 거래할 유인이 생길 수도 있다. 예를 들어 신용이 있는 어느 기업의 자금담당자가 $10,000,000의 선물환 매입을 하였다 가정하자.

1년 뒤 환율 (S_1)	투자이익	수익률(%)
900	−15억	?
1,000	−5억	?
1,100	5억	?

여기서 수익률을 ?로 표시한 것은 투자금액이 없으므로 계산을 할 수 없기 때문이다.

(2) 선물환 매도거래(Forward Sell)

만일 1년 뒤 예상하는 예상환율이 $E(S_1)$=₩1,000/$이라면 선물환 매도를 통하여 투기거래를 할 수 있다. 이 경우도 자금의 투입은 없다. 마찬가지로 $10,000,000의 선물환 매도를 하였다 가정하자.

1년 뒤 환율 (S_1)	투자이익	수익률(%)
900	15억	?
1,000	5억	?
1,100	−5억	?

사례 5에서 보듯이 선물환거래는 신용이 없으면 거래 자체가 불가능하지만 기업이나 금융기관은 회사의 신용으로 외환거래 담당자가 과도한 거래를 할 수 있는 가능

성이 충분하다. 1989년 광주은행은 한 외환딜러가 4개월간에 걸쳐 약 350억 원의 손해를 끼친 적이 있으며, 1995년 수협중앙회의 경우도 약 200억 원의 손실이 발생하였는데, 모두 내부의 통제제도 부실로 인한 과도한 선물환거래가 그 원인이 되었다.

(3) 선물시장을 이용한 투기거래

선물시장(futures market)에서는 앞서 설명한 대로 거래소를 통해 표준화된 조건의 선물계약을 매입 또는 매도함으로써 투기거래를 수행한다. 표준화된 조건이라 함은 계약당 거래금액, 만기일, 증거금 등을 거래소가 정함으로써 불특정 다수가 참여할 수 있도록 만든 것을 의미한다. 여기서 증거금은 계약불이행 위험을 방지하고자 거래소가 징수하는 일종의 담보이며, 증거금만 납부하면 투자자의 신용에 관계없이 누구나 선물의 매입 매도가 가능하다.[3] 여기서도 1년 뒤 환율이 앞으로 상승을 예상하면 선물 1계약을 매입함으로써, 하락을 예상하면 선물 1계약을 매도함으로써 투기거래를 할 수 있다.

Case 6
사례 6

선물시장을 통한 투기거래

현재 환율은 S_0=₩1,000/$이다. 1년 뒤 만기가 되는 달러 선물 또한 f_1=₩1,000/$에 거래된다고 가정하자. 달러 선물 한 계약의 가치는 $10,000이며 증거금은 5%이다.

(1) 선물 매입(Futures Buy)

1년 뒤 현물 환율이 S_1=₩1,100/$으로 상승할 것이라고 예상한다고 한다면, 달러 선물 1계약을 매입하여 이익을 취하려 할 것이다. 1계약을 매입하는 데 들어가는 증거금은 ₩1,000/$ ×$10,000×0.05=₩500,000이 되며 이 금액이 이 투자자의 투자금액이 된다.

1년 뒤 환율 (S_1)	투자이익	수익률(%)
900	−1,000,000	−200%[4]

3) 증거금(margin)은 매일 거래소가 정산을 하여 담보능력이 떨어질 때는 추가납부를 요구한다. 이때 매일 정산하는 것을 일일정산(marking to market)이라 하고, 추가납부 요구를 마진콜(margin call)이라 한다.

4) 실제로 −200%는 발생하지 않는다. 거래소가 일일정산을 통해 증거금의 담보능력이 떨어지면 추가납부를 요구하기 때문이다. −200%라는 의미는 비교를 위한 이론적 숫자로 보면 된다.

1,000	0	0%
1,100	1,000,000	+200%

(2) 선물 매도(Futures Sell)

1년 뒤 현물 환율이 S_1=900/$으로 상승할 것이라고 예상한다면, 달러 선물 1계약을 매도하여 이익을 취하려 할 것이다. 1계약을 매입하는 데 들어가는 증거금 또한 ₩500,000이 되며 이 금액이 이 투자자의 투자금액이 된다.

1년 뒤 환율 (S_1)	투자이익	수익률(%)
900	1,000,000	+200%
1,000	0	0%
1,100	−1,000,000	−200%[5]

선물 매입의 경우 환율은 10% 움직여서 S_1=₩1,100/$이 되었음에도 선물에서의 수익률은 20배인 200%가 된다는 것이다. 반대로 환율이 예상과 다르게 하락한다면 그 손해 또한 20배에 달할 것이다. 선물 매도의 경우 또한 환율이 예상대로 하락하면 떨어진 환율로 달러를 매입하는 절차를 통해 거래가 청산되고 20배의 수익률이 나오게 되며, 반대로 상승한다면 역시 20배의 손해를 감수하여야 한다. 이와 같이 선물을 통한 거래는 계약가치보다 훨씬 낮은 5%의 증거금만 납부하고 거래를 하기 때문에 약간의 환율 움직임에도 20배의 수익률 변화를 가져오기 때문에 투자라 보기 어렵고 전형적인 투기거래라 할 것이다. 또한 ₩10,000,000을 가지고 있는 투자가는 현물환거래 시 $10,000밖에 매입할 수 없지만, 선물거래는 20계약, 즉 $200,000의 거래를 할 수 있다는 점이 선물을 이용한 투기거래의 본질이라 하겠다.

(4) 옵션시장을 이용한 투기거래

옵션은 특정 환율(strike price 또는 exercise price)에서 특정 외환을 사거나(call option) 팔(put option) 수 있는 권리를 말한다. 1982년 미국의 필라델피아 증권거래소가 처음으로 거래소 옵션을 상장시키기 전까지는 장외(OTC)옵션만 존재하였다. 장외옵션은 마치 선물환거래처럼 옵션의 필요성을 가진 기업과 금융기관 간의 사적거래였

5) 각주 4)의 내용과 같다.

으나, 1970년대 후반 블랙과 숄즈(Black & Scholes)의 옵션가격 결정이론(Option Pricing Model: OPM)을 계기로 옵션도 적절한 가격으로 거래될 수 있는 금융상품이라는 인식이 확산되었다. 1982년 첫 거래소 옵션이 소개된 이래 지금은 전 세계의 증권거래소에서 다양한 형태로 옵션 상품들이 거래되고 있으며 개인투자가도 손쉽게 참여할 수 있는 형태로 발전하였다. 우리나라의 한국거래소에도 미국 달러에 대한 옵션이 거래되는데 최장 6개월까지의 옵션이 항상 4종류가 거래되고 있고 거래단위는 계약당 $10,000이다. 옵션은 선물과는 달리 계약 당시 옵션에 대한 가격(option premium)을 지불하게 되는데 이 옵션가격 또한 계약금액인 $10,000에 비해서는 굉장히 저렴하기 때문에 투기성이 강하며 통화 옵션시장에는 원래 목적인 헤지거래 이외에 상당한 양의 투기거래가 성행하고 있다. 옵션을 통한 투기거래의 예를 다음 사례를 통해 살펴본다.

Case 7
사례 7

옵션시장을 통한 투기거래

(1) Call 옵션을 이용한 투기거래: 환율의 상승을 예상

현재 환율은 S_0=₩1,000/$이다. 6개월 후 만기되는 Call 옵션이 행사가격 K=₩1,000에 존재하며 이 Call의 가격(Call Premium)은 ₩20/$이다. Call 1계약은 $10,000라고 하자. Call 옵션은 행사가격인 ₩1,000에 $10,000를 살 수 있는 권리이기 때문에 6개월 후 환율이 ₩1,000보다 높을 경우 행사하여 그 차액인 S_1–K만큼의 이익을 얻게 되지만 ₩1,000보다 낮을 경우는 행사를 포기하면 된다. 이 경우 투자금액은 ₩20/$×$10,000=₩200,000이다. 6개월 후 손익은 다음과 같다.

6개월 후 환율	행사유무	Call 손익	수익률(%)
₩900	×	–₩200,000	–100%
₩950	×	–₩200,000	–100%
₩1,000	×	–₩200,000	–100%
₩1,050	○	₩300,000	150%
₩1,000	○	₩800,000	400%

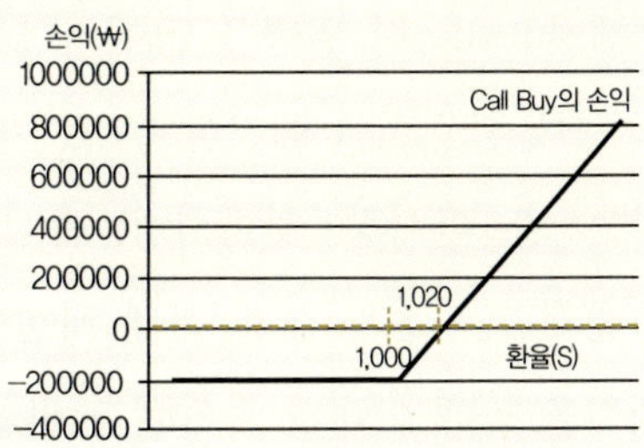

(2) Put 옵션을 이용한 투기거래: 환율의 하락을 예상

현재 환율은 S_0=₩1,000/$이다. 6개월 후 만기되는 Put 옵션이 행사가격 K=₩1,000에 존재

하며 이 Put의 가격(Put Premium)은 ₩20/$이다. Put 1계약은 $10,000라고 하자. Put 옵션은 행사가격인 ₩1,000에 $10,000를 팔 수 있는 권리이기 때문에 6개월 후 환율이 ₩1,000보다 낮을 경우 행사하여 그 차액인 $K-S_1$만큼의 이익을 얻게 되지만 ₩1,000보다 높을 경우는 행사를 포기하면 된다. 이 경우 투자금액은 ₩20/$×$10,000=₩200,000이다. 6개월 후 손익은 다음과 같다.

6개월 후 환율	행사유무	Call 손익	수익률(%)
₩900	○	₩800,000	400%
₩950	○	₩300,000	150%
₩1,000	×	−₩200,000	−100%
₩1,050	×	−₩200,000	−100%
₩1,000	×	−₩200,000	−100%

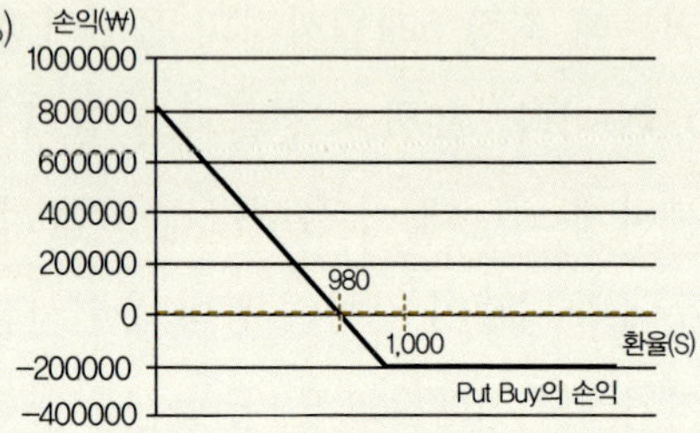

사례 7에서 볼 수 있듯이 옵션을 통한 거래는 예측이 맞지 않았을 때는 손해가 이미 지불한 Premium으로 제한되지만 예측이 맞았을 때는 이익이 크게 나타나는 장점이 있다. 하지만 약간의 환율변동에도 투자금액 전액을 손해 보거나 투자금액의 몇 배의 이익으로 나타나는 등 투자로 보기에는 어렵고 투기로 보아야 할 것이다. 옵션의 투기성 또한 계약금액에 비해 현저히 적은 Premium의 규모에서 나타나는 지렛대 효과에서 찾아야 할 것이다.

2) 헤지거래

헤지(hedge)란 위험을 없애거나 줄이는 행위를 일컫는다. 외환시장의 다양한 거래를 통해 환위험을 헤지할 수 있는데, 주로 대표적 파생상품(derivative securities)이라 칭하는 선물환시장, 선물시장, 옵션시장을 통하여 이루어진다. 예를 들어 수출업자는 수출계약 시점과 실제 결제 시점이 다르기 때문에 선물환 매도, 선물 매도, 풋옵션 매입을 통해 미래의 불확실한 환율변동을 헤지할 수 있고, 수입업자는 선물환 매입, 선물 매입, 콜옵션 매입을 통해 환위험의 헤지가 가능하다.[6] 해외투자 또는 각종 대

6) 선물과 거래소 옵션은 계약단위나 만기일이 표준화되어 있어 누구나 거래소를 통해 거래할 수 있다는 장점이 있는 반면, 헤지를 하려는 계약의 규모나 날짜가 맞지 않는다면 완벽한 헤지가 불가능하다. 따라서 헤지의 목적으로는 선물환거래와 장외(OTC)옵션이 더 많이 쓰인다.

출 · 차입거래 시에도 이와 같은 논리로 환위험의 헤지가 가능하다. 금융파생상품 생성의 원래 목적은 이러한 헤지에 있었으나 지금은 앞서 설명한 투기거래 그리고 이어서 설명할 Arbitrage 거래 또한 많이 이루어지고 있다. 이러한 헤지의 자세한 예는 다음 절인 환위험의 관리에서 자세히 살펴볼 것이다.

3) Arbitrage 거래

Arbitrage는 시장의 일시적 불균형이 발생할 경우 위험 없이 이익을 취하는 거래이다. 모든 균형이 존재하는 시장들 사이에서는 Arbitrage 거래가 가능하며 불균형 발생 시 Arbitrage 거래는 시장을 균형으로 되돌려 놓는 역할을 하게 된다. 양국 간 균형 이론의 하나인 이자율 평가설(IRP)과 관련된 커버된 이자율 Arbitrage의 경우를 다음 사례를 통해 살펴본다.

Case 8

사례 8

커버된 이자율 Arbitrage(Covered Interest Arbitrage)

한국의 6개월짜리 이자율 $i_{₩}$=4%이고 미국의 6개월짜리 이자율 $i_{\$}$=2%이다. 현재 환율은 S_0=₩1,000/$이고 6개월짜리 선물환환율은 $F_{\frac{1}{2}}$=₩1,040/$이다. 한국과 미국의 은행에서 빌릴 수 있는 한도는 각각 ₩10억 또는 $1,000,000라고 가정하자.

(1) 한국과 미국 사이에 이자율 평가가 성립하는가?

이자율 평가의 공식은 $(1+i_{₩}) = F/S\times(1+i_{\$})$이다. 좌변은 1.04이고 우변은 1,040/1000 x 1.02 = 1.06으로 좌변 〈 우변이 되어 이자율 평가는 성립하지 않는다.

(2) 어떻게 Arbitrage 이익을 취할 수 있나?

좌변 〈 우변이므로 한국에서 빌려 미국에 예금함으로써 이익을 취할 수 있다. 그 절차는 다음과 같다.

오늘의 절차	6개월 후의 절차
① 한국의 은행에서 ₩10억을 빌린다.	10억×1.04=₩1,040,000,000을 갚는다.
② ₩10억을 $1,000,000로 환전한다.	
③ $1,000,000을 미국에 예금한다.	$1,000,000×1.02=$1,020,000를 받는다.

④ $1,020,000를 $F_{\frac{1}{2}}$=₩1,040/$에 선물환 매도한다. $1,020,000을 ₩1,060,800,000로 환전한다.

Arbitrage 이익 = ₩20,800,000

(3) Arbitrage가 생기지 않는 균형선물환환율(F*)은 얼마인가?

이자율 평가 공식을 변환시켜 다시 쓰면 $F=S\times[(1+i_{₩})/(1+i_{\$})]$ 가 된다. 즉 F*=1,000x1.04/1.02=₩1,19.61/$이 균형선물환환율이다. 한국의 이자율이 2% 포인트 높기 때문에 원화의 가치가 약 2% 하락하는 것으로 선물환환율이 결정되고 있음을 의미한다.

(4) 초기의 불균형이 균형으로 돌아가는 절차는 어떠한가?

조기의 불균형은 좌변 〈 우변의 형태로 나타나 있다. 이 불균형은 (2)번에 나타나 있는 ①부터 ④의 절차에 의해 균형으로 되돌아갈 것이다. 우선 ①은 좌변을 상승시킬 것이다. ②는 S의 상승을 가져오며, ③은 $i_{\$}$의 하락을 가져올 것이며, ④는 F의 하락을 가져오게 되어 ②부터 ④의 절차는 모두 우변의 하락을 의미하게 된다. 이 절차는 좌변과 우변이 같아질 때까지 진행되어 결국 Arbitrage는 양국의 이자율 평가가 성립되도록 균형을 되살리게 한다.[7)]

3. 환위험관리

1) 환위험과 환노출

1973년 변동환율제도로 바뀐 이래 환율의 변동은 급격히 커졌으며 기업의 국제 사업의 규모가 커지면서 외환시장과 관련된 정책은 기업의 경영에 중요한 부분을 차지하게 되었다. 흔히 등장하는 중요한 용어가 환위험(foreign exchange risk) 또는 환노출(foreign exchange exposure)인데 전문가들까지도 이 두 가지를 구분 없이 사용하곤 한다. Adler와 Dumas(1984)는 환위험과 환노출의 구분을 명확히 하고 있는데, 환위험은 환율의 변동성으로 측정하는 것이고 환노출은 환율변동에 노출되어 있는 기업의 외화표시 부채나 자산을 외국환의 단위로 표시하는 것이다. 다시 말하면 외환시장이 크게 변동한다 하더라도 해당 기업이 이 위험에 노출된 자산이나 부채가 없다면 환

7) 이에 관한 연구결과는 아직 정확히 나온 것은 없으나, 네 가지의 변수가 모두 균등하게 변화할 것 같지는 않고 네 시장 중 가장 규모도 작고 변화가 빠른 선물환시장의 가장 큰 변화로 균형이 다시 성립 될 가능성이 높아 보인다.

노출은 없으며, 걱정할 필요가 없다는 뜻이다. 따라서 기업이 관리할 수 있는 부분은 환노출이지 환위험의 관리라는 표현은 엄밀히 말하면 잘못된 표현이다.

외환시장의 변동에 따른 기업의 환노출에는 세 가지가 있다. 첫째는 경제적 노출(economic exposure), 둘째는 환산노출(translation 또는 accounting exposure) 그리고 셋째는 거래적 노출(transaction exposure)이다.

2) 경제적 노출

경제적 노출(economic exposure)이란 환율의 급격한 변화가 기업의 현금흐름, 나아가 기업의 가치에 영향을 미칠 때의 환노출을 일컫는다. 거래적 노출이 기업의 개별 거래에 단기적으로 영향을 미치는 노출이라면 경제적 노출은 일정 기간 동안에 걸쳐 장기적으로 영향을 미치는 노출이라고 할 수 있다. 때로는 해당 기업뿐 아니라 특정 산업이나 주식시장 등을 통해 대다수의 기업에 영향을 미칠 때도 외환시장에 대한 경제적 노출이 있다고 이야기한다. 예를 들어 2012년부터 지속된 엔화의 약세로 인해 일본과 경쟁 관계에 있는 자동차, 전자, 철강, 조선기업들의 매출액과 순이익이 급감할 가능성이 있다는 기사를 보곤 하는데 이는 해당 기업이나 산업, 나아가서는 한국 수출기업 전체에 경제적 노출이 있다고 할 수 있다.

경제적 노출은 기업의 가치에 미치는 중요한 노출임에는 틀림없지만 노출을 측정하는 방법이 다소 주관적이어서 쉬운 작업이 아니며 일정한 시간이 지나야만 나타나는 경우가 많다. 측정방법으로 많이 사용하는 방법은 기업의 매출, 순이익 또는 기업의 가치에 대한 외환시장의 민감도를 측정하는 회귀분석(regression)인데 이 또한 과거의 어떤 자료를 사용하느냐에 결과가 달라진다는 어려움을 가지고 있다. 다행히 측정을 하였다 하더라도 이를 헤지하기 위해서는 통제할 수 없는 변수가 존재하며, 거래적 노출의 경우와 같이 특정한 전략 몇 가지로 해결할 수 없다는 어려움이 있다. 때로는 재무적 기법이 아닌 기업의 기본적인 전략의 수정으로 대처해야 하는 경우도 많다. 사례 9는 2008년부터 몇 년 전까지 진행된 엔화의 강세와 관련된 일본의 도요타 자동차의 경제적 노출에 대한 기사이다. 극단적인 표현이 나오기도 하지만 엔화 강세기에 일본의 대표적 기업의 어려움을 단적으로 보여주는 것이라 할 수 있다.

Case 9
사례 9

日이 도요타 포기하는 날

매년 30만 명이 견학을 위해 일본 아이치현 도요타 자동차를 찾는다. 비즈니스맨이라면 한 번쯤 방문하는 제조업의 성지 같은 곳이다. 세계 최대 자동차회사의 노하우가 응집됐기 때문일 것이다. 하지만 포장을 벗겨 내면 이곳만큼 비효율적이고, 일본 경제의 모순을 정확히 드러내는 곳도 없다. 도요타가 결산발표 때 공개하는 자료 중 '보족 자료'라는 것이 있다. 해외계열사를 제외한 국내 본사의 단독결산이 담겨 있다. 도요타가 엔고(엔화 가치 급상승)에 얼마나 타격을 입었고 얼마나 극복했는지를 알려면 이 자료를 읽어야 한다. 해외계열사는 엔고의 영향을 거의 받지 않기 때문이다. 도요타는 지난 5일 4~9월(일본 회계연도에서 상반기) 영업이익이 3231억 엔을 기록했다고 발표했다. 엔고와 리콜 파문을 감안하면 상당한 뒷심이다. 하지만 "엔고 위기를 극복했다"는 평가를 일본 언론에서 찾기 어렵다. 단독결산에서 영업손실 1494억 엔을 기록했기 때문이다. 도요타는 엔고로 하반기에 더 어려워져 본사의 단독 영업손실이 연간 4900억 엔에 달할 것으로 예측했다. 3년 연속 손실이다. 도요타는 기형적이다. 상반기 본사가 일본에서 생산한 자동차는 161만 대. 내수 부진 탓에 일본에서 팔린 차는 80만 대에 머물렀다. 나머지는 손해를 보고 수출로 밀어냈다. 손실 1494억 엔은 여기서 비롯됐다. 도요타 본사의 임금은 최고 수준이다. 해외 흑자 사원들이 일본의 적자 귀족들을 먹여 살리는 것이다.

누구나 해법을 알고 있다. 국내 수요를 초과하는 과잉설비를 해외로 보내는 방법이다. 손해 보는 수출은 중단하는 것이 나라에도, 회사에도 이익이다. 신흥국을 돕는 방법이기도 하다. 그런데도 도요타는 "국내 생산을 사수하겠다"고 공언했다. 그러면서 "환율 수준이 빨리 시정되길 기대한다"고 했다. 사실상 정부에 외환시장 개입을 촉구한 것이다. 자동차 100만 대 생산이 해외로 나가면 일본에선 15만 명이 일자리를 잃는다. 일본 정부가 세금과 엔화를 쏟아부으면서 장단을 맞추는 것도 이 때문이다. 물론 잘하는 일이 아니다. 해외 투자를 통해 벌어들인 돈으로 고부가가치산업을 일으켜 새 일자리 15만 개를 만드는 것이 선진국의 정도일 것이다. 도요타는 일본 경제의 축소판이다. 해외 투자를 통해 벌어들인 돈이 막대한 무역 흑자를 넘어선 것이 일본은 이미 5년째다. 도요타가 그렇듯 그 돈으로 흑자 국민을 키우지 못하고 적자 국민만 먹여 살리고 있다. 썩은 제조업을 살리기 위해 국내에선 금융과 유통서비스를 희생했고, 해외에선 외환시장의 흐름을 꺾어 신흥국을 나락에 빠뜨렸다. 그래서 일본은 재기하지도 못하고, 존경받지도 못한다. 일본 경제가 재도약하는 순간이 있다면 일본이 도요타를 포기하는 순간일 것이다. 물론 언젠가 한국도 같은 길에서 결단을 내려야 한다.

출처: 조선일보 (2010.11.11).

3) 환산노출

대기업은 해외의 자회사를 통하거나 직접적으로 보유하는 적지 않은 해외 자산이나 부채를 가지게 되는데 결산보고서를 작성할 때 처분되지 않은 해외의 자산이나 부채를 대차대조표에 어떻게 기록할 것인가 하는 문제에 직면하게 된다. 급격한 환율의 변동이 이러한 해외의 자산이나 부채의 가치를 변동시킬 때 이를 환산노출(translation 또는 accounting exposure) 또는 회계노출이라 부른다. 처분되어 실현된 이익이나 손해는 손익계산서에 반영하면 되지만 처분되지 않은 자산이나 부채는 어떤 방법으로 자국 통화로 환산하느냐에 따라 기업의 가치에 크게 영향을 미칠 수 있으며, 이 기업의 채권자나 투자자들에게는 중요한 변수가 될 수도 있다.

기업과 자본시장의 글로벌화가 진행됨에 따라 많은 국가들이 회계기준도 세계적으로 범용되는 국제회계기준(International Financial Reporting Standards: IFRS)을 따르는 추세이다. 국제회계기준은 환산노출과 관련하여 회계보고서 작성 시 해외의 자산과 부채를 현재의 가치로 환산하여 최대한 실제 가치에 가깝게 보고하는 것을 원칙으로 하고 있다. 다만 특정 항목에 어떤 환율을 적용하는가는 항목별로 다르며, 매우 복잡한 형태의 예외조항도 상당히 존재한다. 우리나라에서도 한국채택 국제회계기준(K-IFRS)을 사용하고 있는데 제1021호가 환산노출과 관련된 내용이다. 국제회계기준의 환산노출과 관련된 부분은 1981년 미국에서 제정된 FASB(Financial Accounting Standards Board) #52에서 채택된 내용을 비슷하게 사용하고 있다.

환산노출은 속성상 기업이 관리할 수 있는 부분이 많지 않다. 다만 원론적 측면에서 볼 때 화폐의 가치가 떨어질 것으로 예상되는 화폐로 표기된 자산을 늘리거나 화폐의 가치가 상승할 것으로 예상되는 화폐로 표기된 부채를 늘리는 것은 좋은 방법이 아니다. 또한 급격한 환율의 변동이 예상될 때는 자산과 부채의 규모를 비슷하게 유지하여 서로 상쇄하는 효과를 기대할 수 있는 정도이다.

4) 거래적 노출

기업의 통상적인 영업거래나 자본거래는 일반적으로 계약체결 시점과 실제 결제

시점이 짧게는 며칠부터 길게는 몇 개월까지 차이가 나게 된다. 이 기간 동안 환율의 급변동이 생길 경우 때로는 커다란 손실을 입게 되는데, 이러한 환위험에 대한 노출을 거래적 노출(transaction exposure)이라 한다. 거래적 노출은 앞서 설명한 경제적 노출이나 환산노출과는 기업의 적극적인 노력에 따라 관리가 가능하다는 점이 다르다. 즉 위험을 100% 없애거나 절대적 부분을 줄일 수 있는 헤지가 가능하다.

거래적 노출을 없애거나 줄일 수 있는 헤지의 방법 중 세 가지를 소개하고 사례를 통해 자세히 살펴보도록 한다. 첫째는 선물환 헤지(forward hedge)이다. 계약과 동시에 미래에 결제되거나 결제하여야 할 외화금액을 선물환시장을 통해 미리 팔거나 사는 계약을 함으로써 결제금액을 고정시키는 방법이다. 둘째는 금융시장 헤지(money market hedge)인데, 이는 현물환환율을 이용하면서 양국의 금융시장을 활용하는 방법이다. 변형된 이자율 평가의 공식은 $F=S\times[(1+i_{₩})/(1+i_{\$})]$인데 선물환 헤지가 공식의 좌변을 이용한 것이라면 금융시장 헤지는 공식의 우변을 이용하는 방법이다. 이자율 평가가 성립하면 두 가지 헤지 방법은 결과가 동일하며 완전 헤지가 가능하다. 셋째는 옵션 헤지(option hedge)인데 결제할 만큼의 외화 콜옵션을 매입하거나 결제받을 만큼의 외화 풋 옵션을 매입하는 방법이다. 앞의 두 가지 헤지 방법은 위험을 완전히 없애는 완전 헤지가 가능한 장점이 있는 반면 환율이 유리하게 변동했을 때에는 아무런 이득이 없는 단점도 있다. 옵션 헤지는 환율이 유리하게 되었을 때는 옵션 행사를 포기함으로써 유리한 환율을 이용할 수 있다는 장점이 있다. 다만 옵션 프리미엄만큼의 비용을 지불해야 한다는 단점도 있다.

Case 10
사례 10

수입 기업의 환노출 헤지: 대한항공의 경우

2013년 2월 1일 대한항공은 Boeing사와 최신 기종인 787기 도입계약을 체결하였다. 도입가격은 $1억이고 6개월 후인 8월 1일 비행기 인수와 함께 지불하기로 하였다. 현재 환율은 $S_0=$₩1,000/$이고 6개월짜리 선물환환율은 $F_{\frac{1}{2}}=$₩1,020/$이다. 한국의 6개월짜리 이자율 $i_{₩}=4\%$이고 미국의 6개월짜리 이자율 $i_{\$}=2\%$이다. 편의상 이 이자율에 대출과 예금이 가능하다고 한다. 장외옵션시장에 $의 6개월 만기 행사가격 K=₩1,000/$짜리 콜옵션이 있는데 프리미엄은

₩30/$이다. 대한항공이 6개월 후 환율에 대한 거래적 노출 $1억에 대해 헤지를 어떻게 할 수 있는지 살펴보자.

	6개월 뒤 대한항공이 지급할 금액				
	6개월 뒤 환율				
	900	950	1,000	1,050	1,100
(1) 헤지를 하지 않은 경우(No Hedge)	900억	950억	1,000억	1,050억	1,100억
(2) 선물환 헤지(Forward Hedge)	1,020억	1,020억	1,020억	1,020억	1,020억
– $1억를 선물환 매입 @₩1,020/$					
(3) 금융시장 헤지(Money Market Hedge)	1,020억	1,020억	1,020억	1,020억	1,020억
① 한국에서 ₩980.4억을 빌림, 6개월 뒤 4% 이자 포함 ₩1,020억 갚음					
② $9,804만로 환전					
③ 미국에 예금, 6개월 뒤 $1억 수취 후 대금 지급					
(4) 옵션 헤지(Option Hedge)	920억	970억	1,030억	1,030억	1,030억
① 30억을 주고 콜옵션 $1억 어치 매입					
② 6개월 뒤 환율 〉 K=1,000, 행사: $당 ₩1,000에 환전					
③ 6개월 뒤 환율 〈 K=1,000, 행사 포기: 현물환율로 환전					

사례 10에서 보듯이 헤지를 하지 않은 경우는 대한항공이 6개월 뒤 지불해야 할 금액은 900억 원부터 1,100억 원까지 크게 변동하게 된다. 선물환 헤지와 금융시장 헤지는 6개월 뒤 환율에 관계없이 1,020억 원에 고정되며 이 경우 대한항공의 $1억 환노출이 완전히 헤지되었다 할 수 있다. 옵션 헤지의 경우는 완전 헤지는 아니다. 하지만 6개월 뒤 대한항공이 지불할 금액은 최대 1,020억 원이며 환율이 유리하게 될 경우는 그 이하로 지불하게 된다. 사실상의 위험은 헤지되었으며, 대한항공은 지불금액 1,030억 원에 보험을 든 것과 같은 결과이다. 다만 적지 않은 30억 원의 프리미엄을 지불하여야 하는 단점이 있다. 반대의 경우를 다음 사례를 통해 살펴본다.

Case 11
사례 11

수출기업의 환노출 헤지: 현대차의 경우

2013년 2월 1일 현대차는 미국의 수입상과 자동차 수출계약을 체결하였다. 수출가격은 $1억이고 6개월 후인 8월 1일 자동차 인도와 함께 지불받기로 하였다. 현재 환율은 S_0=₩1,000/$이고 6개월짜리 선물환환율은 $F_{\frac{1}{2}}$=₩1,020/$이다. 한국의 6개월짜리 이자율 $i_₩$=4%이고 미국의 6개월짜리 이자율 $i_\$$=2%이다. 편의상 이 이자율에 대출과 예금이 가능하다고 한다. 장외옵션시장에 $의 6개월 만기 행사가격 K=₩1,000/$짜리 풋옵션이 있는데 프리미엄은 ₩30/$이다. 현대차가 6개월 후 환율에 대한 거래적 노출 $1억에 대해 헤지를 어떻게 할 수 있는지 살펴보자.

	6개월 뒤 현대차가 받게 될 금액				
	6개월 뒤 환율				
	900	950	1,000	1,050	1,100
(1) 헤지를 하지 않은 경우(No Hedge)	900억	950억	1,000억	1,050억	1,100억
(2) 선물환 헤지(Forward Hedge)	1,020억	1,020억	1,020억	1,020억	1,020억
– $1억를 선물환 매도 @₩1,020/$					
(3) 금융시장 헤지(Money Market Hedge)	1,020억	1,020억	1,020억	1,020억	1,020억
① 미국에서 계약서를 담보로 $9,804만 대출, 6개월 뒤 $1억 갚을 예정					
② ₩980.4억으로 환전					
③ 한국에 예금, 6개월 후 4%이자 포함 ₩1,020억을 받음					
(4) 옵션 헤지(Option Hedge)	970억	970억	970억	1,020억	1,070억
① ₩30억을 주고 풋옵션 $1억 어치 매입					
② 6개월 뒤 환율 〉 K=1,000, 행사 포기: 현물 환율로 환전					
③ 6개월 뒤 환율 〈 K=1,000, 행사: $당 ₩1,000에 환전					

현대차의 경우도 헤지를 하지 않으면 6개월 뒤 받을 금액이 900억 원부터 1,100억 원으로 크게 변동하지만 선물환 헤지나 금융시장 헤지를 한다면 1,020억 원으로 고정하는 완전 헤지가 가능하다. 풋옵션을 이용한 옵션 헤지의 경우는 완전 헤지는 아니지만 받을 금액을 최소 970억 원으로 하한선을 만들고 경우에 따라서는 그 이상을 받을 수 있게 하는 장점을 가지고 있다. 여기서도 30억 원의 풋 프리미엄을 내야 하는 단점이 있다. 어떤 방법을 사용할 것인가는 향후 환율이 어떻게 변할 것인가에 대한 예측을 근거로 해당 기업이 결정할 문제이다. 다만 많은 기업들의 그동안의 경험

으로 볼 때 헤지는 반드시 해야 하는 것으로 알려져 있다.

5) 기타 환위험관리 전략

앞 절에서 설명한 환노출 헤지의 방법은 거래적 노출이 있는 개별거래에 기업이 적극적으로 취하는 전략들이다. 전반적인 환율의 변동에 대하여 기업들이 취할 수 있는 근본적인 접근방법을 설명해 보겠다.

(1) 결제통화의 선택

결제통화를 자국통화로 할수만 있다면 환위험을 걱정할 필요가 없을 것이다. 이런 관점에서 미국은 상대적으로 환위험에서 자유로울 수 있다는 장점이 있다. 2012년 자료를 보면 우리나라의 경우 무역의 약 85%가 미국 달러로 결제되고 원화로의 결제율은 약 2% 정도에 그치며 그 외 유로화나 엔화의 결제도 적지 않다. 원화로의 결제를 높일 수 있다면 좋겠지만 그렇지 못하다면 앞에서 설명한 적극적 헤지 수단을 이용해야 할 것이다. SDR로 결제할 수 있다면 한 가지 통화로만 하는 것보다는 상대적으로 안정적인 환율을 기대할 수도 있을 것이다.

(2) 리드(Lead)-래그(Lag) 전략

이 전략은 가치하락이 예상되는 화폐의 결제는 의도적으로 앞당기고 가치상승이 예상되는 화폐의 결제는 늦추는 전략인데 주로 자회사와 모회사 간의 결제에 많이 사용된다. 이 전략은 향후 해당 화폐의 환율변화를 예측하여 실시하는데 예측이 틀릴 경우 위험을 줄이지 못할 수도 있으며, 근본적인 관리 방법은 아니다.

(3) 이전가격의 조정

본사와 자회사 간, 또는 자회사와 자회사 간의 거래되는 가격을 조절함으로써 환위험에 대처하고자 하는 전략이다. 리드-래그 전략과 마찬가지로 향후 환율 예측에 근거해서 해야 하는 제약이 있다.

(4) 기타 방법

채권과 채무의 여러 흐름이 있을 때는 일정기간 경과 후 서로를 상계한 후 차액만 결제하는 방법이 있는데 이를 네팅(netting)이라 한다. 채권과 채무의 흐름이 다양할 경우 통화별, 만기별로 서로 일치시켜 결제하는 방법을 매칭(matching)이라 부른다. 현지의 금융기관에서 자금을 조달받으면 상대적으로 환율의 변동에 덜 영향을 받을 수도 있다. 이런 방법들은 모든 기업이 할 수 있는 것은 아니며, 조건이 맞을 때만 가능하다. 또한 자금조달을 다양화하고 나아가 기업의 경영을 다각화하면 환위험을 분산시키는 목적을 달성할 수 있다.

6) 한국 기업의 환위험관리실태

1997년 IMF 금융위기 이전에 한국 기업들은 환위험관리의 필요성을 거의 느끼지 못했다. 환율이 정부에 의해 상당부분 통제되었고 환율의 변동 또한 크지 않았기 때문이다. 하지만 두 번의 외환위기를 겪으면서 많은 변화를 겪었는데 대기업들은 전문인력을 배치하여 대부분 적극적인 환위험관리에 나서고 있다. 최근 삼성경제연구소 조사에 따르면 수출액 1,000만 달러 이상 기업의 70% 이상이 적극적인 환위험관리를 하는 것으로 나타났다. 하지만 중소기업의 경우는 다르다. 동 조사는 우리나라 중소기업의 경우 환율변동으로 인한 영향을 받는 강도는 중소기업이 대기업에 비해 약 40% 이상 큰데 반해 중소기업의 겨우 약 15% 정도만이 환위험관리를 하고 있으며 전문인력이 거의 없는 상태이다. 또한 2007년에 있었던 키코(KIKO)사태로 인해 환위험관리에 소극적인 중소기업이 많은 것으로 보고 있다.[8] 향후 환율전쟁 등으로 환율의 큰 변동이 예상되는 현 시점에서 생산거점이 해외로 분산되고 전문인력이 풍부한 대기업들은 상대적으로 문제가 없으나, 우리나라 중소기업들의 환위험관리실태는 많은 문제를 안고 있다.

8) 키코사태란 2007년 원화 환율이 900원대에 들어서자 많은 중소기업들이 환헤지상품으로 알려진 키코라는 상품에 가입하였는데, 2008년 환율이 급상승하자 대량의 손실을 보았으며 몇몇 기업은 도산을 하기도 한 사태를 일컫는다. 키코가 헤지상품이라는 잘못된 금융지식이 주원인이었으나, 상품의 위험성을 제대로 알리지 않은 판매회사들의 불완전판매도 원인이 되었던 사건이었다.

연습문제

1. 환율전쟁에 대해 설명하시오.
2. 구매력 평가설(PPP)의 활용은 무엇이며 그 한계점에 대해 설명하시오.
3. 국제수지이론에 의한 환율변동을 설명하시오. 미국의 달러화와 중국의 위안화의 환율 예측은 이 이론에 의하면 어떠한가?
4. 이자율 평가설(IRP)과 국제피셔효과에 의한 단기환율변동을 설명하시오.
5. 환율의 변동을 장기, 중기, 단기로 나누어 설명하시오.
6. 투기거래와 투자거래의 차이점을 설명하시오.
7. 선물의 증거금(margin)과 일일정산(marking to market)에 대해 설명하시오.
8. 한국의 6개월짜리 이자율 $i_{₩}=4\%$이고 미국의 6개월짜리 이자율 $i_{\$}=2\%$이다. 현재 환율은 10.$S_0=$ ₩1,000/$이고 6개월짜리 선물환 환율은 $F_{\frac{1}{2}}=$₩1,000/$이다. 한국과 미국의 은행에서 빌릴 수 있는 한도는 각각 ₩10억 또는 $1,000,000라고 가정했을 때 커버된 이자율 Arbitrage를 어떻게 수행할 것인지 설명하시오.
9. 환위험(FX Risk)과 환노출(FX Exposure)의 차이점을 설명하시오.
10. 경제적 노출, 거래적 노출, 회계적 노출의 차이점은 무엇인지 설명하시오.
11. 선물환 헤지, 국제금융시장을 이용한 헤지, 옵션을 이용한 헤지의 공통점과 차이점을 설명하시오.
12. 기업의 환위험관리방안에 대해 설명하시오.

참고문헌

이장로, 신만수 (2003). 국제경영. 서울: 홍문사.

전용욱, 김주헌, 최창범 (2012). 글로벌 경영. 서울: 박영사.

한국은행 (2010). 우리나라의 외환제도와 외환시장.

한국은행 (2012). 한국의 금융시장.

C. Eun & B Resnick (2007). International Financial Management. McGraw Hill/Irwin

IFRS 홈페이지 http://www.ifrs.org

Chapter

11

글로벌 물류활동

1. 글로벌 물류의 개념
2. 글로벌 물류활동과 물류관리
3. 글로벌 운송
4. 물류기지

Chapter 11

글로벌 물류활동

1. 글로벌 물류의 개념

1) 글로벌 물류의 개념과 목표

(1) 물류와 글로벌 물류의 개념

물류란 개념은 물적유통(physical distribution)에서 유래된 말로써 제품이 생산되어 소비자에게까지 이동, 전달되기까지의 제품의 이동 및 그 활동을 자칭하는 말이다. 제2차 세계대전 중 미국의 군사적 요청으로 로지스틱스(logistics)라는 개념이 도입되어 물류관리를 기존보다 광의로 해석한 개념, 즉 원자재를 생산라인에 투입하기까지의 과정인 조달영역도 포함하게 되었으며, 최근에는 로지스틱스 개념을 기업에 응용하면서 원자재의 조달에서부터 생산, 상품화되어 고객에게 인도될 때까지는 물론이고, 고객에게 상품인도 후에도 고객클레임의 처리를 위한 상품의 반품과정, 포장재의 폐기를 위한 처리과정까지 포함한다.

즉 생산 이전단계에서부터 판매 이후단계까지 전체 물자의 흐름을 관리하는 영역으로 확대된 개념(business logistics)으로 이해되고 있다. 더 나아가서 오늘날은 기업이나 조직의 전체적 관점에서 모든 의사결정과 활동들이 서로 연계되고 조정되어 전체적 물류의 효율적 수행을 위해 계획되고 추진되는 SCM(Supply Chain Management)형태로 발전되고 있다. 이런 물류의 활동이 한 국가에 머무르지 않고 2개 이상의 국가나 전 세계에 연계되어 수행될 때를 국제물류 및 글로벌 물류, GSCM(Global Supply Chain Management)라 한다.

(2) 물류의 목표

기업 간 경쟁이 격화된 상태에서 저성장상태가 지속되고, 소비자의 기호가 다양화되면서 생산체제도 다품종 소량생산, 납품 다빈도화 체제로의 전환이 불가피해졌다. 또한 판매전략에 있어서도 종전의 가격경쟁 위주에서 탈피하여 고객서비스 경쟁이 가장 중요하게 되었다.

이를 위한 물류관리의 목표는 첫째, 물류활동을 효율적으로 수행하여 물류원가를 절감하고 조직의 생산성을 높여 기업경영의 경쟁력을 강화시킨다. 물류관리는 다양한 경영활동과 연계되어 있고 그 성과에 영향을 미치게 된다. 국제 비즈니스에서는 넓은 공간적 범위와 다양한 국제 여건으로 인해 국제물류의 역할이 더 중요해졌다.

둘째, 물류환경의 변화에 대처하여 고도의 물류서비스를 고객에게 제공하고 고객의 만족을 지향한다. 이러한 물류관리의 목표를 달성하기 위해서는 고객 물류서비스 요소를 중심으로 물류전략을 구사하여야 하며, 이 요소에는 고객지향적인 고도의 물류서비스를 제공하기 위한 요소인 물류서비스의 신속 · 안전 · 정확 · 정시 · 편리 · 경제성이 모두 고려되어야 한다.

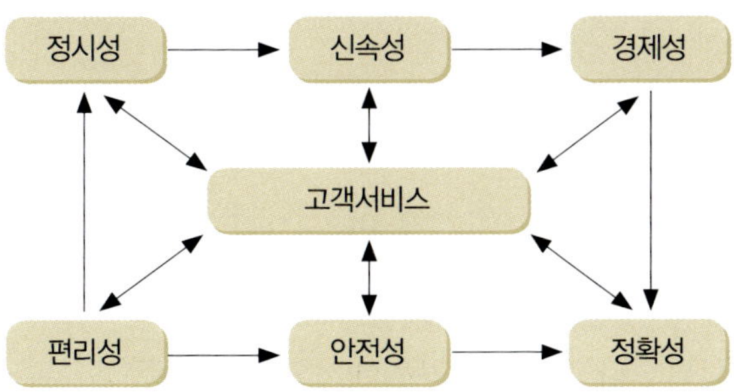

그림 11-1 | 고객 물류서비스 요소

2) 글로벌 물류관리의 요소

물류관리의 주요한 활동은 크게 물적유통과 상적유통으로 분류할 수 있는데, 물적유통에서는 물자의 이동관리와 관련한 운송, 하역, 보관, 포장, 유통가공활동이 발생하게 되고, 또한 이를 지원하기 위한 정보통신활동이 이루어진다. 그와 다르게 상적유통에서는 상거래활동 및 대금결제와 관련된 활동이 주로 일어나게 된다. 그리고 이러한 물류활동이 보다 원활하게 이루어지게 하기 위한 물류조성활동으로서 물류용기의 표준화, 물류기기의 표준화, 물류양식의 표준화 등의 물류표준화, 금융, 보험활동 등도 물류관리의 주요한 활동에 포함된다.

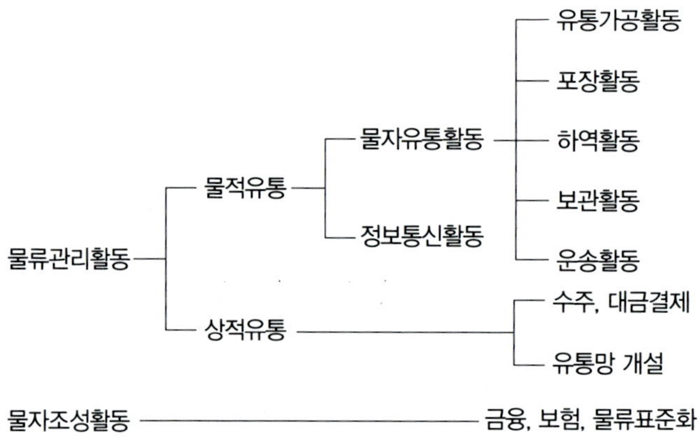

그림 11-2 | 물류관리의 주요활동

3) 물류 구분

물류의 구분은 물류의 활동을 기초로 나눌 수 있다. 그 구분의 기준은 다양할 수 있으나 일반적으로 공간적 범위, 시간적 범위 그리고 기능적 범위 등으로 나누어볼 수 있다. 글로벌 물류는 이런 물류활동이 여러 국가에 걸쳐서 발생하고 서로 연계되어 기능하는 경우를 말한다. 공간적 차원에서의 물류활동 구분은 우선 현실적 세계와 가상(virtual)세계에서의 의사결정과 활동으로 나눌 수 있다. 시간적 차원에서 물류활동은 현재상태에 의해서만 의사결정이나 물류활동이 영향을 받는 것이 아니라 과거의 경험과 미래에 대한 기대에 의해서도 현재의 물류활동과 시장이 영향을 받게 된다. 특히 국제물류시장과 해운의 경우 운임지수의 변동에 따른 발틱운임지수(Baltic International Freight Futures Exchange: BIFFEX)의 운영은 이를 잘 나타낸다고 할 수 있다.

표 11-1 | 물류활동/시장의 구분

<table>
<tr><th>구분</th><th colspan="3">공간적 구분에 따른 물류활동/시장</th><th colspan="2">시간적 구분에 따른 물류활동/시장</th><th colspan="2">기능 및 범위에 따른 물류활동/시장</th></tr>
<tr><td>의미</td><td colspan="3">물류활동/시장이 추진되고 이용되는 공간적 범위와 조건에 따른 구분</td><td colspan="2">물류활동/시장이 제공되고 이용되는 시간적 범위와 조건에 따른 구분</td><td colspan="2">물류활동/시장이 추진되고 이용되는 기능과 역할에 따른 구분</td></tr>
<tr><td rowspan="16">사례구분</td><td rowspan="15">오프라인 마케팅</td><td rowspan="7">국내물류활동/시장</td><td rowspan="7">국내물류활동의 추진 관련서비스 제공</td><td rowspan="7">과거물류활동/시장</td><td rowspan="7">물류활동/시장이 과거의 물류서비스에 대한 경험과, 기억으로 인지된 물류시장</td><td>기능에 따른 구분</td><td>활동</td></tr>
<tr><td>운송/배송</td><td>물자의 공간적 이동 실적</td></tr>
<tr><td>하역</td><td>하역활동 실적</td></tr>
<tr><td>보관</td><td>보관활동 실적</td></tr>
<tr><td>포장</td><td>포장활동 실적, 자료</td></tr>
<tr><td>유통가공</td><td>유통가공 실적, 자료</td></tr>
<tr><td>정보물류</td><td>정보활동 실적, 자료</td></tr>
<tr><td rowspan="2">국제물류활동/시장</td><td rowspan="2">2개국 이상의 물류활동의 추진 관련서비스 제공</td><td rowspan="8">현재물류활동/시장재</td><td rowspan="8">물류활동/시장이 현재의 상황에 대한 이해와 지식으로 인지된 물류활동과 만족도 등에 기초한 물류서비스시장</td><td>범위에 따른 구분</td><td>활동</td></tr>
<tr><td>조달물류</td><td>물자 · 확보 · 조달</td></tr>
<tr><td rowspan="6">글로벌물류활동/시장</td><td rowspan="6">전 세계를 대상으로 물류활동의 추진 관련서비스 제공하며 네트워크를 구축, 활동</td><td>생산물류</td><td>소비자 Need 만족 위한 생산</td></tr>
<tr><td>사내물류</td><td></td></tr>
<tr><td>판매물류</td><td>생산품을 소비자에게 판매</td></tr>
<tr><td>반품물류</td><td>판매된 상품, 반품</td></tr>
<tr><td>회수물류</td><td>회수</td></tr>
<tr><td>재활용, 폐기물류</td><td>재활용 및 폐기</td></tr>
<tr><td>온라인 마케팅</td><td colspan="2">사이버상에서 공간적 제약 없이 물류활동/시장이 추진되고 물류서비스가 제공/이용됨</td><td>미래물류활동/시장</td><td>물류활동/시장이 미래의 물류서비스에 대한 기대와 미래가치에 근거한 물류활동/시장</td><td>기능 및 범위에 따른 구분</td><td>기능에 따른 운송/배송, 하역, 보관, 포장, 유통가공, 정보물류등의 활동과 범위에 따른 구분인 조달물류, 생산물류, 사내물류, 판매물류, 반품물류, 회수물류, 재활용 및 폐기물류 등을 포괄함</td></tr>
</table>

2. 글로벌 물류활동과 물류관리

1) 글로벌 물류활동 개요

(1) 영역적 물류활동 개요

물류활동이 담당하는 공간적 및 기업활동 운영적 관점에서 원자재의 조달을 담당하는 조달물류, 실질적으로 생산을 실행하는 생산물류, 생산된 제품이 도소매기관에 전달되기 이전의 사내물류 및 이후 최종소비자까지 전달되는 판매물류로 나눌 수 있다.

오늘날 기업경영의 영역은 물론 물류영역도 여러 나라에 걸쳐 이루어지며 글로벌 물류는 이런 수출입기업, 다국적기업 등의 활동에 필수적이다.

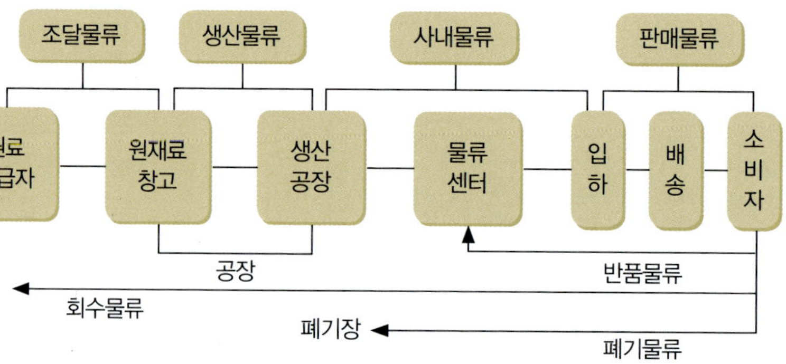

그림 11-3 | 물류관리의 범위

① 조달물류

조달물류는 원자재, 부품, 중간가공품, 빈포장용기, 포장재료 등을 조달처에서부터 구매자인 생산업자에게 납입되어, 기업 내 자재창고에 입하된 후 생산공정에 투입되기 전까지의 물류활동을 말한다.

② 생산물류

원자재, 부품, 중간가공품 등이 생산공정에 투입될 때부터 제품의 생산·포장에 이르기까지의 물류활동을 말한다.

③ 사내물류

생산업자의 완제품출하 시부터 고객에로의 판매가 최종적으로 확정되어 출고되기 전까지의 물류활동을 말하며, 주로 공장의 저장창고나 물류센터에서의 완제품의 재고관리가 주요 핵심사항이 된다.

④ 판매물류

제품의 판매가 확정된 후 출고되어 고객에게 인도될 때까지의 물류활동이다. 이 판매물류는 출고되어 고객에게 인도될 때까지의 물류활동이다. 이 판매물류는 최종고객과 직접적으로 접하는 부문으로서 물류활동 중에서 가장 중요한 활동이며, 이는 물류센터나 창고에서의 제품의 출고, 중간물류거점인 배송센터까지의 운송, 배송센터 내에서의 보관 · 분류 · 출고작업 및 대리점이나 고객에의 최종배송단계로 크게 분류할 수 있다.

⑤ 반품물류

고객의 클레임 제기 등으로 인해 판매된 제품의 반품에 따르는 물류활동이다.

⑥ 회수물류

물류활동에 있어서 계속적으로 사용되는 공컨테이너, 공팔레트, 빈용기 등의 재사용을 위한 회수활동과 관련된 물류활동이다. 이러한 회수물류는 판매물류에서의 물류활동과는 반대방향으로 이동이 이루어지게 된다.

⑦ 재활용 및 폐기물류

원자재와 제품의 포장재 및 운송용기 등의 폐기물을 처분하기 위한 물류활동이다. 오늘날 환경문제가 심각해지면서 생산업자는 제품을 생산할 때부터 재생이 가능한 포장재의 사용이나 용이하게 처리가 가능한 소재 및 포장재의 사용을 통해 폐기물류 비용의 절감을 중요한 과제로 인식하게 되었다.

(2) 기능적 물류활동 개요

국내는 물론 글로벌 물류에서 실질적인 물류활동의 수행과 기능은 운송 및 배송, 하역, 보관, 포장, 유통가공, 정보활동 등으로 나눌 수 있다.

① 운송 및 배송물류

운송은 배송에 비해 상대적으로 장거리, 대량운반을 의미하고 배송은 상대적으로 단거리를 소량으로 잦은 빈도로 운반하는 것을 의미한다. 운송과 배송은 재화나 서비스가 생산지에 집중되어 효용가치가 낮은 상태를 수요자에 가까이 이동시켜 그 효용가치를 증대시키는 활동을 말한다.

② 하역물류

물자를 운송기구로 적히(loading) 또는 운송기구로부터 양하(unloading)하는 물류활동을 총칭하며 운송, 보관, 포장 등 활동과 상호연결하는 역할을 담당한다.

③ 보관물류

재화와 용역의 시간적인 간격을 해소하여 주어 생산과 소비를 결합시키는 물류활동이다.

④ 포장물류

물자의 운송, 보관, 거래, 사용 등에 있어서 그 가치 및 상태를 유지하기 위해 적절한 재료, 용기 등을 이용해 보호하는 기술 및 보호하는 상태를 말한다.

⑤ 유통가공물류

주로 물류센터에서 발생하고 있으며, 물자의 유통과정에서 행하여지는 제품의 단순한 가공, 재포장, 조립, 절단 등의 물류활동을 말한다.

⑥ 정보물류

물류활동과 관련된 정보내용을 제공하여 물류관리의 제기능을 연결시켜 줌으로써 종합적인 물류관리의 효율화를 기할 수 있도록 하는 물류활동이다.

(3) 기타 물류활동

① 유통가공

물류분야에서 수행되는 경미한 생산, 제조활동의 연장으로 유통활동을 효과적으로 수행하기 위한 보조기능이다. 소량포장으로 바꾸기, 꼬리표 붙이기(tagging), 포장, 표찰작업(labelling), 상품의 정리, 검수 검량, 혼입 등을 포함한다. 오늘날은 물류 분야에서의 경쟁 심화로 이런 유통가공활동에 의한 고객서비스 확장과 심화가 중요한 경쟁요인으로 등장하고 있다.

② 주문처리

정확하고 신속한 주문처리는 물류활동의 효율성에 주요 영향을 미친다. 고객의 발주 시점에서부터 필요한 시간에 정확하게 생산되고 고객에 전달되기 위한 신속, 정확한 주문처리는 중요한 물류활동의 일부이다.

③ 수요예측

시장의 변화와 상품에 대한 수요예측은 물류활동에 선행되어 일어나지만 구체적으로 물류활동에 영향을 미친다. 정확한 물류 수요예측을 통해 필요한 시설, 장비, 활동을 준비하여야 효율적으로 대응할 수 있다.

④ 구매 및 생산계획

구매행위는 생산과 이어지는 물류활동에 중요한 영향을 미친다. 원자재, 부품 및 반제품 등의 구매와 조달은 생산과 향후 물류에 중요하며 물류비용에도 영향을 미친다. 구매와 생산 등의 정보화 활동은 점차 SCM의 체계 안에서 통합되는 경향이 있다.

⑤ 입지와 상권의 설정

공장과 창고 등 생산 및 물류시설의 입지는 물류활동의 중요한 영향요인이다. 생산공장의 입지는 다양한 요인에 의해 결정되게 되며 상품의 특성에 따라 공급선 및 공장과 중간상 또는 시장 등에 위치하게 되며 상품의 특성과 지역의 정책에 영향을 받는다. 입지는 물류비용에 영향을 미치게 되며 생산지와 상권의 거리나 크기는 물류의사결정에 고려되어야 할 사항이다.

2) 글로벌 물류관리 효율화

(1) 운송물류관리

가. 운송물류의 기능

운송(輸送)과 운송(運送)은 혼용되어 사용된다. 다만 이를 이론적으로 구분한다면 운송(輸送)은 기차나 자동차, 배, 항공기 따위로 사람이나 물건을 실어 옮기는 행위로 유송장비가 더 강조되며 서비스 생신자의 입장이 강하다고 본다. 그와 다르게 운송(運送)은 사람이 강조되며 사람을 태워 보내거나 물건 따위를 실어 보내는 행위로 서비스 이용자의 입장을 더 강조한다고 본다. 또한 운송(transport)과 배송(delivery)도 혼용되어 사용되나 이론적으로 구분할 수 있다.

운송이 상대적으로 대량운송과 장거리운송이며 활동의 빈도가 적은 상태라면, 배송은 상대적으로 소량운송과 짧은 거리, 상대적으로 활동의 빈도가 많은 물류활동이라 할 수 있다.

운송물류란 재화나 서비스의 공간적 편재로 오는 낮은 가치와 효용을 상대적으로 높은 가치와 효용을 갖는 공간으로 이동시키는 행위다. 즉 운송거리의 장단, 단위의 대소 및 운송서비스의 수준에 따라 적절한 운송기관을 단독 또는 조합하여 재화와 용역의 공급자와 수요자 간의 공간적인 거리를 극복하여 주는 운송물류의 주요한 기능은 다음과 같다.

첫째, 재화와 용역의 교환기능의 촉진이다. 특히 생산지와 소비지 간의 공간적 간격(spatial gap)을 극복하여 교환이 원활하게 하는 기능을 한다.

둘째, 분업을 가능케 하며 촉진하는 기능을 갖는다. 이것은 운송물류의 발달이 없이는 생산요소인 자원의 효율적인 분배가 불가능하기 때문이다.

셋째, 운송물류는 재화의 생산, 분배 및 소비를 원활하게 하여 공급조절을 통해 재화와 용역의 가격을 안정시켜 주는 기능이 있다.

넷째, 대량생산과 대량소비를 가능케 하여 경제활동에서 규모의 경제를 가능하게 한다.

다섯째, 사회와 국가의 문명발달을 촉진시킨다.

나. 운송수단의 특성과 선택

① 운송수단의 특성

대표적인 운송수단(mode)으로는 철도, 자동차, 선박, 항공기 및 파이프라인을 들 수 있다. 국제운송에서 각 운송수단의 특성은 국내물류의 경우와 동일하나, 단지 공간적으로 여러 나라에 걸쳐서 발생한다는 점이 다르다. 이 수단들은 독자적인 특성과 장단점을 갖고 있다.

표 11-2 | 주요 운송수단의 장단점

구분	장 점	단 점
철도	• 대량 · 중량물품을 일시에 효율적으로 운송하는 데 적합하다. • 중 · 장거리운송인 경우 운임이 저렴하다. • 비교적 사고율이 적다. • 비교적 전천후 운송수단이다.	• 근거리 운송에는 운임이 비교적 높은 편이며 경직적이다. • 화차의 일관 작업 시 장시간 체류해야 한다. • 적기에 배차가 되지 않는다. • 발차역에서 화물수취가 불편하며, 문전운송을 위해서는 꼭 트럭의 집배송이 필요하다.
자동차	• 문전에서 문전까지 일관운송이 가능하기 때문에 수취가 편리하다. • 근거리운송에 적합하고 대단히 경제적이며 운임이 탄력적이다. • 비교적 간단한 포장으로 운송할 수 있으며, 단위포장에서는 팔레트를 이용할 수 있다. • 필요할 때 언제나 즉시 배차가 가능하다.	• 대량운송에는 적합하지 못하다. • 원거리운송 시에는 운임이 비싸고 안전성이 떨어진다. • 교통사고와 공해문제가 많이 발생하며, 특히 대도시 및 공단 주변의 도로나 고속도로의 체증을 유발하고 있다. • 중량 제한을 다소 받는다.
선박	• 대량화물의 장거리운송에 적합하며, 운임이 저렴하고 탄력적이다. • 대량운송에서 전용선에 의한 운송 및 일관하여 작업이 가능하다. • 용적 및 중량화물의 운송에 가장 적합하며, 원료화물의 주요한 운송수단이 되고 있다. • 일관운송체제의 확립은 어려우나 육상운송수단과 연계하여 해륙복합운송의 주축이 되고 있으며, 최근에는 Sea & Air 운송까지 발전되고 있다.	• 운송속도가 늦어 운송기간이 길다. • 항만설비와 하역비가 비싸다. • 기후의 영향을 많이 받는다. • 항구에서 화물을 인수하기 때문에 상당히 불편하다. 단, 컨테이너는 트럭을 통해 문전운송이 가능하다.
항공기	• 운송속도가 신속하여 계절성 · 유행성 · 신선도 유지에 필요한 상품의 운송을 가능하게 한다. • 소량 및 경량상품의 원거리운송에 가장 편리하다. • 물품의 파손율이 적고 화물포장이 간단하며 보험료가 저렴하다. • 당일운송을 통해 재고조정이 가능하기 때문에 금융비용을 극소화할 수 있다.	• 운임이 가장 비싸고 아주 경직적이다. • 중량제한과 용적제한을 받는다. • 기후가 나쁠 때는 운항이 아주 중단된다. • 공항에서 물품을 인수해야 하기 때문에 아주 불편하다. 그러나 포더워를 통해 밴트럭으로 문전운송이 가능하다.

구분	장 점	단 점
파이프라인	• 대량운송이 가능하다. • 신속한 운송이 가능하다. • 액체 · 가스 등의 운송에 적합하다.	• 초기 시설 비용이 크다. • 여러 국가를 경유하여 국제적 갈등에 영향을 미친다. • 대상화물에 제한적임이다.

출처: 옥선종 (1993). p. 153.

② 운송수단의 선택 요인

운송수단의 선택은 화물을 신속 · 저렴하고 안전하게 운송하기 위해 중요하다. 운송수단의 선택 시는 운송기구(mode)의 특성과 운송비, 화물의 특성, 수요자의 요구 등을 고려하여 결정하게 된다.

표 11-3 | 운송수단의 선택 요인

구분	교통이용자 요인	교통수단 요인
승객	• 통행목적(업무, 관광, 개인적…) • 비용부담력(자기부담, 회사부담) • 연령 • 성별 • 인원(단체, 가족, 개인) • 소득수준	• 운임(서비스 대가) • 속도 • 운행빈도 • 확실성 • 안전성 • 쾌적성(혼잡도) • 환승 유무
화물	• 품목(시장가격의 탄력성) • 긴급성 • 화물량 • 비용	• 운임(서비스 대가) • 속도와 도착일시 • 운행빈도 • 확실성 • 안전성 • 환적의 유무

또한 운송비는 운송수단의 중요 선택 요인이며, 〈표 11-4〉와 같이 운송수단별, 거리별 원가를 비교해 보면 운송거리가 200km인 경우를 기점으로 철도운송은 그 운송원가가 현저하게 낮아지나 화물자동차운송은 거의 변화가 없는 것을 알 수 있어, 200km 이상의 운송거리에 있어서는 철도운송이 화물자동차운송에 비하여 상대적으로 유리한 것을 알 수 있다. 그러나 역시 200km 이상의 장거리운송에 있어서는 해상운송이 운송원가 측면에서 가장 유리하다.

표 11-4 | 운송수단별 · 운송거리별 원가(10km을 100으로 한 경우)

운송수단 \ 운송거리(km)	10	20	50	100	200	500	800	1000
철 도	100	53.4	25.6	16.4	11.6	7.7	6.9	6.2
해 운	100	50.2	20.6	10.8	5.8	2.9	2.1	1.9
자동차	100	84.7	72.8	68.5	67.0	66.1	65.0	65.8

(2) 하역물류시스템

가. 하역의 개념과 기능

하역(stevedoring, 荷役)이란 운송장비(선박, 항공기, 자동차, 파이프라인)에서 화물을 내리는 양하작업(unloading)과 화물을 싣거나 올리는 적하작업(loading)으로 나뉜다. 하역작업은 전통적으로 들어 올리거나(lift on), 들어 내리는 작업(lift off)인 LO/LO 방식의 작업과 자동차 등과 같이 굴려 올리거나(roll on), 굴려 내리는 작업(roll off)인 RO/RO 작업이 기본을 이룬다. 동시에 파이프라인을 통한 액체나 기체 등의 이동을 가능케 하는 하역방식도 점차 중요한 역할을 하고 있다.

하역물류는 물품을 취급하고 이동하며 상 · 하차하는 행위 등의 주로 물품의 상하 이동행위를 총칭하는 개념으로, 그 대상범위가 매우 넓으며, 주로 하역물류는 운송 및 보관행위와 관련하여 발생하는 보조적인 작업으로서 운송, 포장 및 보관물류를 연결하는 기능이 강하다. 그러므로 하역물류는 항만하역, 운송의 하역, 생산의 하역, 창고 및 물류센터의 하역 등이 포함되며, 또한 물품의 종류에 따라서는 대형물품의 하역, 중량물품의 하역, 소형물품의 하역, 액체물품의 하역 등이 있다.

하역물류는 보관물류가 이루어지는 물류거점이나 운송물류의 말단활동에서 발생하거나, 또는 운송기관과 운송기관을 환전하는 작업에서 발생하게 된다. 운송과 보관이 물류의 기본 활동이라고 한다면 이 하역물류는 운송과 보관물류가 효율적으로 이루어지도록 보조하는 데 있어서 자연적으로 발생하는 것이라고 할 수 있다.

하역물류의 주요한 기능은 운송 및 보관물류를 수행하는 데 있어서 그 물류활동이 연결되어 원활하게 이루어지도록 하는 기능이 가장 크다.

나. 하역물류의 효율화

하역작업의 효율적 운영을 위해서는 하역물류를 표준화하는 것이 필요하다. 하역물류의 표준화는 하역활동과 관련된 작업과정, 절차, 장비, 기기, 서류 및 관련정보를 통일/규격화하는 일이다. 하역물류의 표준화는 팔레트 및 컨테이너와 같은 표준화된 운송용기를 이용하여 운반을 하고, 팔레트나 규격화된 상자 등에 포장된 화물을 운송수단에의 상하차 및 물류센터나 창고에의 입고 또는 출고하는 경우에만 용이하게 추구될 수 있으며, 또한 하역기기 등이 표준화되어 그 호환성이 확보되었을 때에 하역물류 표준화의 효과가 크다.

하역활동의 생산성과 효율은 숙련된 기술과 기계화, 자동화된 시설에 크게 의존한다. 우리나라의 하역부문의 기계화, 자동화는 하역부문 노동조합과의 관계에 의해 그 진행속도가 조절되기도 한다.

(3) 보관물류

가. 보관물류 의의와 기능

보관(storage)이란 재화의 생산시기와 소비시기 간에 발생된 시간적 차이(time lag)를 극복하여 재화의 시간가치를 증대시키는 행위다. 보관은 창고를 통해 이루어지며 창고 등 보관시설을 통하여 재화의 특성을 유지한 채 시간효용(time utility)을 극대화하는 행위를 말한다.

다품종 소량 · 다빈도 배송으로 특징되는 오늘의 물류시대에서는 이 보관물류는 여타 물류기능과 연계되어 추진된다. 즉 물류의 다른 기능, 즉 운송물류, 하역물류, 포장물류, 유통가공물류 및 정보물류 등과 분리해서 생각할 수 없다. 이러한 의미에서 보관물류는 물류의 모든 기능 및 물류효율화 정책, 즉 운송전략, 재고삭감 또는 JIT 정책 등과 연계하여 물류의 전 과정 흐름 속에서 그 기능을 통합화할 필요성이 있다.

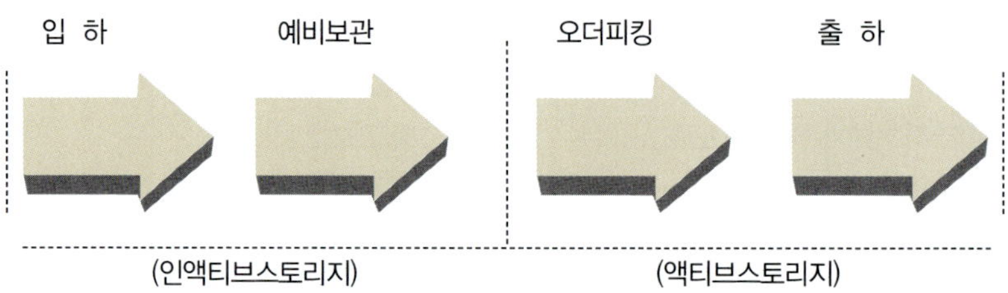

그림 11-4 | 보관과 동관

오늘날 보관물류는 단순히 창고에 물자를 보관하던 종전의 여건에서 이동하거나 이동하기 쉬운 보관 또는 이동하면서 보관하는 개념으로 중요하게 되었다.

보관물류의 주요기능은 다음과 같이 요약할 수 있다.

- 저장기능: 물품을 안전하게 보관하거나 현상유지하는 기능
- 수급조정기능: 물품의 생산과 소비의 시간적인 간격을 조정하여 주는 기능
- 가격조정기능: 물품의 수급을 조정함으로써 가격안정을 도모하는 기능
- 연결기능: 물류의 각 기능을 연결시켜 주는 터미널로서의 기능
- 매매기관적 기능: 물품의 매매를 통해 금융을 원활하게 하여 주는 기능
- 신용기관적 기능
- 판매 전진기지적 기능

나. 보관물류의 효율화: 창고 및 물류센터의 효율화

① 입하시스템 효율화: 입하작업이 원활하고도 효율적으로 이루어질 수 있도록 입하설비의 자동화 · 기계화 등 다방면의 노력이 경주되고 있으며, 운송수단에 입하와 관련된 설비를 부착하는 문제까지도 고려되고 있다.

입하시스템에 있어서는 입하된 물품의 일시보관이나 검품 및 보관상의 위치관리 등 입하에 따르는 서류작업과 정보처리 같은 사무처리의 효율화도 기하여야 하는데, 이를 위하여 오늘날에는 정보시스템을 이용하여 각종 서류를 온라인으로 처리하는 방식을 적용함으로써 입하작업의 사무처리시간을 신속 · 정확하게 하고 있다.

② 오더피킹(order picking) 효율화: 오더피킹은 물류센터나 창고의 재고로부터 고객의 주문에 응하여 주문품을 모으고 출하하는 것을 말한다. 오더피킹의 기본적인 목적은 판매정보를 물품의 물적 이동으로 변화시키는 것으로서 그 범위는 단순히 물류센터나 창고의 선반으로부터 물품을 골라내는 것을 말한다.

- 사람이 물품을 가지러 가는 방식: 선반 등에 보관되어 있는 물품을 사람이 걸어서 또는 오더피킹 기계 등에 타고 가서 피킹하는 방식으로 물류센터나 창고 등에서의 오더피킹시스템에서 가장 보편적으로 이루어지는 방식이다.
- 물품을 사람이 있는 장소로 오게 하는 방식: 사람이 걸어다니는 시간을 단축하

는 것으로 사람의 장소에 물품이 이동되어 오게 하는 방식이며, 이 방식의 피킹 시간은 크게 물품이 사람이 있는 장소에 자동으로 이동해 오는 시간과 사람이 물품을 골라내는 시간으로 구분할 수 있다,

③ 존(Zone)피킹 또는 그룹피킹방식: 여러 사람의 피커가 각각 자신이 분담하는 지역 또는 그룹의 물품선반의 작업범위를 정해 놓고 피킹전표 속의 자기가 맡은 지역 또는 그룹의 물품만을 피킹한다.

④ 싱글 오더피킹방식: 1건의 주문마다 물품의 피킹을 집계하는 방식으로 1인 1건 방식이나 릴레이방식으로 집계할 수도 있고, 각각의 피커가 피킹한 물품을 나중에 하나로 집계하는 집약의 방법을 이용하는 경우도 있다.

⑤ 일괄 오더피킹방식: 여러 건의 주문전표를 한데 모아 한 번에 피킹하는 방식으로, 여러 건을 한데 모으는 피킹전표상의 물품의 종류에 공동적인 물품이 많은 경우에는 공통적인 물품을 한 번에 피킹할 수 있기 때문에 유리한 방식이다.

⑥ 1인 1건방식: 1인의 피커가 1건의 주문전표로 요구되는 물품을 피킹하는 방법으로 일반적으로 널리 사용되고 있지만, 처리건수가 많아지면 능률이 저하되는 문제가 있다.

⑦ 릴레이방식: 여러 사람의 피커가 각각 자신이 분담하는 종류나 선반의 작업범위를 정해 놓고 피킹전표 속에서 자기가 맡은 종류의 물품만을 피킹하여 릴레이식으로 다음의 피커에게 넘겨 주는 방식이다.

⑧ 총량피킹방식: 몇 시간, 한나절 또는 하루의 주문전표를 한데 모아서 피킹하는 방식이다.

⑨ 어소트(assort)방식: 일괄 피킹한 물품을 고속의 자동분류컨베이어 등을 이용해서 고객별로 분류하는 방법이다.

(4) 포장물류

가. 포장물류의 의의와 기능

포장은 먼저 상품의 판매를 강조하는 상품포장과 상품의 이동, 보관 시의 안전에 더 관심을 두는 물류포장으로 나눌 수 있다.

물류포장(package)이란 "물류의 운송, 보관, 거래, 사용 등에 있어서 그 가치 및 상

태를 유지하기 위해 적절한 재료, 용기 등을 이용해 보호하는 기술 및 보호하는 상태를 말한다. 포장은 형태에 따라 단위포장(낱포장), 내부포장(속포장) 및 외부포장(겉포장)의 3종류로 대별한다. 포장의 기능은 첫째로 물품이 생산지로부터 소비지까지 이동하는 과정에서 일어날 수 있는 물품의 파손 등의 위험으로부터 물품을 보호하기 위한 기능과, 둘째로 물품의 외형을 미화시켜 소비자로 하여금 구매의욕을 불러일으키도록 하는 판매촉진기능이 있으며, 이는 상품포장의 성격이 강하다.

나. 포장물류의 효율화

포장은 제품의 본래 가치를 유지하며 때로는 포장 특유의 새로운 가치를 창출하기도 한다. 포장은 운송수단과 제품의 특성에 따라 다양한 방법으로 추진된다. 포장물류는 제품보호, 판매촉진, 일관 운송체제를 위한 포장물류 그리고 포장해체의 경제성, 포장의 폐기와 재사용을 고려해야 한다. 주요 포장의 목적은 방습포장, 녹슬기 방지포장, 완충포장 및 집합포장 등을 들 수 있다.

향후 포장물류는 포장재료 및 포장기법 등의 개발을 통해 경제성 있고, 효율적인 포장물류의 구현에 노력하여야 하며, 특히 포장물류의 표준화와 규격화를 통한 포장물류의 모듈화 실현, 포장라인의 자동화 및 기계화의 지속적인 추진, 그리고 포장재의 폐기까지를 고려한 적정한 포장물류의 구현에 노력하여야 한다.

(5) 정보물류(물류정보)

가. 정보물류의 의의와 기능

근래 물류의 경쟁력을 결정하는 핵심요인으로 물류정보를 들 수 있다. 물류관리를 효율적으로 하기 위해 물류활동이 여러 기능별로 개별적 또는 복합적으로 이루어지고 있다. 이러한 물류활동의 각 기능들을 체계적으로 연계하여 조화시킬 수 있는 물류정보체계의 구축은 물류서비스 경쟁력을 결정하는 주요 요인이다.

물류정보시스템은 물류관리의 각 기능을 연결시켜 종합적인 물류효율화를 기하도록 하는 수단이다.

나. 정보물류의 효율화

물류활동은 국민경제 전체에 포괄적으로 영향을 미친다. 물류행정은 경제행정상

생산행정 및 소비행정에 대응하는 주요 행정으로서 그 성격상 종합적이고 체계적으로 이루어지지 않으면 안 된다. 이러한 종합화 및 체계화에 물류정보시스템이 효율적으로 기여하기 위해서는 법의 제정, 조세지원, 우선적 금융조치 등 정책적인 지원이 있어야 한다.

종합물류망의 통합, 구축을 통한 물류활동을 연계하며 통제하는 기능이 필요하다. 민원업무와 물류활동에 수반되는 각종 서류를 전자문서로 상호 교환할 수 있도록 하여야 한다. 현재 해운부문에서는 입출항신고 등 민원업무 EDI처리, 인터넷을 통한 처리 등이 추진되고 있고, 철도부문에는 화차배분 등 민원업무 등에 EDI나 인터넷을 이용한 업무처리가 진행되고 있다.

수출입화물의 위치, 구간별 화물의 이동 및 각종 물류통계정보 등을 분석하고 수출입 물류정보 통합DB를 구축하였고 상용서비스를 실시해오고 있다. 또한 첨단화물운송정보(Commercial Vehicle Operation: CVO)시스템의 구축과 GPS(위성위치정보시스템) 기술 등 정보통신기술을 이용하여 화물차량의 위치를 추적한다.

물류거점시설에 대한 정보화 추진으로 전국 물류거점시설을 연결하는 물류시스템의 구축이 요청되며, 화물운송정보시스템 및 전자문서교환시스템의 첨단화, XML/EDI 등 전자상거래시대에 맞는 서비스 개발 · 보급, 그리고 교통정보 · 기상정보 · 사이버택배 등 서비스 내용 다양화와 온라인상에서 화물위수탁증 EDI서비스 실시 · 보급 등이 일부 추진되고 있거나 향후 추진되어야 한다.

다. 물류정보 전문인력의 양성과 제3자(3PL) 및 4자(4PL) 물류도입

오늘날 물류는 다양한 학문과 기술의 총합이라 할 수 있다. 정보기술(IT)은 물론이고 다양한 경영 및 전략기술과 시스템적 접근과 기술적 차원에서 전기, 전자기술들이 도입되고 있다. 위성을 통한 통신 및 위치추적 등의 새로운 기술도 종합적으로 접목되고 활용되고 있다.

글로벌 기업들의 물류에 대한 인식이 제고되면서 물류부문이 기업과 국가의 주요 경쟁요인으로 작용하고 있다. 물류 및 물류정보에 대한 전문인력의 양성이 요청되고 개별 기업자원의 물류기능을 물류전문기업인 제3자 물류에 연계하는 방안이 확장되고 있다. 경쟁력 있는 제3자 또는 제4자 물류의 도입과 활성화가 빠르게 진행 중이다.

3. 글로벌 운송

1) 국제해상운송

(1) 해운서비스의 특성

해운서비스는 여타 서비스재와 같이 무형성, 비분리성, 소멸성 및 이질성의 특성을 갖는다.

① 무형성: 해운서비스는 선박, 항만시설 등의 시설과 장비를 활용하여 생산되지만 그 형태가 없어 볼 수가 없다.

② 비분리성: 운송서비스는 생산될 때가 보급될 때이며 동시에 소비되는 시간이다.

③ 소멸성: 적재되지 않은 컨테이너선의 미사용 스페이스나 용선되지 못하고 계선 중인 부정기선의 용적은 보상을 받을 수 없다.

④ 이질성: 화주들은 해운기업으로부터 화물운송서비스를 받기 전까지는 그 기업의 서비스품질을 확인할 수 없다.

(2) 벌크해운

부정선이라 하여 원유, 석탄, 광석, 곡물, 원목, 철강 등 대량의 화물을 화주가 요구하는 시기 및 장소에 맞춰 불규칙적으로 운항하는 운송형태이다.

(3) 정기선 해운

특정항로를 화물의 유무에 관계없이 규칙적으로 반복 · 운항하는 운송형태로 일반화물 또는 포장화물을 운송한다. 일화만선(一貨滿船)의 용선계약과 달리 다종다양한 개품운송계약이다. 부정기선을 운송서비스의 주문생산이라 한다면 정기선은 운송서비스의 시장생산이 되는 것이다.

① 반복운항(repeated sailing): 동일한 운항루트를 반복해서 운항하는 특성을 갖는다.

② 일반운송인(common carrier): 불특정 다수의 화물을 운송하는 공중운송인(public carrier)

③ 고가(higher value): 선박 자체가 부정기선에 비해 고가이며 화물 및 운임이 고가이다.

④ 표준계약서(standard contract): 정형화된 선화증권 등 국제적으로 공인된 계약서를 사용한다.

⑤ 운임표(freight tariff): 정시선 운임은 사전에 고지된 운임표에 근거하여 거래가 이루어진다. 물론 이때 운임표는 정기선 운항루트에 참여한 해운기업들이 결성한 해운운임동맹의 가격수준에 따르거나 비동맹선사들의 독자적인 운임표에 따른다.

⑥ 대형조직(large organization): 정기선을 국제적으로 운영하기 위해서는 상당히 크고 다양한 기능의 조직이 요구된다. 다양한 화물 취급 및 여러 항구를 기항하게 되며 본사 및 국제점포(branch)가 많다.

2) 국제항공운송

(1) 국제항공운송의 특징과 성장

항공운송은 항공기의 화물운송공간인 항복(航腹, plane's space)에 승객, 우편 및 화물을 탑재하고 국내의 공항에서 공로(air route)로 다른 공항까지 운송하는 운송시스템이다. 항공화물(air cargo)은 항공기에 의하여 운송되는 화물로서 일반적으로 항공운송장(air waybill)에 의해 운송되는 화물만을 지칭하며 승객의 수화물과 우편물은 제외한다.

① 적시성(適時性, time sensitivity)과 신속성: 긴급화물과 부패성 화물의 운송에 적합. 항공기의 발착시간, 정시운항(on-time operation), 운항횟수(frequency)가 적시성을 결정한다.

② 고운임 · 안정성 · 쾌적성 등이 타 운송형태에 비해 높고 지리적 제약이 상대적으로 낮다.

③ 고운임: 상대적으로 상품의 용적은 작지만 고부가가치인 상품들에 사용한다. 항공화물운송은 물량기준으로 대륙간 운송화물의 약 2% 정도, 금액기준으로

전 세계의 약 1/3을 차지한다.

항공기의 제조기술의 발달과 관련 교통기술의 발달로 항공운송은 빠르게 발전하고 있다. 세계 거의 모든 국가들이 경제개발 등으로 소득수준이 향상되고 국제교역량도 늘어나게 되어 항공운송은 더 성장하게 되었다. 아시아 · 태평양 지역은 매년 약 10% 이상의 성장세로 북미지역에 이어 세계 두 번째의 항공시장으로 부상하고 있다. 항공운송의 증가율이 전 세계 무역량 증가율에 비해 더 높게 나타나며, 최근 전 세계 GDP성장률의 1.5~2배에 이르는 성장세를 보이고 있다.

(2) 항공운송대상 화물

① 고가품: 모피, 미술품, 귀금속, 시계, 의약품, 전자 · 전기제품, 광학기기, 반도체제품 등

② 긴급을 요하는 물품(emergency freight)

- 긴급수요품: 긴급의료품, 계절성 유행상품, 투기상품, 재해구호품, 기계, 선박, 항공기 등의 부품, 상품견본, 납기가 긴박한 상품 등
- 신속운송을 요하는 품목: 생화, 생선, 생동물, 송이버섯, 꽃게 등
- 시기가 중요한 품목: 신문, 잡지, 뉴스필름, 원고 등
- 여객의 탁송물품 중 긴급품: 애완동물, 세일즈맨의 샘플 등

③ 물류관리 및 마케팅 전략품목: 경쟁이 심한 시장이나 관련 상품의 경우는 신속한 운송이 필요한 경우에 항공운송을 이용한다. 현지 딜러들의 과잉재고로 인한 가격하락의 방지 또는 경쟁품보다 신속하고 확실한 서비스체제의 확립, 자사상품의 경쟁력을 높일 목적으로, 또한 물류관리상 창고시설 및 재고 투자절감을 위해 항공운송을 이용한다.

④ 기타 운송수단의 제약에서 오는 수요: 도로, 항만 등의 미비로 항공운송이 아니면 운송할 수 없는 경우, 산악, 사막 등과 아프리카 등의 오지지역의 항공기에 의한 구호품 전달 시 활용되기도 한다.

3) 국제복합운송

(1) 국제복합운송의 의의와 특성

① 국제복합운송의 의의

UN국제물품복합운송 조약에서는 '국제복합일관운송이란 복합운송인 물품을 그의 관리하에 둔 1국의 어떤 장소로부터 화물을 인도하기 위해 지정된 타국의 어떤 장소까지의 복합운송계약에 의하여 적이도 두 가지 이상의 운송방법을 이용한 물품의 운송을 말한다'고 규정하고 있다.

② 국제복합운송의 특징

첫째, 육상, 해상, 항공 운송과 창고, CFS, ICD 등 여러 운송수단(transport modes)의 효율적 연계를 들 수 있다.

둘째, 전체 운송의 단일책임과 효율성을 들 수 있다. 국제복합운송은 다양한 수송수단이 어울려 복합적으로 이루어지며 단일복합운송인의 책임으로 이루어진다.

셋째, 운송서류의 간소화를 들 수 있다. 단일복합운송증권에 의한 통운송(through transport)과 일관 B/L(through B/L)로 효율성을 기할 수 있다.

넷째, 국제운송의 안정성을 강화할 수 있다. 다양한 운송수단 간의 원활한 연계와 책임을 담보하는 복합운송은 장거리 국제운송의 안정성을 강화할 수 있다.

다섯째, 투입자본의 가동률을 향상하는 효과를 기할 수 있다.

여섯째, 운송비용(선박은 항비, 하역비, 포장비, 보관비, 해상보험료, 내륙운송비 등)의 절감을 기할 수 있다.

(2) 국제복합운송의 주요 형태

① Sea and Air / Air and Sea 복합운송

복합운송은 여러 운송수단이 연계되어 수행된다. 특히 해상운송과 항공운송을 결합한 국제복합운송으로 운임과 운송일수가 해상운송과 항공운송의 중간이라는 것이 특색이다. 즉 항공운송만으로는 운임이 아주 높고, 해상운송만으로는 운송일수가 아주 긴 경우에 Sea and Air 운송은 경제적으로 유효한 운송방식이다.

② Piggy back / Fishy back / Birdy back

- Piggy back: 컨테이너를 적재한 트레일러나 트럭을 철도 화차에 실어 수송하는 복합수송의 한 방법이다. 트레일러나 트럭에 의한 화물수송 도중 화물열차의 대차(臺車) 위에 트레일러나 트럭을 화물과 함께 통째로 실어 수송하는 방법으로 특히 장거리수송의 경우 트럭의 연료비나 운전기사의 인건비를 삭감할 수 있는 등 비용이나 시간상의 관점에서 보다 효율이 좋은 수송을 기대할 수 있다. 미국에서는 이미 실용화되어 있다.
- Fishy back: 컨테이너를 적재한 트레일러나 트럭을 선박에 실어 수송하는 복합수송의 한 방법이다. 트레일러나 트럭에 의한 컨테이너 화물수송 도중 이를 선박에 실어 트레일러나 트럭을 화물과 함께 통째로 실어 수송하거나 컨테이너만을 수송하는 방법이다.
- Birdy back: 선박 또는 트레일러나 트럭으로 수송해 온 컨테이너를 항공기에 연계하여 수송하는 복합수송의 한 방법이다.

(3) 유라시아 대륙횡단철도 서비스 루트

① SLB 또는 TSR

SLB(Siberian Land Bridge)라고 부르는 복합운송 루트로서 시베리아를 가교(land bridge)로 하여 한국, 일본, 극동, 동남아, 호주 등과 유럽대륙, 스칸디나비아반도를 복합운송형태로 연결하는 해 · 륙 또는 해 · 륙 · 해의 복합운송형태를 말하며, TSR(Trans Siberian Railway)이라고도 불린다. 부산에서 로테르담까지의 운송거리를 비교해 보면 SLB의 장점을 쉽게 파악할 수 있는데, 수에즈운하나 케이프타운을 경유할 경우 20,700km임에 비해 SLB를 이용할 경우 13,000km에 불과하다. SLB 운송은 1970년 초반부터 본격 개시된 이래, 한국, 대만, 홍콩, 필리핀, 호주, 뉴질랜드까지로 집하지역이 확대되고, 목적지도 서구, 동구, 북구뿐만 아니라 지중해, 중동, 북아프리카, 아프가니스탄, 몽고까지로 확대되어 유럽항로에 대항하는 운송루트로 발전하였다.

- SLB의 장점: 거리의 단축에 따라 비용을 줄일 수 있는 가능성, 유럽 내륙지점에의 양호한 접근성, 중동항로의 대체경로, 체선이 심한 중동항만의 회피 등에 따른 국제복합운송의 주 동맥으로서 무한한 잠재력을 가지고 있다.

• SLB의 문제점: 공컨테이너 환수문제, 냉대지역의 통과, 화물추적의 문제, 구소련 철도시설의 노후화, 시베리아 철도의 비효율적 운영 등이 문제점으로 지적되고 있다.

*SLB를 이용하는 3개의 복합운송시스템
① Ocean-Rail Route
② Ocean-Rail-Ocean Route
③ Ocean-Tuck Route
④ Ocean-Truck-Air-Truck Route: 시베리아 철도를 이용하지 않지만 가장 빠르고 안전하게 운송되는 구소련 통과 해공 복합운송

② 중국대륙횡단 철도(TCR) 서비스

한국에서 중국을 경유하는 주요 복합운송 루트는 다음의 것들이 있다.

한국에서 중국의 주요 항까지 해상으로 운송하고, 철도 · 트럭으로 접속시켜 중국 내륙지구까지 일관운송하는 포워더 주관의 복합운송이다. 주요한 운송경로는 대련항에 양륙 후 철도, 트럭으로 길림 · 흑룡강 · 요령성 방면으로 일관운송하는 것, 천진항에 양륙 후 하북 · 산서성 및 내몽고 방면으로 일관운송하는 것, 청도항에 양륙하고 산동성 방면으로 운송하는 것, 상해항에 양륙하여 절강, 강서, 호북, 하남성 및 위구르 지구로 일관운송하는 것, 홍콩을 경유하여 광동, 호남, 사천성 방면으로 일관운행하는 것이 있다.

(4) 북미 대륙횡단철도 서비스 루트

① MLB(Mini Land Bridge)

MLB는 해운회사가 개발한 것으로 한국 · 일본~미국 서안간을 해상운송하고, 서안항으로부터 미국 동안 혹은 걸프항들까지 철도운송하면서 컨테이너 일관운송을 하는 것이다.

1972년 Sea Train사가 캘리포니아/일본 간의 컨테이너 서비스를 개시할 때에 서부의 산타페 철도와 동부의 펜 센트랄 철도의 동의하에 해륙일관운송 서비스를 제정하고, 미국의 연방해사위원회(FMC) 및 주제 교통위원회(ICCP)에게 태리프를 파일로 제시하고 이것을 개시하였다.

극동에서 북미 동안(뉴욕)까지의 해상운송거리는 약 9,800마일, 서안을 경유하여 철도 연결을 통한 횡단운송의 거리는 7,600마일로서 약 2,000마일이 단축될 수 있다.

Mini Land Bridge 운송에서는 해운회사가 Trough B/L을 발행하고 운임은 해상 직항선에 의한 해상운임과 같은 수준으로 서비스를 행하고 있다. 운송일수는 14~18일인데 해상직항 컨테이너선이 18~20일 걸리는 데 비해 짧은 것이 특징으로 화주의 이용도 비교적 높다.

② ALB(America Land Bridge)

극동지역의 항으로부터 북미 서안의 주요 항(오클랜드, 로스앤젤레스)까지 컨테이너로 운송하고 그 후 미국 내륙부를 철도운송하고, 뉴올리언즈 등에서 다시 해상운송으로 유럽 주요항 또는 일부의 유럽 내륙부까지 일관운송을 실시하는 방식이다. 소요일수와 운임면에서 해상직항운송 등에 비해 그렇게 장점이 없어 현재는 이용실적이 매우 낮다.

MLB는 극동과 미국 대서양 연안이나 Gulf 연안, 혹은 유럽과 미국 태평양 연안의 항로에 있어서 태평양 연안과 대서양 연안 간에 대륙철도를 이용하는 것이다. America Land Bridge와의 차이점은 대서양 횡단을 제외시킨 것이다.

③ CLB(Candia Land Bridge)

1980년에 영업이 개시된 복합운송형태이다. 현재는 이용이 극히 부진하다.

④ IPI(Interior Point Intermodal)

해운회사에서 운영의 미국 내륙부 도시항 국제복합운송으로 한국 · 일본에서 북미 서안 항까지 해상운송하고, 미국 서안에서부터 미국 내륙부 도시로는 철도와 트럭으로 일관운송하는 것이다. Micro Land Bridge라고도 불린다. Mini Land Bridge가 미국 동안까지의 해상운송 대체수단으로서 미국 동안 · 걸프지역 항만으로 향하는 것에 한정되어 있는 것에 비해, 이 IPI는 미국 내륙 주요도시까지의 복합운송으로 이루어지는데, 내륙부 주요도시의 철도 터미널 또는 선사 보유의 CY나 CFS에서 화물인도가 이루어진다.

⑤ RIPI(Reversed Interior Point Intermodal)

컨테이너선에 의해 한국 · 일본에서 파나마운하 경유, 북미 동안 항들까지 해상운송하고, 거기서부터 철도, 트럭으로 접속하고 내륙지구까지 운송하는 선사 서비스이다. 1980년 IPI 서비스에 대응하여 북미 동안까지 All Water Service를 하는 선사인 US Lines와 Maersk 등이 시작한 복합운송시스템이다. 그러나 운임이 해상운임에 철도운임을 더함으로써 매우 높게 책정되어 이용자가 적다.

4. 물류기지

1) 항만

(1) 항만의 기능

항만(ports, harbour)은 바다(sea)와 육지(land)를 연결하는 결절점(node)으로서의 역할을 한다. 항만이란 해상운송수단인 선박과 육지의 연결을 용이하게 하는 시설과 설비를 갖춘 공간이다. 항만은 수심이 일정한 수준을 유지해야 하며, 자연적인 만에 의해 풍파를 막고, 선박의 안전한 피난 등을 제공하는 자연조건이 필수적인 것이었으나, 오늘날의 다양한 기술과 건축술로 항만을 건설한다. 자연상태의 항만과 사람이 건조한 인공항으로 나눌 수 있으나, 대부분의 항이 인공적으로 조성되어 항만의 수심확보를 통해 선박의 접안, 이안을 원활하게 하고 있다.

① 경제적 차원

항만은 국민 경제의 중요한 재산이며 한 지역과 국가의 중요한 경제적 기반이 된다. 항만이 있음으로써 산업자본의 재생산과정을 더욱 촉진하고, 경제활동을 활발하게 한다. 한 지역에서 항만과 관련 산업이 지역경제에 미치는 영향은 매우 높다.

② 생태적 차원

경제적 가치만을 강조하던 항만건설에서 오늘날의 항만건설은 주변 환경과 생태계와의 조화를 고려하여 건설되고 있다. 항만을 건설할 때에는 그 공간과 해안이 지니는 역사와 경관 등의 장소적 특성을 발휘하면서 항만의 쾌적성(amenity)을 도모할 필요가 강조되고 있다.

③ 공간적 차원

주요 항만은 도시와 연계되어 발전하게 된다. 해상운송의 혁신과 선박의 대형화로 도심에 입지한 항만은 한계를 가지게 되었고 이제는 도시와 항만이 분리되게 되었다. 도시와 항만은 서로 보완적이고 그 기능에서 서로 조화를 이루며 개발되고 발전해야 한다.

④ 사회, 문화적 차원

항만은 한 지역과 국가의 이미지와 문화에 영향을 미친다. 항만은 해당 국가와 사회가 지향하는 가치를 실현하고 문화적 정체성을 갖도록 개발, 발전해야 한다.

(2) 항만의 관리체계

① 지주항(landlord port)

항만관리주체가 선박을 위한 각종 시설을 제공하고 화물처리서비스와 이에 부수되는 각종 서비스는 민간이 제공하는 형태이다. 도선서비스는 일반적으로 설정된 한계 톤수 이상의 선박에 대해서는 강제적이며 대부분 독립조직에 의해 수행된다.

② 도구항(tool port)

항만의 기본시설뿐만 아니라 화물의 조작에 필요한 하역시설까지도 항만관리주체가 제공한다. 민간기업의 참여가 지주항과 비교하면 제한되어 있다. 장점은 일원적인 항만정비 및 관리가 가능하다는 점이다. 단점은 일상 업무에서 완전히 독립되지 못한다는 것과 투자재원의 확보가 어렵다는 점이다.

그림 11-5 | 항만과 도시의 기능적 관계

③ 운영항(operation port)

항만관리주체가 기본시설, 하부시설 및 기능시설뿐만 아니라 화물처리서비스 및 관련 서비스도 동시에 제공하는 유형이다. 장점은 항만의 운영과 관련된 정보전달이 신속한 점을 꼽을 수 있고 단점은 전략적인 문제를 경시하기 쉽다는 것을 들 수 있다.

2) 공항

(1) 공항의 입지와 특성

공항은 항공기의 자유로운 이착륙과 관련 활동을 보장하는 자연적, 사회 문화적 요건들이 전제되어야 한다. 공항의 입지는 바람, 안개, 눈 등의 자연적 조건과 그 세력권, 즉 배후권의 존재, 근린공항의 입지와 그것이 제공하는 서비스의 정도 등에 의해 영향을 받는다.

공항의 입지는 해당 지역의 경제적 조건, 인구의 규모와 밀도, 소득 수준, 배후도시와의 연계성과 거리 정도 등을 고려하며 국가의 전체적인 정책방향과 국토개발계획 등에도 영향을 받는다.

특히 경쟁이 심화되는 오늘날 인근경쟁공항의 여건과 경쟁관계 주변반경 100km, 200~300km 내에 존재하는 대도시들의 여건과 연계성 등을 고려하여 입지하게 된다.

(2) 허브(Hub)공항의 조건

① 기본적, 지리적 성립조건

허브(Hub)공항의 가장 중요한 요건은 노선수와 편수이다. 이용자는 다른 조건이 일정하면 가능한 많은 노선, 편수가 모이는 공항을 선택하는 경향이 있다.

허브공항이 되기 위해서는 인근에 대도시가 많이 연계될 수 있는 지리적 조건이 중요하다. 다른 경쟁조건이 불리해도 주요 네트워크의 중심부에 위치한다고 하는 지리적 유리성에 의해 어느 정도 허브로서의 기능을 할 수 있다. 영속적으로 허브공항이 되기 위해서는 환경변화가 일어나기 전에 그것을 개발과 결부하는 노력이 필요하다.

기본적으로 공항으로서 비행기의 이착륙이 365일 가능하고 안개 등 자연적 장애나 부정적 요인이 최소화되어야 한다.

② 경제적 조건

먼저, 허브공항은 인근에 넓은 경제적, 지리적 배경을 가져야 한다. 이 공항의 존재로 넓은 지역의 많은 사람에게 경제적 편익을 제공할 수 있어야 한다.

둘째, 어떤 공항이 허브공항으로 성공하기 위해서는 핵심 항공사의 존재가 필요하다. 허브로써의 성공은 공항으로의 노선, 편수의 집중 정도에 달려 있다. 핵심 항공사의 존재가 허브로의 발전에 매우 중요하다.

셋째, 항공망과 항공운송의 국내와 국제의 일체화와 연계성을 전제해야 한다. 국제와 국내를 구별하지 않고 포괄적인 개념으로 논의되어야 한다.

넷째, 해상·육상 등 연계수요에 대한 전략이 요청된다. 승계수요로서는 육상과 해상 교통기관의 존재도 중요하다.

다섯째, 해당 공항의 마케팅 전략도 중요 요인이다. 항공자유화정책과 함께 공항의 사용료 체계의 연구, 승계시설의 충실은 공항 당국의 시장지향적 마케팅에서 찾을 수 있다. 특히 직행편과의 경쟁도 고려해야 하며, H&S(hub & spoke) 전개에 대항해 직행편으로 경쟁하려는 타사가 나타난다.

③ 기술적 조건

항공 기술적 측면이나 공항관제 측면에서 많은 항공기의 동시 이착륙이 가능하며, 활주로 등이 갖추어져야 한다. 항공의 발달로 이미 설립된 기존 공항의 시설이 혼잡해지고 이를 극복하기 위해 선진화된 기술이 담보된 허브공항이 필요하게 된다. 그리고 화물이나 여객의 증가로 선진기술을 갖춘 공항의 확보로 소비자의 니즈에 부응하는 공항을 마련하여야 한다.

3) 기타 물류기지

(1) 여타 물류기지의 주요 형태

물류결절점의 기능은 운송로를 연결하고, 운송기관의 연결을 원활하게 하는 것이다.

① 철도운송 관련 기지: 화물역, 역내 창고

② 트럭운송 관련 기지: 트럭 터미널, 유통업무단지, 내륙창고, 유통센터, 배송센터

③ 해상운송 관련 기지 항만, 상옥, 컨테이너 터미널, 항만 창고 상옥. 중가낭고라고도 하며 안벽, 잔교, 양륙장 등에 있어서 운송작업과 보관작업 사이에 중간작업을 하는 장소이다. 1층 또는 여러 층으로 건조되어 있으며 화물의 적·양과

입 · 출고를 위한 화물의 분리와 정리 또는 포장작업이 이루어지는 곳

④ 항공운송 관련 기지공항, 항공화물 시티터미널

⑤ 복합운송터미널 관련 기지: 1~4의 시설, 기능들을 연계한 복합물류단지나 복합터미널

⑥ 종합물류정보센터: 트럭, 철도, 육상 및 해상과 항공운송 관련 정보를 종합적으로 관리, 조정, 통제하는 종합물류정보센터는 효과적이고 체계적인 물류관리의 핵심기지로서 역할이 강조되고 있다.

(2) 물류기지의 기능

물류결절점에서 하역, 보관의 기본 기능 외에 각종 유통가공 등의 보조적인 활동이 행해진다.

① 환적기능: 운송기관 상호의 환적

② 혼재기능: 소량 화물의 통합, 분류

③ 유통보관기능: 유통과정에서의 일시 보관기능

④ 유통가공기능: 상품의 소량화 포장, 레이블링, 조합, 조립, 절단, 가공 등 수요형태로의 적합화, 또는 라벨링

⑤ 물류가공: 대량 크기의 화물을 보다 작은 크기의 여러 개의 물류단위로 나누거나 그 반대로 작은 여러 개의 물량을 더 큰 물량으로 바꾸는 행위 등 단순한 부품의 부착 등으로 물류 부가가치를 증대하는 행위

⑥ 배송: 단말운송

⑦ 정보처리기능: 각종 문의, 스페이스 예약, 운행도착정보, 재고관리정보 등 정보서비스

연습문제

1. 물류와 글로벌 물류의 개념을 설명하시오.
2. 물류관리의 주요 활동에 대해 설명하시오.
3. 물류관리의 범위에 대해 설명하시오.
4. 해운의 의의와 정기선 해운 특성에 대해 설명하시오.
5. 시베리아 횡단철도, 중국 횡단철도에 대해 설명하시오.

참고문헌

1. 김홍섭 (2012). 물류개론. 인천대학교 강의교재.
2. 임석민 (2010). 물류학원론. 서울: 두남.
3. 박영섭 (2003). 국제물류의 이해. 파주: 법문사.

4부

Global Marketing

글로벌 시장의 단계적 진출

Chapter

12

수출입을 통한 글로벌 경영

1. 수출과 수입
2. 글로벌 기업의 수출경로
3. 글로벌 기업의 수출방식
4. 글로벌 기업의 수출입 금융

Chapter 12

수출입을 통한 글로벌 경영

1. 수출과 수입

글로벌 시대의 무한경쟁에서 생존하고 성장 · 발전하려면 글로벌 시장으로 진출하지 않으면 안 된다. 전략적 관점에서 수출은 국제적 확장 속에서 기업의 수익성을 창출하기 위한 전략적 선택 중 하나이다. 기업은 급변하는 환경에 적응해야 할 뿐만 아니라 오히려 적극적으로 유리한 상황으로 국면을 전환할 수 있는 판단과 용기를 발휘해야 한다. 즉, 최악의 상황을 극복해야만 살아남는 것이다. 그래서 기회를 포착하고 위기에 대응하기 위해 글로벌 기업은 해외시장에 진입하게 된다.

수출이 점점 더 용이해짐에 따라 세계 경제에서 수출이 차지하는 비중은 점점 더 높아지고 있다. GATT와 WTO, 그리고 EU, NAFTA 등과 같은 지역 통합의 영향 아래 이루어지고 있는 점진적인 무역장벽의 완화가 수출 기회를 현저하게 증가시키고 있는 것이다. 그럼에도 불구하고 수출은 여전히 많은 기업들에게 큰 도전이다. 특히 중소규모의 기업들에게는 수출이 굉장한 위협으로 다가온다.

외국의 특정 시장에 들어가는 방법은 본국이나 제3국 등 목표시장국 이외의 생산기지에서 제조된 완제품을 수출하는 방법, 기술이나 특허권 등의 무형자산, 경영활동 등을 현지에 있는 기업에게 대가를 받고 제공하여 기술제휴를 하는 방법, 제반 생산요소와 경영자원을 하나의 패키지 형태로 이전하여 현지에서 직접 경영활동에 참여하면서 제품을 생산, 판매하는 해외직접투자, 혹은 다른 나라 기업과 제휴 내지 합작투자를 통해서도 가능하다. 이처럼 기업활동을 해외로 확장시켜 나가는 방법은 여러 가지가 있는데 각각의 방법이 나름대로 장단점이 있기 때문에 기업사정이나 제품 특성, 국가 형편에 따라 선택 또는 병용하는 것이 보통이다(전외술 · 박성규, 2014).

1) 수출입의 개념

(1) 수입활동

경영에는 자본, 원료, 노동력, 기술 등 많은 자원이 필요한데 일반적으로 기업을 경영할 때 이러한 자원들을 모두 한 나라 안에서 조달하는 것이 아니라 그 자원의 원가가 싸거나 품질이 좋은 나라를 택하여 경영자원을 수입하여 사용한다. 예를 들면 부품은 기술이 좋은 한국에서 구입하고 조립은 인건비가 싼 중국에서 한다. 또는 한국의 원자재나 부품이 비싸면 원자재나 부품은 동남아에서 수입하여 사용한다. 직접 수입할 능력이 없으면 자국의 종합무역상사나 무역대리인(오퍼상) 등을 통해 반제품 또는 완제품을 간접적으로 수입하는 방식도 국제화나 세계화 전략의 초기 단계라고 볼 수 있다.

수입은 기업이 제품이나 서비스를 해외 제조업체로부터 구입하여 본국 시장으로 들여오는 것으로, 외화나 화폐용 금이 국외로 유출됨으로써 결국 외환보유고의 감소 현상을 초래하게 되어 수출과는 정반대가 되는 것이다. 이렇게 보면 수입이 국민경제에 좋지 않은 영향을 끼치는 것으로 보이겠지만, 생활에 필요하지만 국내에서 생산되지 않는 제품 등을 수입하거나 수출용 제품 등의 원료가 되는 원자재 등을 수입하여 가공 후 재수출해서 더 많은 외화를 국내로 유입시키기도 한다. 즉, 수입은 국민경제나 기업에게 반드시 필요한 전략이나 행위로 간주하여야 한다.

우리나라의 경우 예전에는 식량, 노동집약적 제품 수출을 위한 원부자재 수입이 중심이었다면 최근에는 선박, 반도체, 승용차, 전자제품 등의 주력 수출품에 필수적인 에너지, 원자재, 소재부품 수입이 큰 부분을 차지하고 있다. 우리나라는 자원을 수입해야 수출하는 천연자원 빈국이라는 점과 무역마찰 완화를 위해 수입을 해야 하는 입장이므로 수입에 대한 부정적인 고정관념을 버려야 한다.

한국은 2011년 기준으로 수출 5,552억 달러, 수입 5,244억 달러로 무역규모가 1조 796억 달러를 기록하여 세계 9번째로 교역 1조 달러 국가에 가입하게 되었다. 2012년 12월 기준으로, 수출은 2011년 대비 1.3% 감소한 5,482억 달러, 수입은 0.9% 감소한 5,195억 달러를 기록했으며 2013년 수출은 2.1% 증가한 5,596억 달러, 수입은 0.8% 감소한 5,156억 달러를 기록하였고, 2014년 수출은 2.4% 증가한 5,730억 달러, 수입은 1.9% 증가한 5,256억 달러를 기록하였다. 각종 대외악재에도 불구하고 2년 연속 무역 1조 달러 이상을 달성했다.

무역협회가 발표한 '2014년 수출입평가 및 2015년 전망'보고서에 따르면 2015년 한국 수출은 전년대비 4.3% 증가한 6,010억 달러, 수입은 5.5% 증가하여 5,570억 달러로 전년 대비 440억 달러 무역흑자를 전망하고 있다.

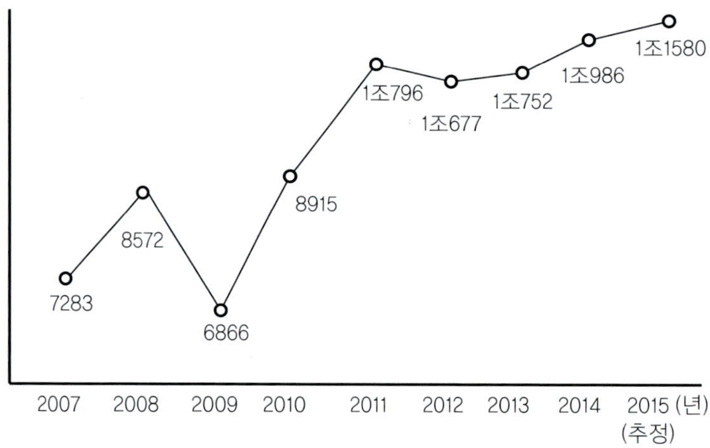

그림 12-1 | 무역액 추이(단위: 억 달러)

출처: KITA 연구보고서 및 통계자료 재구성.

(2) 수출활동

수출은 전략수행이 쉬워서 소규모 기업은 물론 대부분의 기업들이 해외에 진입할 때 또는 진입한 뒤에도 가장 일반적으로 채택하는 방법이다. 여기서 수출이라 함은 특정 국가에서 제품 또는 서비스를 생산하여 다른 나라로 이전하는 글로벌 경영활동을 말한다. 다만 서비스업체의 경우는 외국에 판매할 서비스를 국내에서 생산할 수 없고 기술, 자본, 인력, 기업 자체 등 자신의 자원을 해외로 이전시키는 방안을 강구하여야 한다. 즉 전반적으로 대부분의 서비스는 현지대리인이나 중개상을 통하여 전달되거나 해외 직접투자나 프랜차이징 또는 라이선싱과 같은 진입 전략과 결합되어 판매된다.

수출이 해외시장 진출의 기본전략으로서 널리 활용되고 있는 까닭은 이질적인 해외시장에 처음 진출하는 기업에게도 상대적으로 적은 자원의 투입으로 판매이익은 물론 해외시장에 대한 경험을 축적할 기회를 얻을 수 있을 뿐 아니라, 다른 해외 진출 전략보다 위험이 상대적으로 적어서 다른 전략과 함께 활용할 수 있기 때문이다. 이는 다른 나라보다 제품을 싸게 만들어 상대적으로 원가우위에 있다고 볼 수 있는 제품을 생산하여 여러 나라에 판매하는 방식이다. 우리나라 대기업들은 1960년대와 1970년대에 가발, 의류 등의 수출로 글로벌화를 꾀하였다.

글로벌화의 초기 단계에는 해외에 대한 경험 부족으로 해외직접투자나 제휴보다는 수출을 해가면서 서서히 그 나라의 시장과 고객에게 적응해 나가는 것이 바람직하다. 직접수출도 자신이 없다면 국내에 있는 무역상사나 무역대리인 또는 우리나라를 방문한 외국 바이어 같은 수출중개상을 통해 간접적으로 판매하는 간접수출방식에 의해 수출을 하다가 점차 해외사업경영에 자신이 생기면 직접수출방식으로 전환할 수도 있다. 수출은 해외시장 진출의 기본적이고 용이한 방법으로서 다시 말하면 기업 성장의 기본적이고 용이한 방법이라고 할 수 있다.

수출의 상대적 개념인 수입을 포함하여 무역이라고 한다. 국제무역은 양국 간의 이익을 도모한다. 즉 잘 먹고 잘 살기 위함이다. 무역의 궁극적인 목표는 바로 생활의 질적 수준 향상인 것이다.

수출은 특정 제조업체가 해외시장에 진출 및 개입할 때 활용할 수 있는 여러 전략적 대안 중에서도 가장 기본적인 전략이라고 할 수 있다. 다만 서비스업체의 경우에는 외국에 판매할 서비스를 국내에서 생산할 수 없고, 기술 · 자본 · 인력 · 기업 등 자신의 자원을 해외로 이전시키는 방안을 강구해야 한다.

지식경제부가 지정한 2014년 세계일류상품 숫자는 총 661개가 됐다. 2013년 639개보다 22개가 증가했다. 이 가운데 세계시장 점유율 1위 품목은 2013년 149개에서 2014년 154개로 5개가 늘었다.

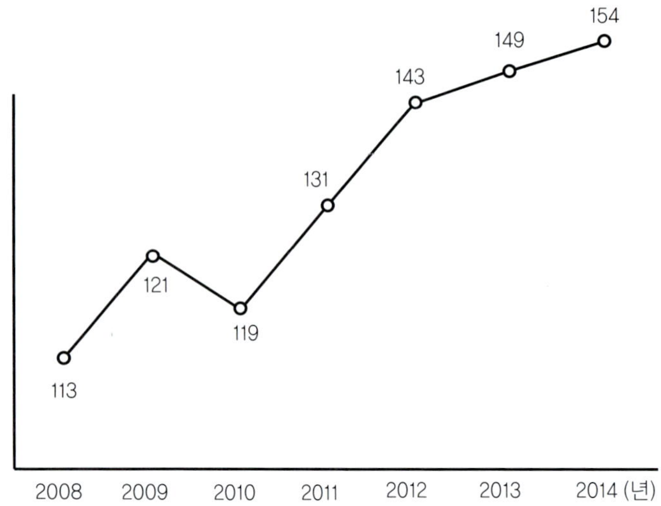

그림 12-2 | 세계시장 점유율 1위 품목수(단위: 개)

출처: 산업통상자원부 자료 재구성.

2) 수출의 동기 및 장단점

(1) 수출의 동기

기업이 수출활동을 전개하게 되는 동기에는 여러 가지가 있을 수 있다.

첫째, 과잉생산품을 처분하거나 유휴생산시설을 활용하기 위함이다.

둘째, 국내시장이 협소한 나라들의 기업이 대량생산을 통한 규모의 경제로 효율적인 생산활동을 전개하기 위해 적극적으로 해외시장으로의 진출을 꾀하는 수가 있다. 특히 고정투자와 연구개발투자의 비중이 높은 산업에서는 간접비의 흡수를 통한 원가절감의 효과를 기대하여 수출을 추진하는 경우가 많다.

셋째, 국내시장에 판매하는 것보다는 수출을 통해서 더 많은 이익을 올릴 수 있거나 경쟁조건 등의 측면에서 해외시장이 보다 유리한 경우와 같은 특수한 시장기회를 활용하기 위해 수출을 시도하기도 한다.

넷째, 특정한 해외시장국에서의 자사제품에 대한 시장잠재력을 시험하기 위한 수단으로서 수출이 활용되는 경우도 있다. 이러한 경우 시장잠재력이 풍부한 것으로 판단되면, 기존의 해외 경험을 토대로 수출을 확대하거나 해외직접투자와 같이 보다 적극적인 방법으로 해외시장에 나서게 될 수도 있다.

다섯째, 정부가 금융, 세제, 외환관리 측면에서 특혜적인 수출지원을 하면서 일정한 수출실적을 이의 수혜요건으로 규정하고 있는 나라에서는 그러한 특혜를 활용하기 위해서 수출활동을 전개하는 경우도 있다.

그밖에 수직적으로 통합된 기업의 생산요소 이전으로 인한 수출, 외국기업의 해당국내 현지법인에 의한 수출이 있을 수 있으며, 낯선 외국환경에서 영업활동을 하는 것을 큰 위험으로 인식할 때, 경제성장률이 국가마다 상이할 때, 그리고 시장다각화의 전략을 수행할 때에도 수출을 할 수 있다.

(2) 수출의 장점

수출을 통해 해외 고객에게 서비스하는 것은 역사적으로 대중적인 글로벌화 전략의 하나이다. 기업은 수출을 통해 다음과 같은 이점을 얻을 수 있다.

- 전반적 매출액 증가, 시장점유율 향상, 종종 국내시장보다 높은 판매마진을 창출한다.
- 규모의 경제를 증가시켜 단위당 제조비용을 절감한다.
- 고객기반을 다변화하여 본국 시장에 대한 의존도를 줄인다.
- 경기변동이나 계절적 수요 변화에 따른 매출액 변동을 안정화시킨다.
- 다른 진입전략과 비교하여 위험을 최소화하고 유연성을 극대화한다.
- 기업은 반드시 목표시장에 투자를 하거나 물리적인 사업장을 설치할 필요가 없으므로 해외시장 진입비용을 낮출 수 있다.
- 해외유통업체와 해외사업파트너와의 역량과 기술을 활용한다.

비용과 위험이 작고 해외파트너를 활용할 수 있으므로 수출은 특히 중소기업에 적합하다. 예를 들어 완구업체인 오로라월드는 주문자상표부착방식업체로 출발하여 지금은 세계 최대의 캐릭터 완구시장인 미국에서 점유율 2위를 차지하였고, 러시아에서 점유율 1위를 차지하고 있다. 오로라월드가 세계 캐릭터 완구시장에서 명성을 떨칠 수 있었던 원동력은 다름 아닌 자체브랜드 수출에 있다. 전체 생산량의 95%를 수출하고 있는 오로라월드의 자체브랜드 수출 비중은 85%에 달한다. 세계 각지에서 제품을 요구하는 주문도 급증하고 있어 빠르게 성장하고 있다.

(3) 수출의 단점

진입전략으로서 수출 또한 몇 가지 단점을 가지고 있다.

- 해외시장에 물리적인 사업장을 설립할 필요가 없기 때문에 경영진이 고객, 경쟁자 및 시장의 독특한 특징을 배울 수 있는 기회가 적다. 고객들과의 직접적인 접촉이 없으므로 수출업체는 현지시장의 기회와 위협을 인식하지 못할 수 있고, 장기적으로 현지시장에서 성공하는 데 필요한 지식을 습득하지 못할 수 있다.
- 기업은 수출거래를 적절히 실행하기 위해 필요한 새로운 역량을 획득하고 이에 조직 자원을 배분하여야 한다. 기업은 수출업무를 수행하기 위해 국제거래와 외국에서 능력을 갖춘 인력을 고용해야 한다. 경영진은 시간과 노력을 들여 화물운송, 수출거래의 문서화, 외환, 금융기법 등에 대해 학습하여야 한다. 이러한 역량의 확보로 인해 기업자원에 부담을 줄 수 있다.
- 다른 진입전략과 비교하여 수출은 관세나 환율변동과 같은 무역장벽에 훨씬 민감하다. 환율변동이 해외구매자에게 제품의 가격 인상을 유발한다면 수출업체는 해외에서 시장을 잃을 위험에 처할 수 있다. 특히 우리나라의 경우 환율이 하락할 경우 삼성전자, LG디스플레이, 현대 · 기아차 등과 같은 대표 수출기업은 수익성이 악화될 것이다. 환율이 50원만 하락해도 영업이익이 적게는 10%, 많게는 60% 이상 줄어들 것이다.

3) 수출표적국가 선정단계

수출표적국가를 선정하는 데는 여러 가지 기법이 있으나 대부분 단계적인 방법을 사용하고 있다. 그 중 유용한 기법은 다음과 같이 4단계로 이루어진다.

(1) 1단계: 시장기회 창출과 목표선정

첫 번째 단계는 수입국 내에서의 자료수집과 모국수출과 관련된 자료의 수집이라는 2개의 주요 과정으로 이루어진다.

① 해당 국가 관련자료 수집

해당 국가에 관련된 통계수집은 크게 두 가지 목적을 위하여 수행된다.

첫째는 수입과 수요를 결정하기 위한 것이다. 수입과 수요와 관련된 자료수집은 금액, 상대적인 중요성 그리고 성장률을 기준으로 국가별, 제품별로 상대적인 중요성 분석에 초점을 둔다. 선진국의 수입통계는 그 국가 자체나 UN 그리고 OECD의 자료를 활용할 수 있는데 최소한 과거 3년간의 자료를 근거로 미래수입의 수요를 예측하는 것이다.

둘째는 시장에서 현지제품의 경쟁력을 평가하는 것이다. 예를 들어 3년 이상의 기간에 걸쳐서 국내제품의 매출금액, 시장점유율 그리고 과거성장률 등에 대한 자료에 근거하여 시장점유율, 시장집중 정도, 그리고 시장지배력을 평가하게 된다.

② 모국수출과 관련한 자료수집

해외시장기회를 평가하기 위해서는 해외현지국가의 수입통계와 함께 모국의 수출에 관한 분석도 필요하다.

첫째는 모국의 수출구조에 대한 평가가 필요하다. 이를 근거로 이론적인 잠재 수출능력을 추정할 수 있는데, 특히 해당 국가로의 수출이 부진할 경우 수출 부진 요인 규명에 도움이 된다.

둘째는 수입국에 대한 수출통계를 수집해야 한다. 이 자료는 앞에서 수집된 수입 관련 자료를 확인하는 데 사용된다.

(2) 2단계: 해외시장 기회 평가 및 수출 유망업종

두 번째 단계에서는 장기적 수출시장 기회를 평가하여 성공가능성이 높은 수출 유망산업을 결정하기 위한 분석이 이루어진다.

① 해외시장 기회의 평가

이 단계에서는 우선 1단계에서 수집된 자료에 근거하여 시장매력도를 결정하는데, 예를 들면 고, 중, 저로 평가할 수 있다. 시장매력도를 결정하는 방법에는 여러 가지가 있는데, G.E./McKinsey기법에서는 시장매력도가 시장, 경쟁력, 재무/경제 그리고 사회/정치관련 변수로 결정된다.

② 수출 유망업종의 기업 결정

특정국가에서 수출 성공성이 높은 업종을 선정해야 하는데, 특히 유망수출사업과 관련하여 가능하면 모든 사업을 평가해 보겠으나, 이것은 매우 힘든 일이므로 사업의 초기 적격심사가 필요하다. 여기는 해외시장 성공의 대리변수로서 해당 업종에서의 기업의 경쟁력이 이용된다. 기업의 경쟁력으로서는 제품자별화나 품질, 기술보호, 비용과 생산의 효율성 그리고 수직적 통합과 같은 것이 있다. 이러한 변수들은 네 개의 분야로 분류되는데 마케팅 분야, 기술 분야, 생산 분야 그리고 금융 및 경제 분야로 나눌 수 있다.

(3) 3단계: 수출경쟁력과 해외시장 기회의 연결

여기서는 G.E./McKinsey기법과 같은 분석틀이 사용될 수 있는데 고, 중, 저단계의 수출경쟁력과 시장매력도가 이루는 9개의 잠재적인 조합을 고려할 수 있을 것이다 ([그림 12-3] 참조). 이를 근거로 수출국가의 우선순위를 결정할 수 있다.

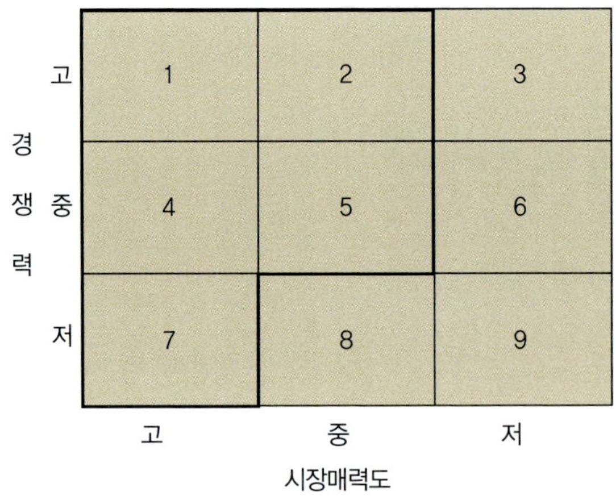

그림 12-3 | G.E./McKinsey 매트릭스

출처: 이승종 외 (2004). p. 253.

(4) 4단계: 시장침투전략의 개발

모국기업의 국제경쟁력과 현지시장매력도에 따라 해외시장을 구분한 다음에는 각 시장의 특성에 맞춰 시장침투전략을 개발하여야 할 것이다. 대체로 [그림 12-3]에서 1, 2, 4, 5, 7에 속하는 시장에 대해서는 좀 더 적극적인 시장전략이 필요하며, 그 외의 국가에 대해서는 소극적인 전략이 바람직할 것이다. [그림 12-3]에서 보면 전략적 의사결정을 위해 9개의 칸은 크게 세 구역으로 나눌 수 있다. 왼쪽 상단의 세 칸(1, 2, 4)에 위치한 사업단위들은 경쟁력이 있는 사업단위이므로 투자에 의해 지속적으로 성장시켜야 할 것이고, 대각선 상에 위치한 세 칸(3, 5, 7)은 전반적인 매력도에서 중간인 사업단위들을 표시하므로 경쟁력이 있을 것으로 판단되는 사업단위들에 대해서만 선별적인 투자를 하고, 가능한 한 현금흐름을 증가시킬 필요가 있다. 오른쪽 하단의 세 칸(6, 8, 9)은 경쟁력이 약하거나 시장전망이 어두운 사업단위들을 나타내므로 이러한 사업단위로부터 철수하거나 최소한의 투자를 통해 현금흐름을 극대화하는 전략이 바람직하다.

2. 글로벌 기업의 수출경로

수출은 사전단계로서의 시장조사나 거래처 접촉, 계약체결, 그리고 실무적 절차인 통관, 선적, 보험 등 수출관련업무를 기업 내부조직인 수출담당부서가 직접 담당하느냐, 아니면 외부의 전문업체를 통해 수행하느냐에 따라 간접수출과 직접수출로 구분할 수 있다.

기업은 어떠한 동기로든 수출을 통해 해외시장에 진출하기 위해서는 우선 여러 가지 수출형태 또는 수출경로 중에서 하나를 선택해야 한다. 수출경로는 [그림 12-4]와 같으며, 크게 간접수출과 직접수출로 구분할 수 있다.

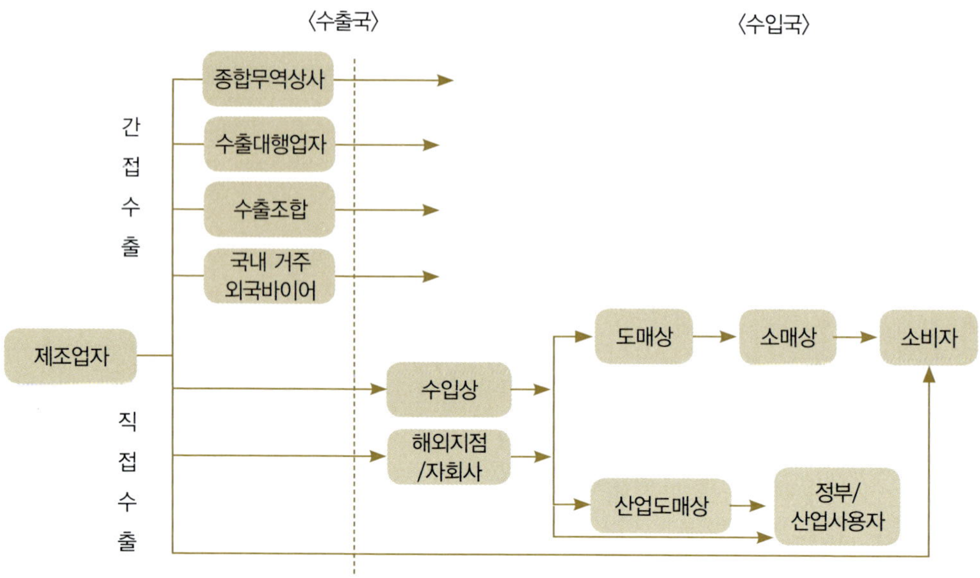

그림 12-4 | 주요 수출경로

출처: 이승종 외 (2004). p. 256.

1) 간접수출경로

간접수출이란 종합무역상사, 수출대행업자, 수출조합 또는 국내에 거주하고 있는 외국무역상 등을 통하여 수출함으로써 수출국 내에서 요구되는 수출관련기능을 제조업체가 스스로 수행하지 않으면서 제품을 해외에 판매하는 방법이다. 이러한 간접경로를 택하면 추가적인 인력이나 고정자본을 투입하지 않고도 수출판매의 이익을 향유할 수 있다. 또한 간접수출을 택하는 기업은 남보다 한발 앞서 해외시장에 진출함으로써 수출을 증대시킬 수 있을 뿐 아니라 새로운 수출품목의 추가 내지 직접수출로의 이행도 가능하다.

구체적으로 살펴보면, 간접수출은 직접수출에 비해 다음과 같은 장점을 가지고 있다.

① 안정성: 수출업무에 전문적인 지식을 지니고 있거나 혹은 경험이 풍부한 수출대리인을 활용하기 때문에 안심하고 수출거래를 할 수 있다.

② 정보획득: 대규모 무역회사, 종합무역상사들은 세계적인 정보망과 판매망을 구축하고 있으므로 이들을 통하여 신속한 시장정보를 입수할 수 있기 때문에 시장별 수요에 맞는 상품의 수출을 증대시킬 수 있다.

③ 분쟁위험 회피: 수출업체가 제조업체로부터 제품을 매입하여 자기의 계정으로 수출하는 경우에는 제조업체 입장에서 수출클레임에 따른 위험과 번거로움을 줄일 수 있다.

④ 자금부담 완화: 제조업체는 수출부서 · 해외지사 등을 운영하지 않아도 되므로 수출운영비 · 수출광고비 · 판매촉진비 등을 절감할 수 있다. 경우에 따라서는 수출업체로부터 제품생산에 필요한 자금지원을 받을 수 있다.

반면에 간접수출은 직접수출에 비하여 아래와 같은 단점을 가진다.

① 통제력 약화: 간접적인 수출이므로 수출업체에게 제품을 맡긴 이후에는, 그 제품의 해외마케팅에 대한 통제권을 상실하고 어느 해외시장에서 어떤 가격으로 판매되었는지조차 알 수 없는 경우가 많다.

② 시장기회 포착 곤란: 해외고객과 직접 접촉할 수 있는 기회가 적어 독자적인 해외시장기반을 구축하기가 어렵다.

③ 소극적인 마케팅활동: 수출업체도 자체이익을 보다 중시하는 독립기업이므로 이익기회가 확실한 경우를 제외하고는 스스로 앞장서서 해외시장개척을 시도하거나 수출에 필요한 인력 · 비용 등을 충분히 투입하지 않는 경우가 많다. 심지어는 제조업체가 해외시장정보에 어두운 점을 악용하여 제조업체의 수입을 감소시키면서까지 지나치게 많은 이익을 올리는 수가 있다.

④ 이미지 훼손: 수출업체들은 제품수출에 따른 사전 및 사후서비스를 소홀히 함으로써 해외고객의 제조업체에 대한 명성을 손상시킬 우려가 있다.

결국 간접수출의 장단점을 고려할 때, 간접수출은 무역실무에 대한 전문적인 지식이나 해외시장경험이 부족하여 직접수출을 할 수 있는 여건을 갖추지 못한 일부 중소기업들이 활용할만한 해외시장 진출방법이라고 할 수 있다.

2) 직접수출경로

직접수출은 제조업체가 본사의 수출전담부서나 계열무역상사를 통해 수출과 연관된 제반업무와 기능을 타인에게 위임하지 않고 직접 수행하는 수출방법이다. 직접수출을 하게 되면 제조업체가 해외시장조사를 포함한 제품의 해외마케팅에 보다 적극적인 노력을 기울이기 때문에 일반적으로 간접수출의 경우보다 수출판매액이 늘어난다. 또한 직접수출을 하게 되면 제품의 유통경로에 대한 통제를 강화할 수 있고, 국제마케팅에 대한 전문적인 지식을 축적할 수 있다.

그러나 해외시장에서의 매출이 증대되면 제조업체 내에 수출을 전담하는 인원이나 부서 또는 별도의 수출전담기업을 설치해야 할 뿐만 아니라, 해외마케팅을 담당할 현지지점이나 해외 자회사까지 운영해야 하는 경우도 생기므로 그만큼 수출경비도 늘어나게 된다.

간접수출을 할 것인지, 직접수출을 할 것인지를 결정하는 데 주요 고려사항으로는 자원수준(경영진이 해외시장 개척과 개별시장에 투입하고자 하는 시간과 자본, 관리자원), 해외시장의 전략적 중요성, 판매 후 지원의 필요성을 포함한 제품 특성, 목표시장에서 유능한 현지중개인의 이용가능성 등이 있다. 직접수출과 간접수출은 상호배타적이지 않아서 기업들은 여러 해외시장에서 두 가지 방법을 모두 이용한다.

3. 글로벌 기업의 수출방식

제품 및 서비스의 수출방식에도 다양한 형태가 존재한다. 우선, 상표의 주체에 따라 OEM(Original Equipment Manufacturer)상표, 즉 주문자상표와 고유상표 수출방식으로 분류할 수 있으며, 또한 외환의 교환이 없이도 수출이 일어날 수 있는 구상무역방식으로도 가능하다.

1) 주문자(OEM)상표 수출과 고유상표 수출방식

(1) 주문자(OEM)상표의 수출현황

주문자(original equipment manufacturing: OEM)상표[1]의 수출은 고유상표의 수출에 반

1) A, B 두 회사가 계약을 맺고 A사가 B사에 자사 상품의 제조를 위탁하여, 그 제품을 A사의 브랜드로 판매하는 생산방식 또는 그 제품.

대되는 개념으로, 공급업자는 생산에만 전념하고 OEM상표의 주체인 주문자는 상표, 광고, 유통, 시장조사 및 제품개발 등 제반 마케팅기능을 담당하는 방식의 수출을 의미한다.

OEM수출비중에 관한 정확한 자료는 파악하기 힘드나, 실사한 자료에 의하면 상표가 소비자에게 주는 촉진효과가 높은 산업만 국한하여 OEM수출이 전체 수출에서 차지하는 비중은 50% 이상인 것으로 추정된다.

한 예로 일심글로발은 극세사를 이용한 청소용 걸레 등을 생산하는 섬유업체다. 2005년 설립된 일심글로발은 OEM(주문자상표부착생산) 방식으로 세계 36개국에 수출을 하는데, 대부분이 유통업체 PL이다. 독일 할인마트업계 '빅3'인 알디 · 리들 · 플러스가 자체상표를 붙여 판매 중인 생활섬유클리너 대부분이 일심글로발 제품이다. 일심글로발은 까르푸를 비롯해 프랑스 내 16개 슈퍼마켓 체인점, 스페인 유통업체 에로스키에도 PL상품을 납품하고 있다.

기업형태별로는 종합상사가 OEM수출을 주도하고 있는 것으로 나타났다. 기업규모 면에서는 중소기업이 대기업보다 OEM수출 비중이 높은 것으로 나타났는데, 이는 중소기업이 자가상표 수출에 필요한 자금력 · 인력 · 조직 면에서 대기업에 비해 취약하기 때문인 것으로 판단된다. 한편 지역별로는 북미와 일본지역으로의 수출은 OEM 의존도가 높은 반면에 동남아 및 기타 지역에서의 OEM 의존도는 상대적으로 낮은 것으로 나타났다. 북미와 일본에서 OEM수출 비중이 큰 이유는 현지유통업자가 대형이고, 타 지역에 비해 영향력이 커서 우리 기업들이 해외유통업체의 마케팅력에 의존하는 정도가 높기 때문인 것으로 추측된다.

최근엔 OEM에서 더 나아가 ODM(original design/development manufacturing), OBM(original brand manufacturing)이 추진되고 있다. 한국콜마는 국내에서 ODM이란 용어를 처음으로 도입한 기업이다. ODM과 OEM은 다소 차이가 있다. 즉 단순주문생산방식으로 주문자 요구에 따라 제품이나 부품을 생산 · 공급하는 OEM과 달리 ODM은 단순하도급 구조에서 벗어나 제조업체가 개발 · 디자인한 제품을 주문자 브랜드로 공급한다. 화장품을 만드는 회사인 코스맥스도 대형 화장품업체에 ODM으로 납품하고 있다. 한국콜마가 변신을 꾀하고 있는 OBM은 ODM 방식에 더해 자체브랜드제품을 유통망에 공급하는 방식이다. 산업연구원은 신발산업의 비전 및 발전 전략이 차질 없이 추진되면 현재 8 대 2 정도인 OEM 대 ODM(제조업자 개발, 설계 생산방식), OBM(제조업자 브랜드 생산방식) 생산 비중이 2018년에는 2 대 8로 역전될 것으로 보고 있다.

(2) 주문자(OEM)상표의 수출과 고유상표 수출의 평가

일반적으로 상표는 기업의 주요 무형자산으로 평가된다. 상표에 의해 제품차별화가 이루어지며, 가격할증도 가능하다. 이러한 브랜드(brand)의 자산가치는 일반적으로 다섯 가지 요인, 즉 ① 상표충성도, ② 인지도, ③ 품질지각도: 소비자가 인식하는 품질의 이미지, ④ 상징적 가치: 상표가 소비자에게 투영하는 상징적 이미지, ⑤ 법적인 보호 정도(예: 상표법) 등에 의해 결정된다.

우리 기업이 고유상표보다 OEM상표에 의존하는 것은 우리 상표가 외국 유명상표에 비해 위의 다섯 가지 측면에서 뒤떨어지기 때문인 것으로 볼 수 있다. 특히 품질 및 상징적 이미지 그리고 상표충성도면에서 상당한 격차가 있다고 할 수 있다. 따라서 기업들이 우리 상표를 개발하여 외국 유명상표에 상응하는 가치를 갖추기 위해서는 상표개발, 디자인, 도안 및 시장조사에 꾸준한 고정투자가 필요할 것으로 예상된다.

결국 고유상표와 OEM상표와의 선택문제는 상표개발에 필요한 고정투자와 OEM방식에 따른 변동비용과의 선택문제로 집약될 수 있다. 이 선택의 문제는 예상판매물량에 따라 결정된다. 예상물량이 적을 때는 OEM방식이 경제적이고, 예상물량이 많을 때는 고유상표 개발이 더 경제적이다. 그 이유는 판매물량이 많으면 상표 개발에 필요한 단위고정비용이 감소되기 때문이다.

우리 기업이 초기에는 투자비용을 절감하기 위해 OEM방식을 선택하지만, 장기적으로는 고유상표가 유리하다고 할 수 있다. 이와 함께 OEM방식은 여러 가지 면에서 문제점을 가지고 있다.

첫째, OEM상표만으로는 수출채산성에 한계가 있다. 우리가 동남아국가들과 OEM 생산에 있어 경쟁관계에 있기 때문에 국내생산비용의 상승에도 불구하고 가격인상을 요구하기가 어려운 실정이다.

둘째, 기술전수의 한계성이다. 생산기술이 취약했던 1970년대와 1980년대에는 OEM 방식에 의한 기술전수가 유익한 것이었으나, 전수되는 기술이 근본적으로 조립기술이었기 때문에 현재 우리가 필요로 하는 설계 및 핵심기술의 전수에는 한계가 있다.

셋째, OEM수출에 장기적으로 의존하게 되면 상품기획 · 광고 · 유통 등의 마케팅 능력을 배양할 수 있는 기회를 상실하게 된다. 현재 우리 제품의 현지 소비자가격이 FOB가격(수출항 본선인도가격)의 3~4배가 되는 경우가 많은데, 이것은 우리가 자체 마케팅 능력이 없기 때문에 수출원가의 2~3배에 해당하는 부가가치를 그대로 상실하고 있다는 것을 의미한다.

넷째, 장기적 관점에서 볼 때 OEM수출에 의한 부메랑효과도 상당한 것으로 보인다. 즉, OEM상표가 우리 자가상표의 잠재시장을 잠식하게 된다는 것이다. 한 예로 미국의 가전상표 에머슨은 우리의 OEM생산에 의해 성장한 상표인데 현재 저가시장에서 우리의 최대 경쟁 상표가 되었다.

기타 문제점으로 수주의 불규칙성과 중국 · 동남아산 제품과의 차별화의 결여를 지적할 수 있다.

이상의 문제점을 정리하면, OEM수출만으로는 안정적인 시장기반을 구축할 수 없으며, 마케팅부문에서의 부가가치창출도 불가능하기 때문에 장기적 관점에서 볼 때 고유상표 개발이 경제적이라고 할 수 있다.

2) 구상무역

(1) 구상무역의 의의

① 구상무역의 개념

구상무역 또는 연계무역이란 간단히 수출과 수입이 연계되는 무역거래라고 정의할 수 있다. 즉 수출자가 제품, 서비스 또는 기술 등을 수출하고 이와 연계하여 수입자로부터 수출가격의 일정비율에 해당하는 제품, 서비스 또는 기술 등을 대응구매하는 무역거래의 한 형태를 말한다. 구상무역은 이와 같은 제품, 서비스 또는 기술의 제공이 반드시 반대방향의 제품, 서비스 또는 기술의 제공과 연계된다는 점에 그 특징이 있다.

구상무역의 역사는 인류가 태어난 이래 나타난 경제제도였으나 금융결제가 보편화되면서 점차적으로 사라졌다. 그러나 1920년대 말 발생한 대공황 이후 국제금융결제시스템의 마비로 국제무역의 활성화 차원에서 부활되었다가 1944년 브레튼우즈(Breetton Woods)협정에 따라 국제통화기금(IMF)과 세계은행과 GATT체제가 확립되면서 서방 자본주의체제에서는 예외적인 수단으로 사용되어 왔다. 그러나 구상무역은 사회주의체제 특히 사회주의권의 경제공동체인 '상호경제원조위원회(COMECON)'에서는 보편적인 결제수단으로 사용되었다.

최초의 구상무역은 1960년대 자국화폐가 불환상태에 빠져버린 소련정부와 동유럽국가들이 해외로부터 물품을 사들이기 위해 고안한 방법에서 시작되었다. 1980년에는 수입을 위해 필요한 외환보유고가 부족했던 개발도상국에서 인기를 끌었다.

이러한 구상무역이 세계무역에 차지하는 비중은 높게는 8~10%, 낮게는 2% 정도로 추측되지만 정확하게 파악되지는 않는다. 그 이유는 거의 대부분의 나라들이 성격상 구상무역을 공개적으로 추진하기를 꺼리는데다 무역통계 또한 구상무역에 관한 통계를 별도로 수집, 발표하고 있지 않기 때문이다.

그러나 구상무역을 추진하는 국가가 최근 크게 늘어나고 있으며 또 총 무역에서 차지하는 구상무역의 비중이 크게 증대되고 있는 등 구상무역형태에 의한 대부분의 국제기관이나 구상무역에 관심을 가진 전문가들의 견해가 일치하고 있다.

먼저 구상무역을 시행하고 있는 국가를 보면 1972년에는 15개국만이 구상무역을 요청하였으나 1979년에는 27개국으로 증가하였으며, 1980년대에 들어오면서 그 숫자가 크게 늘어 최근에는 일부 소규모 경제의 국가를 제외한 대부분의 국가들이 구상무역을 시행하고 있는 것으로 드러나고 있다. 대부분 국가들이 어떠한 형태든 구상무역거래에 참여하고 있으며, 소극적 부정적인 측면보다는 적극적이고 긍정적인 구상무역의 측면을 통해서 실무자뿐만 아니라 연구자들도 구상무역에 상당한 관심을 가지고 있다. 구상무역이 전통적으로 이루어져 왔다는 점을 감안하면 이와 같이 구상무역을 시행하는 국가가 급증한 것은 바로 구상무역을 추진하는 개도국의 숫자가 증가한 것에 기인하고 있다고 볼 수 있다. 최근 구상무역에 대한 관심이 동 · 서 간의 교역보다는 남 · 북 및 남 · 남 간의 교역에 집중되어 있는 것은 이러한 움직임을 반영하는 것이다.

② 구상무역의 동기

최근 구상무역이 크게 늘어나는 이유는 무엇인가? 즉, 기업 또는 국가의 거래가 복잡하고 거래비용이 높고 위험이 수반되는 구상무역방식을 선호하는 이유는 무엇인가? 대략 다음과 같은 동기에 의해 구상무역이 이루어진다고 보고 있다.

- 외환의 부족: 세계 경기가 침체되고 개도국의 주력상품인 1차 상품의 수출가격이 떨어지며 외채부담이 늘어나면 심각한 외환부족문제가 발생할 수 있다. 이에 따라, 외환 없이 수입할 수 있는 구상무역방식이 널리 사용되기 시작하였다.
- 가격구조의 왜곡: 환율의 과대평가에 따라 가격구조가 왜곡될 수 있다. 이러한 가격구조에서는 수출이 억제되고 수입이 촉진되게 하는데, 구상무역을 통하면 이러한 가격구조의 왜곡현상을 시정할 수 있다. 왜냐하면 구상무역에서의 가격은 교환되는 현물의 가치로 간접적으로만 산정할 수 있기 때문에 가격을 인위적으로 인상 또는 인하할 수 있는 여지가 많다.
- 가격인하효과: ①에서 언급한 점과 관련된 것으로 계약가격이 외부에 노출되지 않기 때문에 기존 거래선과의 관계에 신경 쓰지 않고 가격인하가 가능하다는 것이다. 또한 인위적인 가격인하를 통해 관세절감 등 이전 가격을 사용할 때와 유사한 효과를 얻을 수 있다.

그러나 구상무역이 위와 같은 장점은 있으나 거래방식이 복잡하여 거래비용이 높고 거래위험도 수반되는 점으로 인해 구상무역의 경제성에 관하여 의문을 제기하는 학자들도 많다.

(2) 구상무역의 유형

구상무역은 위에서 본 바와 같이 간단히 정의될 수 있으나 대금지불 여부, 대금지불형태, 대응수입품목의 기술이전 여부, 계약의 수 등에 따라 바터(barter)무역, 대응구매, 상무역, 환매거래, 청산협정, 스위치(switch)무역, 상쇄무역 등 다양한 형태로 나누어지고 있다. 구상무역의 가장 전형적인 형태를 중심으로 그 특징을 간단히 살펴보면 다음과 같다.

① 바터무역

바터(Barter)무역 혹은 물물교환은 구상무역의 초보적인 형태의 거래로 거래당사자 간에 대금의 결제나 화폐의 이전 없이 특정의 제품이나 서비스를 직접 교환하는 거래를 말한다. 즉 바터무역은 ① 대금의 결제나 화폐의 이전이 없으며, ② 단일계약서에 의해 두 개의 거래가 연계되며, ③ 상품의 교환이 동시에 이루어진다는 점에 그 특징이 있다.

바터무역은 국가 간에 화폐 이전이 불가능하였거나 제한되었던 시대에 성행하였으며 현재는 일부 국가 간의 교역에 간혹 활용되고 있다. 하지만 몇몇 문제점으로 인해 일반적으로 사용되지는 않고 있다. 물물교환의 문제점은 크게 두 가지가 있다. 첫째, 만약 제품이 동시에 교환되지 않는다면 남은 한쪽이 손실을 입게 된다. 둘째, 물물교환을 하는 기업들이 원하지 않거나 사용할 수 없는, 혹은 합리적인 가격에 되팔기 어려운 물건을 받아야 할 상황에 처할 수 있다. 이러한 이유에서 바터무역은 구상무역 중 가장 제한적인 방식이다.

② 대응구매

대응구매는 상호구매계약으로 수출자가 수출계약가격의 일정비율만큼 수입자의 상품을 구매하는 거래형태를 말한다. 대응구매는 [그림 12-5]에서 보는 것처럼 바터무역과는 달리 ① 일반적으로 독립된 두 개의 계약서, 즉 수출판매계약서와 대응구매계약서로 이루어지는데 이 두 개의 독립된 계약서는 통상적으로 하나의 의정서에 의해 연결되며, ② 두 개의 거래행위가 동시에 이루어져야 하는 것은 아니며, ③ 대금지불도 별도로 이루어지며, ④ 대응구매의무를 제3국에 전가할 수 있다는 점에 그 특징이 있다.

③ 보상무역

보상무역은 구상무역을 분류하는 기관, 학자에 따라 그 개념이 크게 상이하다. 즉 넓은 의미로는 모든 구상무역에 대한 포괄적 개념으로 사용되는가 하면 좁은 의미로는 수출입업자 쌍방 간의 거래가 일부는 화폐로, 일부는 상품으로 결제되는 바터무역의 특수한 형태로 정의되고 있다. 이와 같이 보상무역을 협의로 보는 경우 외환거래가 발생하여 대응수입의무를 제3국에 전가할 수 있다는 점 외에는 바터무역과 동일한 거래라 할 수 있다([그림 12-6] 참조).

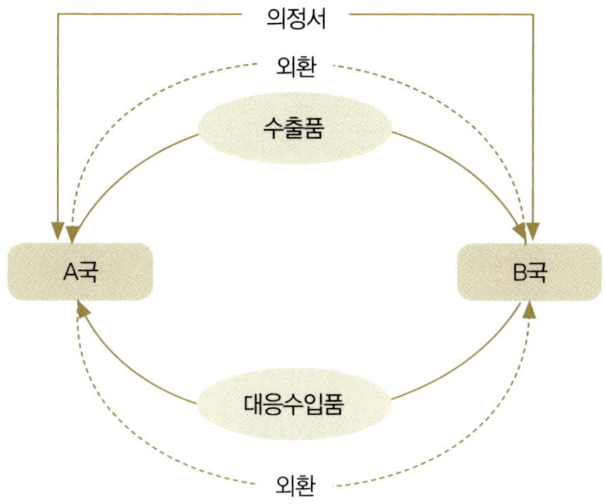

그림 12-5 | 대응구매의 형태

출처: 이승종 외 (2004). p. 265.

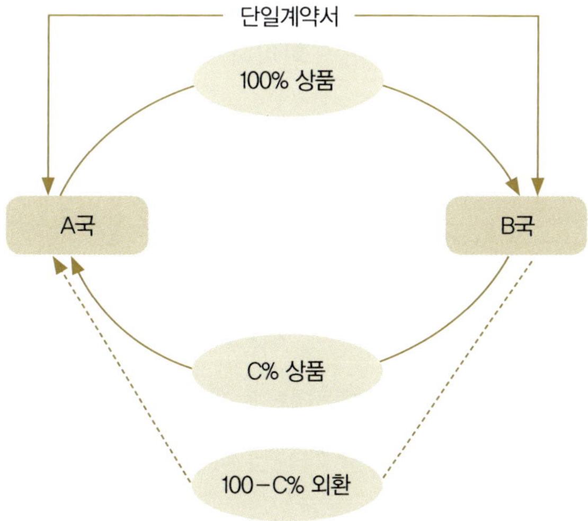

그림 12-6 | 보상무역(협의)의 형태

출처: 이승종 외 (2004). p. 266.

④ 환매거래

환매거래는 수출자가 플랜트, 장비, 기술 등을 수출하고 동 설비에서 생산되는 결과재 또는 관련재를 재구매하는 형태의 구상무역을 말한다. 환매거래계약은 대응구매계약과 마찬가지로 두 개의 독립적인 계약이 하나의 의정서로 연결된다.

이러한 환매거래의 특징은 대응구매와의 차이점을 살펴봄으로써 보다 명료해질 수 있다. 즉 ① 환매거래는 재구매하는 상품이 최초 수입품에 의해 생산되는 결과재 혹은 관련재인 반면, 대응구매의 경우는 구매하는 상품이 최초의 수출품과 아무런 관련을 가질 필요가 없으며, ② 주로 장기간에 걸친 대규모 프로젝트 구매와 관련되고 이러한 과정에서 기술이전 측면이 다루어지며, ③ 구매업자나 구매업자의 하청업자 중 하나는 반드시 수출자의 재구매상품의 공급업자가 되며, ④ 환매거래의 수출자는 재구매품을 쉽게 처분할 수 있도록 자기가 제공한 명세서에 따라 생산할 것을 요구할 수 있는 등 생산과정을 통제할 수 있다는 점에서 차이가 있다.

⑤ 쌍무무역협정과 청산협정

쌍무무역협정이란 특정한 두 나라가 양국 간 상호교역의 증진 또는 양국 간 무역균형을 유지하기 위하여 일정한 기간 동안 교역할 상품 및 가격 등을 미리 약정하는 무역거래형태를 말한다. 이러한 쌍무무역협정에 따른 수출입의 결제는 경화(硬貨)[2]로 이루어지나 양국 간에 외환의 사용을 회피하기 위하여 쌍무지불협정이 체결되는 경우가 있다.

청산협정이란 이러한 쌍무지불협정을 말하는 것으로 미리 청산메커니즘, 청산통화 등을 약정하고 기간이 만료되면 상호 수출입금액을 정산하는 형태의 무역거래를 말한다. 이 경우 쌍무지불협정에 의한 수출입은 경화로 지불되는 것이 아니라 특정한 결제통화를 사용하는 청산계정에 의해 이루어진다. 이때 만약 거래가 균형을 이루지 못하여 한 나라가 다른 나라에 대하여 초과결제통화를 보유하게 되는 경우 청산계정은 경화로의 교환이 불가능하기 때문에 다음에 살펴볼 스위치무역 등으로 무역불균형을 해소하게 된다.

⑥ 스위치(switch)무역

스위치무역은 앞서 언급한 바와 같이 청산협정과 관련하여 두 나라 사이에 청산계정 불균형이 발생하는 경우 동 불균형을 경화로 직접 결제할 수 없기 때문에 이러한 문제점을 해소하기 위하여 대두된 무역거래의 형태를 말한다.

2) 금이나 다른 통화와 항시 바꿀 수 있는 화폐(달러화 따위).

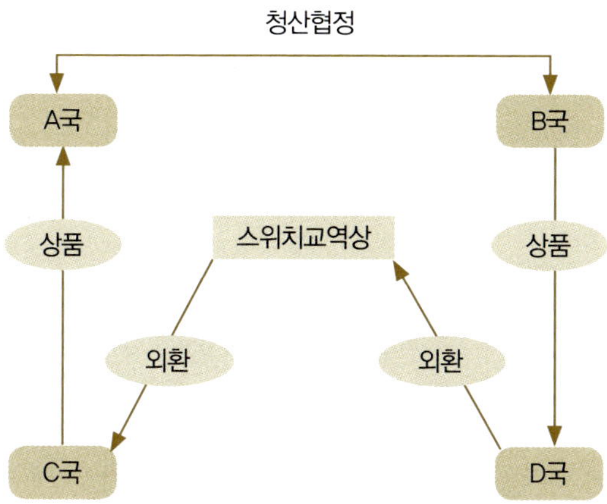

그림 12-7 | 스위치무역의 형태

출처: 이승종 외 (2004). p. 268.

스위치무역의 전형적인 하나의 형태를 간단히 살펴보면 다음과 같다. [그림 12-7]에서 보는 것처럼 먼저 청산계정의 흑자국 A는 적자국 B로부터 상품을 구매할 수 있는 권리로 제3자에게 양도한다. 이때 구매권은 일반적으로 스위치교역상(switch trading house)에게 양도되는데 구매권을 양수한 스위치교역상은 청산계정의 적자국 B로부터 상품을 구매하도록 하고 그 대금을 C국으로부터 수취한다. 스위치교역상은 수취한 대금 중 자기의 커미션 등 수수료를 공제한 금액을 당초 구매권을 양도한 A국이 원하는 상품을 공급할 수 있는 또 다른 국가, 예컨대 D국에 지불하면서 D국으로 하여금 동 상품을 A국에 공급하도록 주선한다.

스위치무역은 이와 같이 일련의 복잡한 국제거래형태로 이루어지는데 이러한 과정에서 스위치교역상은 청산계정의 구매권을 경화로 전환하는 기능을 담당한다.

⑦ 상쇄무역

상쇄무역은 구상무역형태 중 보다 최근에 대두된 형태로서 주로 서방 선진국이 고도의 기술을 요하는 군장비, 통신장비, 전자장비 및 정부구매물자 등을 수출하는 대가로 수입국의 상품을 구매하거나 자신의 기술, 노하우를 구매국에 이전하는 수출품의 전부 또는 일부를 현지에서 제작, 생산하게 하는 거래를 말한다. 이러한 상쇄무역은 일반적으로 거래규모가 크고 또 공동생산, 하청생산, 기술이전 등이 수반됨으로써 거래방법도 복잡하게 이루어지고 있다.

4. 글로벌 기업의 수출입 금융

1) 글로벌 기업의 수출입 결제방법

국제무역에 있어서는 상품의 선적 및 하역에 상당한 기간이 소요될 뿐만 아니라 양국 간의 법적, 제도적 차이 때문에 외환통제위험, 정치적 위험 등의 추가적인 위험을 감수하여야 한다. 따라서 국내에서의 거래와 달리 거래당사자들은 상대방의 신용상태를 신중히 고려하여야 할 뿐만 아니라 거래기간 동안에 수출입자금을 융통할 수 있는 무역금융수단을 절실히 필요로 하고 있다.

국제무역에 있어서 이와 같은 위험관리 및 무역금융의 필요성 때문에 수출입업자는 여러 가지의 다양한 수출입대금 결제방식을 이용하고 있는데 대표적인 대금결제수단으로 선지급, 신용장, 위탁판매 및 당좌계정 등을 들 수 있다.

(1) 선지급

수입업자가 상품대금을 현금으로 미리 지급하는 방식을 말한다. 수출업자에게는 안전하고 유리한 방식이나 수입업자에게는 불리하다. 수입업자의 관점에서 볼 때 현금 선지급은 위험하고 현금흐름문제를 야기할 수 있다. 수출업자가 물건을 선적하지 않을 위험이 있으므로 수입업자는 현금을 사전에 지급하는 것을 주저한다. 특히 수입업자가 수출업체를 잘 알지 못할 경우에는 더욱 그러할 것이다. 신용도가 매우 낮은 기업, 정치적 위험이 높거나 외환통제가 극히 심한 국가의 기업에 수출하는 경우 또는 주문상품을 수출하는 경우 이외에는 잘 사용되지 않는 결제방식이다.

(2) 신용장

L/C로 축약되는 신용장(letter of credit)은 국제거래에서 중요한 역할을 한다. 신용장이란 수입업자의 거래은행이 수입업자의 요청에 의하여 수출업자에게 일종의 지급보증을 제공하겠다는 것을 약속하는 증서로서 신용장을 개설한 은행은 수출업자가 신용장에 명시된 조건을 충족하는 한 수출업자가 동 은행을 지급인으로 하여 발행한

무역환어음을 지급할 의무를 진다. 신용장에 의한 수출입대금의 결제는 수출업자와 신용장 개설은행 간의 계약으로서 수출업자와 수입업자 간의 매매계약과 분리된 별개의 계약관계로 성립하게 되므로 수출업자는 더 이상 수입업자의 신용위험을 부담하지 않아도 된다.

신용장제도는 수입업자의 대금지급의무 불이행위험을 제거하여 수출업자를 보호하여 주지만 수출업자도 신용장에 명시된 모든 조건을 충족하는 경우에만 수출대금을 수취할 수 있으므로 수출업자의 계약불이행의 위험에 대하여 수입업자를 보호하여 주는 효과도 있다.

또한 신용장제도는 수입업자에게 신용장에 명시한 기간 동안 신용을 공여하는 효과를 지니고 있어 수출업자와 수입업자 쌍방에게 매우 유리한 무역금융수단이라 하겠다. [그림 12-8]은 한국의 수출업자가 미국의 수입업자에게 신용방식으로 상품을 수출하고 대금을 수취하는 과정을 보여준다.

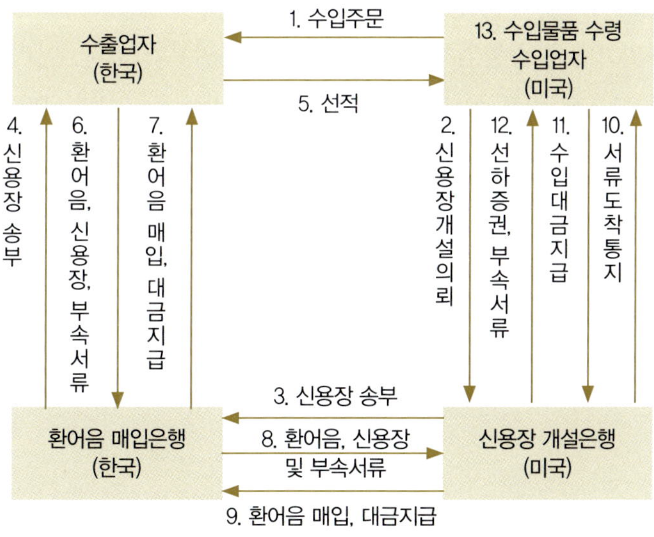

그림 12-8 | 신용장을 이용한 수출입거래절차

출처: Shapiro, A. C. (1992). p. 307.

관련된 지불방법으로 수출환어음이란 수출업자가 환어음 매입은행을 수취인으로 수입업자 또는 신용장개설은행을 지급인으로 지정하여 일정한 날짜에 일정한 금액을 지급할 것을 지시하는 무역결제수단이다. 신용장과 환어음의 경우 모두 구매자는 상품의 소유권이 이동되었음을 알리는 그리고 판매자가 상품을 준비하여 구매자에게 선적하기 위해 필요한 제반조치를 하였음을 확인하는 서류가(B/L, T/P, C/I, P/L 등) 제시될 경우 대금을 지급하여야 한다.

신용장과 환어음은 즉시 결제될 수 있고, 나중에 지급될 수 있다. 즉 일람출급환어음은 수취인이 이를 지급인에게 제시하는 즉시 지급인이 액면금액을 지급하여야 하는 형태의 환어음을 말하며, 기한부환어음은 수취인이 지급인에게 환어음을 제시한 날로부터 일정기간이 경과한 이후의 특정일에 지급인이 액면금액을 수취인에게 지급하도록 지정한 형태의 환어음을 말한다.

(3) 위탁판매

수입업자가 수입상품을 제3자에게 최종적으로 판매할 때까지 수출업자가 동 상품에 대한 소유권을 유지하는 방식을 위탁판매라고 한다. 제품이 팔리는 시점에서야 중개업체나 해외고객은 수출업체에 대금을 결제할 의무가 있다. 이러한 접근의 단점은 수출업체가 제품에 대한 지배력을 유지하지 못한다는 점이다. 위탁판매에서는 수출업자가 수출상품의 판매와 관련한 제반위험을 감수하여야 하기 때문에 관계회사간이 아니면 거의 이용되지 않는다. 따라서 수출업자는 수입업자의 신용도와 수입국의 외환통제위험 및 정치적 위험에 관하여 각별한 주의를 기울여야 한다. 위탁판매를 하는 수출업체는 이러한 위험에 대비하기 위해 보험에 가입한다.

(4) 당좌계정

수출업체가 당좌계정을 사용할 때 구매업체는 상품을 수령하고 일정시점 이후에 대금을 지급한다. 거래위험 때문에 수출업체는 오랜 거래관계를 가진 고객, 신용이 우수한 고객 또는 자기소유의 자회사를 대상으로 당좌계정을 사용한다. 당좌계정에서 수출업체는 약정된 조건에 따라 결제하기로 되어 있는 고객에게 요금청구서를 청구하기만 하면 된다. 많은 대형 다국적기업들이 청산계정을 이용하여 제품을 구매한다. 수출업체는 신용장에 의한 판매인 경우 이용할 수 있는 서류나 은행채널이 없으므로 대금징수를 법적으로 강제하기가 어렵다. 이러한 경우 수출업체는 어렵고 힘든 해외추심절차를 선택할 수도 있다.

2) 글로벌 기업의 수출입 금융서비스 원천

글로벌 판매에 금융서비스를 제공하는 다양한 원천이 있다. 여기서는 상업은행, 팩토링, 포페이팅, 컨퍼밍, 다자간 개발은행 등을 중심으로 구별하기로 한다.

(1) 상업은행

국내활동에 금융을 제공해온 상업은행이 수출판매에 대해서 금융을 제공할 수 있다. 금융을 필요로 하는 수출업체가 선택할 수 있는 논리적인 첫 단계는 자신이 사업관계를 갖고 있는 현지 상업은행과 접촉하는 것이다. 국제부를 가진 은행은 수출업무에 정통하므로 신용장과 같은 국제은행 서비스를 제공할 수 있다. 또 다른 옵션은 은행으로 하여금 판매를 지원하기 위해 해외구매자에게 직접적으로 대출을 하는 것이다. 안정된 시장에서 기반을 가진 해외구매자는 이러한 융자를 이용할 수 있다.

(2) 국제 팩토링

국제무역거래는 매매당사자가 지리적으로 멀리 떨어져 있을 뿐만 아니라 국가 간의 법적, 제도적 환경이 상이하기 때문에 수출업자 소재국의 팩토링(factoring)회사가 수입업자의 신용상태와 지급능력을 조사하여 신용위험을 부담하기는 매우 어렵다. 따라서 이러한 문제점을 극복하기 위하여 1960년대 이후 각국의 팩토링회사들이 회원사로 참여하여 국제팩토링 취급조직을 결성하게 되었으며, 이에 따라 국제팩토링 업무가 활성화되게 되었다.

각국의 팩토링회사들은 상호간 국제팩토링계약을 맺고 이에 의거 자국 내에 소재하는 수입업자의 신용위험을 인수하고, 대금추심업무를 대행하여 해외수출업자에 대하여 국내팩토링의 경우와 같은 팩토링서비스를 제공하고 있는 것이다. 따라서 국내팩토링에서는 하나의 팩토링회사가 모든 기능을 수행하는 데 반하여, 국제팩토링에서는 원칙적으로 양국에 소재한 두 개의 팩토링회사가 기능을 분담하게 된다. 즉, 국제팩토링거래는 수출업자, 수입업자, 수출국의 팩토링회사, 수입국의 팩토링회사의 4자간의 거래관계로 형성된다. 수출국의 팩토링회사는 국내의 수출업자와 팩토링계약을 맺고 수출채권을 매입하며, 이를 위해서 수입국의 팩토링회사는 수출국의 팩토링회사로부터의 신용승낙의뢰에 따라 수입업자의 신용상태를 조사하고 이에 의거 수입업자에 대한 신용위험의 인수와 관련한 신용승락을 수출국의 팩토링회사에게 통지한다([그림 12-9] 참조).

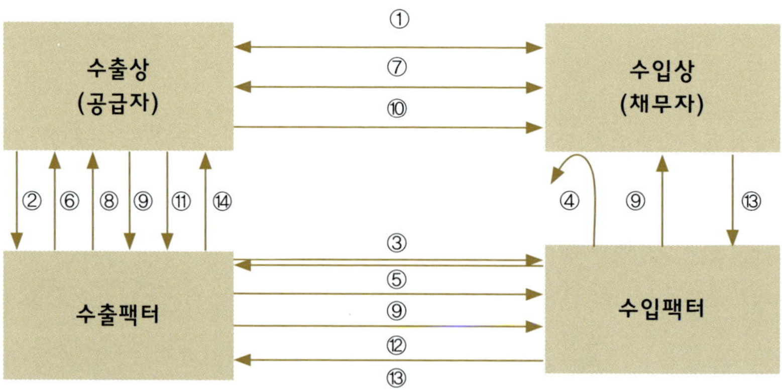

① 외상방식 수출, 수입 거래 상담
② 수출팩토링 거래 상담, 신용승낙 의뢰
③ 신용승낙 의뢰
④ 신용승낙 후 신용승낙 한도 결정
⑤ 신용승낙 통지
⑥ 신용승낙 통지서 발송
⑦ 팩토링 방식에 의한 매매계약
⑧ 수출팩토링 약정 체결
⑨ 소개서 발송
⑩ 상품 선적
⑪ 선적서류 매입의뢰, 매입대금 지급
⑫ 선적서류 발송 및 수출외화채권 수입팩터에 양도
⑬ 수입대금 결제
⑭ 회수대금과 매입대금 상계 후 통지

그림 12-9 | 국제 팩토링을 이용한 수출입 절차

출처: 정재곤 (1993). p. 218.

수출품을 선적한 후 수입업자는 수출채권을 수출국의 팩토링회사에게 양도하고 매입을 의뢰하며 수출국의 팩토링회사는 수출채권을 수입국의 팩토링회사에게 재양도한다. 수출채권의 만기가 도래하면 수입국의 팩토링회사는 수입업자로부터 대금을 추심하고 회수한 대금을 수출국의 팩토링회사에게 지급하며 수출국의 팩토링회사는 이를 수출상에게 지급함으로써 팩토링거래는 종결된다.

(3) 포페이팅

포페이팅(forfaiting)이란 동서냉전시대에 서방기업들이 동구권의 국영기업으로부터 받은 중장기 약속어음을 할인하여 매입하는 것을 말한다. 1950년대 이후 동구권의 국영기업들은 자본재수입을 위하여 서방기업에게 5년 정도의 중장기 신용을 요구하였으나 서방기업들은 신용위험 및 정치적 위험을 감당할 능력이 없어 동서간 무역에 장애요인으로 작용하였다. 이에 동구권과 비교적 가까운 관계를 유지하여 온 스위스, 오스트리아 및 서독계 은행들이 동구권 기업이 발행한 중장기 약속어음을 매입하여 동서무역이 원활하게 이루어질 수 있도록 지원하여 주었다.

이 경우 약속어음은 경화로 표시된 것이어야 하며 대부분 만기가 5년이고, 1년에 2회씩 할부형식으로 원리금을 상환하는 조건이다. 그러므로 포페이팅회사들은 하나의 금융거래를 여러 개의 금융거래로 분리하여 각각의 약속어음에 직접 배서한 후 이를 국제금융시장에서 재판매하여 자본을 조달하여 왔다.

포페이팅을 이용하면 수출상은 약속어음 또는 환어음을 만기일 전에 포페이터로부터 대금을 수입상으로부터 지급받게 되고, 포페이터는 약속어음 및 환어음의 만기일에 대금을 수입상으로부터 회수한다. 이로써 수출상은 신용위험뿐만 아니라 환위험, 비상위험도 회피할 수 있다. 포페이팅을 이용한 무역금융절차는 [그림 12-10]과 같다.

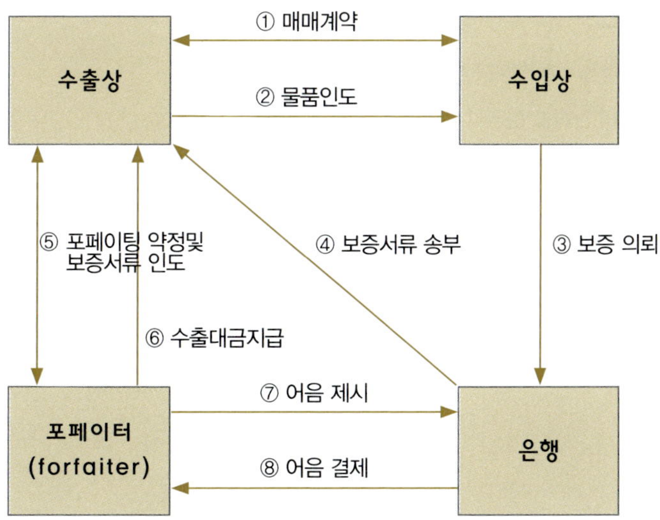

그림 12-10 | 포페이팅 거래절차

출처: 박세훈 (2008). p. 75.

(4) 컨퍼밍

컨퍼밍(confirming)은 독립적인 기업이 판매국에서 수출 주문을 확인해 주고 현지 국가의 통화로 상품대금을 지급해 주는 금융서비스를 의미한다. 수출업체에게 컨퍼밍이란 것은 공장설비에서 최종 소비자에 이르기까지 수출거래 전반이 충분히 조정되고 시간이 경과하면 결제가 이루어진다는 것을 의미한다.

(5) 다자간개발은행

다자간개발은행(Multilateral Development Banks: MDB)은 범세계적으로 또는 지역단위 내에서 복수의 정부가 참여하는 국제금융기관이다. 설립목적은 다수가 개발도상국인 회원국의 경제발전과 사회발전을 촉진하는 데 있다. 다자간개발은행에는 아프리카개발은행, 아시아개발은행, 유럽부흥개발은행, 미주개발은행 그리고 세계은행그룹이 포함된다. 이러한 기관들은 회원국의 정부와 기관들에게 융자, 기술협력, 자본투자 및 여러 유형의 지원을 제공하는 것을 설립목적으로 한다.

연습문제

1. 수출입의 개념과 동기를 설명하시오.
2. 수출국가 선정의 단계를 설명하시오.
3. 직접수출과 간접수출을 비교 설명하시오.
4. 구상무역의 개념과 유형을 설명하시오.
5. 국제무역에 있어 수출입대금 결제수단을 설명하시오.

참고문헌

국제경영연구회 (2000). 국제경영. 서울: 문영사.

대한무역진흥공사 (1998). 구상무역 현황과 전망. 동향/연구보고서. 서울: 대한무역진흥공사.

박세훈 (2008). 수출대금결제에서 신용위험의 대처방안에 관한 연구: 국제팩토링, 포이팅, 보증신용장을 중심으로. 성균관대학교 대학원 박사학위논문.

안동규 (1999). 무상무역에 관한 이론적 접근. 한국국제경영학회 발표논문집, 97-137.

오세영, 이신모 (2006). Global Business. 서울: 두양사.

이승종, 전외술, 왕세협, 윤태평, 정상철 (2004). 글로벌 경영. 서울: 민영사.

전용욱, 김주헌, 최창범 (2012). 국제경영. 서울: 문영사.

정재곤 (1993). 국제팩토링 협약에 관한 법적 고찰. 국제거래법연구, 제2집, 217-235.

한종만 (1999). 한, 러시아 경제협력의 현황과 과제: 구상무역 촉진방안을 중심으로. 경상논총, 제20집. pp. 207-232.

Cavusgil, S. T., Knight, G. & Riesenberger, J. R. (2008). 국제경영: 전략, 관리 및 새로운 현실. 조영곤, 이성봉, 최수형, 김명숙, 권기환 공역 (2010). 서울: 시그마프레스.

Hill, C. W. L. (2009). 글로벌 시대의 국제경영. 박철순 외 공역 (2009). McGraw-Hill Korea.

American Countertrade Association의 추정자료. www.countertrade.org/index.htm. West. D. “Countertrade”, Business Credit, 104, no.4, 2001.

Elderkin, K. W. & Norquist, W. E. (1987). Creative countertrade a guide to doing usiness worldwide, Ballinger.

Emmenegger, M. L. (1998). A guide to forfaiting, Euromoney Books.

Javalgi, R. G., Martin, C. L. and Todd, P. R. (2004). The export of e-services in the age of technology transformation : challenges and implications for international servi-ce providers. The Journal of Services Marketing, 18(7), 560-573.

Ogbuehi, A. O. & Longfellow, T. A. (1994). Perceptions of U.S. manufacturing SMEs concerning exporting. Journal of Small Business Management, October, 37-47.

Shapiro, Alan C. (1992). Multinational management. 4th ed., Allyn and Bacon.

Zimmermann, A. (1984). Spezifische Risiken des Auslandsgeschafts", in E. Dichtl and O. Issing(eds.), Exports als Herausforderung fur die Deutshe Wirtschaft, Koln : Deutscher Institutes-Verlag, 105-139.

공감코리아 (2012. 2. 10). 경제영토 확장...무역 1조달러 시대 활짝.

매일경제 (2012. 1. 6). 중국을 홀린 이랜드의 비결.

매일경제 (2012. 2. 10). 우리가 모르는 세계 1등 한국기업.

서울경제 (2011. 10. 13). 對美수출 적극 늘리자.

서울경제 (2012. 12. 10). 세계일류 국산제품 살펴보니.

시사저널 (2009. 5. 21). 환율 50원 내리면 삼성전자 매출 3조원 감소(1022호).
아시아뉴스통신 (2013. 1. 2). 전 세계 불황 속 한국, 2년 연속 1조 달러, 세계 8위.
연합뉴스 (2008. 9. 9). 신발산업, OEM 아닌 ODM/OBM 주력해야.
이코노미조선 (2013. 1. 4). 수출확대 히든카드는 중소기업과 서비스업.
재경일보 (2011. 8. 8). 세계 경제 위기로 산업계도 비상...경영전략은 유지.
조선비즈 (2011. 11. 17). PL 세계시장 갈수록 커져...새로운 수출 황금어장 열렸다.

Chapter

13

글로벌 기업의 전략적 제휴

1. 국제적인 전략적 제휴의 본질
2. 전략적 제휴의 성격, 단점과 성공조건
3. 전략적 제휴의 특성과 진정한 의미
4. 전략적 제휴 분야
5. 전략적 제휴의 진출국가 선정과 추진과정
6. 제휴 유형과 제휴 결렬
7. 주도적 제휴관계형 프랜차이징 해외진출

Chapter 13

글로벌 기업의 전략적 제휴

1. 국제적인 전략적 제휴의 본질

1) 전략적 제휴의 개념

국제적인 전략적 제휴(international strategic alliance)란 국제적으로 서로 필요한 부문에 대해서 두 개의 기업체들이 협약체계를 형성하고서 업무를 같이하는 형태를 말한다. 제휴란 두 개 이상의 기업들이 협약을 통해서 밀접한 상호관계를 형성한다는 뜻이다. 여기에서 전략적이라는 말은 자신의 기업체가 필요로 하는 특정한 기업자산(특수한 기술개발 능력, 지역적 네트워크, 탁월한 판매방식 등)을 다른 기업체가 가지고 있을 때(비록 그것이 경쟁관계에 있는 기업일지라도) 협약을 통해서 상당 기간 동안 같이 업무를 진행하는 형태이다.

해외합작투자와 전략적 제휴의 차이는 법인설립 여부에 있다. 해외직접투자는 일반적인 경우에 단독투자를 하거나 혹은 현지국의 기업과 합작투자를 하지만, 전략적 제휴는 법인설립 없이도 업무협약을 통해서 제휴가 가능하다.

1960년대 이후 미국 기업들이 전 세계로 진출하면서 활발하게 전 세계 다국적 기업들과 제휴를 맺었다. 특히 항공사들의 경우에는 전 세계의 다양한 항공사들이 노선공유와 고객비행과 화물운송을 전략적으로 공동으로 하고 있어 전략적 제휴의 가장 모범적인 사례로 언급되고 있다. 2000년대에 들어 정보통신업체들이 다각적인 제휴를 통해 업무를 공동화하면서 협력과 경쟁을 하고 있다. 우리나라의 삼성전자와 미국의 애플, 마이크로소프트, 인텔, 구글 등이 서로 다양한 형태의 제휴관계를 형성하고 있다.

전략적 제휴는 독립기업들 간의 제휴로서 보통은 동일 업종 내의 기업들 간의 제휴가 많다. 물론 상이한 업종의 기업들 간의 제휴도 나타나고 있다. 전략적 제휴는 제휴참가기업들의 자본관련 투자가 많지 않은 상태에서 상당한 효과를 얻을 수도 있다는 점에서 미래형 글로벌 경영전략으로 각광을 받고 있다.

또한 현재보다는 미래에 점점 더 많은 기업들이 제휴를 맺으면서 전 세계 시장을 몇 개의 제휴관계의 패권기업들이 통제하려는 움직임을 보이고 있다. 글로벌 기업들은 글로벌 정치권력들과 관련을 맺으면서 전 세계적인 영향력을 행사하고 있다.

2) 전략적 제휴의 목적

전략적 제휴는 구체적으로 다양한 세부목적들을 가지고 있다. 하나씩 설명하면 다음과 같다.

첫째, 전략적 제휴의 근본 목적들 중의 하나는 글로벌 소싱(global sourcing)이다. 전 세계에 흩어져 있는 다양한 형태의 글로벌 자원들을 확보하기 위해서 전략적으로 제휴관계를 맺는 것이다. 원재료 확보를 통해서 생산경쟁력을 높이거나 혹은 운송비용이 저렴한 인근지역의 자원거점을 확보한 후에 전략적 파트너와 공동개발에 진출하는 경우도 있다. 몇 년 동안 투자를 해서 자원확보를 하고 나서 이것을 활용하게 되면 단기간에 손익분기점을 넘을 수 있다는 이점이 전략적 제휴의 하나의 목적이다.

둘째, 특정 국가에 진출하는 경우에 진출국가의 정부규제에 맞추기 위한 목적으로도 전략적 제휴가 활용되고 있다. 특정 국가에서 제품을 판매하려면 그 국가에서 생산한 원재료나 부품의 일정 부분 이상을 사용해야만 하는 경우가 있다. 특히 개발도상국가들이나 저개발국가들이 이와 같은 조항을 선진국가들의 다국적기업들에게 요청하는 것이다. 이러한 경우에는 진출하려는 국가의 기업과 전략적 제휴를 통해서 그 기업이 제공하는 원재료나 부품을 활용하는 것이다. 또한 기술이전을 요청하는 경우도 있다. 과거에 우리나라가 중국에 진출할 때 중국정부가 한국기업들에게 기술이전을 요청했고, 우리나라 기업들이 이를 수락한 적이 있었다. 전략적 제휴를 통해서 기술이전이 진행되었고, 이에 대한 대가로 우리나라 기업들은 중국에 쉽게 진출할 수 있었다.

셋째, 현란한 첨단기술들이 마구 개발되는 산업들(예, 정보통신, 자동차 등)에서는 연구개발에 막대한 자금이 소요되고 있다. 기초연구를 위한 자금을 투자하여도 그 결과가 바람직하지 않을 수도 있고 또한 개발된 기술이 상업화에 실패할 수도 있다. 동업계의 기업체들과 함께 투자자금을 모아서 기본 기술을 개발하여 투자위험을 분산시키기 위한 전략적 제휴를 시도하기도 한다. 물론 기술이 개발된 이후에 같이 활용하다가 보면 심각한 경쟁상황에 빠질 수도 있으나, 그것은 기술개발 이후의 문제이다.

넷째, 선두의 몇 개 기업들이 뭉쳐서 후발기업들의 진입장벽을 만들기 위해서 전략적 제휴를 하는 경우도 있다. 수많은 업체들이 진출하려고 하는 산업들(정보통신, 신소재, 생명공학 등)에서는 진입장벽을 높여야 많은 잠재적 기업들의 신규진출을 막을 수가 있다. 따라서 경쟁관계에 있는 1위 기업과 4위 기업이 전략적 제휴를 맺고서 시장 1위를 지키려고 하면, 2위 기업과 3위 기업이 전략적 제휴를 맺어 시장 1위를 탈환하려고 한다. 이 두 개의 전략적 제휴가 실행되면 5위 이하의 기업들은 너무나 큰 장벽 때문에 수익률을 낼 수가 없어서 시장에서 퇴출되는 경우가 비일비재하다. 전 세계 1위부터 4위 정도까지만 살아남는 것이 통례이다.

3) 전략적 제휴의 형태

전략적 제휴는 현재의 기업체들을 그대로 유지하면서 전략적 제휴를 실행하거나 혹은 현재의 기업체들을 유지한 상태에서 새롭게 제휴 강화를 위한 신규투자를 하는 경우가 있다. 각각을 설명하면 다음과 같다.

(1) 협약사업

협약사업이란 앞의 전략적 제휴의 기본 목적에서 설명했던 것처럼 제휴 본연의 목적을 위한 형태를 유지하는 것이다. 현재 각국의 다국적기업체들을 유지하면서 공동기술개발을 하거나 공동으로 자원개발을 하거나 혹은 공동으로 판매를 진행하는 형태이다. 대부분의 전략적 제휴형태는 협약사업을 위한 것이라고 볼 수 있다. 그러나 간혹 느슨한 제휴형태로는 본연의 목적 달성을 수행하기 힘들다고 판단되는 경우에는 제휴업체들이 아예 신규로 조인트벤처를 설립하는 경우도 있다.

(2) 국제적 조인트벤처

국제적 조인트벤처(international joint venture)란 새로운 회사를 한 국가의 어느 기업과 다른 국가의 다른 기업이 신설하는 것을 말한다. 보통의 경우에는 50 대 50의 기준으로 각자 투자를 해서 합작투자를 성립시킨 이후에 경영권의 조화를 이루면서 각자에게 필요한 것을 다른 기업에게서 획득하려는 형태이다.

조인트벤처는 기업 간에 서로 필요한 것들이 상호보완되면서 오너들 간의 친밀한 관계가 있어야 성공하는 것이 보통이다. 우리나라의 삼성과 미국의 코닝사가 수십 여년간 여러 번의 합작투자를 대부분 성공시킨 이유는 양사가 각각 필요로 하는 것이 달랐고 또한 최고경영층 간의 인간관계가 상당히 강해서 성공한 것으로 알려지고 있다.

해외직접투자는 상당한 위험을 내포하고 있다. 문화가 다른 외국에 직접 진출한다는 것이 힘들 수도 있으나 성과가 크게 나면 상당한 이익이 보장된다.

대부분의 경우에는 해외직접투자를 단독으로 수행하나 현지국의 기업과 조인트벤처를 하는 경우도 가끔 있다. 해외직접투자의 경영권을 확보하면서도 위험을 분산시키면서 글로벌적인 독점우위를 지속적으로 향유하겠다는 의도에서 나온 발상이다.

2. 전략적 제휴의 성격, 단점과 성공조건

1) 전략적 제휴의 성격

(1) 독점적 우위요인의 제공

전략적 제휴의 성격은 다국적기업이 가지고 있는 독점적 우위를 지속적으로 유지할 수 있는 것과 깊은 관련이 있다. 전 세계에서 자신의 회사만이 가지고 있는 차별적인 독특한 우위점을 지속적으로 유지하면서 그것의 일부를 제휴관계에 있는 업체에 제공하여 그 업체도 상당한 이득을 볼 수 있도록 지원하는 것이 필요하다. 독점적 우위에 관한 모든 것을 노출하는 것은 독점적 우위 기반이 사라지게 되므로 불가능하다. 그러나 독점적 우위 요소의 일부의 결과나 효과를 제휴업체에 제공하는 것이 제휴인센티브가 될 수 있다.

(2) 한시적인 제휴

전략적 제휴는 보통 한시적인 관계로 유지된다. 현재 보유하고 있는 법인들은 그대로 유지한 채로 새로 결합되는 제휴관계를 위해서 특정한 업무를 교환하거나 공동수행하는 것이 보통이다. 처음에는 상대방의 독점적 우위에 대한 효과를 바라보고 열심히 하게 되나 일정 기간이 지나면 독점적 우위의 효과가 지속되지 않는 경우가 있다. 그렇게 되면 전략적 제휴의 지속이 불투명해지면서 한시적으로 제휴관계를 종결시킬 수가 있다.

2) 전략적 제휴의 단점

(1) 경쟁기업들 간의 미래경쟁의 격화 가능성

전략적 제휴는 동일 업종의 선두업체들끼리 일시적인 필요성으로 제휴를 맺는 경우가 많다. 상대방의 독점우위를 활용하면서 숨은 노하우를 배우기 위해서이다. 그러나 서로 간의 제휴가 끝나면 경쟁자가 될 것이라는 것을 잘 아는 상황에서는 가지고 있는 숨은 독점적인 우위를 손쉽게 제시하지 않는 경우가 많다.

애플과 삼성이 스마트폰 특허소송을 하면서도 서로 공급을 하기도 하고 받기도 하며 다른 분야에서는 서로 협조하는 형태를 보면 쉽게 이해가 갈 것이다.

(2) 비경쟁기업을 경쟁자로 양성

동일 업종의 선두업체들끼리가 아니라, 상이한 업종의 업체들끼리 서로 제휴를 하는 경우에도 업종이 다르다는 이유로 안심하고 독점적 우위의 숨은 비밀을 노출하면 비경쟁업체가 경쟁자로 돌변할 수도 있다. 21세기의 다국적기업들은 수익성이 보장되면 어떠한 업종이든지 뛰어들 수 있다. 통신업체가 자동차산업으로, 자동차업체가 자원확보업체로, 자원확보업체가 생산업체로 돌변할 수 있다. 상이한 업종들까지 한 시적으로 제휴를 한 경우에도 자사만이 가지고 있는 세계적인 독점우위의 노하우는 제한된 범위에서도 쉽게 공개하지 않는 것이 바람직하다.

3) 전략적 제휴의 성공조건

전략적 제휴는 실패할 확률이 50%가 넘는 것으로 알려지고 있다. 무수한 제휴가 시도되었다가 일시적인 성공을 한 이후에 결과적으로는 실패를 하는 형태가 비일비재하다. 전략적 제휴는 상이한 다국적기업들끼리 다른 문화적 배경 아래에서 성장한 기업들 간의 결합이라는 측면에서 성공할 조건들을 면밀히 검토하고서 성공의 확률이 높다고 판정될 경우에만 진행하는 것이 바람직하다. 성공 조건을 하나씩 설명하면 다음과 같다.

(1) 공동목표

다른 업체들끼리 손을 잡더라도 목표는 동일해야 한다. 공동목표를 확보할 수 있을 것으로 보이는 업체들이 예비접촉을 통해 어느 정도의 가능성을 확보한 이후에 진행을 시도하는 것이 바람직하다. 상호간에 공통된 인식하에서 동일한 범위 내의 같은 목표를 확고하게 공유해야 한다.

목적이 다르면 가는 방향이 달라진다. 따라서 목적을 같게 만들어야 한다. 물론 목적을 같게 만든다고 해서 기업체들끼리 완전히 50대 50의 동일한 목표를 항상 동일한 발걸음으로 진행한다는 의미는 아니다.

큰 틀 안에서 동일하게 인식하는 목표를 상호 이해하게 되면 그 안에서 모든 것을 풀어 나가면서 함께 나아가야 한다. 전 세계 항공사들이 결합한 전략적 제휴를 성공한 좋은 사례로 꼽을 수 있다.

(2) 수익공유와 비용분담 같은 상호보완

전략적 제휴에 가담하는 업체들 간에는 서로 수익을 공유하면서 비용을 분담해서 수익과 비용의 효율을 높이는 노력을 하는 것이 필요하다. 제휴는 다국적기업들 간의 경제활동의 일환으로서 활동의 성과를 평가하려면 수익과 비용 측면에서 서로 이득이 되어야 하는 것이다.

어느 한편에서는 수익이 되는데 다른 편에서는 수익이 되지 않는다면 그 제휴가 지속될 이유가 없다. 제휴를 공식적으로 체결하기 전에 기업체들은 상호보완적인 요소들이 무엇인지를 면밀하게 체크를 해야 한다. 서로 간에 이득이 될지 확실한 계산이 우선되어야 한다.

(3) 갈등조정

전략적 제휴는 거의 대등한 상황에서 제휴를 진행하는 경우가 많다. 사전에 공동 인식을 하고서 같은 목표를 가지고 진행을 하더라도 다국적기업의 사업을 수행하다 보면 다양한 형태의 갈등이 생길 수 있다. 이론적으로는 갈등이 전혀 없는 것보다는 갈등이 어느 정도 있는 것이 훨씬 더 생산성이 높다고 알려져 있다. 그러나 갈등이 너무 많아지면 제휴관계가 끝날 수가 있다. 따라서 갈등은 어느 정도로 조절하는 것이 좋을 것이다.

전략적 제휴관계에 있는 다국적기업체 간에 갈등현상이 발생했을 때 이를 해결할 수 있는 방법으로 세 가지를 들 수 있다. 그것들은 교환, 타협, 문제해결이다. 첫째, 교환(exchange)이란 한 기업체가 원하는 것과 다른 기업체가 가지고 있는 것을 바로 맞바꾸는 것이다. 가장 낮은 수준의 갈등해결방법으로 서로 원하는 것을 맞바꾸는 상황에서 갈등을 봉합하는 것이다. 둘째, 타협(compromise)이란 서로 약간의 논의를 통해 어느 정도 양보하면서 서로 필요로 하는 것들을 비슷한 수준으로 조정하여 갈등을 막는 것이다. 교환이 주로 기계적인 차원의 주고받음인데 비해서, 타협이란 약간의 논의를 거쳐서 서로 상대방을 약간씩 이해하는 것을 의미한다. 셋째, 문제해결(problem solving)이란 상당히 오랜 기간 동안 갈등의 주체들이 모여서 전반적으로 문제의 발생원인들을 파악하고 이의 해결책을 전향적으로 찾아서 이를 수행하는 것을 의미한다. 최고수준의 갈등해결방법이라고 할 수 있다.

3. 전략적 제휴의 특성과 진정한 의미

1) 전략적 제휴의 특성

전략적 제휴란 크게 글로벌 일관성을 유지하면서 자기만의 독점적인 우위를 갖고 만든 글로벌 브랜드자산을 통해 세계시장에 진출하는 방식을 의미한다. 전략적 제휴의 이와 같은 특색들을 명심하고서 하나둘씩 풀어나가면서 진정한 의미의 전략적 제휴를 모색하는 것이 바람직하다. 특색들을 구분해서 설명하면 다음과 같다.

첫째, 글로벌 일관성의 유지는 상당히 중요하다. 기업의 이름이 전 세계의 소비자들에게 하나의 통일된 이미지로 부각되어야 한다. 기업은 전 세계에 진출할 때 항상 같은 이름으로 진출하면서 동일한 이미지로서 신뢰성을 제시해야 한다. 물론 경우에 따라서는 별도의 사업체를 설립할 수도 있으나 그때에는 다른 이미지를 부각시켜야 한다. 하나의 기업은 하나의 이미지를 수십 년 혹은 수백 년 동안 유지하는 것이 글로벌 성장의 필수조건이다.

둘째, 독점적인 우위가 없으면 성공이 불가능하다. 자신만이 가지는 독특한 독점적인 경쟁력이 있어야 그것을 획득하고자 하는 업체가 나타나 제휴를 하게 되는 것이다. 자사의 독특한 강점이 희석되는 순간에 제휴는 물거품이 될 수 있다.

셋째, 글로벌 브랜드자산이란 글로벌 기업체가 가지는 소비자에게 대한 인식상의 강점을 의미한다. 소비자들에게 "저 회사는 아주 유명하고 그리고 아주 좋은 제품이나 특이한 서비스들을 판다"는 인식을 확고하게 심어주어야 브랜드자산이 강해지는 것이다. 브랜드자산은 앞에서 설명했었던 글로벌 일관성과 글로벌 독점우위가 전제되어야 가능하다.

2) 전략적 제휴의 진정한 의미

전략적 제휴를 위해서는 가능한 한 많은 독점적 우위를 확보하는 것이 필요하다. 그리고 자신의 것의 일부도 필요하다면 상대방에게 내주어야 한다. 전략적 제휴란 제휴 당사자 간의 자금의 결합이 아니다. 자금의 결합이란 기업체들끼리 돈을 내고서 같이 하는 것을 의미한다. 상이한 문화배경에서 탄생한 기업들이 단지 자금을 합치는 것만으로는 전략적 제휴라고 할 수 없다. 전략적 제휴란 자금의 결합이 아니라, 제휴업체들끼리 강한 강점들을 서로 내놓으면서 그것들을 결합하는 것이다. 서로 필요한 것을 주고받으면서 경쟁보다는 협력의 관계를 유지하려는 것이 전략적 제휴의 진정한 의미이다. 물론 제휴가 해지되면 경쟁의 관계로 돌입할 수도 있지만 그 전에는 기업체들끼리 서로 자신의 강점의 일부분을 내어 놓으면서 제휴하는 것을 의미한다.

진정한 전략적 제휴가 성공하려면 진출한 국가에 공헌해야 한다. 사회공헌은 전략적 제휴의 핵심적인 요소들 중의 하나이다. 우리나라의 기업들은 중국에 진출할 때 중국 사회에 미리 기부금을 많이 낸다고 한다. 또한 기업을 통해 많은 중국인들을 고용한다. 이와 같은 사회공헌이 이루어져야 중국인들의 우리나라 기업에 대한 호감을 높일 수 있을 것이다.

4. 전략적 제휴 분야

전략적 제휴는 크게 다섯 가지 분야에서 공동으로 수행하는 것이 보통이다. 1900년대 후반에 미국의 다국적기업들이 국내의 거대한 시장을 어느 정도 충족시키고 난 후에 유럽과 동양으로 진출하면서 전략적 제휴를 활용하기 시작했다. 그후에 국토가 좁은 유럽국가들이 미국 쪽으로 진출하면서 전략적 제휴가 상당히 많이 수행되었다. 최근에는 우리나라를 비롯한 일본과 중국업체들도 세계적인 전략적 제휴업무에 치중하고 있다. 전략적 제휴를 분야별로 나누어서 설명하면 다음과 같다.

1) 연구개발

정보통신이나 신소재와 같이 상당히 급변하는 산업의 연구개발비용은 막대하다. 보통 몇천억 원에서 몇조 원을 들여도 성과가 난다고 보장하기 힘든 것이 사실이다. 이와 같이 막대한 개발비용이 드는 기초연구에 대한 공동투자를 동일 업종에 있는 기업체들끼리 수행하는 경우가 많다.

2) 시장진입과 확대

동일 업종에 있는 선두업체들이 개발도상국가가 저개발국가에 신규로 진입하려고 할 때 해당 국가의 다양한 형태의 진입장벽들을 완화시킬 목적으로 해당 국가의 특정 기업과 전략적 제휴를 맺는 경우가 있다. 이러한 제휴를 통해 진입이 용이해지면서 보다 더 높은 이득을 얻을 수 있다.

3) 자원확보

전 세계의 다국적기업들은 새로운 자원을 확보하기 위해서 막대한 노력을 하고 있다. 지구상의 자원들이 많이 고갈되어 가면서 새로운 에너지원을 찾고, 이러한 에너지원을 활용하여 세계적인 산업우위를 확보하려는 목적이다.

4) 생산분야

동일 업종에 있는 다국적기업들이 공동생산을 하거나 혹은 주문자 상표부착방식(OEM)을 통해서 생산을 위탁하는 경우가 있다. 제품을 생산하려면 그에 필요한 모든 생산설비를 갖추어야 하는데 호경기에는 생산설비를 증대하는 것이 바람직하나, 불경기가 되면 과잉생산이 될 수가 있다. 따라서 자사의 생산설비를 지속적으로 늘리는 것이 아니라 제휴관계에 있는 업체의 생산시설을 활용하는 것이다. 또한 주문자 상표부착방식을 통해서 직접 생산하지 않고 주문을 받아서 글로벌 판매에 나서는 목적의 제휴업무들이 수행되고 있다.

5) 마케팅

다양한 형태의 마케팅적인 제휴들이 수행되고 있다. 자사가 생산한 제품들을 독자적인 유통망을 확보하고 있는 업체들에게 위탁판매를 하는 것이다. 이때는 공동브랜드를 만들어서 공동판매를 하는 수도 있고 혹은 다양한 형태의 통합적 커뮤니케이션 도구들을 활용해서 공동촉진업무에 나서는 경우도 있다.

5. 전략적 제휴의 진출국가 선정과 추진과정

1) 진출국가 선정

국내에서 어느 정도 수출을 수행해서 성과가 가시화되면 기업은 국제화를 추진하게 된다. 진출하는 국가를 선정하는 방식은 두 가지가 있다. 인접국가와 매력국가를 선정하는 것이다. 각각 설명하면 다음과 같다.

(1) 인접국가로의 진출

국제화의 첫 번째 과제는 전 세계의 시장 중 어디로 진출을 할 것인가를 결정하는 것이다. 다국적화를 시도하는 기업들이 가장 많이 진출하는 국가는 바로 인접국가이다. 국경을 맞대고 있는 인접국가로 진출을 시도하는 근본적인 이유는 가깝고, 비용도 적게 들고, 또한 이웃 국가인 만큼 문화에 대한 이해도 높기 때문이다.

미국의 기업들이 캐나다로, 유럽의 기업들이 같은 유럽지역으로, 일본의 기업들이 한국으로 진출한 것이 전부 인접국가로의 진출방식이다. 인접국가의 자원활용을 도모하면서 해당 국가의 인력도 이용하고 또한 현지에서 생산한 것을 현지에서 판매하는 방식을 취한다.

최근에 우리나라 기업들이 다국적화를 시도하면서 가장 많이 진출하는 곳이 중국이다. 우리나라보다 100배 이상 국토가 더 넓은 중국으로 진출하며 중국의 저렴한 인건비와 넓은 공장부지를 활용하는 것이다.

인접국가로의 진출은 많은 장점들이 있으나, 인접국가가 글로벌적인 관점에서 가장 매력적인 국가인지에 대한 것은 명확하게 답을 할 수가 없다. 거리가 멀더라도 더 저렴한 인건비의 활용이 가능하고, 더 많은 지하자원이 매장되어 있고, 더 큰 시장이라면 해당 국가로 진출하는 것이 바람직하다고 볼 수도 있다.

(2) 매력국가로의 진출

글로벌적인 평가기준으로 전 세계 시장을 전부 검토해서 그들 중에서 가장 매력적인 시장으로 진출하는 것이 최근의 추세이다. 처음에는 인접국가로 진출하는 것이 보통이나 일단 그 단계를 벗어나게 되면 인접국가가 아니더라도 매력적인 지구상의 어느 국가를 찾아가는 것이다.

국가매력도는 전략적 제휴의 목적에 따라서 다르게 평가할 수가 있다. 생산적인 제휴를 모색하는 기업은 생산비용이 저렴한 곳으로 진출하려 할 것이고 마케팅적인 제휴를 모색하는 기업은 마케팅적인 매력이 있는 곳으로 진출한다. 자원확보 측면의 제휴를 모색하는 기업은 풍부한 지하자원들이 매장되어 있는 국가로 진출한다.

미국의 월마트는 매력적인 시장으로 유럽, 브라질, 한국을 꼽았다. 물론 성공한 곳도 있고, 실패한 곳도 있다. 미국의 인접국가가 아닌데도 멀리 진출했다는 것은 매력국가를 찾아 나선 증거라고 할 수 있다. 최근에는 유럽의 국가들이 우리나라와 중국을 매력국가로 선정하고서 진출하는 경향이 강하다.

글로벌적인 관점에서 세계를 하나의 시장으로 분류하고 난 이후에 전략적 제휴의 다양한 목적별로 적절한 국가들을 선정해서 진출하는 것이 바람직하다.

2) 전략적 제휴의 추진과정

전략적 제휴는 독자적인 법인형태를 유지하면서 서로 필요한 것만을 추구하는 한

시적인 형태이므로 추진과정이 세밀할 필요가 있다. 추진과정을 단계별로 설명하면 다음과 같다.

(1) 계획 단계

전략적 제휴의 필요성을 느끼면서 동일 업종 내의 다양한 경쟁자들의 기업행태를 분석한다. 그리고 전략적 제휴가 필요하다고 인식하면 자사가 가지고 있는 독점적 우위를 지렛대로 활용할 수 있는 방안들을 세밀하게 기획한다.

(2) 제휴파트너 찾기

치밀하게 준비된 기획서에 근거하여 자사가 필요한 부족한 부분을 채워줄 수 있는 잠재적인 파트너를 파악하는 것이 중요하다. 많은 업체들의 체크리스트를 만들어서 제휴가능성을 하나씩 평가하고 접촉해서 의사를 확인해야 한다.

(3) 제휴 체결

좋은 파트너를 찾으면 상호 간에 공동목표를 인식하고 그러고 나서 관계강화를 시도한다. 강화된 양사 간의 관계 위에서 전반적인 시스템 조정과 적합화를 추진한다. 갈등이 생기면 앞서 설명한 갈등조정방법들(교환, 타협, 문제해결)을 활용하여 해결한다.

(4) 해지준비

일정 기간이 흐르고 나서 제휴의 효과가 떨어지면 제휴관계의 해지를 검토해야 한다. 단기적인 전략적 제휴를 중단하고 새로운 관계모색을 하는 것이 필요하다.

6. 제휴 유형과 제휴 결렬

1) 전략적 제휴의 유형과 파워관계

(1) 전략적 제휴의 유형

전략적 제휴의 유형은 크게 두 가지로, 수평적 제휴와 수직적 제휴가 있다.

첫째, 수평적 제휴란 구매자와 구매자 혹은 판매자와 판매자가 제휴를 하는 형태를 의미한다. 동등한 조건에서 동일한 유형의 업무들을 수행하는 업체들이 동등한 조건에서 수행하는 것이다. 전 세계의 고객들을 상대로 같은 판매자들의 입장에서 제휴하는 항공사 제휴가 수평적 제휴의 유형이다. 혹은 같은 종류의 원재료를 구입하는 구매기업체들끼리 결합하여 많은 양의 공동구매를 하는 것도 수평적 제휴의 일종이라고 볼 수 있다.

둘째, 수직적 제휴란 구매자와 판매자 같이 상이한 레벨에서 수행되는 제휴를 의미한다. 공급사슬관리상의 원재료 구매자와 구매한 후의 생산과정에 들어가는 생산업체 간에 수직적인 제휴를 하게 되면 서로 다른 단계에서 자신이 가진 강점들을 상대방에게 제공하는 형태가 이루어진다.

(2) 제휴파워의 관계

제휴와 관련하여 크게 다섯 가지의 힘의 종류가 있다. 권력이론(power theory)에서 나오는 다섯 가지의 힘의 종류는 보상적 파워(reward power), 강압적 파워(coercive power), 전문적 파워(expertise power), 준거적 파워(referent power), 법률적 파워(legitimate power)이다. 파워란 보통 때는 상대방이 하지 않을 것을 힘을 이용하여 상대방이 하도록 만드는 것을 의미한다.

전략적 제휴란 동등한 관계이지만 서로 상대방이 가지고 있는 독점적 우위요소를 어떻게 하면 더 많이 받을 것인가가 목적이 될 수 있다. 따라서 전략적 제휴에서는 반드시 파워관계가 제휴당사자 간에 발생한다.

위에서 열거한 다섯 가지의 파워들이 전략적 제휴관계에서 어떻게 발생할 것인지를 설명하면 다음과 같다.

첫째, 보상적 파워란 전략적 제휴를 맺는 기업들 중의 한 곳에서 상대방 기업에게 독점적 우위를 어느 정도 제공하면 우리도 이에 맞추어서 우리가 가지고 있는 독점적 우위를 제공하겠다는 방식이 될 수 있다. 보상적 파워란 상대방에게 매력적인 것을 제공하겠다고 하면서 상대방이 하고 싶지 않은 것을 하도록 유도하는 파워를 말한다.

둘째, 강압적 파워란 전략적 제휴를 맺는 기업들 중의 한 곳에서 상대방 기업에게 독점적 우위를 제공해 주지 않으면 전략적 제휴관계를 끊는 것이 될 수 있다. 상대방이 가지고 있는 독점적 우위 중에서 공개가 가능한 것을 알려주면 그것을 이용해 자신들이 이득을 볼 수 있다는 관점에서 상대방에게 제휴단절이라는 협박성 발언을 하는 것이 강압적 파워이다.

셋째, 전문적 파워란 상대방에게 자신이 가지고 있는 전문적인 지식이나 능력을 제공하여 제휴관계를 유지하는 것을 의미한다. 전문성이란 특정한 문제에 대한 높은 식견이나 폭 넓은 지식과 정보 그리고 분석력을 의미한다. 전문성을 획득한 전략적 제휴업체가 상대방에게 특정한 요청을 해서 그것을 받아들이는 대가로서 제휴관계를 유지하는 것을 의미한다.

넷째, 준거적 파워란 인간관계를 통해 상대방이 우리가 원하는 것을 제공하도록 하는 것을 의미한다. 전략적 제휴 상대방과의 교우관계를 통해 우리가 원하는 것을 상대방이 들어주는 것을 준거적 파워라고 한다.

다섯째, 법률적 파워란 전략적 제휴를 시도할 때 서로 맺은 법률적 계약관계대로 제휴관계를 유지하는 것을 의미한다. 거래를 시작할 때 서로 계약한 것들을 법률적으로 진행하면서 그것을 지키지 않으면 법적 제소를 하겠다는 것이 법률적 파워이다.

이와 같은 다섯 가지의 파워들 중에서 보통 전략적 제휴관계에서 가장 강한 파워는 전문적인 파워라고 한다. 특정한 현상이나 문제에 대한 많은 지식을 바탕으로 상대방의 질문에 답하면서 많은 정보와 식견을 제공할 수 있는 것이 전문적인 파워이고 가장 강한 파워이다. 그 다음이 준거적 파워와 강압적 파워라고 한다. 인간적인 관계와 강압적인 관계가 그 다음이다. 가장 약한 것이 법률적인 파워라고 한다.

전략적 제휴가 성공하기 위해서는 서로 행사가능한 파워의 유형을 비교하면서 상대방에게 적절하게 제공하면서 이득을 볼 수 있도록 노력하는 것이 필요하다.

2) 기회주의 행동과 전략적 제휴 결렬

전략적 제휴는 단기적인 성향을 가지고 있다. 이유는 전략적 제휴 파트너업체의 독점적인 우위에 대한 의존이 시간이 갈수록 줄어들기 때문이다. 일정 기간 동안만 제휴가 진행되다가 시간이 흐르면 그 효력이 줄어들면서 기회주의 행동이 생길 수 있다.

기회주의 행동(opportunistic behavior)의 정의는 상대방이 보통 때와 달리 상황이 변하거나 특정한 목적을 취하려고 할 때에 평상시와 다른 자기이득적인 행위를 하는 것을 말한다. 기회주의 행동이란 행동의 일관성이 약해서 이랬다 저랬다 변하는 것을 의미한다. 확고한 철학과 확고한 중심이 있는 사람들은 기회주의 행동을 하지 않으나, 속물적인 성향이 강한 사람들은 상황을 보아가면서 기회주의 행동에 나서는 경향이 강하다.

기회주의 행동의 발생은 계산적인 이익을 보기 위해서이다. 정상적인 전략적인 제휴관계에서 볼 수 있는 것보다 훨씬 더 큰 이익을 비정상적으로 추구하는 것이다. 기회주의 행동은 신뢰성이 약하고 또한 자기 행동의 결과에 대한 책임을 지지 않는 사람들이 저지르는 것이다.

기회주의 행동의 억압구조는 상대가 기회주의 행동을 하려는 움직임을 보이면 사전에 차단하는 것이다. 기회주의 행동은 결과적으로 제휴관계에 나쁜 영향을 미치게 된다. 따라서 기회주의 행동에 나서려는 기미가 있을 때마다 못하게 하는 것이 가장 바람직하다. 또한 구조적으로 기회주의 행동에 대한 사전방지용 법률조항들을 만들어 놓는 것도 바람직하다고 볼 수 있다.

기회주의 행동의 파멸적인 결과가 제휴의 결렬이다. 전략적 제휴는 서로 상대방을 신뢰한 관계에서 상대방을 속이지 않고 전부 투명하고 그리고 일관성 있게 업무를 처리해야 한다. 전략적 제휴가 진행되는 과정에서 상대방 몰래 특정한 이익을 쟁취하려고 기회주의 행동을 하는 것은 장기적인 관점에서 절대 기업에 도움이 되지 않는다. 따라서 장기적인 기회주의 행동이 나타나게 되면 전략적 제휴는 파탄으로 가게 된다.

7. 주도적 제휴관계형 프랜차이징 해외진출

1) 수평적 전략적 제휴의 한 형태인 프랜차이징

전략적 제휴는 서로 계약관계를 맺으면서 해외로 진출하는 형태이다. 전략적 제휴의 수평적 형태는 대등한 상황에서의 진행이다. 전략적 제휴의 수직적 형태는 한쪽이 상대방보다 우월한 지위를 가질 때 나타난다. 여러 가지 수직적 형테 중의 하나가 프랜차이징이라고 볼 수 있다. 따라서 전략적 제휴의 마지막 부분에서 프랜차이징을 통한 해외진출을 설명하려고 한다.

프랜차이징(franchising)은 국내와 국외에서 모두 활용가능한 글로벌 경영전략기법이다. 프랜차이저(franchisor)가 프랜차이지(franchisee)에게 자신이 독점적으로 가지고 있는 특허, 기술, 상표권, 제품이나 서비스를 제공하는 대가로서 수수료, 원재료비, 용역대금을 받는 형태를 의미한다. 프랜차이저가 자신의 독점적인 것에 매력을 느낀 전 세계의 글로벌 프랜차이지들에게 자신이 가지고 있는 것을 독점적으로 제공하는 대가로서 경제적인 이득을 받는 형태이다.

프랜차이징은 일방적인 전략적 제휴라고 볼 수가 있다. 위에서 설명한 전통적인 개념의 전략적 제휴는 어느 일방이 아니라 쌍방 간에 자신들이 각각 가지고 있는 독점적인 우위를 제공하는 대가로서 금전적인 이익보다는 상대방의 독점적인 그 무엇을 받는 형태를 의미한다. 다시 말해서, 전략적 제휴에서는 추구하는 목적이 금전이 아니라 상대방이 가지고 있는 핵심역량 중의 일부를 취득하는 것이다.

반면에 프랜차이징은 쌍방적인 계약이 아니라, 일방적인 독점적 우위권자가 약한 상대방에게 독점적인 것을 제공하는 대가로서 경제적인 이득을 추구하는 계약이다. 전략적 제휴가 쌍방적인 계약형태이고 프랜차이징이 일방적인 계약형태라는 데 차이가 있다. 또한 전략적 제휴는 금전이 대가가 아니라 상대방이 보유하고 있는 다른 형태의 독점적인 우위를 추구하는 것인데, 프랜차이징은 상대방이 어떠한 형태의 독점적인 우위를 가지고 있지 않기 때문에 금전적인 대가를 추구하는 것이다. 이 점이 다른 것이다.

그러나 최종적으로는 해외에 직접투자하는 대신에 계약형태로 진출한다는 측면에서 양자는 비슷한 글로벌 기업의 해외진출방식이라고 볼 수 있다.

2) 목적

프랜차이징 계약은 다양한 형태의 목적들을 가지고 있다. 하나씩 설명하면 다음과 같다.

첫째, 프랜차이징은 해외시장에 비교적 용이하게 진출할 수 있는 방식이다. 프랜차이저의 특허나 노우하우나 상표권이 필요한 해외의 그 누구든지 간에 일종의 대가를 지불하면 바로 프랜차이징 계약이 체결가능하다. 프랜차이저는 자신이 직접 해외에 막대한 자금을 투자할 필요가 없이 쉽게 진출이 가능하다.

둘째, 프랜차이징은 쉽게 전 세계에 진출할 수 있다. 앞에서 설명한 것처럼 프랜차이저의 투자비용이나 추가적인 노력이 없이 본국에서 개발한 시스템만 가지고도 전 세계로 진출할 수 있다는 측면에서는 상당히 쉽게 글로벌 장악력을 발휘할 수 있는 방법이다. 1990년대에 창립한 우리나라의 BBQ치킨은 전 세계에 프랜차이징 방식으로 수만 개의 점포를 내면서 진출하고 있다.

셋째, 프랜차이지가 많이 생길수록 가맹점이 늘고 또한 가맹점의 고객숫자가 늘면서 규모의 이익이 생겨서 규모의 생산 경제와 규모의 판매 경제를 동시에 달성할 수 있다. 프랜차이저가 전 세계로 진출하면서 많은 가맹점이 생기면 필요한 원재료와 각종 부자재들을 싸게 구매할 수 있다. 또한 잠재고객과 현재고객이 늘어나면서 유통비용과 촉진비용이 대규모로 줄어드는 이점도 있다.

넷째, 해외진출을 통해 잠재적인 해외경쟁자들의 생성을 방해할 수 있다. 전 세계가 아무리 크다고 해도 특정제품이나 서비스에 대한 시장규모는 그렇게 크지가 않다. 소수의 프랜차이저들이 전 세계 시장을 전부 장악하고 나면 그 다음에는 신규로 진입하려는 업체들은 너무나 높은 진입장벽에 가로막히게 된다.

3) 진출방식

프랜차이징을 통해 세계로 진출할 때는 크게 4가지의 요소들이 완벽하게 준비되어 있어야 한다. 그것들은 독점적 우위, 세계적인 표준화, 현지의 경영인력 고용, 현지국에 대한 사회봉사이다. 하나씩 설명하면 다음과 같다.

(1) 독점적 우위

글로벌적인 독점적 우위가 없으면 아무리 좋은 방식이라도 전 세계로 진출할 수 없다. 앞서 설명한 전략적 제휴나 프랜차이징 모두 글로벌적인 독점적인 우위나 차별적인 핵심역량들이 충분히 갖추어져 있어야 한다. 자신만의 독특한 강점이 있어야 해외진출이 용이하다. 맥도널드는 맥도널드 햄버거 대학(McDonald Hamburger University)를 통해서 6개월 동안 훈련을 받으면 누구든지 질 높은 햄버거를 만들어서 팔 수 있는 시스템을 자체적으로 완비하고 있는 것이 특징이다. 이를 통해 전 세계로 진출할 수 있었던 것이다.

(2) 세계적인 표준화

글로벌 진출을 할 때는 진출하는 모든 곳에서 동일한 시스템으로 일관성 있게 판매를 해야 한다. 통일적이고 표준화된 시스템을 갖추고 그대로 시행하는 제도가 실시되어야 한다. 표준화가 되면 군더더기 없이 쉽게 전 세계로 통용되면서 많은 이득을 남길 수가 있다. 물론 현지국의 문화가 상이할 때는 일부 조정을 하는 것도 가능하다.

(3) 현지의 경영인력 고용

자국에서 전 세계로 진출할 경우에는 현지인의 대거 고용이 필요하다. 현지문화를 잘 이해하면서도 프랜차이저의 시스템을 완벽하게 운영할 수 있는 사람들이 필수적으로 요구된다. 문화의 이해는 상당히 오랜 시간이 걸리나, 프랜차이징의 이해는 상당히 빠르게 이루어질 수가 있다. 따라서 가능하다면 현지인력을 대거 고용하여 그들에게 프랜차이징의 시스템을 독창적인 방식으로 훈련시켜 활용하는 것이 유익하다.

(4) 현지국에 대한 사회봉사

프랜차이징으로 막대한 이득을 획득하게 되면 진출한 현지국가에 대한 사회봉사를 해야 한다. 이득을 얻고도 사회봉사를 소홀히 하게 되면 진출국 내부에서 막대한 반감을 살 수가 있다. 우리나라에 진출한 다수의 해외프랜차이저들이 막대한 과실송금을 매년 본국으로 하면서도 우리나라에 사회봉사를 하지 않아 언론과 사회의 비난을 받은 적이 있다.

연습문제

1. 글로벌 기업에서 전략적 제휴가 왜 필요한지 설명하시오.
2. 글로벌 기업의 전략적 제휴의 형태와 성격을 설명하시오.
3. 글로벌 기업의 전략적 제휴의 단점과 성공조건을 설명하시오.
4. 글로벌 기업의 전략적 제휴의 모든 분야를 열거하시오.

Chapter

14

해외 인수합병, 기술제휴활동을 통한 글로벌 경영

1. 기업의 해외 인수합병
2. 글로벌 라이선싱
3. 프랜차이징, 계약생산 및 경영관리계약

Chapter 14

해외 인수합병, 기술제휴활동을 통한 글로벌 경영

1. 기업의 해외 인수합병

글로벌화와 해외직접투자에서 일어나고 있는 하나의 특징은 인수합병을 통한 글로벌 산업에서의 기업 간 합병현상이다. 기업 간 합병은 공급이 수요를 초과함으로써 공급과잉으로 인해 과도한 재고가 발생할 때 주로 이루어지는데, 공급과잉이 되면 극심한 경쟁으로 인해 공급자 간의 합병이 촉진되고 공급자의 수는 감소한다. 기업 간 합병은 의약, 개인용 컴퓨터, 통신기기, 주류 등을 포함하여 여러 글로벌 산업에서 나타나는 중요한 특징 중 하나이다.

1) 해외 인수합병(M&A)의 의의

(1) 해외 인수합병(M&A)의 개념

글로벌 기업의 해외투자는 현지에 새로운 기업을 설립하는 형태(본원적 투자, Green Investment)로 이루어지기도 하지만, 기존 기업을 인수하거나 합병(매입투자, Merger & Acquisition)하는 경우도 있다. 이처럼 글로벌 기업들은 해외시장에 있는 기존 기업을 합병할 것인지 아니면 인수할 것인지에 대한 선택을 해야 한다. 인수는 기존 기업에 직접투자를 하거나 시설을 구매하는 것을 의미한다. 예를 들어, 중국의 해양석유총

공사(CNOOC)는 캐나다의 석유기업인 넥센을 151억 달러에 인수하여 신속하게 국제화를 추진하고 있다. 한화는 독일의 보쉬와 중국의 트리나솔라 등 세계적인 기업들을 물리치고 세계적 태양광 전문회사인 독일의 큐셀(Q-Cells) 인수에 성공, 세계 3위의 태양광 회사로 도약하게 되어 세계적인 기업이 될 수 있게 되었다.

합병은 두 기업이 합쳐 새롭고 더 큰 기업으로 탄생하는 인수의 특별한 유형이다. 합병에서는 기업들이 상대적으로 동등한 기반에서 그들의 사업을 통합할 수 있으므로 규모가 비슷한 기업들 간에 보다 일반적이고 보편적으로 사용된다. 합병의 최근 사례로 그동안 시장을 주도했던 Lucent Technologies, Alcatel 등은 최근의 시장 변화에 신속하게 대처하지 못하면서 매출이 둔화되었는데, 2006년에 두 기업이 Alcatel-Lucent로 합병하면서 세계 통신장비시장은 상위 5대 기업이 세계시장의 70% 이상을 차지하는 등 소수 거대기업이 시장을 주도하고 있는 상황이 되었다. 국제 합병에는 문화, 경쟁정책, 기업가치, 운영방법 등의 측면에서 국가적 차이로 인해 많은 어려움이 발생하므로 합병에 성공하기 위해서는 매우 고도화된 조사연구, 계획 및 실행이 요구된다. 철저한 선행조사와 함께 계획을 치밀하게 준비하고 실행으로 옮겨야 한다.

M&A, 즉 기업인수합병은 특정 기업이 다른 기업의 경영권을 인수할 목적으로 그 회사의 소유지분을 획득하는 제반 과정이다. 인수합병의 전략적 의미는 4가지로 정리할 수 있다.

첫째, 동일제품을 생산하는 동종산업의 기업을 인수합병함으로써 규모의 이익을 통한 비용절감과 판매력 강화를 도모하는 생산력, 판매력 강화전략의 일환이다.

둘째, 기존 시장에 신상품을 투입함으로써 업무확대를 도모하는 상품개발전략의 일환이다.

셋째, 시장개발전략으로서 기존 상품의 판로를 확장하는 전략이다.

넷째, 사업다각화 전략으로 인수합병을 통해 새로운 사업으로의 진출을 시도함으로써 조직 전체의 위험을 분산시키는 전략이다.

인수합병의 유형에는 ① 본사와 유사한 제품계열과 시장을 가진 기업을 통합하는 수평적 형태, ② 본사의 공급업자나 소비자를 통합하는 수직적 형태, ③ 본사의 시장이나 기술과 유사한 기업을 통합하는 집중적 형태, ④ 기존 사업과는 다른 사업체를 인수하는 다각화 유형 등이 있다. 여기에서는 해외시장침투라는 관점에서 수평적

인수합병을 중심으로 살펴보기로 한다.

(2) 인수합병의 장단점

인수합병을 통한 해외시장의 진입은 대상기업의 선택에 따라 성공 여부가 결정된다. 따라서 장단점도 이를 기준으로 평가되게 된다. 대상기업의 선택이 잘못되면 통합의 의미도 없어지게 된다. 인수합병의 장점을 살펴보면 다음과 같다.

첫째, 이미 제품과 시장을 확보하고 있는 기업을 흡수하기 때문에 가장 신속하게 시장에 진입할 수 있다. 즉 이미 설립된 기업을 인수합병함으로써 목표 해외시장에서 입지를 빠르게 구축할 수 있다. 시장진입속도는 수익증가와 밀접한 관계가 있기 때문에 그만큼 투자의 회수기간도 짧아지게 된다. 인수합병에서는 통합 후에 피흡수기업을 모기업의 경영방식에 적응시키는 과정이 필수적이다. 이에 따라 통합의 성과가 달라지게 된다. 인수합병에 있어서는 소유권 구조와 경영의 통제권이 문제점으로 부상하게 된다.

둘째, 인수합병을 통해 희소한 자원을 확보하거나 활용하는 것이 가능해진다. 이런 자원들은 관리나 기술상 인적 요소가 포함되는 경우가 보통이다. 따라서 새로 기업을 설립할 때 인력충원에 어려움이 예상되는 경우에는 인수합병이 유리하다. 인적자원을 활용하기 위해서는 통합 이후에도 기존 기업에 소속된 인력이 이탈되지 않도록 조치를 강구해야 한다.

셋째, 새로운 제품라인을 확보할 수 있다는 점이다. 그러나 본사가 새로운 제품을 다룰 수 있는 능력이 없거나 사업 경험이 전혀 없는 경우에는 오히려 약점으로 작용할 수 있다. 제품라인이 기존의 것과 유사한 경우에 본사의 지식이나 경험을 활용할 수 있다.

넷째, 많은 경우에 글로벌 기업들은 경쟁자들에 앞서 시장을 선점하기 위해 인수합병을 한다. 선점은 특히 통신업계처럼 빠르게 국제화되는 시장에서 많이 사용되고 있다. 이는 각국의 규제가 철폐되고 외국인 직접투자에 대한 규제가 완화됨에 따라 인수합병을 통한 해외진출이 기존보다 용이해졌기 때문이다. 실제로 기업들이 글로벌 기업으로 성장하기 위해 경쟁하면서 기업인수합병이 활발하게 일어나고 있다. 예

표 14-1 | 중국 IT기업 M&A 사례

회사	M&A 사례	비고
HTC	• S3그래픽스 인수(2011. 7) • 비츠일렉트로닉스 지분 51% 매입(2011. 8)	스마트폰 경쟁력 강화
BYD	• 일본 오기하라 인수(2010) • 폴크스바겐 · 다임러와 개발 제휴	휴대폰 부품서 전기자동차로 영역 확대
미디어텍	• 아날로그디바이스 모바일사업부 인수(2008) • TSMC 등 대만 파운드리업체와 지분 교환	매출 4조원대 팹리스 업체 도약
화웨이	• 화웨이-스리콤 합작법인 운영(2006)	세계 3대 통신장비업체 도약
레노버	• IBM PC사업부 인수(2005)	HP PC사업부 인수 유력후보 부상

출처: Etnews (2011.8.24).

를 들어, 대만 팹리스(fabless)[1)]업체 미디어텍은 2009년 매출이 4조 원을 돌파했다. 한국 전체 팹리스업체 매출 1조 원의 4배 규모이다. 벤처기업에 불과하던 미디어텍의 성장은 2008년 아날로그디바이스의 모바일사업부를 인수합병하면서부터 시작되었다. 그리고 1993년 수입장비 판매대리점으로 시작한 중국 화웨이는 세계 3대 통신장비업체로 발돋움했다. 화웨이의 급성장은 2007년 미국 스리콤과 합작법인을 설립한 것이 결정적 계기가 되었다. 이들 기업 외에 중국 IT기업들의 인수합병 사례는 〈표 14-1〉과 같다.

한편, 인수합병은 다음과 같은 단점도 지니고 있다. 먼저 대상기업의 선정과 평가가 쉽지 않다는 점이다. 적당한 후보기업을 찾기도 힘들지만 적당한 대상이 발견되더라도 비밀유지, 회계기준의 차이, 허위기록, 문제점의 은폐 등으로 이를 올바르게 평가하기 힘들다. 공장설비가 노후하여 교체투자가 필요한 경우나 입지상 치명적인 결함이 있을 수도 있다. 현지국 또는 본국의 경제정책상 여러 가지 제약조건이 있을 수 있다는 점도 단점으로 지적될 수 있다. 일반적으로 현지국 정부는 인수합병을 신규설립에 비해 호의적으로 인식하지 않는다. 인수합병은 신규설립에 비해 경제적 효과가 적고 외국기업으로 소유권이 이전됨으로써 통제권의 상실을 우려하기 때문이다. 따라서 인수합병에 대한 협상은 기업설립의 경우보다 어려우며, 정부에 의해 기각될 위험도 높다.

1) 반도체제품을 직접 생산하지 않고 설계 및 기술개발을 하며 생상은 100% 위탁생산하여 제품을 판매하는 반도체업체. 즉, 생산라인 없이 R&D에 집중. 예) 퀄컴, 엔비디아.

특히 독점규제법에의 저촉 여부는 인수합병을 검토할 때 반드시 고려해야 한다. 예를 들어, AT&T는 2011년 3월 T-Mobile USA의 모회사 독일의 Deutsche Telekom와의 협의를 통해 390억 달러에 T-Mobile USA 인수를 합의하고 합병작업을 진행해 왔으나 경쟁통신사업자뿐만 아니라 미국의회도 소비자권리침해를 이유로 인수합병에 반대하면서 미국 행정부도 반대 의견을 개진하여 M&A를 포기한 경우가 있다.

이처럼 인수대상기업의 선정이나 통합 이후의 운영과정에서 많은 문제점들이 나타나게 된다. 따라서 여러 가지 예기치 못한 사태가 발생함으로써 손해를 볼 가능성도 매우 높다. 특히 대상기업의 제품이나 기술이 본사와 일관성이 결여된 경우에는 더욱 치명적이다. 인수합병의 성패는 합병 이후의 과정보다 사전의 선택 단계에 달려 있다고 해야 할 것이다. 그러나 인수합병은 현지법인설립이나 합작투자에 비해 시장참가에 소요되는 시간을 단축할 수 있다. 또 기술적 노하우, 피인수기업의 유능한 인력을 한꺼번에 확보할 수 있으며 현지화의 조기실현, 시장지배력의 확보 등과 함께 보이지 않는 시너지효과를 기대할 수 있어 매우 유리한 전략이라고 할 수 있다.

또한 성공적으로 M&A를 체결하더라도 통합과정에서 M&A업체 간 문화적 차이로 실패하는 사례도 많으므로 CEO의 의지와 강력한 지원이 중요한 만큼 피인수기업의 자율성과 문화를 최대한 존중해 주고 피인수기업 조직원의 동요 방지를 위해 신속한 비전제시가 필요할 것이다.

2) 인수합병의 성과요인

인수합병의 추진과정에서 고려해야 할 사항은 여러 가지가 있다. 먼저 의사결정의 지침이 될 수 있는 전략을 구축하는 것이 필요하다. 전략을 개발함으로써 인수합병의 목적이 구체화되며 대상기업으로부터 기대되는 혜택을 분명하게 할 수 있다. 인수합병에서 검토해야 할 항목은 기업의 규모, 기술 수준, 제조설비, 유통경로 등이다. 이런 항목들을 기준으로 후보기업을 탐색하고 최적의 기업을 선발하게 된다. 대상기업을 선정하는 경우에는 다음과 같은 점들을 고려해야 한다.

① 대상기업이 본사의 해외시장에 대한 진입전략상 필요한 조건을 얼마나 잘 충족하고 있는가?

② 대상기업이 본사의 제품라인, 기술, 시장, 관리스타일 등과 얼마나 잘 조화되고 있는가?

③ 새로 기업을 설립하는 전략에 비해 인수합병의 유리한 점은 무엇인가?

④ 화폐단위로 표시한 대상기업의 가치는 얼마인가?

이런 문제를 해결하기 위해 대상기업을 직접 방문하는 것이 필요하다. 협상 이전에 후보기업들과 개별접촉을 통해 가능한 많은 정보를 확보해야 한다. 물론 상대기업의 기술이나 설비에 대한 완벽한 정보는 정식으로 협상이 개시되어야 가능하다. 그러나 은행이나 전문 중개기관을 이용하면 유용한 정보를 얻을 수 있다. 재무상태의 분석은 직접투자 프로젝트의 경우와 비슷하다. 상대기업의 가치평가에는 현금할인의 개념을 이용하는 것이 바람직하다. 인수합병의 결과로 발생되는 비용의 절감이나 매출증가가 미래의 현금흐름에 반영되어야 한다. 또한 추가적인 투자에 대한 고려도 필요하다. 이렇게 하여 도출된 상대기업의 가치가 가격협상의 척도가 되는 것이다.

(1) 인수합병의 실패요인

인수합병이 실패하는 경우는 전혀 관련이 없는 업종으로의 사업다각화, 과도한 인수가격의 지불, 인수합병의 조급한 추진, 인수 후 통합과정에서의 비효율성 등으로 요약된다.

일반적으로 비관련업종으로의 사업다각화는 실패할 가능성이 높다. 많은 기업들은 경영다각화의 추진에 있어서 기존 제품이나 시장과 전혀 연관성이 없는 분야의 기업을 인수하기도 한다. 그러나 인수합병을 통한 가치창조는 일반 경영기술의 이전, 관리기능의 이전, 규모의 경제, 산업구조의 변화에 대한 대응력을 강화시킬 수 있는 경우에만 가능하다. 따라서 인수기업과 피인수기업이 어떤 면에서라도 연관성을 지니고 있는 경우에 가치창조를 위한 시너지효과를 기대할 수 있다.

인수가격이 높은 경우 인수프리미엄을 상쇄할 수 있을 만큼 경영성과의 향상이 필요하게 된다. 미국에서 인수프리미엄은 대개 30% 정도에서 결정된다. 그러나 외국기업이 미국기업을 인수하는 경우에는 이보다 10% 정도 더 높은 프리미엄이 지불되고 있다. 이처럼 높은 프리미엄은 인수합병을 통해 그에 상응하는 높은 경영 성과의 향상을 기대할 수 있는 경우에만 효과를 발휘하게 된다.

사업포트폴리오를 단시일 내에 변경시키려는 조급한 추진계획은 대상기업에 대한 평가를 너무 낙관론으로 흐르게 할 가능성이 있고 이는 결국 지나친 프리미엄을 지급하도록 할 가능성이 높다. 인수 후에도 상대기업과의 효과적 통합이 이루어져야 한다. 만일 통합과정에서 마찰이 발생하면 일반 경영능력의 이전을 통한 시너지효과를 기대할 수 없고 상대기업의 귀중한 인력자원이 밖으로 빠져나갈 가능성이 높아진다.

실패사례에 대한 분석결과에 의하면 피인수기업 내에서 불안감 해소, 효과적인 통합계획의 수립, 인센티브제도의 도입 등에서 미흡한 경우가 많이 보고되고 있다. 따라서 인수합병에서의 실패 위험을 줄이기 위해서는 인수합병전략에 대해서 조금 더 신중해야 할 것이다. 기업의 운영상황, 재무상태, 기업문화에 대한 감시를 비롯해서 인수대상기업을 잘 선택함으로써 인수될 기업에 대해서 지나치게 많은 금액을 지불하지 않게 되며, 인수 후에 문제투성이 사업을 인수했다는 사실을 알게 될 가능성이 줄어들고, 피인수기업의 기업문화가 달라서 겪는 어려움을 피할 수 있다. 피인수기업의 경영진들이 갖고 있는 우려를 해소시키는 것도 매우 중요하다. 이것의 목적은 원치 않는 경영진과의 마찰을 줄이는 것이다. 마지막으로 경영자는 인수 후에 통합계획을 빠르게 수행해야 하고 계획대로 행동해야 한다.

(2) 인수합병의 성공요인

M&A 프로그램에서 성공한 기업들의 특징은 다음과 같다.

첫째, 기업의 총 가치를 추구하고 인수가격을 낮추기 위해 피인수기업의 자산구조와 재무구조를 재편하고 있다. 즉, 다양한 부서와 자산을 보유한 대규모 기업을 인수한 경우, 대개 1~2년 이내에 인수프리미엄의 부담을 해소하기 위해 자산의 일부를 매각한다. 이때 매각자산은 자사가 관리하기에 부적합하다고 판단되는 자산, 매각이 세제상의 혜택을 가능하게 하는 자산, 영업손실을 중지시키는 데 기여할 수 있는 자산 등이다. 재무공학(financial engineering)의 기법을 이용하면 자본조달 수단을 변경하여 비효율적으로 활용되고 있는 재무능력을 개선할 수 있다. 예를 들어, 대상기업의 부채비율이 너무 낮다고 평가되면 인수자금을 부채로 조달한다거나 조건부 지불(contingent payment), 특정 자산을 담보로 한 사모증권의 발행, 자산매각 후 재임

차(sale and lease back) 등의 방법을 고려할 수 있다.

둘째, 상대기업으로 경영기술을 이전하여 산업구조변화에 효과적으로 대응할 수 있는 능력을 향상시켜 가치를 높이고 있다. 관리기능별로 규모의 경제를 실현하려는 목적은 원가우위의 확보에 있다. 예를 들어, 개발부분에서는 중복적인 개발활동을 제거하고 경쟁에 필요한 최소 규모를 유지하려고 노력한다. 또 제조기능에 있어서는 구매활동의 통합과 공장통합이 고려되고 있다. 산업구조의 변화를 예상하고 이에 대한 적절한 대응이 장기적 측면에서 중요하다. 다른 기업의 인수는 과잉설비문제의 해결, 공급기업과 고객기업 간의 관계변화를 위해서도 추진될 수 있다.

셋째, 가치를 부가시킬 수 있는 여지가 많은 우수한 기업을 적극적으로 탐색하여 그 가치를 객관적으로 추정하기 위한 엄격한 평가절차를 이행하고 있다. 이들은 다음과 같은 3단계 과정을 통해 인수대상기업을 선정하고 있다.

1단계에서는 인수하는 기업 자체의 강점과 약점을 파악함으로써 통합된 기업으로 하여금 가치를 증대시킬 수 있는 방법을 결정한다. 예를 들어, 인수합병을 통해 핵심사업의 기능강화, 경쟁우위가 가능한 일반관리 또는 부문별 기능의 이전 가능성, 규모의 경제 가능성 등을 분석하게 된다.

2단계는 인수대상기업의 탐색이다. 1단계에서 파악된 유망 인수대상기업의 유형을 중심으로 적극적인 탐색에 착수하게 된다. 'General Electric'은 그동안의 많은 인수합병에서 중개기관의 힘을 빌리지 않고 독자적으로 유망 인수대상기업들을 발굴해온 것으로 알려져 있다.

3단계는 인수대상기업의 평가이다. 특히 보다 정밀한 분석결과에 따라 인수가격의 상한선을 책정해야 한다. 이는 협상과정에서 과도한 가격을 지불하게 될 위험을 예방하기 위해 필요하다. 인수가격의 범위는 자산매각 등을 통해 2~3년 이내에 인수프리미엄을 상쇄할 수 있는 선에서 제시되어야 한다. 또한 잠재적 시너지효과에 대한 프리미엄은 계산하지 않는 것이 바람직하다. 왜냐하면 시너지효과란 오랜 기간에 걸쳐 나타나며 그만큼 불확실성이 크고 대개는 과대평가되기 때문이다.

넷째, 가치증대를 실현시키기 위한 통합, 관리과정이 구체적이고 체계적으로 수립되어 있다. 통합과정에 관한 계획은 특히 대상기업의 평가가 진행되는 단계에서 이미 수립되고 있다.

예를 들어, 아르셀로미탈은 M&A를 통해 탄생한 회사로 M&A의 역사를 살펴보면 이 회사의 발전과정을 알 수 있다. 아르셀로미탈의 성장사는 크게 부실기업 인수를 통해 확장을 모색했던 1단계와 주식 상장을 통해 대규모 자본을 확보한 2단계, 신흥시장의 M&A에 집중했던 3단계, 초대형 철강사로 성장한 4단계로 구분할 수 있다(〈표 14-2〉 참조).

표 14-2 | 아르셀로미탈사의 국제 M&A 역사

성장단계	년도	주요내용
1단계 (부실기업 인수를 통한 확장	1976	• 인도네시아의 부도난 철강회사 인수 → 6만5천 톤 규모 선재공장 '이스팟인도(Ispat Indo)' 설립
	1989	• 중남미 Triidad & Tobago 국영철강회사 '이스콧(Iscot Steel)' 인수(전기로에 들어가는 고철가의 변동에 골머리, 이에 대체환원철을 '이스콧'으로부터 조달받다가 이 회사 경영난 때 인수) → 가동률 30%에 매일 백만 달러씩 적자, Mittal 인수 후 흑자전환
	1992	• 멕시코 '시발사(Sibalsa)' 인수 → 1년 안에 흑자 전환
	1994	• 캐나다 4위 철강사이자 퀘백주 산하 국영철강사 '시드벡(Sidbec)' 인수 → 최초로 선진국 철강사 인수
	1995	• 카자흐스탄 국영철강회사 '카르멧(Kamet)' 인수 → 일괄 인수했던 철광석 광산으로 원가절감 기여, 후에 원자재가 상승으로 자원 확보 경쟁 현상 발생 시 Mittal Steel의 수익성 확보 및 성장 기반이 됨
2단계 (주식상장)	1997	• 지주회사 'Ispat international' 설립 → 뉴욕과 암스테르담 주식시장 상장으로 자본 확보
	1998	• 미국 6위의 철강회사 'Inland' 인수 → 최초로 고로 보유한 제철소 인수
3단계 (신흥시장 M&A집중)	2001	• 북아프리카 알제리 '알파시드(AlFASID)' 인수 • 동유럽 루마니아 '시덱스(Sidex)' 인수
	2003	• 체코 '노바헛(Nova Hut)' 인수
	2004	• 폴란드 '폴스키 후티 스타리(Polskie Huty Stali)' 인수 • 마케도니아 '발칸 스틸(Balkan Steel)' 인수 • 보스니아 'BH 스틸(Steel)' 인수 • 루마니아 '페트로텁 로만(Petrotub Roman)' 인수 • 남아프리카공화국 '이스코르(Iscor)' 인수
4단계 (세계1위 철강기업 등극)	2004	• 세계 1위의 다국적 철강기업 'Mittal Steel' 탄생 → Ispat International과 LMN Hoddings 합병 및 ISG(International Steel Group) 인수를 통해 Mittal Steel로 사명변경
	2006	• ArcelorMittal 탄생 → 세계 2위 룩셈부르크 '아르셀로(Arcelor)' 적대적 M&A 성공

출처: EBN (2008.12.31).

3) 해외 인수합병의 방법 및 방어

(1) 외국기업의 한국기업에 대한 적대적 인수합병

가. 인수합병의 방법

일반적으로 M&A는 주식매수, 영업양수(營業讓受), 자산취득, 위임장대결, 합병 등의 방법을 통해 이루어진다. 그 중에서 적대적 M&A(Hostile M&A)는 주로 '주식매수와 위임장대결'을 이용하게 된다. 주식매수에는 증권시장을 통한 매수와 장외에서의 공개매수가 있으며, 위임장대결은 단독으로 이용되기보다는 주식매수와 함께 보완적으로 활용되고 있다.

① 증권시장을 통한 주식매수

증권시장을 통해 주식을 매수할 경우, 그 사실이 외부에 알려지면 주가가 상승하고 표적기업의 대주주나 경영진이 방어에 나서게 되므로 사실상 일정 규모 이상의 매수가 어렵다. 또한 5% 이상의 주식 취득과 그 이후 1% 이상의 지분이 변동된 경우 변동된 날로부터 5일 이내에 금융위원회와 거래소에 보고해야 한다(자본시장과 금융투자업에 관한 법률 제147조 참조). 이를 '5% 규칙'(5% rule)[2)]이라고 한다. 따라서 일반적으로 증권시장에서 대량보유 신고한도인 5%까지 주식을 매수한 후, 장외에서의 공개매수나 위임장대결을 통해 본격적인 경영권 획득을 시도하는 경우가 많다.

② 장외 공개매수

장외(場外)에서 불특정다수인으로부터 주식이나 전환사채를 매수하는 것으로서 전형적인 M&A방법이다. 공개매수가 성립하기 위해서는 취득 주식의 수량이 의결권있는 발행주식 총수의 5% 이상이 되어야 한다는 견해도 있으나 이는 의무공개의 매수일 뿐이라고 해석하는 것이 타당하고, 따라서 5% 미만이라도 불특정다수인에게 매도청약을 권유하여 매수하는 것이라면 공개매수에 해당되므로 규제대상이 된다. 자본시장과 금융투자업에 관한 법률에서 제133조에서 146조에 걸쳐 공개매수와 관련

2) 5% 룰이란 상장 및 코스닥 등록 법인의 주식을 5% 이상 취득 · 처분하거나 5% 이상 취득한 뒤 1% 이상 변동이 생길 경우 5일 이내(결제일 기준)에 금융감독원에 보고해야 하는 규정이다. 주요 주주의 변경 사실을 즉시 공개해 불공정거래를 방지해 투자자를 보호하고 시장의 투명성을 높이기 위한 제도이다.

된 기업 인수합병 관련 제도를 두고 있다.

③ 위임장대결

위임장(proxy)이란 의결권의 대리권을 증명하는 증서로서, 위임장대결 내지 위임장경쟁은 다른 주주들로부터 주주총회에서 의결권을 대행한다는 위임장을 받아 표적기업의 이사진을 교체하는 등의 방법을 통해 경영권을 장악하는 방법이다. 미국에서는 1990년대 들면서 적대적 M&A에 관한 법적 규제가 강화되고 개별 기업이 각종 방어수단을 채택하게 됨으로써 사실상 현 경영진의 동의 없이 적대적 M&A가 곤란해졌다. 이에 따라 다시 위임장대결 방식이 활발해지고 있다. 자본시장과 금융투자업에 관한 법률에서 제152조에서 158조에 걸쳐 의결권 대리행사의 권유 제한에 대한 내용을 기술하고 있다.

미국의 적대적 M&A는 주로 공개매수에 의하여 이루어지고 있다. 한국도 증권시장이 발전되면서 가명 또는 차명이나 특정 금전신탁을 통한 주식매입 등 변칙적인 방법은 점차 사라질 것으로 예상되어 공개매수가 M&A의 일반적 형태로 자리 잡을 것으로 예상된다.

나. 한국에서의 적대적 M&A 사례

많은 경우 한국 기업들은 적대적 M&A의 위험에 노출되어 있다. 상장기업의 대주주 지분율이 평균 30% 정도에 불과하고, 주가도 선진국에 비해 낮아 방어력도 취약하다. 한국은 의무공개매수제도 폐지, 이사회의 동의 없이 취득가능한 지분한도의 확대(10% → 33%) 등으로 적대적 M&A가 사실상 자유화되었다.

그동안 외국기업이 적대적 M&A에 의해 국내기업을 인수하려 한 경우는 많지 않다. 예를 들면 1999년 외국계 타이거펀드는 SK텔레콤 지분 7%를 매집한 뒤 적대적 M&A 위협을 가하고, 고가로 지분 인수를 요구하는 등 그린메일 전략을 펼쳐 불과 수개월만에 6,300억 원의 시세차익을 남기고 지분을 SK계열사에 넘긴 바 있다. 이 과정에서 SK그룹은 2조 원 가량의 경영권 방어 자금을 쏟아 부었다. 글로벌 시장 개척을 위한 경영활동보다는 경영권 방어에만 몰두할 수밖에 없었다.

2003년에도 소버린 자산운용이 SK 지분 14.99%를 확보해 최대주주에 오른 후 기존 경영진을 압박하다가 1조 원의 차익을 얻어 떠났고, 영국계 헤르메스펀드는 2004

년 3월 삼성물산 지분 5%를 매집해 단일 최대주주로 오른 후 삼성물산이 보유한 삼성전자 지분매각 등 경영간섭에 나서다가 시세차익을 챙겨 떠났다. 한편 삼성물산은 헤르메스에 대항한 경영권 방어를 위해 부동산과 해외법인 등을 잇달아 매각하여 이를 부채 줄이기와 자사주 매입에 사용하면서 자금난으로 신규사업 추진의 어려움을 겪은 것으로 알려졌다.

외국계 자산운용사들의 공격적인 지분 늘리기가 주목받는 것은 이들이 우호세력 역할을 하다가 돌변해 적대적 M&A를 시도하거나 공격자를 돕는 흑기사 노릇을 할 가능성을 배제할 수 없기 때문이다. KT&G가 2006년 지분 7%를 갖고 있던 '기업사냥꾼' 칼 아이칸에 휘둘리며 홍역을 치른 게 대표적인 예다. 당시 단순투자 목적으로 KT&G 지분을 보유하고 있던 스틸파트너스는 투자 목적을 경영 참여로 변경하면서 칼 아이칸과 손잡고 KT&G에 대한 적대적 M&A를 시도했다. 이후 아이칸은 주주총회에서 표 대결을 벌여 사외이사를 선임하는 데 성공했고 배당금 증액, 유휴자산의 기업공개와 매각을 요구하기도 했다.

한국에 진출하는 외국기업들은 주로 내수시장 침투, 기술 확보, 생산 · 판매거점의 구축 등 다양한 동기를 지니고 있으나 내수시장 침투가 가장 높은 비중을 차지한다. 제품개발능력이나 생산기술의 측면에서 경쟁력을 보유한 전자, 기계 등 일부 업종에서는 기술 획득을 목적으로 한 기업인수도 나타나고 있다. 후지제록스의 코리아제록스 인수(아날로그부문 강화)나 볼보의 삼성중공업 중장비사업부문 인수(생산거점으로 육성) 등은 좋은 예라고 할 수 있다. 특히 외자계 기업들은 우세한 자금력과 기술력, 효율적인 경영시스템을 앞세워 국내시장에서의 점유율을 확대해 가고 있다.

다. 적대적 M&A에 대한 대응

적대적 M&A의 1차 표적은 내부 지분율이 낮은 대기업집단의 중핵기업이나 우량계열사가 될 가능성이 높다. 외국인 지분율이 높은 기업들은 외국인 투자자들이 서로 공조하거나, 국내 기관투자자들과 연합할 경우 손쉽게 경영권을 장악할 수 있다.

외국기업이 은행 등 금융기관을 인수하게 되면 지분확보와 기업 내부정보에의 접근이 용이해지기 때문에 대기업에 대한 M&A가 가능하게 된다. 외국기업의 이런 적대적 M&A의 시도에 대항할 수 있는 방법 중 위임장투쟁(proxy fighting)이 있다. 그러나 이 경우에는 그린메일[3], 공개매수[4] 등으로 경영권분쟁에 휘말리게 되면 서로 큰 손실이 발생될 수 있다. 사전경보체제를 정비하는 것도 좋은 대응책이다. 정관을 방어적으로 개정하거나 IR(Investor's Relations) 활동의 강화 등은 미국 기업들이 널리 이용하고 있다.

한편, 중장기적으로는 수익과 현금흐름 위주의 경영을 통해 기업가치를 제고시킴으로써 적대적 M&A의 가능성을 원천적으로 봉쇄하는 것이 필요하다. 이를 위해 경제적 부가가치(Economic Value Added: EVA)[5]를 성과측정지표로 경영에 도입해 기업가치와 주가상승을 유도할 수 있다. 또 스톡옵션(stock option)으로 기업의 성과와 위험을 종업원들과 함께 공유하는 것도 필요하다.

외국기업의 한국 진출은 국내기업들에게 진정한 글로벌화를 자극한다. 국내기업들도 고부가가치의 핵심사업에 집중하고 글로벌 경쟁력을 높이려는 노력이 필요하다. 기술력이 취약하고 비용우위를 상실한 상황에서는 '선택과 집중'의 전략이 필요하다. 소수의 전략사업을 제외하고는 수익성과 현금흐름을 사업성의 평가기준으로 삼아야 한다. 경우에 따라서는 수익이 발생되고 있는 사업도 미래를 위해 과감히 처분해 유동성을 확보하는 것이 필요하다. 또한 분명한 원칙에 따라 특정 사업으로의 진입이나 철수가 이루어질 수 있도록 과학적인 사업평가시스템을 구축해야 한다. 또 국내 위주의 폐쇄적 경영에서 탈피하여 세계 각국의 이해관계자들을 만족시키는 글로벌 경영의 틀을 구축해야 한다. 동시에 성급한 판단으로 오히려 핵심역량을 잃어버리는 우를 범하지 말아야 한다. 선진기업들과 합작, 지분제휴 등을 통해 위기를 극복할 수도 있다. 특히 외국의 유력기업, 금융기관 등과 우호적 제휴관계를 맺어 경영기법을 배우고 자금의 유입을 촉진하며 적대적 M&A의 공세에 대비하는 것도 필요하다. 이를 위해 빠른 환경변화에 적절히 대응할 수 있는 결단력 있는 전문경영

3) 그린메일이란 대주주 지분이 낮은 기업의 지분을 장내에서 사들인 뒤 경영권을 위협해 대주주에게 장외에서 비싼 값에 되사도록 하는 행위이다.

4) 공개매수란 기업경영권을 장악하려는 사람이 주식 매입기간과 주식 수 · 가격을 공표하고 증권시장 밖에서 공개적으로 사들이는 것이다. 통상 시가에 어느 정도의 프리미엄을 얹어 가격을 정한다. 주주들은 주식을 시가보다 비싼 가격에 팔 수 있고 매입자는 단기간에 경영권을 장악할 수 있다.

5) EVA란 추후 영업이익에서 자본비용을 차감한 값으로 주주 입장에서 본 실질적인 기업가치를 나타내는 지표이다. 보통 기업의 입장에서는 자기자본을 비용으로 간주하지 않는데 비해 EVA는 기업들이 자본과 부채를 합친 총비용을 고려해 얼마만큼 이익을 내느냐를 따진다.

인을 영입하고 경영진의 역량을 강화하기 위해 합작회사나 국제제휴기업에 대한 순환보직을 제도화함으로써 글로벌 경영방식을 습득할 수 있는 기회를 제공하는 것도 필요하다.

(2) 국내법상의 M&A 방어수단

M&A에 대한 경영권의 방어대책은 사전적인 것과 사후적인 것으로 구분할 수 있다. 먼저 사전적으로 M&A의 예방을 위해서는 적정지분율의 유지가 가장 바람직하다. 그 밖에도 정관을 방어적으로 개정하는 방법, 종업원지주제 실시, 주주관계(Investor's Relations: IR)의 강화를 통한 우호적인 주주의 확보 등이 있다.

이상과 같은 사전적인 예방조치에도 불구하고 적대적 공개매수가 나타난 경우에는 적극적인 반대의견을 표시한다든가 역공개매수의 시도, 위법사실에 근거한 법적대응 등의 수단과 같은 사후 대응수단을 강구할 수 있다.

이외에도 국내법에서 허용하는 ① 불가침협정의 체결, ② 우호적인 제3자와의 연합과 같은 대응수단과 국내법에서 제한적으로 허용하는 ① 퇴직보상금제, ② 전환주식의 발행, ③ 상환주식의 발행 등과 같은 방어수단을 활용할 수 있다.

최근엔 적대적 M&A의 방어수단으로 포이즌필[6]이 도입되어야 한다고 주장되었으나 대기업 오너의 경영권을 공고하게 하고, M&A를 통한 기업의 혁신을 어렵게 한다는 이유 등으로 이루어지지 못했다. 새롭게 도입을 추진하고 있는 신주인수권[7](워런트, warrant)제도는 포이즌필보다 요건을 완화한 것으로 현행 상법은 신주인수권을 발행할 경우 회사채가 붙어 있는 신주인수권부사채(BW)를 통해서만 발행할 수 있도록 하고 있으나 신주인수권제도가 도입되면 신주인수권만을 단독으로 발행해 자금을 조달할 수 있게 되는 것이다.

경영자나 지배주주가 직접 비용을 지출하지 않고 경영권 방어를 하는 방법은 우호지분의 비율을 높이는 방법이다. 통상 제3자 배정방식으로 신주를 발행(상법 418조 2

6) 적대적 M&A가 이루어지고 있을 때 경영권을 방어하기 위해 여타 주주들에게 주식을 낮은 가격으로 취득할 수 있는 권리를 인정하는 제도.

7) 회사가 신주를 발행할 경우 그 전부 또는 일부를 타인에게 우선하여 인수할 수 있는 권리. 우대권은 없음. 대한민국 상법 제 418조 근거.

항)하거나, 전환사채 혹은 신주인수권부 사채를 발행하는 방법이다. 좀 더 구체적으로 설명하면, 회사가 주주들에게 회사의 신주 혹은 자기주식을 시가보다 저렴한 가격으로 매수할 수 있는 옵션(call option)을 부여하는 것이다. 전환사채 등을 인수한 제3자는 즉시 혹은 경영권 방어의 필요성이 현재화될 때 전환권 혹은 인수권을 행사하여 주식을 확보하고 지배주주의 우호지분으로 전환하게 된다.

제3자 배정이 가능하기 위해서는 우선 정관에 관련규정이 있어야 하고, 더 나아가 제3자 배정의 정당화 사유, 즉 합리성이 있어야 한다(416조 2항, 513조 2항). 제3자 배정이 경영상의 합리적 이유 없이 오로지 지배주주의 경영권 방어의 목적으로만 이루어진 경우 신주 발행 혹은 전환사채 발행의 무효사유로 이어질 수 있다. 한편 주요 선진국에서는 적대적 M&A에 대한 방어수단으로 다음과 같은 것을 시행하고 있다(〈표 14-4〉 참조).

표 14-3 | 국내법을 기준으로 한 M&A 방어수단

구분		세부내용
사전대책	정관개정	• 이사회에 시차임기제를 도입 • 이사의 수, 자격, 해임을 제한 • 주총 특별결의 요건을 강화 • 증자 시 임원 및 종업원에게 신주 배정 • 주식양도의 제한 및 우선매수권의 확보 • 전환사채 및 신주인수권부 사채의 활용
	종업원지주제 활용	• 임직원에게 전환사채를 발행 • 주식 매입 선택권 제도를 도입
	일반관리적 대책	• 조기경보체제의 구축 • 주주관계(IR)의 강화 • 시장 자동개입체제 가동
사후대책		• 적극적인 반대의견의 표시 • 역공개 매수 • 고발 및 소송의 제기

출처: 박기안 (2007). p. 170.

표 14-4 | 주요 선진국의 적대적 M&A 방어수단

방어수단	도입 국가 및 주요 내용
의무공개매수제도	영국: 30% 이상 지분 취득시 모든 잔여주식에 대해 공개매수 강제 한국: 없음

방어수단	도입 국가 및 주요 내용
중요산업인수 허가	영국: 외국기업 인수규제, 공정무역법을 통한 투자 철회 권한 미국: 국가안보, 기간산업과 첨단산업에 대한 외국인 인수 규제 일본: 외국인 직접투자 사안별로 심사 한국: 전력(40%)과 통신산업(49%)에 한해 외국인 지분 상한 설정
차등의결권주	영국, 미국, 일본 등 허용 한국: 없음
독소조항 (Posion Pill)	미국: 이사회 결의로 기존 주주에게 독약증권을 배당으로 지급 일본: 이사회 전권으로 신주예약권 발행 허용 한국: 없음
황금주 (Golden Share)	영국: 정부가 26개 이상의 황금주 보유 일본: 최근 조건부로 허용 한국: 없음

출처: 머니투데이 (2012.8.10).

2. 글로벌 라이선싱

1) 글로벌 라이선싱의 의의

(1) 글로벌 라이선싱의 개념

오늘날 글로벌 기업들은 갈수록 치열해지는 글로벌 경쟁시장에서 경쟁우위를 지키고, 시장지배에 있어서 주도권을 잡기 위해 기술개발에 박차를 가하고 있다. 그 결과 수많은 기술이 개발되어 심지어 기술 폭발의 지경에 달하고 있다. 국제기술시장에서는 언제나 기술과 관련정보의 판매와 구매가 끊임없이 이루어지고 있다. 글로벌 경영에 있어서 기술개발이 갖는 의의는 매우 크다. 그러한 기술개발은 우리의 공업생산 및 경영관리 발전의 원동력이 되고 있다. 기술이 글로벌 경영관계에 있어서 제품과 자본에 필적할 만한 중요성을 띠게 됨으로써, 기술무역은 글로벌 경영의 새로운 분야로 대두되고 있다. 이제 기술무역은 글로벌 경영활동에 있어서 그 비중이 높으며, 으뜸가는 분야로 등장하고 있다.

글로벌 라이선싱은 해외운용의 일환으로 간주되고, 많은 기업들이 직 · 간접의 수출활동에 부가하여, 해외시장으로의 진입 또는 확대를 위한 한 형태로서 널리 이용되고 있으며 또 큰 자금과 인적요원의 투입이라는 불이익을 감수해야 하는 조인트 벤처나 직접투자에 들어가기 전에 해외시장의 가능성을 시험하고, 또 글로벌 경영에 관한 경험을 쌓는 데 비교적 안전한 방법으로 간주되고 있다.

오늘날 글로벌 경영의 실제적 담당자인 글로벌 기업은 거액의 투자가 소요되고 위험이 크며, 본국과 현지국 간의 이해대립을 가져오기 쉬운 직접투자를 가능한 회피하려는 경향을 띠고 있다. 또한 기술제휴 외에 기술계약, 기술공유협정 등을 통하여 이익을 계속적으로 추구하려는 입장을 강하게 나타내고 있다. 이는 근래에 와서 기술에 근거한 글로벌기업이 많이 등장하고 있는 사실을 보아도 자명한 것이다.

오늘날의 기업은 높은 연구개발비용, 타 기업과의 경쟁 격화, 독점금지법, 재정적 어려움 등에 직면하고 있다. 이는 이들 기업이 생존하기 위하여 소유하고 있는 모든 자원을 이용하여 최대한의 이윤을 추구하여야 한다는 것을 가리킨다. 따라서 이를 위해 글로벌 기업은 기술의 판매를 고려해야 할 뿐 아니라 이에 대한 수익률도 향상시키지 않으면 안 된다.

글로벌 기업은 국제기술시장을 배경으로 기술판매전략을 수행함에 있어 기술이전 방법 중 주로 해외직접투자와 글로벌 라이선싱(international licensing)을 이용한다. 글로벌 기업들이 해외직접투자의 방법을 선호하는 경우는 기술의 성질이 복잡 · 정교하여 도입자가 이를 소화 · 흡수할 수 있는 능력이 없거나 장기간이 필요한 경우, 기술혁신의 수명이 길어서 현재나 미래의 시장에서 그 '이익' 또는 '효용과 이익'이 보장되는 경우, 그리고 라이선싱이 미래에 그들과 경쟁자가 될 수 있는 외국생산자들에 기술의 핵심적인 노하우를 제공할 우려가 있는 경우 등을 들 수 있다. 이에 반하여 글로벌 라이선싱은 기술의 성질이 단순하거나 제품수명주기가 짧을 경우, 직접투자가 법에 제한을 받거나 정치적 · 경제적으로 높은 위험성을 내포한 경우에 선호된다.

특히 글로벌 라이선싱 활동은 국제 간의 경영협력의 한 가지 방법으로서 또는 글로벌 경영의 한 가지 형태로서 차지하는 비중이 크다. 예를 들어 이동통신 관련 기술과 CPU 등 부품 및 소프트웨어를 공급하는 미국 사업자 퀄컴이 CDMA 이동통신 표준기술을 우리나라 휴대폰 제조사와 라이선싱 계약을 체결하였다. 그로 인해 퀄컴사는 직접 핸드폰을 제조하는 것이 아닌 CDMA 사용권을 제공하는 것만으로 막대한 로열티를 지급받았다. 미국 벤처기업연구소에 불과했던 퀄컴은 한국 휴대폰사업의 성공에 힘입어 세계적 정보통신업체로 거듭났다.

일반적으로 라이선싱 계약은 기술 또는 상표의 제휴를 의미한다. 그러나 오늘날 글로벌 기업 간의 글로벌 라이선싱 계약의 범위는 매우 넓다. 글로벌 라이선싱이란 글로벌 기업이 현지 기업에게 기술특허권, 제조기법, 영업기법, 상표권, 상호, 브랜드명, 디자인의 사용, 관리기법, 정보사용권, 지식, 교육 등의 기업 특유의 무형자산을 제공하는 것을 내용으로 하는 글로벌기업 간 계약을 의미한다. 이때 계약의 당사자인 현지 도입기업(licensee)은 통상적으로 이러한 무형자산에 대해 소유권을 이전받는 것이 아니라 일정기간 사용권을 받게 된다. 반면 무형자산의 제공기업(licensor)은 빌려주는 대가로 로열티, 수수료 등을 현지 도입기업으로부터 받게 된다.

대개의 경우 이러한 무형자산이나 재산권이 적절히 사용될 수 있도록 기술의 지원이 수반되기도 하지만 다음에서 설명할 프랜차이징에 비해 그 후속적인 지원의 범위는 좁은 편이며, 라이선싱 계약의 핵심은 무형자산 자체 사용권의 이전과 그 대가의 수수에 있다.

이와 같은 글로벌 라이선싱이 증가하는 배경에는 다음과 같은 것들이 있다. ① 정보기술과 통신관련 산업이 급속하게 성장하면서 모든 부문에서 기술우위를 점하기 어려운 상황에서 주로 핵심기술에만 주력하고 개발된 기술은 글로벌 라이선싱을 선호하게 되었고, ② 정상적인 수출활동이나 해외직접투자보다 위험도가 낮기 때문에 자본회수불능 위험이 있는 지역에 전략적으로 진출하는 경우 글로벌 라이선싱을 선호하기 때문에 증가하였다. 또한 ③ 기술경쟁이 심해지면서 기술개발비용도 함께 크게 증가하여 기술개발과 기술상업화를 동시에 추구하기 어려운 상황이 되었기 때문에 글로벌 라이선싱을 선호하게 되었고, ④ 후발업체의 경우 화장품, 캐릭터 및 전자산업 등에서 선도적 브랜드 이미지를 활용하여 소비자에게 판매를 늘리기 위해 글로벌 라이선싱을 선호하기 때문이다.

그리고 ⑤ 삼성전자와 Micron의 경우처럼 서로 다른 글로벌 경영전략 목표와 내부자원을 가지고 있었지만 각 사의 문제점을 해결하기 위해 서로 Win-Win하는 라이선싱을 선호하는 경우와 ⑥ 글로벌 브랜드들을 갖고 있는 기업이 신규 해외시장 진출 시 자사의 기술이나 브랜드에 대해 현지기업들의 무단복제 또는 도용 등으로부터 보호하기 위해 견실한 현지기업과 라이선싱 계약을 체결하는 경우 등으로 인해 글로벌 라이선싱이 증가하였다고 볼 수 있다.

국제 라이선싱에 대해서 크래머(Kramer)는 '한 나라의 라이선서(licensor)에 의해서 마련되는 제조 · 가공 · 상표 · 노하우 · 기술지원, 머천다이징 지식 또는 기타 숙련을 다른 나라의 라이선시(licensee)가 사용하기 위한 목적으로 라이선서와 라이선시가 협약하는 회생의 한 방법이다'라고 정의하였다. 그렇다고 라이선싱이 해외운용에만 적용되는 것은 아니고 국내운용에도 적용된다. 즉, 한 국내회사와 다른 국내회사가 동일한 방법에 의해 라이선싱 협약을 맺을 수 있는 것이다.

(2) 글로벌 라이선싱의 장단점

다른 진입방법과 마찬가지로 라이선싱도 나름대로의 장단점을 지니고 있다. 대표적인 장점으로는 시장국의 수입장벽을 우회할 수 있다는 점이다. 최종 제품에 대한 관세가 높거나 다른 형태의 수입규제가 있다 해도 그러한 제품을 생산하는 데 필요한 무형자산에 대해서는 제한이 가해지지 않는 경우가 많다. 수출방법을 사용하다가 수입규제가 늘어나서 라이선싱으로 전환하는 수도 있는데 이 경우 완제품 대신 부품이나 반제품을 상대기업에 수출하게 될 수도 있다.

또 다른 장점은 직접투자에 비해 정치적 위험에 대한 노출이 적다는 점이다. 현지에 대한 자원 투입이 적기 때문에 최악의 경우 잃게 되는 부분이 적어지며, 현지국 정부가 라이선싱을 기술 습득의 기회로 생각하는 경우가 많아 비교적 우호적인 태도를 보이게 된다.

라이선싱은 해외시장의 가능성을 검증하는 데 저비용 전략으로 사용될 수 있다. 라이선싱 관계를 맺음으로써 외국기업은 현지시장에 대해 학습할 수 있고 보다 독립적인 기반을 구축하기 위한 최선의 향후 전략을 고안할 수 있다. 기업은 라이선싱을 해외시장에서 경쟁자의 진입을 억제하기 위한 선점전략으로 이용할 수 있다. 즉 시장에서 라이선싱 기반을 구축함으로써 기업은 현지에서 브랜드 이름을 개발하고 친밀감을 쌓아 시장에 늦게 진입하는 경쟁자의 진입을 방해할 수 있다.

한편 최종 제품을 현지 사정에 맞게 적응화할 필요성이 있고 이러한 제품적응화에 많은 비용이 소요되는 경우에도 라이선싱은 적절한 진입방법이 될 수 있다. 적응비용을 상대기업에게 전가시킬 수 있기 때문이다.

진입방법으로의 라이선싱이 갖는 대표적인 단점은 현지시장에서의 마케팅 전략에 대한 통제권이 적다는 점이다. 따라서 상대기업의 성과가 좋지 못해도 계약에서 허용할 경우에 한해 라이선싱 계약 자체를 해지하는 수밖에 없다. 많은 기업들은 라이선싱 계약을 하더라도 자신들의 노하우를 통제할 수 있을 것이라는 착각을 하곤 한다. 예를 들어 RCA Corporation은 자신들의 컬러 TV 기술을 파나소닉과 소니와 같은 일본계 회사들에게 라이선싱했는데, 일본회사들은 이 기술을 재빨리 흡수하고 향상시켜 미국시장에 진출하는 데 사용했고 결국 RCA의 시장을 빼앗아갔다.

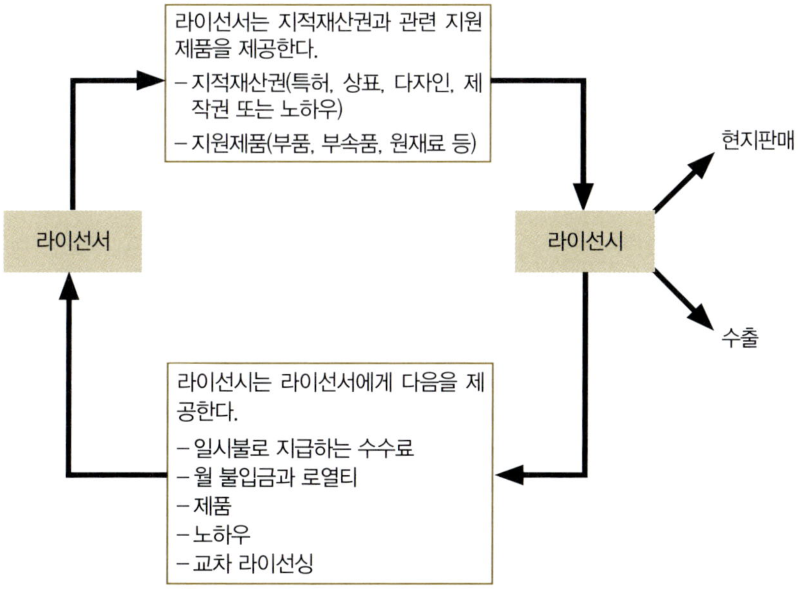

그림 14-1 | 해외시장 진입전략으로의 라이선싱

출처: Cavusgil, S. T., Knight, G. & Riesenberger, J. R. (2008). p. 455.

또 하나의 간과할 수 없는 단점은 기술을 제공받는 업체가 기술제공업체의 미래 경쟁자로 부상할 수 있다는 점이다. 소위 말하는 부메랑(boomerang)효과가 나타날 수 있는 것이다. 기술을 제공받는 업체로부터의 경쟁위험은 제3국 시장에서뿐만 아니라 기술제공업체의 본국에서도 나타날 수 있다. 이는 라이선싱이 정치적 위험은 낮을지 몰라도 궁극적으로 높은 경제적 위험에 직면할 수도 있음을 의미한다고 볼 수 있다. 물론 제공된 기술로 생산된 제품의 판매를 해당 시장 국내로 한정하거나 라이선싱 계약기간의 종료 후에는 해당 기술의 사용을 금지한다는 조항을 계약에 명시함으로써 이러한 상업적 위험을 줄일 수는 있다. 그러나 이러한 노력은 상대국 정부에 의해 무위로 끝날 수 있고, 미국의 경우에는 그러한 계약 자체가 반독점적이므로 불법화되어 있기도 하다.

한편 보통의 경우 라이선싱 계약은 제공받는 기술이나 상표를 사용한 제품에 대해 계약기간 동안 상대기업에게 해당국 국내시장에서의 독점적 판매권을 갖게 하는 경우가 많다. 따라서 기술제공기업은 계약기간 동안 해당 제품에 대해서는 다른 진입 방법을 사용할 수 없게 된다.

이런 기술 유출의 위험을 줄이는 방법들도 있는데, 이 중 한 가지 방법은 외국기업과 교차 라이선싱 계약을 맺는 것이다. 교차 라이선싱 계약하에서 어떤 기업이 그들의 가치 있는 무형자산을 외국기업에 라이선싱 해주면 로열티는 물론 그 외국기업의 노하우를 거꾸로 라이선싱받을 수 있도록 요구할 수 있다. 이런 계약은 기술의 라이선싱과 관련된 위험을 줄일 수 있게 해준다. 예를 들어 우리나라의 녹십자는 미국 아브락시스 바이오 사이언스사와 교차 라이선싱 계약을 체결하였다. 또한 최근 한국 반도체업체들은 특허침해제소를 방지할 목적으로 외국기업들과 교차 라이선싱 계약을 맺는 사례가 빈번해지고 있다. 그러나 이러한 목적의 교차 라이선싱은 사실상은 우리 기업이 가지고 있는 특허의 수가 제한되어 있기 때문에 명목만 교차 라이선싱이고 내용은 일방적인 대가지급에 불과하다.

2) 글로벌 라이선싱의 동기

국제 간에 라이선싱 활동이 전개되는 것은 기본적으로 라이선시와 라이선서 양자에게 이익이 발생할 수 있기 때문이다. 라이선싱을 추구하는 동기나 이유에 있어서는 라이선서와 라이선시가 각기 상이하나 라이선서가 라이선싱을 추구하는 일반적인 이유는 다음과 같다.

① 추가이익 발생의 원천이 된다. ② 마케팅이익을 얻을 수 있다. 즉 해외고객의 필요를 충족시킬 수 있고, 완제품의 수출에 대한 통상장해를 극복할 수 있거나, 또는 앞으로의 시장이익을 얻을 수 있는 성과를 쌓아올릴 수 있는 점 등이다. ③ 기술폭발을 방지할 수 있다. 계속적인 연구개발에서 얻은 기술의 과다현상을 조절하는

계기가 된다. ④ 어떤 경우에 있어서는 라이선시에게 완성품, 공급품, 조립부품 등을 수출할 수 있다. ⑤ 기술이전과 관련하여 특정기간 동안 라이선시 요원에 대한 훈련 및 감독을 담당한다. 이로써 역시 대가를 받을 수 있다. ⑥ 라이선시의 기술에 접근할 수 있고 라이선시의 상업정보와 시장지식을 얻을 수 있다.

한편 라이선시의 입장에서 라이선싱을 추구하는 일반적인 이유는 다음과 같다.

① 기술의 복잡성, 특허제한 또는 높은 개발비 등으로 인해 직접 개발할 수 없는 경영자원을 활용할 수 있다. ② 추가이익의 확보를 기할 수 있다. ③ 고액의 지불 없이 기술 또는 그 관련 지식을 전수받을 수 있다. ④ 라이선서가 갖는 명성 · 신용 또는 평판의 혜택을 입을 수 있다. ⑤ 협약조건하에서만 통제되는 것이고 라이선서에 의한 기업 지배는 전적으로 배제된다. ⑥ 라이선서로부터 필요한 경우 기술요원의 파견을 보장받을 수 있다. ⑦ 제품의 마케팅 기회가 넓어질 수 있다.

3. 프랜차이징, 계약생산 및 경영관리계약

1) 프랜차이징

프랜차이징(franchising)은 프랜차이저(franchisor, 사업본부)가 프랜차이지(franchisee, 가맹회사, 또는 개인)에게 상호, 상표, 기술 따위의 사용권을 허가해 주고 사업체의 조직, 마케팅 및 경영방법의 이전을 통해 계속적으로 지원해 주는 방식이다. 프랜차이징은 넓은 의미의 라이선싱의 한 형태라 할 수 있다. 다만 프랜차이징은 제공기업(franchisor)이 상호, 상표, 기술 등의 사용권을 특정 기업이나 개인(franchisee)에게 허용할 뿐만 아니라 상대방에 대해 조직, 마케팅, 원료 및 일반경영관리 분야에서의 지원을 제공하는 등 양자가 보다 지속적이며 포괄적인 관계를 유지한다는 점이 특징이라 하겠다.

대개 프랜차이지는 프랜차이저의 상호와 상표를 가지고 기업경영활동을 전개하며 후자가 마련한 정책과 절차를 따르는 것이 일반적이다. 그 대가로 프랜차이저는 수수료, 로열티 혹은 다른 형태의 보상을 프랜차이지로부터 받게 된다. 좁은 의미의 라이선싱이 주로 제조업과 관련된 생산기술이나 특허권 등을 대상으로 하는 데 비해 프랜차이징은 패스트푸드를 비롯한 식음료산업과 호텔, 모텔, 자동차 렌트 등의 서비스산업에서 활발히 이루어지고 있다.

프랜차이징의 장점으로는 적은 자본투자로도 해외시장의 확산이 가능하다는 점과 표준화된 마케팅 전략에 의해 독특한 이미지 형성이 가능하다는 점, 프랜차이징을 통해서 기업이 해외시장에 독자적으로 투자를 하는 경우 수반되는 위험과 비용을 경감할 수 있다는 점, 그리고 정치적 위험이 낮다는 점 등을 들 수 있다. 한편 이 진입방법의 단점으로는 제공업체의 이익 기회가 제한되고 상대기업에 대한 완전한 통제가 어렵다는 점, 품질관리가 어렵다는 점, 그리고 프랜차이징 계약조건에 해당국 정부의 제한이 가해질 수 있다는 점 등을 들 수 있다. 이런 단점은 확장하려는 국가에 자회사를 설립함으로써 해소될 수 있다.

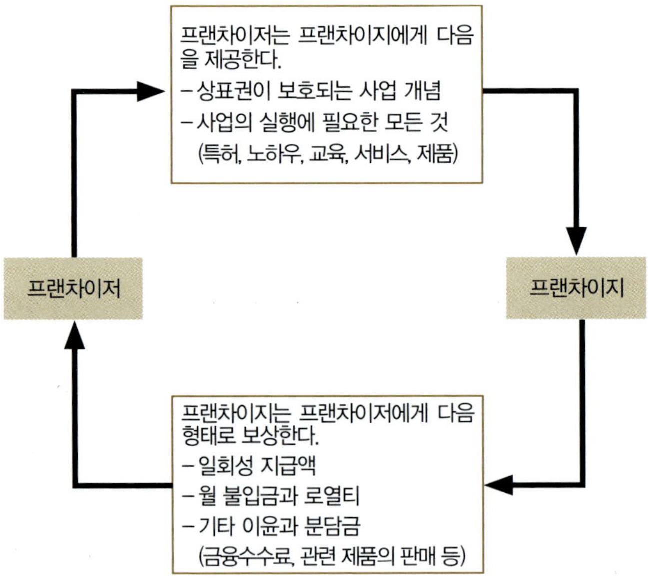

그림 14-2 | 해외시장 진입전략으로서의 프랜차이징

출처: Cavusgil, S. T., Knight, G. & Riesenberger, J. R. (2008). p. 462.

라이선싱 계약과 프랜차이징이 다른 점은 라이선싱 계약은 보통 단기적이지만 프랜차이징에서는 보통 몇 년간 관계가 지속된다는 점이다. 따라서 라이선싱에 비해 프랜차이징은 보다 안정적이고 장기적인 진입전략이다. 그리고 프랜차이징은 프랜차이저가 프랜차이저의 모든 사업활동을 사실상 규정하기 때문에 라이선싱보다 포괄적이다.

2) 계약생산

계약생산은 라이선싱과 직접투자의 중간적 성격을 띠고 있지만 지분참여가 없다는 점에서는 직접투자와 확실히 구분된다. 이 방식은 한 기업이 진출대상국 내에 있는 다른 별개의 기업에게 일정한 조건하에 제품을 생산하도록 하고, 현지시장국이나 제3국에 대한 판매 및 마케팅은 자신이 직접 담당하는 것을 말한다. 대개의 경우 원하는 명세에 따른 제품을 얻기 위해 현지의 생산업체에게는 기술제공이나 기술적 지원이 이루어진다. 물론 이러한 기술이전은 별도의 공식적인 라이선싱 계약을 통해서 이루어질 수도 있다.

따라서 계약생산은 기술제공이라는 측면에서는 라이선싱과 비슷하고 현지생산과 제품을 직접 판매한다는 점에서는 해외직접투자와 비슷하다. 하지만 생산된 제품을 직접 판매한다는 점에서 라이선싱과 다르고 생산에 대한 자본투자가 없다는 점에서 직접투자와 다르다.

계약생산은 상대적으로 적은 자금과 경영인력의 투입으로 조기에 시장진입을 할 수 있고, 일반적인 라이선싱과는 달리 애프터서비스를 포함한 마케팅활동의 통제권을 가질 수 있는 장점을 지니고 있다. 계약생산은 직접투자를 정당화하기에는 목표시장이 너무 작다거나 수출에 대한 제한이나 비용이 클 경우에 적당한 진입방법이라 하겠다.

반면에 적절한 현지생산업체를 찾는 것이 어렵거나 불가능할 수 있고, 그러한 기업이 존재한다고 해도 원하는 품질과 수량의 제품을 확보하기 위해서는 상당한 정도의 기술적 지원이 필요하다는 점은 계약생산의 단점으로 지적된다. 라이선싱과 마찬가지로 미래의 경쟁자를 키워주는 위험도 고려해 보아야 할 사항이다.

흔히 고유상표에 의한 수출과 비교되어 언급되는 주문자 상표부착방식(OEM)도 일종의 계약생산이라고 볼 수 있다. 그러나 발주자 입장에서 볼 때 계약생산이 목표시장 진입의 한 방법으로서 현지시장에서의 생산을 염두에 둔 것인데 비해, OEM방식은 시장진입방법으로서의 성격보다는 제품조달방법의 일환으로 이해될 수 있다. 주문을 받아 제품을 생산하는 기업의 입장에서는 OEM방식도 물론 수출의 한 형태로서 해외시장 진입방법의 하나로 여길 수 있다. 그러나 여기서 말하는 계약생산에서의 하청생산업체는 수출방법으로서가 아니라 자국시장 공급용 제품을 주문받아 생산하는 입장이다.

3) 경영관리계약

국제 경영관리계약은 계약에 의해 한 기업이 외국의 특정 기업의 일상적인 경영활동을 대신 수행해 주고 그 대가를 받는 형태의 시장진입방법이다. 즉 관리계약하에서 계약자는 보수를 받고 호텔, 휴양소, 병원, 공항 또는 기타 시설을 운영하는 관리 노하우를 제공한다. 일반적으로 경영 위임을 받는 사항은 일상적인 업무에 한정되며 신규투자나 장기 기채(起債), 배당결정, 기타 중요한 경영전략상의 변화를 수반하는 결정은 제외된다. 따라서 이 방법은 신규사업이 아닌 기존의 경영활동에 국한될 수 밖에 없다.

대개의 경우 경영관리계약은 그 자체의 독자적인 계약보다는 다른 형태의 진입방법과 결부되어 이루어지는 것이 일반적이다. 예를 들어 현재 합작관계에 있는 기업에 대해 지분구조상 경영참여가 곤란할 경우 경영관리계약은 효과적인 경영참여방법이 될 수 있다. 합작이 예정된 기업의 경우에도 경영관리계약은 순조로운 경영권 이양의 방편이 될 수 있다.

그 자체로만 볼 때 경영관리계약은 위험도가 아주 낮은 해외시장 진입방법이라 할 수 있다. 그러나 수익 역시 주어진 기간 동안 일정액의 수수료에 국한되며, 자사 제품이 없기 때문에 현지시장에서의 장기적인 입지 구축도 어렵다고 볼 수 있다. 그리고 경영관리계약의 가장 큰 단점은 미래에 경쟁자가 될 수 있는 해외기업을 교육하는 것이다.

라이선싱이나 프랜차이징과는 달리 경영관리계약에는 시설의 실제적인 운영뿐만 아니라 전문화된 노하우가 제공된다.

4) 턴키계약

턴키계약(turnkey contract)은 일반적인 진입방법의 하나라기보다는 진출대상국 정부, 혹은 상대기업의 요청에 의해 특정 산업분야에서 활용되는 해외시장 진입방법이다. 대개 중화학공업분야의 공장이나 여타 설비를 건설하여 가동 직전의 단계까지 준비해준 후 인도하는 방식으로서 보통 플랜트(plant) 수출이라 일컫기도 한다. 여기에서 한 걸음 더 나아가 발주자가 해당 플랜트나 프로젝트를 독자적으로 운영할 수 있도록 관리 및 기술상의 지원까지 제공하는 수도 있는데 이러한 형태의 계약을 턴키 플러스(turnkey plus)라 부른다.

턴키 프로젝트는 그 규모 자체도 클 뿐 아니라 설비의 특징, 발주자의 요구사항 등이 매우 다양하기 때문에 어떤 표준화된 계약 유형을 찾기는 힘들다. 따라서 계약 체결 시 세심한 주의가 요구된다. 또한 턴키계약은 계약 당사자가 현지국 정부인 경우도 많아 그 자체로서 정치적 위험에 노출된다고 볼 수 있다. 즉 계약의 취소나 강제적인 재협상을 요구하기도 하며, 현지 정부의 재량에 따라 청구가 가능한 입찰보증금이나 계약이행보증금 등을 은행의 지급보증과 함께 요구하는 수도 있다.

턴키계약과 관련된 장점을 살펴보면, 가치 있는 자산인 정유, 제철과 같이 기술적으로 복잡한 공장을 건설하고 운영하는 노하우를 활용해 큰 경제적인 이익을 얻을 수 있다. 이전 전략은 현지 정부 규제에 의해 외국인 직접투자가 제한되는 곳에서 특히 유용하다.

턴키 프로젝트는 수주를 하는 기업에도 이익이 되는데, 이는 턴키 프로젝트가 아니라면 자신들의 노하우를 이용하여 해당 국가에서 이익을 얻는 방법이 사실상 없기 때문이다. 또한 턴키 프로젝트는 전통적인 직접투자보다는 덜 위험하다는 이점이 있다. 불안정한 정치경제적 환경의 국가에서는 장기투자한 기업이 대처하기 어려운 정치적, 경제적 위험에 노출될 수 있기 때문이다.

턴키 프로젝트와 관련된 단점으로 세 가지를 들 수 있다. 첫째, 턴키 프로젝트에 참여한 기업은 외국에 대한 장기적인 이해관계를 갖지 않게 된다. 때문에 이후 그 국가가 해당 산업에서 큰 시장으로 성장할 경우 그러한 기회를 활용할 방법이 없을 수 있다. 이런 단점을 최소화하기 위해 해당 사업에 대해서 지분을 소수라도 투자하는 방법이 보완책으로 쓰이고 있다.

둘째, 외국기업과 턴키 프로젝트에 참가한 기업은 의도하지 않게 경쟁자를 양산할 수 있다. 예를 들어 사우디아라비아, 쿠웨이트 등에 정유기술을 판매하는 경우 이들 국가의 기업들은 기술을 습득하여 경쟁력을 갖추게 될 수 있다.

셋째, 만약 기업의 기술이 경쟁우위의 원천이라면 턴키 프로젝트를 통해서 이런 기술을 판매하는 것은 잠재적인 또는 실질적인 경쟁자들에게 자신들의 경쟁우위를 넘겨주는 격이다.

5) BOT 방식

BOT란 build, operate, transfer의 약자로서 공장이나 설비를 건설(build)한 후, 일정 기간 동안 직접운영(operate)함으로써 투자비 및 이익을 회수하고, 설비를 현지 정부나 기업에게 이양(transfer)하는 형태의 국제사업방식이다. BOT 방식은 턴키계약의 일종이지만, BOT 방식이 턴키계약과 다른 점은 후자의 경우 재원조달을 발주자가 하고 소유권도 발주자에 있으며, 발주자의 대금지급이 투자자의 수입원이 되는 데 비해, BOT 방식은 투자자가 재원조달을 하고 소유권은 투자자에서 발주자로 이양되며 투자회수는 설비의 운영수익으로부터 이루어진다는 점이다(〈표 14-5〉 참조).

표 14-5 | 턴키계약과 BOT 방식 비교

계약형태	재원조달	소유권	운영 및 관리	투자회수
턴키방식	발주자	발주자	발주자	발주자의 대금지급
BOT 방식	투자자	투자자 → 발주자	투자자 → 발주자	운영수익

출처: 이승종 외 (2004). p. 300.

이 방식은 턴키 프로젝트와 마찬가지로 건설이나 공장설비분야에서 활용되어 왔으며, 개발도상국의 기본 통신사업분야 진출 시 선진 통신사업자들에 의해 사용되기도 하였다. 즉 통신설비의 건설을 위한 투자재원조달, 전반적인 기획과 타당성 조사, 교환기 및 전송설비의 구축, 이에 수반되는 각종 건설, 토목, 엔지니어링, 경영활동 등을 포괄적으로 담당하여 통신망을 구축한 후 직접 통신사업을 영위하다가 현지에 이양하는 방식이 채택되는 것이다. 즉 다국적 금융기관, 건설업체, 그리고 전문가 컨소시엄이 자금을 제공하고 시설을 설계, 건설, 운영하는 것이 일반적이다.

BOT 방식은 발주자의 필요에 의해 생겨난 방식이라 볼 수 있다. 공장, 설비, 사회간접자본 등이 자국의 경제발전에 꼭 필요하긴 하지만 공사대금을 지불할 능력이 없을 경우에 적합한 대안이 되는 것이다. BOT 방식은 실제 운영기간 중 수요증가나 영업성과에 따른 이익기회가 주어진다는 장점이 있는 반면에 이러한 이익이 보장된 것이 아니라는 단점을 가지고 있다. 투자회수기간이 길어 이에 따른 정치, 경제적 위험 또한 높은 것이다.

연습문제

1. 인수합병의 개념 및 장단점을 설명하시오.
2. M&A의 성공요인을 설명하시오.
3. 적대적 M&A의 개념 및 국내법상의 방어수단을 설명하시오.
4. 글로벌 라이선싱의 개념과 증가하는 배경을 설명하시오.
5. 턴키계약방식과 BOT 방식을 비교 설명하시오.

참고문헌

김의현, 박상일 (1996). M&A, 현황과 대책. CEO Information, 제70호, 1-22. 삼성경제연구소.

박기안 (2007). 글로벌경영론. 서울: 무역경영사.

박동현 (1991.10.21). 기업인수 · 합병사례와 활용방안. 상의주보, 16-20.

박항준 (2007). 외국계 펀드의 국내은행 적대적 M&A에 대한 연구. 전북대학교 대학원 박사학위논문.

오세영, 이신모 (2006). Global Business. 서울: 두양사.

이승종, 전외술, 왕세협, 윤태평, 정상철 (2004). 글로벌 경영. 서울: 민영사.

이욱래 (2008). 적대적 M&A와 이사의 방어행위에 대한 법적 평가. 적대적 기업인수와 경영권 방어. 서울대학교 금융법센터. 260-264.

장세진 (2011). 글로벌경영(5판). 서울: 박영사.

최봉, 박상일 (1999). 외국기업 국내진출 본격화의 파장. CEO Information, 제175호, 1-23. 삼성경제연구소.

Cavusgil, S. T., Knight, G. & Riesenberger, J. R. (2008). 국제경영: 전략, 관리 및 새로운 현실. 조영곤, 이성봉, 최수형, 김명숙, 권기환 공역 (2010). 서울: 시그마프레스.

Hill, C. W. L. (2009). 글로벌 시대의 국제경영. 박철순 외 공역 (2009). McGraw-Hill Korea.

Economist (2004). A survey of the car industry: The new European order. September 4, 9-11.

Spsford, J. & Shirouzu, N. (2005). Mitsubishi group to give car maker $3 billion bailout. Wall Street Journal, January 20, A1 and A6.

동아일보 (2012. 8. 28). 한화그룹, 독 태양광업체 큐셀 인수.

매일경제 (2010. 9. 17). 외국기업 M&A 성공 조건은 첫째도 둘째도 셋째도 '소통'.

매일경제 (2012. 9. 20). 외국인, 대주주 지분 취약 기업 노린다.

머니투데이 (2012. 8. 10). 삼성이 애플 먹잇감 될 수도.

서울경제 (2002. 12. 30). 브랜드는 돈이다.

서울경제 (2012. 6. 7). 3자 배정 허용…대주주에 몰아주기 가능.

아이티투데이 (2011. 11. 9). LG전자, 인텔렉추얼 벤처스와 특허 라이선스 계약 체결.

아주일보 (2010. 9. 4). 부즈클럽 캐니멀 '수출효자'로 부상.

주간무역 (2012. 12. 14). 적대적 기업매수와 경영권 방어.

한국경제TV (2010. 12. 15). CJ제일제당 '다시다', 러시아 수출 첫 선적.

헬스코리아 (2012. 9. 24). CJ 제일제당, 스위스 헬신사 항구토 복합제 도입 계약.

EBN (2008. 12. 31). 아르셀로미탈의 선택.

EBN (2012. 12. 8). 캐나다, 중 국영석유사의 넥센 인수 승인.

Etnews (2011. 8. 24). 삼성, LG '차이완 기업'에도 M&A 경쟁력 뒤져.

www.investkorea.org

Chapter

15

기업 글로벌화를 위한 해외직접투자

1. 기업 글로벌화의 목적과 과정
2. 해외직접투자의 기본 개념
3. 해외직접투자의 사업동기
4. 해외직접투자를 설명하는 이론
5. 해외직접투자절차
6. 해외직접투자 진출방식
7. 해외직접투자방식

Chapter 15

기업 글로벌화를 위한 해외직접투자

1. 기업 글로벌화의 목적과 과정

1) 기업 글로벌화의 목적

국내에서 성장한 기업들은 전 세계를 하나의 단일시장으로 인식하는 지구중심주의(Geocentrism) 성향을 가지게 된다. 지구상의 모든 국가를 통합한 하나의 지구로 생각하는 것이다. 전 세계를 상대로 자사 핵심역량의 독점적 우위를 활용하겠다는 것이다. 보통 자국에서 독점적 우위를 차지하게 되면 최고경영층들은 세계시장으로 눈을 돌리게 된다. 독점적인 우위를 가지고 있지 못한 기업은 국내에서 외국기업들의 진출을 방어하는 것만으로도 힘에 부치곤 한다.

글로벌적인 시각에서 국제화를 지향하는 기업들의 목적들은 대체로 다음과 같다. 첫째, 글로벌적인 기업 성장을 꿈꾼다. 자국에 한정된 범위만으로는 규모의 경제를 발휘하기가 힘들고 또한 언젠가는 내수시장이 포화상태가 되어 더 이상 성장이 불가능할 것이라는 판단하에서 기업 글로벌화를 시도하는 것이다. 둘째, 글로벌적인 성장과 맞물려서 지역적인 영토확장을 시도한다. 영토가 광활한 미국의 기업들이 다국적화되면서 1980년대에 전 세계로 적극적으로 진출한 이유는 자신들의 영향력을 미칠 수 있는 영역을 늘리려는 것이었다. 셋째, 한 국가에만 한정되어 있을 경우에는 위험이 다가오면 회피하기가 힘들어질 수 있다. 여러 국가에 동시에 진출함으로써 위험을 분산시킬 수 있다.

그러나 국제화를 하면 그만큼 투자비용이 늘어날 수 있다. 투자비용을 줄이면서 위험도가 낮은 상태에서 진출하는 형태(예, 수출)와 투자비용을 늘려 직접 진출하면서 이득을 크게 키우려는 형태(예, 직접투자)를 면밀하게 살펴보며 대응해야 한다. 수출보다 더 적극적이지만 직접투자보다는 약한 형태가 전략적 제휴이다. 수출은 외부의 영향을 많이 받는 형태이나, 반대로 직접투자는 내부적으로 통제가 가능한 형태이다.

세계적인 국제기업으로 성공하려면 진출국 시장에 대한 지식이 충분해야 한다. 다국적기업들의 성공과 실패가 현지국에 대한 시장지식의 정도에 좌우되는 경우가 많다. 기업환경이 다른 해외에서 성공하려면 진출국에 대한 다양한 지식들을 가지고 있어야 한다.

2) 기업의 해외진출 필요성 인식과 과정

국내시장에서 어느 정도 성장한 기업은 해외진출의 필요성을 느끼게 된다. 자국시장에서 독특한 원재료를 개발하여 새로운 제품을 만들거나(예: 신소재에 기반한 패션사업, 신소재를 활용한 석유관련사업) 혹은 새로운 서비스 창출모델을 만들어서(예: 디지털 기반의 새로운 서비스사업, 엔터테인먼트 기반의 새로운 문화사업) 사업에 성공한 모든 기업체들은 기업확장의 꿈을 꾸게 되는데 국내에서의 성공을 바탕으로 해외에서의 성공에 자신감을 얻게 된다.

해외진출을 결정한 후에는 전 세계 200여 개국들 중에서 진출이 가능한 국가들을 타진하게 된다. 보통은 주변 국가들을 먼저 검토하게 되는데 그러한 국가 중에서도 자사가 성공할 가능성이 있는 곳을 고르게 된다. 한국에서 성공한 거의 모든 제품들은 일본과 중국 그리고 대만 시장으로 진출했다고 볼 수 있는데, 과거에는 주로 일본으로 진출했으나 다수가 실패를 경험했고 그리고 한중수교가 맺어진 이후에는 중국으로 진출하여 몇몇 대기업들은 성공을 거두었으며 현재는 대만으로 진출하고 있다.

해외시장으로 진출하는 업체는 처음에는 대부분이 수출 위주로 진출을 한다. 해외에서도 자사제품의 성공가능성이 보이면 해외국가의 수입선과 거래관계를 모색하게 된다. 해외시장에 간접적으로 진출하는 대표적인 방법이 해외의 바이어를 통한 수출이다. 해외의 바이어에게 상품카탈로그를 보내 그들로 하여금 제품에 대한 흥미를 가지게 한다. 그 다음에는 실물품을 보여 주거나 사용하게 하는 기회를 가지면서 수출의 기회를 타진한다. 다양한 형태의 수출중개상들을 활용하기도 하면서 해외로 진입이 가능한 모든 지역에 진출하려고 한다.

그러나 이와 같은 중개상을 통한 수출은 새로운 시장을 개척한다는 장점도 있지만, 해외에서의 자사제품의 이미지 관리를 할 수없고 또한 가격통제도 거의 불가능하다. "일단 물건을 믿고 준다"는 개념의 수출은 제품은 자사가 만들었으나 판매는 수출대상국에서 자사의 통제를 벗어난 상태에서 마구잡이로 진행될 수 있다.

이와 같은 수출의 단점을 보완하기 위해서 보다 강한 방식의 수출을 하는 경우도 있다. 세계박람회와 같은 트레이드쇼(trade show)에서 자사제품을 세계 각국의 관계자들이나 전 세계 언론에 노출시키는 것이다. 그후에는 잠재력이 있는 수출대상국들을 타진한 후에 직접 그 대상국에 수출자회사를 설립하여 직접 판매하는 것이다. 초기의 수출대상국의 수입바이어를 활용하는 아주 원초적인 형태와는 다르게 자회사를 통해서 수출국의 상황을 어느 정도 제어할 수 있다.

그러나 이 방식도 단점이 있다. 자회사 소수인력으로는 수출국가의 중간상들을 접촉하는 것도 쉽지 않기 때문이다. 또한 내구성 있는 가전이나 기계류 제품과 같은 경우에는 수출대상국의 소비자들을 위한 에프터서비스망을 구축해야 하는데 이 또한 간단한 작업이 아니다. 그리고 무엇보다도 수출국가의 시장을 직접 통제해서 통합적인 촉진활동들을 수행한다거나 유통망의 통제를 통한 판매가격대의 유지, 해당국 소비자들의 욕구에 맞춘 세밀한 제품의 제공도 어렵다.

3) 간접진출의 단점 극복을 위한 강한 진출모색

간접적인 진출인 수출은 앞에서 말한 바와 같이 수출마케팅의 입장에서 여러 가지 불리한 점들이 있다. 그리고 이외에도 수출대상국가의 관세장벽이나 비관세장벽등이 앞길을 가로 막는 경우가 비일비재하다. 2000년대를 넘어서면서 자유시장화되어가는 추세에서도 자국의 산업을 보호하려는 교묘한 형태의 다양한 비관세장벽들(non-tariff barriers)이 우후죽순으로 등장하고 있다.

수출대상국의 정부에서는 자국의 동종산업을 보호한다는 측면에서 관세 및 비관세 장벽들을 만들고 있다. 최근의 신자유주의의 물결을 타고 세계무역질서가 변해가면서 관세장벽은 없어지는 추세이나 과거의 수입할당과 같은 노골적인 비관세장벽 대신 수출자유규제와 현지부품사용의무 같은 은폐적인 비관세장벽들이 생기고 있다.

수출자율규제란 수출하는 기업이 수출대상국가에 적절한 양만을 수출하도록 하는 제도이나 실제적으로는 수입국가가 지도하는 형태의 수입규제를 따르도록 하는 규제이다. 실제적으로는 수입규제를 따라가는 수출형태라고 볼 수 있다. 현지부품사용의무도 수출하는 국가의 부품을 일정 부분 이상 사용한 제품을 수출하라는 지시라고 볼 수 있다.

수출마케팅의 단점과 수출대상국 정부의 관세 및 비관세장벽들을 돌파하는 수단으로는 해외수출 대상국가에 자회사를 설립하는 작은 형태가 아니라, 직접적으로 공장을 설립하고 판매망 관리를 하는 해외직접투자가 있다.

2. 해외직접투자의 기본 개념

1) 해외직접투자의 정의

앞서 보았듯이 수출만으로 해외에서 제품을 판매하는 데에는 여러 가지 제약들이 있다. 진출하려는 국가의 다양한 규제형태와 수출대상국가의 경영활동 통제가 원활하게 수행되지 않을 경우 수출을 통해서 일정 부분의 미래형 잠재시장의 가능성을 타진하고 나면 보통은 해당 국가에 직접 진출한다. 이것이 해외직접투자이다.

해외직접투자(foreign direct investment)의 의미는 다국적기업이 해외 국가에 직접투자를 해서 기업을 신설하거나 혹은 해외에 이미 존재하는 외국계 기업을 신규로 인수하는 것이다. 직접의 의미는 자국에서 투자대상국으로 직접 자금을 이동시켜서 투자하는 것이나 자국이나 해외에 있는 각종 담보를 이용해 투자대상국의 금융기관에서 차입을 하여 투자하는 것도 여기 해당된다.

해외직접투자는 1960년대 이후 세계 최고의 경제선진국이었던 미국의 북미지역(멕시코, 캐나다), 아시아지역(아시아각국들), 유럽지역(유럽각국들) 투자를 시작으로 다국적화되면서 본격적으로 시작되었다. 그 후에 일본과 유럽의 기업들도 해외직접투자를 본격화했다. 우리나라는 1980년대부터 조금씩 시작되다가 2000년대 넘어서 본격적으로 진행되고 있다.

2) 해외직접투자의 필요성

해외직접투자는 대부분 경제선진국들이 수행하고 있다. OECD에 속한 이들 국가의 다국적기업들이 해외에서 기업활동을 할 때 수행하는 것이다. 국내시장이 어느 정도 제한되어 있을 경우에 해외로 새로운 판로를 모색하기도 하고 혹은 국내시장이 광활하더라도 다른 목적에서 해외직접투자를 할 수도 있다.

전 세계의 경제선진국들은 자신들이 필요로 하는 것을 확보하기 위해서 개발도상국가들로 진출하는 것이 보통이었다. 그러나 최근에는 새로운 판매처를 확보하기 위해서 경제적으로 후진적인 국가가 경제적으로 선진적인 국가 내부로 진출하는 경우도 나타나고 있다. 어떠한 형태이든 자국에서 타국으로 직접투자하는 것을 해외직접투자라고 한다.

3) 해외직접투자의 형태

해외직접투자는 크게 두 가지 형태로 구분된다. 하나는 소유권의 비중에 따른 형태이고, 다른 하나는 신설 유무에 따른 형태이다. 각각을 설명하면 다음과 같다.

(1) 소유권의 비중에 따른 형태 분류

해외직접투자는 소유권에 따라서 크게 두 가지로 나누어진다. 하나는 단독투자이고, 다른 하나는 합작투자이다. 단독투자란 해외진출을 희망하는 기업체가 100% 자신이 완전한 소유권을 가지고서 독립경영을 수행하는 형태이다. 경영통제력을 확보하게 되면 해외직접투자 수행 기업이 스스로 계획한대로 모든 것이 진행이 될 수 있다. 자국에서 축적한 기업 노하우를 바탕으로 해서 특정대상국가 혹은 특정대상국가가 포함된 지역(EU, 중동지역, 북미지역)에 진출하거나 혹은 전 세계를 하나의 초대형 시장으로서 간주하면서 글로벌 경영을 수행할 수가 있다.

그러나 단독투자는 상당한 위험도 뒤따른다. 100% 소유권을 확보하려면 자본금 총액을 단일기업이 부담해야 한다. 수출 이외에는 현지에서 사업 경험이 거의 전무한 기업체가 낯선 국가에 완전히 투자를 한다는 것은 미래의 불확실성에 부딪힐 위험도 높은 것이다. 진출한 후에 새롭게 발견된 것들에 사전대비를 하지 못했을 경우에는 위험성이 상당히 커진다. 이와 같은 위험을 사전에 방지기 위해 진출국가의 기업과 합작투자를 하기도 한다.

해외진출기업이 상당수의 우위를 차지하나 그러나 진출국가의 특정기업과 합작투자를 하게 되면 해당 국가에서 생기는 다양한 위험들을 사전에 인지할 수가 있다. 또한 만약 진출국에서 문제가 발생했을 때 현지국의 파트너 기업과 함께 경제적 협력을 통해서 극복하기도 쉬워질 수 있다. 그러나 합작투자의 경우에는 보통 경영권을 완전히 확보하지 못하고 일부만 가지는 경우가 대부분이다. 50대 50의 동등한 조건으로 진출할 수도 있고, 혹은 50% 플러스 1주로서 경영권을 차지할 수는 있으나 상당히 불안한 것도 사실이다. 합작투자는 단독투자에 비해서 경영상의 난점이 많아지는 경우가 있으니 조심해야 한다.

(2) 신설 유무에 따른 형태 분류

보통 해외직접투자를 하게 되면 새로운 기업을 신설하는 것이 보통이다. 진출 대상국가에서 토지를 매입하고 법인을 설립한 후에 공장을 신설하고 나서 해당 국가에서 판매하기 위한 판매망을 설계해서 집행하는 것이 보통이다. 이와 같은 신설투자는 대부분의 경우에 완전한 통제력을 발휘하면서 자국에서 수행하던 방식의 경영을 자체적으로 수행할 수 있다는 장점이 있다. 우리나라 현대자동차가 미국과 인도에 진출할 때 전부 신설투자로 진출해서 공장을 설립한 후에 자동차를 생산·판매하여 성공한 경우가 여러 번 있다.

신설투자의 경우에는 해외진출기업이 원천적으로 가지고 있는 장점이 있어야 한다. 특별한 기술력이나 오랫동안 축적된 브랜드자산이 있어서 이것을 가지고 전 세계로 일관성 있게 진출하려는 경우 신설투자를 선호한다. 미국의 많은 다국적기업들이 핵심역량을 가지고서 전 세계로 진출할 때 대다수가 단독적인 신설투자방식을 취했다. 강한 장점들을 가지고서 해외에서 막대한 이득을 얻으려는 경우이다.

신설투자를 하게 되면 전 세계적으로 통일적인 마케팅이 가능하고 그리고 전 세계를 하나의 생산기지로 묶어서 생산비용을 상당히 떨어뜨릴 수가 있다. 완벽한 통제하에 막대한 규모의 이익을 보려는 것이 신설투자의 장점이다. 물론 새로운 지역에 가서 신설투자하는 경우 이윤 발생까지는 상당한 기간이 소요된다는 단점도 있다.

따라서 신속하게 해외국가들에 진출하려는 목적에서는 기존에 있는 현지법인을 인수하는 형태의 해외직접투자도 다양하게 수행되고 있다. 미국의 월마트와 프랑스의 까르푸가 한국에 진출할 때에 기존에 영업 중이던 우리나라 유통업체들을 인수한 예가 있다. 이 경우 기존에 있는 기업의 브랜드자산을 활용하거나 혹은 유통망을 이용할 수 있다는 장점이 있다. 미국의 존슨앤존슨이 한국의 에프킬라를 인수할 때 장부상의 가치보다도 훨씬 많은 돈을 주고 인수한 이유는 에프킬러의 막강한 브랜드이미지를 그대로 활용하겠다는 생각이었다.

인수투자는 상당히 신속하다는 장점이 있으나 노동조합이 형성되어 있을 경우 인수한 기업의 임직원에 대한 고용 유지를 해야 한다는 측면에서는 부담이 될 수도 있다.

3. 해외직접투자의 사업동기

기업들이 왜 해외에 직접투자를 할까? 그냥 국내에서 만들어서 해외국가로 수출을 하면 되지 않을까 생각할 수 있다. 수출만을 하기에는 어느 정도 부족한 이유들이 있기 때문에 해외에 직접투자하는 것이다. 해외에 직접투자하는 것은 막대한 자금을 투입하므로 투자실패로 판명이 나게 되면 손해가 막심해진다. 본국이 아닌 타국에서 기업활동을 하는 것은 생각보다 상당히 위험할 수 있다. 그럼에도 불구하고 해외직접투자를 하는 데에는 다양한 이유들이 있다. 사업동기들을 하나씩 설명하면 다음과 같다.

크게 생산형 사업동기와 마케팅형 사업동기가 있다. 이외에도 원재료 확보의 사업

동기와 전략적인 사업 유지의 동기도 있다. 하나씩 설명하면 다음과 같다.

1) 생산기지 확보 차원

생산기지란 공장을 설립하는 데 드는 투자비가 저렴하고 해당 국가에서 비교적 저렴한 노동력을 확보하는 것이 가능할 때 사용하는 이유다. 경제선진국들은 생활수준이 비교적 높기 때문에 반복되는 생산활동에 참여하는 인구들이 적은 것이 보통이다. 또한 인건비가 상당히 높다. 따라서 지속적인 생산경쟁력을 확보하기 위해서는 개발도상국가나 경제후진국으로 진출하는 것이다.

이곳에서는 생산지역을 쉽게 확보할 수 있고 또한 저렴한 인건비의 노동력도 풍부하다. 따라서 이와 같은 국가에 공장을 설립하게 되면 본국에 비해서 상당히 저렴한 원가에 제품을 확보할 수가 있다. 필요한 제품개발 기술은 본국에서 이송하면 되고 그리고 필요한 원재료도 해당 국가나 타국에서 확보해서 활용하면 된다.

저렴한 비용으로 대량생산이 가능한 곳이라면 경제선진국들은 지구상의 어디든지 진출하고 있다. 미국이 인근지역인 멕시코로 대량으로 진출하다가 유럽통합이후에는 유럽으로 진출하는 것이 그러한 이유다. 우리나라의 해외직접투자의 상당수는 중국에서 진행되는데, 우리나라의 대기업들도 세계의 제일공장이라고 불리는 중국에서 비교적 저렴하게 생산하기 위해 진출하는 것이다. 최근에는 세계의 제이공장이라고 불리는 인도로 진출하는 이유도 모두 생산차원에서의 해외직접투자의 동기이다.

생산차원에는 토지와 인건비뿐만 아니라, 가능하다면 새로운 원재료의 확보가 가능한 곳에도 직접투자를 한다. 한때는 다이아몬드 광산이 있다는 루머만으로 해외에 직접투자하는 경우도 있었으나, 최근에는 사실에 근거해서 양질의 풍부한 광물자원이 있는 곳에 원재료를 확보하기 위한 차원에서도 직접투자를 한다. 원재료 확보도 장기적으로는 생산과정에 투입된다는 측면에서 생산차원의 동기라고 볼 수 있다.

해외직접투자된 국가가 많을수록 또한 초대형 국유지를 가진 국가들(미국, 중국, 인도, 브라질 등)에 진출하는 국가일수록 생산량이 급격하게 증대하여 전 세계적인 규모의 생산경제를 달성 할 수가 있다. 자국 내에서 생산하여 판매할 때보다 전 세계 생산기지를 확보하면 전체 생산직접원가의 절반 이하 수준으로 비용절감이 가능한 경우도 있다. 낮은 지가와 저렴한 인건비 덕택에 비용절감이 이루어지면 생산상의 상당한 이점을 누릴 수가 있다는 것이 해외직접투자의 매력이다.

2) 새로운 마케팅기지 모색 차원

영토가 좁은 나라에서는 자국 소비자들의 숫자가 제한되어 있을 수 있다. 시장규모가 작은 곳에서는 아무리 좋은 제품이라도 많이 판매할 수가 없으므로 새로운 대형시장을 찾아야 한다. 그런데 대형시장을 확보한 이후에 본국에서 생산해서 수출로 판매하는 것은 해당 국가의 유통망을 지배하기 힘들 수도 있다. 수출만 판매만 하면 수입국의 거래상대방이 브랜드자산을 제대로 관리하고 향상시킬 수 있는지 의문스러울 수도 있다. 따라서 수출보다는 해당 국가로 직접 진출하는 것이 하나의 방식이다.

현대자동차는 처음에는 미국시장에 수출만 하다가 그후에는 미국 본토에서 현대자동차를 직접 생산해서 판매하고 있다. 경제규모가 우리나라보다 훨씬 더 큰 미국시장에 직접 진출하여 커다란 미국시장을 대상으로 미국의 남부지역에 현대자동차 생산공장을 건립해서 제품생산을 하고 있다.

우리나라의 롯데나 신세계는 중국과 동남아지역으로 유통점포를 세워 직접투자를 하고 있다. 우리나라는 전체 시장규모가 적고 그리고 대형점포들이 많아서 시장이 포화상태가 되었다는 인식하에 새로운 마케팅 지역으로 중국과 동남아를 선택한 것이다.

구매력 기준으로 보았을 때 매력적인 마케팅기지는 그렇게 많지 않다. 북미지역, 동북아지역, 중동지역과 유럽지역 정도이다. 나머지 지구상의 많은 미개발지역들(남미, 아프리카, 동남아시아)은 구매력이 뒷받침되지 않는다. 구매력을 갖춘 충분한 소비자들이 있는 곳을 찾으려는 것이 해외직접투자의 또 다른 이유이다.

3) 원재료 확보 차원

제2차 세계대전이 종결된 후 전 세계 경제대국들이 벌이고 있는 소리 없는 무혈전쟁은 자원확보 노력이다. 석유를 대체할 만한 미래형 에너지자원들과 식량문제를 획기적으로 풀어줄 농업자원들, 지구온난화 같은 환경문제를 현명하게 대처할 수 있는 대체자원들에 많은 국가들이 집중하고 있다.

다국적기업들은 미래국가들이 필요로 하는 자원들을 선점하기 위해 부단한 노력을 펼치고 있다. 자국이 점유하고 있지 못한 자원들을 확보하면 자국 정부의 직간접적인 다양한 지원을 받을 수 있기 때문이다. 또한 전 세계적으로 자원풍요기업이 되면 수많은 독점적인 우위들을 확보하면서 세계 경제를 움직일 수도 있다. 이러한 여러 가지 중요한 다국적기업의 경영자들은 미개발천연자원과 식량자원의 확보에 매진하고 있다.

4) 전략적인 사업유지 차원

국경 없는 경쟁을 벌이고 있는 다국적기업들은 자사가 본국에서 해외경쟁기업의 본국으로 진출하게 되면 해외경쟁기업이 자사의 본국으로 진입하는 대처상황에 직면하게 된다. 한쪽에서 다른 쪽으로 진출하면, 다른 쪽에서도 경쟁적으로 한쪽으로 진출하게 되는 것이다.

또한 다양한 형태의 기업결합들이 이루어지면서 현재의 경쟁업체들을 견제하려는 움직임이 일어난다. 현재의 외국경쟁기업이 새로운 국가에 진출해서 유통망을 장악하려는 움직임이 있으면, 이것을 방해하려는 목적으로 진출하는 형태도 있다. 플러스섬(plus-sum)적인 경쟁환경보다는 제로섬(zero-sum)적인 글로벌 경쟁환경이 훨씬 더 많다. 우리가 진출해서 막지 못하면 우리가 타깃으로 하는 어느 국가의 내수시장이 전부 우리 경쟁업체의 손아귀에 떨어질 수 있다는 위험감에 진출하는 다국적기업도 있다.

4. 해외직접투자를 설명하는 이론

해외직접투자를 설명하는 이론에는 여러 가지들이 있다. 그들 중에서 가장 설명력이 강한 이론들로는 독점적 우위이론, 내부화이론, 거래비용이론이 있다. 독점적 우위이론은 내부화이론과 거래비용이론의 배경이라고 볼 수도 있다.

1) 독점적 우위이론

독점적 우위이론이란 전 세계적으로 자사만이 가지고 있는 독점적인 그 무엇이 있다는 전제하에서 그 무엇을 자국에서 전 세계의 시장으로 확대활용하는 과정이 해외직접투자로 나타난다는 것을 설명하는 이론이다.

독점적 우위이론의 대표적인 독점요소로는 브랜드자산이 있다. 브랜드자산(brand asset)이란 특정한 브랜드가 시장에 출시된 이후에 수많은 마케팅 노력의 결과로서 가지는 무형자산을 의미한다. 브랜드자산의 구성요소는 크게 두 가지로 나누어진다. 하나는 현재 혹은 잠재소비자들의 브랜드 집합(brand set) 속에서 차지하는 인지도이다. 소비자들이 특정 브랜드를 많이 알면 알수록 브랜드자산이 높아진다는 것이다. 다른 하나는 높은 소비자인지도와 함께 소비자들에게서 선호적인 인식을 받는 것이다. 소비자들이 좋아하면 할수록 브랜드자산이 높아지는 것이다. 물론 이 두 가지가 한꺼번에 향상되는 경우(높은 브랜드인지도와 호의적인 브랜드이미지)가 브랜드자산이 가장 높다.

독점적 우위이론이란 이와 같은 브랜드자산의 해외 이전을 통해서 지속적인 우위를 누리도록 하는 이론이다. 미국에서 유명한 제품은 전 세계적으로도 유명한 제품으로 호평을 받을 수가 있다. 따라서 미국유명상표라는 우위를 가지고서 전 세계로 진출하겠다는 것이다. 독점적 우위가 없이 해외직접투자를 하는 경우는 거의 대부분이 실패를 하게 된다.

2) 내부화이론

내부화이론이란 완전경쟁시장이 불가능해지면서 나타나는 시장실패의 원인이 내부에 있어서 내부시장을 창출하려고 시장범위를 자국에서 전 세계로 확대한다는 것을 설명하는 이론이다.

(1) 내부화이론의 개념

내부화이론이란 기업이 자신의 영향력을 늘려가면서 자산의 통제력하에 있는 거래형태를 만드는 것이 일반적인 시장거래보다 더 효율적이라는 이론이다. 내부화란 기업이 통제할 수 있는 범위를 넓혀가면서 자신이 원하는 대로 사업을 하겠다는 것이다. 내부화의 반대개념이 외부화인데, 외부화란 기업이 통제할 수 없는 일반적인 것들을 의미한다. 기업이 통제할 수 없는 것들이란 일반적으로 자본주의국가에서 나타나는 시장거래이다. 많은 기업들이 제품을 시장에 내어 놓으면 수많은 소비자들이 알아서 선택한다는 것이다. 처음에는 이와 같은 시장거래가 진행되다가 어느 정도 기업이 성장하면 기업이 도소매상을 통제하게 되고 또한 광고를 통해서 소비자인지도를 높이고 그리고 각종 판촉자원들을 활용하여 소비자들에게 강한 영향력을 행사할 수가 있게 된다. 이렇게 하면서 시장선도자가 되면 후발주자들을 방해하면서 시장 전체를 자신의 뜻대로 어느 정도 움직일 수 있게 하는 것이다. 이것이 내부화의 과정이다.

(2) 내부화이론에 의한 해외직접투자

기업이 성장해서 해외로 진출할 때 맨 처음에는 수출을 하게 된다. 해외 국가에 제품을 제공하면 그 나라의 유통업체들이 알아서 판매하는 것이다. 수출을 한 이후에는 외국유통업체들의 가격결정권이나 유통활용방식에 영향력을 행사할 수가 없게 된다. 다시 말해 수출을 통제할 수가 없다.

이러한 외부화를 내부화시키기 위해서는 외국에 직접진출을 하는 것이 가장 효과적이다. 해외직접투자를 통해서 해외에 기업을 신규설립하거나 혹은 기존의 업체를 인수해서 통제하면 효율적으로 해외에서의 내부화를 이룰 수 있다. 수출할 때보다 훨씬 더 많은 이득을 챙길 수가 있고 또한 각종 소비자커뮤니케이션도 자사가 원하는 대로 수행할 수 있다.

3) 거래비용이론

(1) 거래비용이론의 개념

거래비용이론(transaction cost theory)이란 교섭당사자 간에 발생하는 다양한 형태의 거래비용들을 분석해서 거래비용의 규모로 기업체 간 연계관계의 강도를 분석하고 또한 거래당사자들 간의 기회주의 행동을 줄이려는 것을 분석한 이론이다. 1980년대 중반에 개발된 거래비용이론은 경제학, 경영학, 국제경영학의 다양한 측면에서 이론으로서의 우수성이 입증되었다.

기업과 관련해서 발생하는 비용들은 크게 생산비용과 거래비용으로 구분할 수 있다. 생산비용이란 원재료를 조달해서 신제품을 만드는 데 드는 비용으로서 기업들은 해외 이전이나 로봇생산 등을 통해 생산비용을 최소한도로 줄이기 위해 노력하고 있다. 생산비용을 통해서 개발된 신제품을 판매할 때 나타나는 비용이 거래비용이다. 생산된 제품이 판매되지 못해도 재고를 세일해서 언젠가 판매하게 되면 생산비용의 일부를 회복 할 수 있다.

거래비용은 기업과 거래관계에 있는 상대기업과의 거래관계에서 발생하는 비용으로서 거래가 중단이 되면 거래비용은 거의 다 소멸되게 된다. 따라서 한 번 거래관계를 맺은 기업체들은 웬만한 상황이면 거래를 지속하려고 한다. 그럼에도 불구하고 거래비용이 너무 커지면 기업은 직접투자를 통해 외부거래를 기업 내부거래로 만들려고 하게 된다. 해외직접투자를 통해서 기업을 신설하거나 혹은 현지기업 인수로 기업의 내부거래가 되면 거래비용은 내부비용으로 바뀌게 된다.

(2) 거래비용이론으로 본 해외직접투자현상

기업은 해외에서 판매활동을 하게 된다. 이때 거래관계를 원활히 하기 위해서는 접대비용이나 업무와 관련된 각종 조항들을 검토하는 데 들어가는 비용 또는 거래를 일관성 있게 유지하기 위한 시스템을 구축하는 데 비용이 들어가게 된다.

거래관련 해외 기업이 자사에 필요한 특허권 등을 가지고 있다면 그에 애한 거래비용이 추가된다. 예를 들어, 해외기업이 해당 국가에서 시장지배력이 높은 유통업체일 경우에는 해외기업이 상당히 많은 것들을 요구하게 될 수가 있다. 그러한 요구를 거절하게 되면 해당 국가에서 판매가 힘들어질 수도 있다. 물론 다른 대체안으로서의 새로운 유통업체와 접촉할 수도 있지만, 해당 국가에서 영향력이 큰 유통업체를 더 이상 찾을 수가 없다면 기업은 할 수 없이 높은 비용을 요구하는 기업과 거래를 해야 하는 상황에 놓일 수도 있다.

거래기업이 다양한 형태의 자원을 가지고 있는 경우에도 거래비용이 상승한다. 원재료를 많이 확보하고 있는 기업과의 거래는 그만큼의 비용 지불을 요구한다. 또한 실제로 유통망 없이 인맥을 통해서 다양한 현지기업들에게 입점시킬 수 있는 능력만 있는 브로커들에게도 비용을 부담해야 하는 상황이 발생할 수 있다.

이와 같이 외부거래비용이 많이 발생하는 경우 기업체는 현지에 새로운 유통업체를 만들거나 혹은 기존의 막강한 힘을 가진 업체를 인수하는 대체안을 검토하기도 한다. 어떠한 경우이든 외부거래비용을 줄일 수 있다는 확신이 들면 해외직접투자에 나서게 된다는 것이 거래비용이론의 관점이다.

거래비용이론은 이론으로서의 설명력이 우수하고 많은 실증조사를 통해서 중요한 국제경영학이론으로 입증되었다.

5. 해외직접투자절차

해외직접투자를 시작한 후에는 상당한 투자와 노력이 투입된다. 해외직접투자에서 성공을 거두는 경우는 상관이 없으나 그렇지 못한 경우 장기적으로는 손해를 볼 수도 있다. 따라서 해외직접투자를 면밀하고 치밀하게 추진하는 것이 필요하다.

1) 사전조사

국내에서 더 이상의 판로를 찾을 수 없는 경우 보통 수출을 추진하게 된다. 수출품목이 해외에서도 호평을 받으면 라이선싱으로 제품을 제공하기도 한다. 그러나 수출이나 라이선싱은 해외에서 자사 품목에 대한 통제력을 확보할 수가 없기 때문에 직접적인 관리를 하고자 하는 기업은 직접투자를 통해서 진출하게 된다. 해외직접투자의 아이디어를 발상하게 되면 치밀한 사전조사를 통해서 해외직접투자가 성공할 가능성이 있는지와 실제로 성공하려면 어떠한 것들이 수행되어야 하는지를 사전에 면밀하게 체크하고 또 검토하는 것이 필요하다.

2) 환경분석

먼저 진출하려고 하는 국가의 산업환경, 정치환경, 자원환경, 경쟁환경, 법률환경 등의 자료를 수집 · 분석하는 것이 필요하다. 자국과는 다른 문화권의 국가에서는 예상하지 못했었던 뜻밖의 상황에서 문화적 차이로 인한 문제가 발생할 수 있다. 자국에서는 호평을 받는데 진출국에서는 악평을 받을 수도 있는 것이다. 많은 환경요인들이 실제로 진출했을 때 어떠한 영향을 미칠 것인지 미리 조사해야 한다.

3) 전략도출

해외직접투자의 전략은 국내에서의 경영전략과는 상당히 차이가 난다. 해당 국가의 다양한 특성을 파악한 후 각 개별국가들에 적합한 진출전략을 창의적으로 개발해야 한다. 해당 국가에서 한 번도 실행된 적이 없었던 특이하고도 독특한 전략들을 개발해서 면밀하게 사전에 시뮬레이션을 해볼 필요가 있다. 확실하게 성공한다는 결론이 도출되면 투자를 결정한다.

4) 실행

사전에 준비한 해외진출전략에 따라서 실제 업무를 수행한다. 처음에는 현지국가의 경제상황에 어둡기 때문에 현지를 잘 아는 사람들의 도움을 받을 필요가 있다. 그러나 어느 정도 진행하고 나면 글로벌적인 관점에서 일관성이 있고 통일적인 전략들을 강하고 빠르게 수행하는 것이 필요하다.

5) 철수 준비

철수에는 강압적인 철수와 자율적인 철수가 있다. 강압적인 철수는 주로 진출한 국가에서 무리한 조건들을 내걸거나 새로운 규제로 인해 여기에 순응하는 것이 생산성을 높이는 데 도움이 되지 않는다고 판단되면 철수를 고려하게 된다. 자율적인 철수는 현재는 성공하고 있더라도 미래에는 전략적 성장가능성이 떨어지거나 혹은 현재 마이너스성장을 하고 있는 경우 단계적으로 철수를 고려하는 것이 더 좋을 수도 있다.

6. 해외직접투자 진출방식

1) 신규설립 진출

해외직접투자는 보통 단독투자와 합작투자로 구분된다. 단독투자란 자본금 100%를 원칙적으로 전부 투자한 기업을 말한다. 물론 80% 이상 투자하고 나머지 20%를 다른 기업이 투자하더라도 경영권에는 크게 문제가 없다. 그러나 완전한 독립적인 의사결정을 위해서는 100%를 투자하는 것이 보통이다. 단독투자는 완전하게 경영권을 장악하면서 투자기업이 원하는 목적을 달성하려고 하는 경우에 많이 이루어지며 기업 내부의 문제 발생가능성이 현저히 낮아진다.

합작투자란 어느 한쪽이 100%의 자본금을 투자하는 단독투자를 제외한 다른 형태들을 모두 표현하는 용어이다. 70대 30의 투자비율도 합작투자로 인정되고 심지어는 50% 플러스 1주와 50% 마이너스 1주의 기이한 형태의 합작투자도 있다. 삼성그룹이 일본그룹들과 합작투자를 할 때 실제로 이와 같은 형태도 있었다. 합작투자는 투자국 기업이 대주주가 되고 투자대상국의 기업이 협업을 하는 형태가 대부분이다. 투자국의 기업은 해외에 직접 진출하면서 경영을 하려고 하나 투자대상국의 상황이나 인프라 혹은 네트워크 등에 취약할 수 있기 때문에 투자대상국의 기업과 손을 잡는 것이다.

단독투자는 일사불란한 경영권을 행사하는 측면에서는 장점이 있으나, 투자비용도 많이 들고 또한 투자대상국에 대해서 충분한 지식과 사업 경험이 없을 때에는 초기사업이 위험해질 수 있다는 단점이 있다. 반면에 합작투자는 투자대상국의 사업파트너와 함께한다는 측면에서는 강점이 있으나 경영권 분란이 일어날 소지도 있다는 것이 단점으로 꼽힌다.

또 다른 초기투자형태로는 신규투자와 기존 기업을 인수하는 투자가 있다. 해외직접투자를 하면서 투자대상국의 적절한 용지를 물색해서 새로운 기업을 신규로 만들거나 기존에 사업을 영위하고 있는 기업체를 인수하는 형태이다.

신규투자는 새로운 사업을 시작해야 한다는 것이 단점이나 투자국의 새로운 경영방침에 따라서 모든 것을 새롭게 할 수 있다는 장점이 있다. 반면에 인수투자는 현재 운영 중인 기업체를 인수하는 형태로 시간절약을 할 수 있다는 장점은 있으나, 인수에 들어가는 비용이 상당히 큰 것이 단점이다. 비용적인 측면에서는 신규투자가 인수투자보다 훨씬 저렴하다. 그러나 시간적인 측면이나 노하우의 측면에서는 인수투자가 신규투자보다 더 효율적이다.

2) 인수합병 진출

국제적 인수합병(international merger & acquisition)이란 해외로 진출한 글로벌 기업이 투자대상국에 현존하고 있는 기업을 인수하여 자신의 기업으로 만드는 것을 말한다. 보통은 M&A라는 용어로 불리며 세계로 빠르게 진출하고 싶어하는 기업 혹은 자금력 확보가 가능한 기업이 많이 활용하는 방식이다.

보통 상당한 경쟁력을 가지고 있으나 여러 가지 이유(자금력 부족, 유통망 취약, 인력수급의 문제, 경영권 투쟁의 문제 등) 때문에 새로운 주인을 찾고 있는 기업을 인수해서 자신의 자회사로 편입시키는 것이 대부분이다. 간혹은 작은 회사가 더 큰 회사를 인수하는 경우도 있으나(한국에 진출한 해외기업의 자회사가 해외 본사를 직접 인수한 경우는 필라와 MCM이 있다) 그것은 예외적인 경우라고 할 수 있다.

주식인수를 통해 경영권을 확보한 후에는 현재의 경영진에게 큰 틀의 지시사항을 내리면서 경영권을 맡기는 경우도 있고 혹은 직접 경영에 참여하는 경우도 있다. 그러나 해외기업을 인수한 후 바로 경영에 뛰어들어 현지의 경영문화와 배치되는 지시를 했다가 문제에 봉착하기도 한다. 그래서 보통은 인수 후 수년 동안은 현재의 경영진을 유임시키면서 서서히 조직문화와 경영시스템을 바꾸어가는 것이 보통이다.

인수합병을 하는 가장 큰 이유는 시간을 절약하면서 잠재능력이 있는 회사를 매입하여 자본투자와 경영시스템에 변화를 준 후 장기적으로 투입한 자금보다 더 많은 수익을 올리려는 것이다.

인수합병을 하는 데에는 신설투자보다 훨씬 더 큰 투자금이 들어간다. 잠재력은 충분하더라도 현재는 경영상의 문제가 있는 기업을 인수하는 것이므로 얼핏 생각하면 투자금액이 신규투자보다 더 적을 것으로 생각할 수 있다. 그러나 실제로는 상당한 기간 동안 기업이 존속해 오면서 투입되었던 과거의 자본금과 인력 그리고 눈에 보이지 않는 각종 경영상의 노하우들을 통째로 매입해야 하므로 상당한 비용이 들게 된다.

투입되는 비용이 너무 많다고 판단하면 전체 경영권을 인수하는 것이 아니라 필요한 자산의 일부를 매입하는 경우도 있다. 투자대상기업의 사업부문을 분할해서 필요한 부문만을 매입해 활용하는 것이다. 이와 같은 경우에는 대체적으로 경영권과는 상관이 없는 것이 보통이다.

인수합병을 한 후 성과를 얻으려면 인수대상 기업을 제대로 이해한 다음 장기간의 독창적이고 뛰어난 경영리더십을 발휘해야 한다. 조직문화란 쉽게 변할 수 있는 것이 아니다. 또한 피인수된 기업의 역사가 길면 길수록, 사업상의 각종 네트워크와 관계가 얽혀 있어서 이것들을 전부 고려하면서 새로운 경영철학을 적용하기는 쉽지 않다.

3) 추가투자형태

해외직접투자를 시작한 다음 업무를 진행하면서 일정한 세월이 흐르면 추가로 투자를 할 것인지 아닌지를 결정하게 된다. 일반적으로 해외직접투자가 성공하기까지는 상당히 오랜 기간이 걸린다. 따라서 초기투자 몇 년 후에 다시 투자하고 그리고 또 추가로 투자하는 것이 보통이다. 영국의 테스코가 한국에 진출하면서 처음에는 삼성

그룹과 합작으로 시작했으나 후에는 완전히 기업을 인수했다. 그러고 나서 테스코가 추가투자를 하면서 국내 테스코의 경쟁력을 키워왔다.

추가투자가 지속되려면 초기투자의 성공 여부에 대한 상당한 근거가 요구된다. 막연한 기대만으로 지속적인 투자를 할 수는 없기 때문에, 확실한 사업 근거를 바탕으로 지속적인 투자를 통해서 성공가능성을 높이는 사업적 판단이 필요하다.

해외직접투자의 비즈니스 사이클을 살펴보면 도입기에는 투자비용이 많이 드나 어느 정도 성과가 나타나는 성장기로 접어들면 속도가 붙게 된다. 이때 추가투자로 경쟁력을 키워서 성숙기로 돌입하게 되면 그때부터는 초기투자된 자금의 회수가 가능해진다. 추가투자가 지속된다면 해외직접투자가 어느 정도 성공했다고 볼 수 있다.

7. 해외직접투자 방식

1) 해외직접투자 진행 시의 전제조건

해외직접투자는 막대한 자금과 상당한 위험요인이 내포되어 있다. 성공하면 해외생산기지와 판매기지를 확보하게 되지만, 실패 시 투자한 자금의 회수가 거의 불가능해지기 때문이다. 해외직접투자를 기획하고 실행에 옮기기 전에 면밀하게 체크해야 할 사항은 다음과 같다.

(1) 진출대상국 선정

어느 나라에 진출할 것인가는 상당히 중요한 문제이다. 직접투자도 가능해야 하고 또한 직접투자를 통해서 이익을 얻을 수 있어야 한다. 경제기반이 취약하거나 혹은 자본주의 시스템이 상당히 미비한 국가에서는 해외직접투자에 대한 상당한 제약조건들을 가하고 있다. 폴란드, 루마니아와 같은 동유럽국가들이나 중국, 인도, 인도네시아와 같은 아시아국가들은 단독투자보다는 자국 내의 민간기업들이나 정부출자기업들과 같이 합작투자하는 것을 권유한다. 이유는 자국 내의 산업기반이 취약한 것도 있지만, 외국단독 투자기업이 성공해서 투자이익의 상당수를 해외로 일방적으로 유출하는 것을 방지하겠다는 것이다.

또한 주로 대상국가를 선정할 때에는 크게 두 가지 방식을 활용한다. 첫째는 자국과 인접해 있는 국가에 진출하는 경향이 강하다. 미국이 멕시코로, 한국이 중국으로, 독일이 오스트리아로 진출하는 형태이다. 인접국가의 문화와 경제상황들에 대한 시장지식이 풍부하고 또한 거리가 가까워서 물적 이송기간이나 인적 비행시간이 적은 것이 매력이다. 둘째는 거리가 멀더라도 국가적인 매력요인이 충분한 국가로 진출하는 것이다. 독일 자동차기업들이 멀리 떨어진 미국에 진출한 것이 좋은 사례라고 할 수 있다.

인접국가로 진출하거나 매력적인 원거리국가로 진출하거나 간에 세계적인 시각에서 균형 있게 평가하는 것이 필요하다. 다국적기업이 세계의 여러 국가에 진출했을 때 성과평가는 세계적 기준에서 수행하는 것이 타당하다. 가장 큰 유통업체 중 하나인 미국의 월마트도 미국 내에서는 대성공을 거두었으나, 다른 일부 국가(브라질, 한국)에서는 성공을 거두지 못했다. 그러나 그후 세계적인 관점에서 매장을 점증하여 현재는 전 세계에 6천 개가 넘는 매장을 거느리고 있다.

(2) 독점적 우위의 지속적인 활용가능성

다국적기업으로 성장해서 전 세계에서 생산, 판매, 자원 확보를 하려면 전 세계를 하나의 시장으로 보는 관점을 가져야 한다. 세계적인 차원에서 최저의 생산비용으로 규모의 생산을 할 수 있는 상황을 만들어야 한다.

미국의 맥도널드는 일본에 진출하기 위해 철두철미한 시장조사를 했다. 맥도널드 햄버거를 분해해서 내용물을 일본 소비자들에게 보여주고 햄버거를 잘라 시식행사도 열었다. 이를 통해 상당이 긍정적인 반응을 얻어낸 맥도널드는 일본에 대규모로 진출했다. 그런데 결과는 참담한 실패였다. 이유는 무엇이었을까?

1900년대 후반에 맥도널드는 일본에 진출할 당시에 미국 소비자들이 평균적으로 입을 벌려서 먹을 수 있는 사이즈의 맥도널드를 만들어서 판매하였다. 그러나 소비자조사를 할 때에는 내용물을 보여주기 위해 햄버거를 전부 분해해서 시식을 시켰던 것이다. 그런데 실제 판매 시에는 미국의 평균소비자들 사이즈와 동일하게 맥도널드 햄버거를 만들었던 것이 문제였다. 일본 소비자들의 평균 입 크기가 미국인들의 입 크기보다 훨씬 작았기 때문이다. 먹기 힘든 햄버거가 잘 팔릴 수 있을까?

2000년대 영국에서 들어온 어느 속옷업체가 대한민국에서 동일한 실패를 경험했다. 영국 남성들의 속옷을 그대로 한국에 들여왔는데 우리나라 남성들에게는 이 속옷이 너무 커서 입을 수가 없었다.

독점적인 우위를 가진 제품의 품질을 유지하는 것도 중요하지만 전 세계적으로 통용될 수 있는 현지적응적인 마케팅활동을 수행할 수 있는 기업만이 해외에서 성장할 수 있다.

(3) 동일한 시스템으로 통제력을 확보한 글로벌 경영

해외직접투자는 자국의 독점적 우위를 활용하여 경제적인 이득을 보려는 행위이다. 가장 중요한 전제조건은 전 세계적인 강한 통제력을 확보할 수 있느냐이다. 다국적기업이 진출한 국가들마다 서로 상이한 경영형태를 유지하거나 서로 다른 사업방식을 수행하게 되면 글로벌 소비자들에게 통일된 이미지를 제공할 수가 없다.

정보통신기술의 발전과 소셜네트워킹서비스의 확대로 전 세계가 거의 실시간으로 뉴스를 공용하는 시대에 들어섰다. 남미에서 성공한 기업이 아프리카에서는 전혀 다른 형태의 판매를 하면 세계 소비자들의 비웃음을 살 수 있다.

그러나 문제는 해외직접투자를 한 국가들의 정치적인 환경이 다르고, 경제시스템도 상이하고, 조직운영방식도 다양하다는 것이다. 이와 같은 난점들을 극복하면서 창조적으로 발전하려면 글로벌 경영자 회의를 자주 진행하면서 본사의 의도를 전 세계의 해외법인들이 수용하도록 해야 한다.

우리나라에 진출한 어느 유럽계 업체는 유럽 본사의 최고경영층과 전 세계의 해외투자법인 경영자들이 정기적으로 화상회의를 열면서 의견조율을 하는 것으로 알려져 있다. 이 과정에서 본사 최고경영층의 의사에 반하는 행위를 하는 해외법인 경영자들이 경질되는 경우도 있다고 한다.

2) 해외직접투자 성공전략

해외직접투자에 성공하려면 다음의 전략들을 구체적이고 창의적으로 수행하는 것이 필요하다.

해외직접투자는 세계로 진출하려는 기업이 사업 경험이 풍부한 동일업종으로 진출할 때 가장 성공확률이 높다. 다시 말해서, 할인점은 할인점으로, 반도체업체는 반도체업체로, 석유화학업체는 석유화학업종으로 진출하는 것이 성공확률이 높다는 것이다. 풍부한 사업 경험과 세계적인 정보를 확보할 수 있다는 것이 큰 도움이 된다.

해외직접투자는 진출한 국가에 대한 사회공헌도 필요하다. 해외에 처음 진출해서 현지국민들에게는 낯선 업체가 많은 이득을 챙겨 자국으로 전부 송금한다는 인식을 심어주게 되면 장기적인 업무에 지장을 받을 수 있다. 우리나라의 기업들이 중국에 진출해서 처음에는 상당한 규모의 사회공헌투자를 수행한 이유이기도 하다.

해외직접투자는 소유권은 자국에 있다고 하더라도 진출국의 법인시민으로서의 의식을 가지고서 진출국의 정부 입장에 협력할 필요가 있다. 진출국의 경제발전에 도움이 되어야 진출국의 지속적 지원을 받을 수 있기 때문이다.

3) 해외직접투자의 영향

해외직접투자는 자국에 영향을 미치는 것과 동시에 진출국에도 영향을 미친다. 자국 정부는 해외직접투자보다는 수출을 더 선호할 수 있다. 수출을 하게 되면 자국 내의 많은 인력을 활용해서 일자리를 늘릴 수가 있고 동시에 국내의 수지가 증진하는 현상이 나타난다. 그러나 해외 직접투자를 하게 되면 경우에 따라서 진출대상국가의 통제로 과실송금이 본사로 원활히 이전되기 어려울 수도 있다.

물론 자국 기업의 해외진출로 국가의 위상을 높이는 것은 바람직한 일이며, 해외에 진출해서 새로운 자원을 확보하여 자국에 경제적 이득을 가져다줄 수 있다는 장점도 있다.

해외직접투자는 일반자금투자이기 때문에 진출국의 경제에 도움이 된다. 한국기업이 미국에 진출해서 10억 달러의 투자를 하면 미국 정부는 이를 호의로 받아들일 것이다. 또한 진출을 통해 많은 인력을 고용하고, 경우에 따라서는 기술이전을 통한 지원도 가능하다.

물론 해외에 진출한 기업들이 진출국의 경제비밀들을 확보한 후에 자국으로 이전시키는 위험성도 있다. 그러나 장기적인 관점에서는 진출국의 경제에 대한 플러스적인 측면이 더 많다고 할 수 있다.

I n d e x

찾아보기

저/자/소/개/

■ 김홍섭

성균관대학교 경영학과 학사
서울대학교 경영학과 석사
성균관대학교 경영학과 박사
현, (사)한국항만경제학회 회장, 한국기업경영학회 부회장
인천대학교 동북아통상대 무역학부 교수

■ 장호윤

한국외국어대학교 경제학과 학사
University of Rhode Island 경영학과 석사
University of Maryland 경영학과 박사
University of Baltimore 경영학과 조교수
현, 한성대학교 무역학과 교수

■ 전외술

경희대학교 무역학과 학사
경희대학교 무역학과 석사
경희대학교 무역학과 박사
현, 국립창원대학교 글로벌비즈니스학부 교수

■ 정헌주

경희대학교 경영학과 학사
경희대학교 경영학과 석사
University of Nebraska-Lincoln 경영학 박사
현, 경희대학교 무역학과 교수

■ 한동철

성균관대학교 건축공학과 학사
서울대학교 경영학과 석사
Saint Louis University 경영학과 박사
현, 서울여대 경영학과 교수

글로벌 경영

2015년 3월 5일 1판 1쇄 인쇄
2015년 3월 10일 1판 1쇄 발행
2019년 3월 10일 1판 2쇄 발행

지 은 이 김홍섭 장호윤 전외술 정헌주 한동철
펴 낸 이 최용구
펴 낸 곳 이프레스

주　　소 (04316) 서울시 용산구 원효로 89길 19 (원효로1가)
전　　화 537-1720(영업부), 537-1721(편집부), 537-1711(팩스)
이 메 일 epress01@naver.com
홈페이지 www.epress1.com

등　　록 2009년 12월 10일 제16-2710호

기획마케팅 최용구 장만동 송대용 최충구
책임편집 석기은 황가연
본문편집 황옥성
표　　지 SDY

ISBN　978-89-90245-77-9　93320

정가　23,000원